부서지는 아이들

THE BAD THERAPY
: WHY THE KIDS AREN'T GROWING UP by Abigail Shrier
Copyright ⓒ 2024 by Abigail Shrier
All rights reserved.

This Korean edition was published by Woongjin Think Big Co., Ltd. in ⓒ 2025
by arrangement with Javelin through KCC(Korea Copyright Center Inc.), Seoul.

이 책은 (주)한국저작권센터(KCC)를 통한 저작권자와의 독점계약으로
(주)웅진씽크빅에서 출간되었습니다. 저작권법에 의해 한국 내에서 보호를 받는 저작물이므로
무단전재와 복제를 금합니다.

부서지는 아이들

다정한 양육은 어떻게 아이를 망치는가

애비게일
슈라이어
지음

이수경
옮김

웅진 지식하우스

추천의 글

『부서지는 아이들』은 그간 당연하게 여겨왔던 전제를 뒤집으며 정신 건강 산업과 감정 중심 육아가 오히려 아이들의 성장을 방해할 수 있다는 도발적인 주장을 던진다. 애비게일 슈라이어는 치료실 밖에서 일어나는 수많은 현실의 목소리—부모, 교사, 아이들—를 바탕으로 우리가 '도움'이라고 믿었던 개입이 어떻게 회복력 resilience을 낮추고 자율적인 성장을 가로막는지 예리하게 짚어낸다.

뇌 과학자의 시선에서도 저자의 통찰은 놀랍도록 설득력이 있다. 인간의 뇌는 스트레스와 감정을 통해 성장하고 회복하도록 설계되어 있으며, 과도한 보호나 성급한 분석은 오히려 뇌의 자연스러운 발달 과정을 방해한다. 특히 전전두엽이 완전히 성숙되지 않은 청소년기에 감정 표현을 과도하게 유도하는 사회적 분위기는 감정-인지 불일치로 인한 혼란과 자기 확신 저하를 초래할 수 있다.

『부서지는 아이들』은 감정 표현과 회복의 관계를 보다 신중하고 균형 있게 바라볼 수 있는 관점을 제공한다. 뿐만 아니라 아이들을 위한다는 선의가 어떻게 그들의 자립을 가로막을 수 있는지를, 불편하지만 진실된 시선으로 보여주며 독자에게 단호하게 질문한다. 우리는 아이들을 진정으로 성장하게 도와주고 있는가, 아니면 독립적인 어른으로 자라는 길을 막고 있는가? 부모와 교육자, 심리 전문가를 비롯해 오늘날의 청소년 문화와 심리 치료 현실에 대해 깊이 있는 성찰을 원하는 모든 독자에게 강력히 권할 만한 책이다.

정재승_ KAIST 뇌인지과학과 및 융합인재학부 교수

치료실을 찾아온 부모와 아이를 만났을 때 '부모가 문제시하는 증상을 없애는 것'이 자신의 역할이라고 배운 정신과 의사나 심리학자는 사회적 관점에서 어떤 원칙을 가져야 하는지에 대해서는 훈련받지 못했다. 그런 면에서 저자의 견해는 자녀를 키우는 부모들은 물론 전문가의 시각을 넓히는 데 큰 도움이 된다. 특히 저자가 지적하는 "감정에 집중하라고 가르치고", "행복을 목표로 삼으라고 하면서 우울함에 보상을 주고", "아이의 불안을 긍정하고 받아주는" 문제에 나 역시 강하게 공감한다.

아픈 아이들은 치료를 받아야 하지만 동시에 성장해야 한다. 성장을 염두에 두지 않는 치료자는 언제든 '나쁜 치료'의 함정에 빠질 수 있다. 아이의 행복에만 집중하는 부모도 마찬가지다. 아이의 감정을 존중하는 것과 아이를 성장시키는 것 사이에서 균형 잡기를 원하는 부모라면 누구든지 읽어볼 만한 책이다.

조선미_ 아주대학교 의과대학 정신과학교실 교수

모든 부모가 이 책을 읽어야 한다!

일론 머스크_ 테슬라 CEO

충격적이고, 폭로적이며, 매우 중요하다. 반드시 읽어야 하는 책.

에이미 추아_ 예일대학교 로스쿨 교수, 『타이거 마더』 저자

단연코 올해의 가장 중요한 책.

그레그 루키아노프_ 교육권리재단FIRE CEO, 『나쁜 교육』 공저자

교사와 정신 건강 전문가를 위한 필독서.

리처드 J. 맥널리_ 하버드대학교 심리학과 교수

끔찍한 학대부터 새 노트북이 고장 난 일까지, 모든 것에 '트라우마'라는 말을 갖다 붙이는 문화를 신랄하게 비판한다.

엘리자베스 가우프버그_ 하버드대학교 의과대학 정신의학과 부교수

애비게일 슈라이어는 미국에서 가장 지적이고 용감한 저널리스트다. 진실을 말하는 일에는 큰 대가가 따른다. 그러나 부모와 아이들에게 돌아갈 이로움은 값으로 따질 수 없다. 그야말로 최고의 책이다.

케이틀린 플래너건_ 사회비평가, 《디 애틀랜틱》 칼럼니스트

나의 부모님과 잭에게 이 책을 바칩니다.

일러두기

- 이 책은 국립국어원 표준국어대사전의 표기법을 따랐으나 인명, 지명 등 고유명사의 표기는 관례와 원어 발음을 존중해 그에 따랐다.
- 각주는 원서에 표기된 것이며, 독자의 이해를 돕기 위한 옮긴이 주는 괄호에 '-옮긴이'로 표기하였다.
- 국내 번역 출간된 책은 한국어판 제목으로 표기하였으며, 미출간 도서는 원어를 병기하였다.

때로 사랑만으로는 부족하고
길은 험난해지지
왜 그런지 모르겠어

―라나 델 레이Lana Del Rey의 노래
〈본 투 다이Born to Die〉 중

차 례

추천의 글 · 4
시작에 앞서 · 17
저자의 말 우리 아이들은 왜 병들어가고 있는가 · 18

1부 독이 된 치료

1장 부모의 불안을 먹고사는 사람들

치료가 병을 키우는 아이러니 · 34
심리 치료는 정말로 도움이 될까 · 35
'긁어 부스럼'이 된 마약 사용 방지 프로그램 · 39
돕고 싶어 하는 것 vs 도움이 되는 것 · 40
의원병의 피해자가 된 아이들 · 42

2장 '치료의 시대'가 불러온 위기

진단명, 소셜 미디어의 프로필이 되다 … 49
치료는 늘었으나 우울증은 줄지 않았다 … 53
어른들이 저지른 커다란 실수 … 56
그리고 누구도 경고하지 않았다 … 61
재난 세대 … 63
불필요한 불안은 어떻게 증폭되는가 … 66
어떤 불안은 만들어진다 … 68
무력감에 빠진 세대 … 71
"대학에서 친구 사귀는 것을 도움받고 있어요" … 74
블루 오션이 된 정신 건강 산업 … 76

3장 우리를 속이는 열 가지 말

"지금 네 기분에 집중해볼까?" … 86
"그 기억을 다시 곱씹어보자" … 92
"네 최종 목표는 행복이야" … 94
"네가 불편하다면 없애줄게" … 96
"어떻게 애들끼리만 있게 놔둘 수 있나요?" … 99
"이 아이에게는 심각한 병이 있어요" … 102
"문제가 있다면 약을 먹어야 해" … 104
"어서 네 트라우마를 털어놓으렴" … 107
"'해로운' 부모와는 연락을 끊어도 돼" … 109
"무엇을 하든 먼저 허락을 구하렴" … 112
만연하는 정서적 건강염려증 … 115

2부

다정한 양육, 바이러스처럼 퍼지다

4장 공감과 배려는 어떻게 아이들을 망치는가

'감정 체크인', 하루의 일과가 되다	124
학교 내 심리 치료에 잠재된 위험들	126
꽃 대신 잡초에 물을 주다	130
좋은 의도와 나쁜 결과	134
"대체 왜 학교에서 이런 걸 알려고 하지?"	137
정서적 건강, 교육의 우선순위가 되다	139
직접 부딪히며 배워야만 하는 것들	141
네 부모를 의심하라	144

5장 연약한 괴물들의 탄생

'회복적 정의'를 아십니까	153
비뚤어진 행동, 관대한 대응	156
남용되는 배려, 학교의 풍경을 바꾸다	160
아동기 트라우마라는 거대한 그물	163
회복력은 누군가의 도움으로 길러지는 것이 아니다	172

6장 트라우마 제국의 왕들

"이 모든 건 당신 탓이 아닙니다"	180
어린 시절의 트라우마는 몸에 저장된다?	183
전두엽 절제술 이래 가장 끔찍한 재앙	187
트라우마 이론, 양육 방식을 바꾸다	189
초등학생은 참전 군인이 아니다	193
정서적 상처는 영구적으로 뇌를 바꿔놓을까	195
변덕스럽고 불안정한 기억	204
기억력 포커판 대회	208
진짜 가해자는 누구인가	211
데이터가 간절히 필요한 어른들	215

7장 아이의 모든 감정을 캐내자

무책임하고 불필요한 질문들	222
설문 조사는 무엇을 암시하는가	226
부추김당하는 아이들	231
자아에만 집중할 때 벌어지는 일들	236

8장 어린 나르시시스트의 출현

감정이 휘두르는 폭정	242
공감은 무조건 좋다는 착각	244
서로를 고발하는 아이들	248

9장 권위 잃은 부모, 무너지는 아이들

달콤한 설탕 가루 속에서는 꽃이 피지 않는다	252
'그만해, 털어버려' 양육법	256
"엄마 얼굴을 주먹으로 한 대 치고 싶어요"	259
꾸짖지 않는 부모들	260
훈육은 '취향'의 문제가 아니다	263
온화한 아빠의 안쓰러운 육아 일기	270
"우리 애는 너무 예민해요!"	273
권리 의식에 빠진 아이들	274
권위와 책임, 외주화되다	275
허용적 부모 vs 권위주의적 부모 vs 권위 있는 부모	278
질식할 만큼 넘치는 사랑 앞에서	283
통제력 잃은 부모, 불안한 아이	285
아이에게는 어른의 권위가 필요하다	290
극단주의 단체가 성행하는 이유	293
권위 없는 부모가 맞이하는 결과	296

10장 훈육을 아끼고 약을 먹여라

자기만의 기회를 빼앗기는 아이들	302
불안과 우울, 무조건 나쁜 것이 아니다	303
항우울제를 먹는 열한 살 아이의 이야기	307
가장 손쉬운 방법을 택한 어른들	310
당신의 아이는 당신이 가장 잘 안다	311

3부 우리가 답을 찾아야 할 곳은 상담실이 아니다

11장 아이의 삶에서 한발 물러날 용기

'관계'는 전문가가 규정하는 것이 아니다	321
지금 당장 3분의 1을 제거하라	322
아이들은 약하지 않다, 당신이 그렇게 만들 뿐이다	324
일본의 세 살배기에게 배워야 할 것	329
진짜 선택권 vs 가짜 선택권	332
진정한 독립성이란 무엇일까	336
대공황을 이겨낸 사람들의 공통점	340
웃음을 잃어버린 부모들이 기억해야 할 것	342
연결된 삶과 안정된 관계망	343
'혼자가 아니라는 믿음'의 가치	346

12장 삶에 대한 면역력을 키워준다는 것

아동기는 인생 최고의 '기회'다	357
진단명이라는 꼬리표를 아이에게서 떼어내라	364
당신은 부모다, 자부심을 가져라	370

감사의 글	375
주	378
참고문헌	425
찾아보기	428

시작에 앞서

'아동 및 청소년의 정신 건강 위기'에 대한 논의에는 두 집단이 포함된다. 한 집단은 심각한 정신 질환이 있는 아이들이다. 이 경우 적절한 치료를 받지 않으면 점차 생산적 활동은 물론, 안정된 인간관계를 맺는 데 어려움을 겪으며 정상적인 일상생활이 불가능해진다. 이를 치료하지 않는 것은 방치다. 이들에게는 정신과 전문의를 통한 약물 치료와 돌봄이 필요하며 이 책에서는 이에 대해 다루지 않는다.

이 책에서 논하는 대상은 그보다 규모가 훨씬 큰 두 번째 집단이다. 걱정이 많고, 불안하고, 외롭고, 우울하고, 방황하는 아이들이다. 취업 지원서를 낼 때 엄마와 수없이 통화해야 하는 대학생들이다. 이런 문제를 보이는 것을 '정신 질환'이라고 하지 않지만 이런 아이들이 잘 자라고 있다고 말하기도 힘들다. 이들은 자신이 겪는 심리적 어려움의 원인을 찾고자 전문가에게 진단받곤 한다. 그리고 '원인'을 찾았다고 믿지만 그 원인은 매번 바뀐다.

우리는 이 아이들에게 약물과 상담 치료, 정신 건강 및 '웰니스 wellness(신체적·정신적·사회적 측면에서 최적의 건강 상태를 추구하는 포괄적 개념—옮긴이)' 자원을 쏟아붓는다. 심지어 문제가 없더라도 예방 차원에서 말이다. 우리는 잘못 진단된 병을 잘못된 치료법으로 고치려 안달한다.

저자의 말
우리 아이들은 왜 병들어가고 있는가

올해 여름 캠프에서 돌아온 아들이 배가 아프다고 했다. 증세가 계속되어 서둘러 소아과 급성 클리닉에 데려갔다. 의사는 맹장염은 아니라면서 탈수증으로 보인다고 진단한 후 몇 가지 질문할 게 있으니 집에 돌아가기 전에 간호사를 잠깐 만나라고 했다.

검은색 간호복을 입은 거구의 남자 간호사가 클립보드를 들고 방에 들어와서 말했다. "정신 건강 검사를 해야 하니 둘만 있게 해주시겠습니까?" 잠시 후 나는 간호사가 말하는 둘에 '나'는 포함되지 않는다는 사실을 깨달았다.

나는 질문지를 보여달라고 요청했다. 그것은 연방 정부 기관인 국립정신건강연구소National Institute of Mental Health에서 제공하는 자료였다. 다음은 간호사가 12세인 내 아들에게 던지려 했던 질문 목록을 수정하지 않고 그대로 적은 것이다.

1. 최근 몇 주 동안 죽고 싶다는 생각을 한 적 있나요?
2. 최근 몇 주 동안 '내가 죽으면 가족들이 더 행복할 거야'라고 생각한 적 있나요?
3. 지난 일주일 동안 자살에 대해 생각했나요?
4. 자살을 시도한 적 있나요? 만일 있다면 어떤 방법이었나요? 언제 그랬나요?
5. 현재 자살과 관련한 생각을 하나요? 만일 그렇다면 그에 대해 자세히 말해주세요.[1]

간호사가 나에게 방에서 나가달라고 한 것은 임의적 요청이 아니었다. 그는 정해진 지침을 충실히 따랐다. '간호사용 지침'에 따르면 간호사는 부모에게 다음과 같이 말해야 한다. "아이는 부모가 없는 공간에서 답해야 합니다. 그러니 잠시 방에서 나가주십시오. 아이의 안전이 조금이라도 걱정되는 상황이 생기면 즉시 알려드리겠습니다."[2]

상담을 거부하고 클리닉을 나와 아들과 집으로 돌아오는 길에 이런 생각이 머릿속에 맴돌았다. '만일 내가 협조적이었다면 어떻게 됐을까?' 아이들은 어른을 기쁘게 하려고 그가 마음에 들어 할 것 같은 대답을 할 때가 많다. 만일 아들이 거구의 간호사와 단둘이 있는 방에서 '네'를 유도하는 듯한 질문들에 "네"라고 대답했다면? 그들은 내가 아들을 집에 데려가지 못하게 막았을까?

만일 '실제로' 우울한 생각을 자주 하는 아이라면 어떨까? 부모와 분리한 뒤 자살에 대한 점차 강도 높은 일련의 질문을 던지는 것이 정말로 아이를 돕는 최선의 방법일까?

나는 아들의 심리 치료를 신청하지 않았다. 신경심리학적 검사를 받으러 간 것도 아니었다. 배가 아픈 아들을 소아과 의사에게 데려갔을 뿐이다. 아들에게 정신 질환이 있다는 징후도, 그렇게 추측할 만한 이유도 전혀 없었다. 하지만 간호사가 정신 건강 검사를 진행하는 데 그런 징후나 이유는 필요하지 않았다.

부모들은 자녀의 정신 건강을 지나치게 걱정하고 불안해하며 강박에 가까울 만큼 신경 쓰기 때문에 방에서 나가달라는 전문가의 말을 의심 없이 따른다(그들은 늘 "나중에 알려드리겠습니다"라고 말한다). 그렇게 우리는 수십 년 동안 아이들을 정서적으로 건강하게 키우는 방법을 전문가에게 배워야 한다고 믿으며 의존해왔다. 이는 어쩌면 우리가 과거 부모 세대의 가치관 때문에 받은 상처를 과잉 보상하려 했던 것인지도 모른다. 자녀를 양육하는 데 심리학자 같은 사람들의 조언은 필요없다고 여겼던 관점과 정반대의 방식으로 말이다.

나와 남동생이 어렸을 때 부모님은 종종 우리를 체벌했다. 삶의 중요한 결정을 내릴 때 우리의 감정이나 의견은 거의 고려하지 않았다. 어느 지역 학교에 다닐지, 주요 축일에 유대교 회당에 갈지 말지, 특정 행사에 갈 때 어떤 옷을 입을지 등의 문제에서 우리는 선택권을 행사할 수 없었다. 저녁 밥상에 오른 음식이 마음에 들지 않아도 대안은 없었다. 우리는 자기표현이라는 중요한 권리를, 억눌린 정체성을 탐구할 권리를 누리지 못하고 있을 가능성조차 인식하지 못했다. 우리는 시간이 흐르고 나서야 1980년대의 지극히 평범하고 흔한 어린 시절의 경험이 정서적 상해의 원인이 될 수 있음을 알게 됐다.

나와 같은 세대에 속한 수많은 사람이 성인이 된 후 심리 치료를 받았다.[3] 우리는 어린 시절을 찬찬히 들여다보면서 부모님이 정서적으로 미숙했다는 사실을 깨달았다.[4] 그들은 자녀에게 지나치게 많은 것을 기대했고, 자녀의 목소리에 귀 기울일 줄 몰랐으며, 자녀가 받는 감정적 고통에 둔감했다. 정서적으로 미숙한 부모는 아이에게 정서적 상해를 입혔다.

성인이 된 우리는 당연히 아이를 갖고 싶어 했고, 부모님 세대와 달리 아이의 정서적 건강에 민감한 양육자가 되겠다고 굳게 다짐했다. 아이의 말에 귀 기울이고, 감정과 생각을 자주 묻고, 기분을 살피고, 집안의 중요한 결정을 내릴 때 아이의 의견을 수용하고, 가능하다면 아이의 괴로움과 고민을 예측하고 대응하는 부모가 되기로 결심했다. 그러려면 아이와의 '관계'를 소중히 여기는 부모가 되어야 했다. 과거 세대가 부모와 자녀 사이에 만들어놓은 권위의 장벽을 허물고 아이를 팀원이자 멘티, 친구로 바라보는 부모가 되고자 했다.

무엇보다 우리는 아이들을 '행복하게' 키우고 싶었다. 그래서 도움을 받으려고 웰니스 전문가에게 의지하고, 그들이 쓴 유명한 양육서를 열심히 읽었다. 아이를 교육하고, 잘못했을 때 타이르고, 아이와 대화하는 방법을 알려주는 책 말이다.

우리는 전문가의 말대로 양육에 치료적 접근법을 취했다. 아이에게 모든 규칙과 요구의 이유를 설명해주었다. 체벌은 절대 하지 않았다. '타임아웃time-out(아이가 잘못했을 때 일정한 장소로 격리해 조용히 자신의 행동을 돌아보게 하는 훈육법─옮긴이)'을 숙지해 활용했고 어떤 종류든 벌을 줄 때는 충분히 설명했다. 이때 아이가 수치심을 느끼는 걸 막고 권위적인 부모라는 느낌을 덜기 위해 '벌' 대신 '결과'라는 표현을 사용했다. 훌륭한 양육에서 중요한 것은 오직 하나, 아이가 항상 행복하다고 느끼도록 하는 것이었다. 아이가 어떤 괴로움도, 심리적 불편함도, 싸움도, 실패도 경험하지 않고 그 어떤 '트라우마'의 징후도 보이지 않는 것이 이상적이었다.

그런데 아이의 감정을 세심히 살필수록 우리는 아이의 일시적인 불안도 참고 넘어가기 힘들어졌다. 아이를 자세히 관찰할수록 학업 성취도, 언어능력, 대인관계 능력, 정서 발달 등 온갖 측면에서 기준에 못 미치는 지점이 더 두드러져 보였다. 그리고 이는 매우 심각한 문제로 느껴졌다.

우리는 양육 방법을 가르쳐준 정신 건강 전문가에게 서둘러 아이를 데려갔다. 이번에는 검사와 진단, 상담, 약물 치료를 받기 위해서였다. 아이도 주변 사람들도 알아야 했다. 아이가 수줍음이 많은 것이 아니라 '사회불안장애social anxiety disorder' 또는 '사회공포증social phobia'이 있다는 것을, 삐딱한 것이 아니라 '적대적반항장애oppositional defiant disorder'를 앓고 있다는 것을, 파괴적인 학생이 아니라 '주의력결핍과잉행동장애Attention Deficit Hyperactivity Disorder, ADHD'라는 사실을 말이다. 그것은 우리의 잘못도, 아이의 잘못도 아니었다. 그리고 우리는 진단명을 둘러싼 부정적 시선에 맞서 그런 인식을 없애고 싶었다. 이와 같은 진단을 받는 아이의 수는 급격히 증가했다.

나는 전작 『돌이킬 수 없는 피해Irreversible Damage』를 쓰면서, 그리고 그 책을 출간한 후에도 수많은 부모를 만나 대화를 나눴다. 그러면서 아이들이 심리 치료사나 학교의 정신 건강 담당자를 통해 얼마나 많은 치료를 받고 있는지 확실히 알게 됐다. 부모들이 아이의 문제를 해결하기 위해 심리 치료사와 여러 기법에 크게 의존한다는 것도, 많은 경우 전문가의 진단이 아이의 자기 인식을 바꾼다는 사실도 알게 됐다.

특히 학교들은 치료적 접근법을 적극 채택해 양육에서 부모의 든든한 '협력자'가 되겠다고 나섰다. 학교 전담 심리학자, 상담 교사, 사회복지사 등 정신 건강 인력이 크게 늘어났다. 이 새로운 체제에서는 처벌이나 보상이 아니라 진단과 교육적 배려에 초점을 두었다. 또 학생들이 자신의 부정적 감정을 관찰하고 털어놓는 습관을 갖도록 가르쳤다. 교사에게는 '트라우마'를 학생의 잘못된 행동과 낮은 학업 성취도의 원인으로 이해하라고 조언했다.

이런 시스템은 아이의 성적을 높이기 위한 것이 아니었음에도 수많은 학부모가 동의했다. 부모들은 이런 시스템을 통해 행복하고 적응력 높은 아이로 키울 수 있다고 믿었다. 하지만 정신 건강 전문가에게 전례 없는 수준의 도움을 받았음에도 우리 아이들은 그 어느 때보다 외롭고, 불안하고, 우울하고, 비관적이고, 무력하고, 겁 많은 세대가 되었다. 왜일까?

어째서 체벌 없는 양육법을 택한 첫 세대의 자녀들이 절대 아이를 낳지 않겠다고 선언하는 첫 세대가 되었을까?[5] 왜 온화한 양육 방식으로 키운 아이들이 어린 시절에 트라우마를 겪었다고 생각하게 되었을까? 과거 어느 세대보다 더 많은 심리 치료를 받은 아이들이 어째서 끝없는 절망의 동굴에 빠지게 되었을까?[6]

그들이 겪는 문제의 원인을 단순히 인스타그램이나 스냅챗 같은 소셜 미디어의 과다 사용으로 돌릴 수는 없다. 직장 상사와 교사는 요즘 젊은 세대가 성인이라면 당연히 할 수 있으리라 기대되는 기본적인 일도 제대로 해내지 못한다고 말한다. 심지어 젊은 세대 본인들도 인정한다. 예를 들어 연봉 인상을 요구하는 것, 정치적 시위가 전국적으로 일어나는 기간에도 직장에 출근하는 것, 또는 평상시에 성실하게 출근하는 것,[7] '정신 건강'을 위해 필요하다며 과도한 휴식 시간을 요구하지 않고 맡은 책무를 완수하는 것 등이다.

16~17세 남자아이가 운전이 무섭다는 이유로 운전면허 취득을 미루는 일도 드물지 않다.[8] 21번째 생일 파티에 엄마를 초대하는 대학생도 많다. 그들은 성인이 된다는 것과 동의어나 다름없는 모험과 자유를 경계한다.

아이들은 외로움을 느낀다. 그들에게 정서적 고통은 익숙한 일상이 되었지만 그들도 부모도 그 이유를 정확히 알지 못한다. 부모는 답을 얻기 위해 정신 건강 전문가를 찾아가고, 자녀가 특정한 진단을 받으면 이제야 원인을 알았다는 안도감을 느낀다. 한 사람의 인생 전체가 진단명 하나로 요약되는 것이다.

급성장의 가능성을 마다할 산업은 없다. 정신 건강 전문가도 예외가 아니다. 정신 건강 관련 산업은 평범한 문제를 지닌 평범한 아이를 치료 시스템에 끝없이 끌어들임으로써 치료하는 것보다 더 빠른 속도로 환자를 만들어내고 있는지도 모른다.

아이들을 위한 이런 정신 건강 개입은 때로 역효과를 낸다. 전문가들은 개인의 다양한 성격 특성을 기능장애로 재해석함으로써 아이들이 스스로 정서적 또는 심리적 장애를 겪는다고 여기게 만들었다. 그들은 모든 사람이 치료가 필요하고 누구나 적어도 조금씩은 '고장 나 있다'고 가정한다.

그들은 '회복력'에 대해 말하지만 사실 그들이 하고 싶은 말은 '자신의 트라우마를 받아들여라'다. 그들은 '정신 질환에 대한 부정적 인식을 없애길' 꿈꾸면서 요정이 뿌리는 마법 가루처럼 진단명을 여기저기 뿌려댄다. '웰니스'를 위해 힘써왔지만 결과적으로 우리는 최근 역사에서 가장 급격하고 지속적인 한 세대의 정신 건강 악화를 목격하고 있다.

전문가들은 거역하기 어려운 카리스마로 수많은 부모를 설득해 자녀에게 문제가 있다고 믿게 만들었다. 그들은 양육 과정에 남의 시선을 의식하는 태도와 지나친 불안감을 불어넣었다. 교사를 동원해 교육 현장에 치료 중심 체제를 적용하고 모든 아이를 정서적 손상을 입은 것처럼 대하게 했다. 소아과 의사에게 압력을 넣어 여덟 살밖에 안 된 아이에게(그저 배가 아파서 온 경우라도) 자신이 죽으면 부모님이 더 행복해질 거라고 생각하는지 물어보게 했다.[9] 학교는 확고한 자신감을 드러내는 전문가를 적극 도왔고 소아과 의사는 기꺼이 협조했으며 부모는 저항 없이 순순히 따랐다.

이제는 저항을 시작해야 할 때인지도 모른다.

1부

독이 된 치료

최고의 의사들은
지옥에 떨어지게 돼 있다.

―『미쉬나Mishnah』(유대 문화에 구전되는 율법을 기록한 문헌―옮긴이)

1장

부모의 불안을 먹고사는 사람들

2006년 나는 짐을 몽땅 싸서 워싱턴 D.C.를 떠나 로스앤젤레스로 이사했다. 남자 친구와 가까운 곳에 살기 위해서였다. 그 전에 캘리포니아주에 가본 건 딱 한 번, 몇 달 전 남자 친구의 부모님을 뵈러 갔을 때뿐이었다. 남자 친구와 그의 가족을 제외하고 만약 내가 갑자기 죽으면 시신을 확인해줄 수 있는 사람은 전부 미국 동부에 살았다.

당시 나는 스물여덟 살이었다. 로스쿨을 졸업한 뒤 변호사가 되었지만 업무가 맞지 않아 좀처럼 마음을 다잡을 수 없었다. 로스앤젤레스에서 사업을 하는 남자 친구와의 관계를 위해서라도 그가 있는 곳으로 이사할 필요가 있었다.

하지만 낯선 도시에서의 새로운 삶이 나를 미치게 할 가능성이 크다는 사실도 잘 알았다. 나의 가장 친한 친구 버네사도 워싱턴 D.C.에서 변호사로 일했다. 엄청난 업무량과 시차 탓에 그녀와 자주 통화하기는 쉽지 않을 터였다. 나는 원하는 시간에 고민과 불안을 털어놓을 누군가, 즉 버네사 역할을 대신할 사람이 필요했기에 난생처음 심리 상담을 신청했다.

심리 치료사는 일주일에 한 번씩 50분 동안 내 이야기를 정성껏 들어주었다. 똑같은 이야기를 반복해도 절대 지루해하지 않았다. 그녀는 프로였다. 나 자신에게만 너무 몰두한다는 죄책감을 느끼게 하지도 않았다. 그녀는 내가 감정을 쏟아내도록, 편하게 울도록 해주었다. 상담실을 나올 때면 골치 아픈 인간관계로 마음속에 박혀 있던 가시가 겉으로 살살 밀려 나와 쏙 뽑힌 듯한 기분이 들었다.

치료사는 내가 그렇게 나쁘거나 잘못된 사람이 아님을 깨닫게 도와주었다. 대부분의 문제는 내가 아닌 다른 누군가의 잘못 때문에 생겨난 것이었다. 사실 내 주변 사람들은 생각한 것보다 더 문제가 많았다! 우리는 그들에게 이런저런 진단명을 붙이곤 했다. 친척 중에 자기애성인격장애narcissistic personality disorder인 사람이 그렇게 많은 줄 누가 알았겠는가? 속이 다 후련했다. 치료사는 금세 값비싼 친구가 되었다. 그녀는 온갖 사안에서 내 의견에 동의하며 맞장구를 쳐주었고, 우리 둘 다 아는 사람들의 흉을 보기도 했다.

그해에 남자 친구가 청혼했고, 나는 받아들였다. 그런데 결혼식을 한 달 앞두었을 때 치료사가 폭탄 같은 말을 던졌다. "두 분은 아직 결혼할 준비가 안 된 것 같아요. 이 문제와 관련해 상담을 좀 더 진행하는 게 좋겠어요."

혼란스러웠다. 투명한 유리문이 있다는 것을 모르고 힘차게 걸어가다가 쾅 부딪힌 듯한 기분이었다.

심리 치료사는 경외감이 느껴질 만큼 대단한 여성이었다. 나보다 적어도 열다섯 살은 더 많았고 심리학 박사 학위가 있었으며, 오랜 세월 안정적인 결혼 생활을 하고 있었다. 또 평소 다니는 필라테스 수업을 절대 빠지지 않는다고 했다. 한번은 상담하기 전에 그녀가 먼지 한 톨 없는 책상 앞에 앉아 조심스럽게 포장지를 벗기고 단백질 바를 먹는 모습을 보았는데, 음식 섭취라는 아주 기본적이고 평범한 행동에서도 품위와 절제력이 풍겨 나와 나도 모르게 속으로 경탄했다. 그런 만큼 '결혼할 준비가 안 된 것 같다'는 그녀의 말로 감정적 혼란에 빠져 결혼 계획이 틀어질 수도 있었지만 어째서인지 그러지 않았다. 심리 전문가이긴 해도 그녀 역시 인간이고 실수를 할 수 있었다. 멀리 떨어진 낯선 도시로 이사해 새로운 삶을 시작하고 적응하는 큰 도전을 완수한 나는 독립심과 회복력이 생긴 덕에 그녀의 말에 쉽게 흔들리지 않았다. 내가 결혼하는 데 그녀의 허락이 필요한 것도 아니었다. 나는 그녀에게 그동안 도와줘서 감사했다고 음성 메시지를 남겼다. 하지만 당분간 상담을 쉬어야겠다고 말이다.

그로부터 몇 년 뒤, 행복한 결혼 생활을 하는 도중에 그녀를 찾아가 심리 상담을 다시 시작했다. 물론 부부 문제 때문은 아니었다. 얼마 후에는 정신분석 전문가의 상담도 1년쯤 받았다. 상담실에 앉아 있을 때면 뭔가를 크게 깨닫기도 하고 불안해지기도 했다. 가끔은 재미있다고 느끼기도 했다. 내면에서 일어나는 일과 심리 상태를 알아가는 것은 유익하고 만족스러웠다.

나는 치료사의 견해에 동의하면 그렇다고 말했다. 동의하지 않을 때는 그 점에 대해 함께 이야기를 나누었다. 이쯤이면 됐다 싶어 다른 주제로 넘어가고 싶으면 그렇게 했다. 다시 말해 '성인으로서' 심리 치료에 참여했다. 나름대로 긴 세월 인생의 거친 파도를 겪었기에 자기 이해와 자존감도 어느 정도 생겼고, 내 인식과 판단이 정확하다고 느끼는 부분도 있었다. 그래서 이렇게 말할 수 있었다. "제가 선생님한테 잘못된 인상을 심어준 것 같습니다.", "우리가 지금 좀 심하게 엄마 탓을 하고 있는 건 아닐까요?" 더 나아가 "심리 치료를 그만두기로 결정했어요"라고 말이다.

일반적으로 어린이와 청소년은 그렇게 말하기가 힘들다. 아이와 치료사 사이에 존재하는 힘의 불균형이 너무 크기 때문이다. 그들의 자아감sense of self(자신에 대해서 갖는 일관적인 평가 혹은 믿음—옮긴이)은 아직 완성되지 않은 상태다. 그들은 심리 치료사의 해석이나 권고에 다른 의견을 제시할 수 없다. 그들 자신이나 가족에 대해 치료사가 말하는 의견에 반박하기도 어렵다. 그들에게는 아르키메데스의 점Archimedean point(관찰자가 객관적 진실을 지각할 수 있는 가설적 지점—옮긴이)이 없기 때문이다. 인생 경험이 너무 적다는 뜻이다.

그럼에도 나와 같은 세대의 수많은 부모가 아이에게 심리 치료를 받게 했으며 때로는 예방 차원에서 상담을 받게 했다. 아이가 유치원에 적응하는 것을, 사랑하는 고양이의 죽음으로 느끼는 슬픔을 이겨내는 것을 돕기 위해 심리 치료를 신청했다. 어떤 엄마는 두 딸이 중학교에 들어가자마자 상담료를 정기적으로 내는 '장기 계약'을 맺었다면서 이렇게 말했다. "내가 우리 엄마한테 하기 싫은 이야기가 있었던 것처럼 딸들도 그럴 테니, 그런 것에 대해 편하게 대화할 누군가가 필요하니까요."

어떤 부모들은 골치 아픈 10대 자녀의 생각과 감정을 감시하기 위해 심리 치료사를 고용했다고 말했다. "우리 애가 한 말을 치료사가 저한테 그대로 알려주지는 않아요. 하지만 아이가 잘 지낸다는 걸 치료사를 통해 어느 정도는 알 수 있거든요." 그리고 때로 심리 치료사는 어린 전쟁 포로에게서 자백받은 특정한 정보를 부모에게 전달했다.

여기서 '치료therapy'라는 개념이 모호하게 느껴진다면 이는 높은 확률로 전문가들 때문이다. 미국소아청소년정신의학회American Academy of Child and Adolescent Psychiatry에서 제공하는 '심리 치료psychotherapy'의 정의는 동어반복에 불과하다. "심리 치료란 치료자와 아동 또는 가족 사이에 이뤄지는 치료적 대화 및 상호작용을 통한 일종의 정신과적 치료다."[1] 미국심리학회American Psychological Association에서도 심리 치료에 대해 다음과 같은 동어반복적 정의를 제시한다. "훈련받은 전문가가 제공하는 모든 심리학적 치료 서비스를 말한다."[2]

'시계'란 무엇인가? '시간을 측정하는 장치'다. 그렇다면 '시간'이란 무엇인가? '시계로 측정하는 무언가'다. 심리 치료의 정의도 이와 크게 다르지 않다. 치료자가 환자와 나누는 모든 대화가 '치료'로 간주된다. 감정과 개인적 문제에 대해 이야기를 나누는 것이 신체적 질병을 치료할 때 먹는 약의 역할을 하는 셈이다.

부모들은 좋은 의도를 지닌 전문가에게 받는 치료가 아동이나 청소년의 정서 발달에 무조건 도움이 된다고 믿는다. 그러나 이는 큰 착각이다. 도움을 줄 가능성을 지닌 모든 치료적 개입이 그렇듯 심리 치료도 피해를 가져올 수 있다.

치료가 병을 키우는 아이러니

병원에 가는 환자는 늘 위험에 노출된다.[3] 어떤 위험은 무능력한 의사 탓에 생긴다. 예를 들어 환자가 신장을 절제하러 갔는데 의사가 엉뚱한 장기를 없애는 경우다('잘못된 부위 수술'은 생각보다 자주 일어난다[4]). 또는 부주의가 위험 상황을 만들어낸다. 의사가 수술을 한 뒤 클램프나 외과용 스펀지를 환자의 복부 안에 넣은 채 봉합해버리는 것이다.

환자의 장기가 '칼에 베이기도' 하고 수술은 순조롭게 진행됐지만 환자의 수술 부위에 기회감염opportunistic infection(건강한 사람이 아니라 쇠약하거나 면역력이 떨어진 사람에게 일어나는 감염—옮긴이)이 발생한다. 마취제가 알레르기 반응을 일으키기도 하며 병상에 너무 오래 누워 있어서 욕창이 생기기도 한다. 모든 절차가 계획대로 진행되어도 애초에 문제를 잘못 이해한 채 전반적인 치료법을 결정하는 경우도 있다.

'의원병醫原病, iatrogenesis'은 이 모든 경우를 포괄하는 용어다. 그리스어로 '치료자에게서 기원하다'를 뜻하는 'iatrogenesis'는 의료 행위자가 치료 과정에서 환자에게 해를 끼치는 현상을 가리킨다. 의료 과실일 때도 있지만 의료진에게 과실이 없는 경우도 많다. 많은 의원병은 의사의 악의나 무능력 때문이 아니라 치료 과정에서 환자가 외인성 위험에 노출되어 일어난다.

의원병은 곳곳에서 흔히 볼 수 있다. 모든 개입은 위험을 동반하기 때문이다. 그럼에도 아픈 사람이 치료를 받는 이유는 대개 위험을 감수할 가치가 있어서다. 하지만 건강한 사람이 치료를 받는다면 이로움을 얻을 가능성보다 위험을 떠안을 가능성이 더 클 때가 많다.

내가 말하는 '개입'이란 결함이 있거나 정상 생활이 불가능한 사람에게만 제공하는 모든 종류의 조언이나 교정책을 뜻한다. 따라서 아이들에게 "채소를 먹어라", "잠을 충분히 자라", "친구들과 뛰어놀아라"라고 말하는 것은 조언이지 개입은 아니다. 그런 것은 누구에게나 당연히 필요한 일이다.

개입이라고 말할 수 있는 일반적인 원칙은 다음과 같다. 필요하지 않은 엑스레이 촬영은 하지 마라. 의사 친구에게 인사하겠다고 응급실에 들러서 병원균에 노출되지 마라. 반드시 필요한 경우가 아니라면 아이에게 심리 치료를 받게 하지 마라. 앞의 두 가지는 누구나 안다. 그러나 마지막 조언은 의외라고 느낄지도 모른다.

심리 치료는 정말로 도움이 될까

그동안 대형 사고나 참사(테러 공격, 전투[5], 심각한 화상 등)를 겪은 피해자에게 권장되는 표준 치료법은 '심리적 경험 보고psychological debriefing'였다.[6] 비극의 피해자들은 전문 치료사가 진행하는 집단 상담에 참여했다. 이 자리에서 그들은 자신의 부정적 감정을 '처리'하도록 권장받았고 외상후스트레스장애Post-Traumatic Stress Disorder, PTSD 증상을 인지하는 법을 배웠으며, 치료를 중단하지 말고 계속 참석하라는 권유를 들었다. 여러 연구에 따르면 이와 같은 기본적인 절차 만으로도 PTSD 증상이 더 '악화'될 수 있다.[7]

심리 치료사들은 대개 '자신의 문제에 대해 전문가와 깊이 대화하는 것은 누구에게나 도움이 된다'는 관점을 갖고 있다. 하지만 그렇지 않다.[8] 그리고 '치료사가 프로토콜을 성실히 따르고 좋은 의도를 갖고 있기만 하면 환자 상태가 반드시 나아진다'는 것도 사실이 아니다.

효과를 낼 만큼 강력한 모든 개입은 동시에 피해를 입힐 가능성도 크다. 심리 치료는 누구에게나 무해한 민간요법이 아니다. 심리 치료는 증상과 고통을 줄일 수 있지만 의도하지 않은 피해를 줄 수 있으며 환자 중 최대 20퍼센트에서 그런 일이 발생한다.[9]

내담자가 자신을 아픈 사람으로 인식하면 진단명을 중심으로 자기 이해를 재조정하기도 한다.[10] 그 과정에서 가족 간에 거리감이나 불화가 생길 수 있다. 자신이 겪는 모든 문제가 엄마 탓이라는 걸 깨달으면서 엄마가 보기 싫어지는 것이다. 심리 치료는 때로 부부 생활의 스트레스를 악화하고, 환자의 회복력을 손상하고, 환자를 트라우마에 더 시달리게 하고, 더 우울하게 만들 수 있으며, 자기 효능감을 손상시켜 환자가 삶을 개선하지 못하게 방해할 수 있다.[11] 편안한 소파에 앉아 손 닿는 곳에 준비된 티슈 옆에서 상담받는 환자를 천천히, 그러나 지나칠 정도로 치료자에게 의존하게 만들기도 한다.[12]

일반적으로 성인은 다른 성인에게 쉽게 끌려다니는 일이 훨씬 적은데도 이런 현상이 일어날 수 있다. 이와 같은 의원병 효과는 아이들에게 적어도 성인과 같은 위험 요인이 되며 실제로는 훨씬 더 큰 위험을 제공할 가능성이 높다.

비행기 추락 사고 현장을 수습한 이후 집단 상담에서 심리적 경험을 언급한 경찰관은 집단 상담 치료를 받지 않은 경찰관보다 18개월 후 재난과 관련한 과다 각성 증상이 '더 많이' 나타났다.[13] 화재 사고 피해자는 상담 치료를 받은 후 치료를 받지 않은 이보다 '더 심한' 불안 증세를 보였다.[14] 동료 지원 그룹에 참여한 유방암 환자는 참여하지 않은 이보다 자신의 병과 관련해 '더 큰' 우울감을 느꼈다.[15] 그리고 가족이 사망한 이들을 위한 상담 치료의 경우 내담자가 상실에서 회복하는 것을 돕기는커녕 '더 어렵게' 만들 때가 많다.[16] 상담에서 감정 털어놓기를 '선택하지 않은' 사람들은 자신에게 도움이 되는 것이 무엇인지 전문가보다 더 잘 알 때가 있다. 즉 가족과 시간을 보내고, 운동을 하고, 한 걸음씩 앞으로 나아가면서 천천히 상실에 적응하는 것이 더 효과적일 수 있다.[17]

정신 건강에 관한 한 우리의 심리적 욕구와 과정은 사람마다 다르며, 그 차이는 정신 건강 전문가들이 인정하는 것보다 훨씬 크다. 매주 화요일 오후 4시는 상담료를 내고 고용한 전문가 앞에서 당신의 고민과 슬픔을 마주하기에 적당한 시간이 아닐 수도 있다. 추억을 떠올리며 친구와 수다 떠는 것, 남들 앞에서는 절대 못할 농담을 배우자와 하는 것, 또는 사촌이 이삿짐 싸는 일을 도와주는 것이 슬픔에 잠긴 사람들과 함께 방에 둘러앉아 있는 것보다 정신적 고통에서 빠져나오는 데 훨씬 도움이 되는 경우가 많다. 심리 치료는 때로 정상적인 회복을 막거나 자신만의 방식으로 자신에게 맞는 때에 스스로 치유하는 능력을 방해할 수 있다.

이렇게 생각해볼 수도 있다. 상실이나 큰 사고를 겪은 이들을 위한 집단 상담 치료에서는 참가자가 슬픔에 빠진 이들과 계속 시간을 보낼 수밖에 없다. 그러면 비교적 회복력이 강한 사람도 더 슬퍼지고, 안 그래도 우울한 사람이 우울한 생각을 계속 곱씹게 된다. 그리고 가장 우울한 사람들이 분위기에 큰 영향을 미치고 그 공간 자체를 '불행의 행성'으로 만들어버리면서 나머지 모두가 부정적 감정에 갇힌다.

개인 상담 역시 부정적 감정을 강화할 수 있다. 정신과 의사 서맨사 보드먼Samantha Boardman은 몇 주쯤 치료를 받다가 그만둔 환자에 대해 솔직하게 썼다. 환자는 보드먼에게 이렇게 말했다고 한다. "여기 와서 하는 일이라고는 제 인생에서 벌어진 나쁜 일에 대해 이야기하는 것뿐이에요. 상담실에 앉아서 45분 내내 불평불만만 쏟아낸다고요. 즐거운 하루를 보내고 있다가도 여기만 오면 온갖 부정적인 일을 떠올리게 돼요."[18] 그 글을 읽으면서 나는 과거에 심리 치료를 받을 때 상담실에서 털어놓을 감정적 상처를 차곡차곡 모아두곤 했던 일이 떠올랐다. 상담 때 뭐라도 이야기할 주제가 있어야 하니까 말이다. 그것은 그냥 잊고 넘길 수도 있는 상처들이었다.

흥미롭게도 환자들은 치료 이후 증상이 객관적으로 '악화'된 경우에도 심리 치료가 도움이 됐다고 믿는 경향이 있다.[19] 대개 사람들은 상담실을 나오면서 느끼는 기분, 즉 나쁜 생각과 감정이 '깨끗이 씻긴 듯한' 기분에 의지해 치료가 효과를 발휘한다는 생각을 정당화한다. 직업적 상황이나 인간관계 같은 객관적 지표를 점검한 뒤 결론을 내리는 경우는 드물다. 때때로 그들의 삶이 실제로 개선되는 경우는 심리 치료가 효과를 냈기 때문이 아니라 치료를 시작하게 이끈 동기와 의욕이 다른 긍정적 변화를 이끌어냈기 때문이다. 친구 및 가족과 더 많은 시간을 보내고, 오랫동안 소식을 듣지 못한 지인들에게 연락하고 봉사 활동을 하고 식단을 관리하고 운동을 하는 등의 변화 말이다.

놀랄 만큼 많은 경우 심리 치료라는 개입 자체는 검증된 효과가 별로 없다.[20] 그럼에도 아동과 청소년에게 저돌적으로 이루어지고 있다.

'긁어 부스럼'이 된 마약 사용 방지 프로그램

때는 1992년. 파란색 아이라이너, 닥터 마틴 부츠, 무릎이 찢어진 스노 진이 유행하던 시대. 묵직한 신발과 제복 차림의 경찰관이 고등학교 강당에 뚜벅뚜벅 걸어 들어온다. 뻣뻣한 검정 벨트 끝에 매달린 열쇠 뭉치가 짤랑거린다. 그는 마약의 위험에 대한 설교를 한참 쏟아낸다.

이것은 인생을 망칠 수 있는 마약의 위험성에 대한 인식을 높이고자 시행한 약물 남용 방지 교육Drug Abuse Resistance Education, D. A. R. E. 캠페인의 한 장면이다.[21] D. A. R. E. 프로그램의 상담사들은 20세기의 가장 영향력 있는 심리학자 중 한 명인 칼 로저스Carl Rogers가 개발한 치료 기법을 활용해 학생들을 일종의 집단 상담에 참여시켰다. 이들은 학교를 방문해 아이들이 개인적 문제에 대해 이야기하고, 마약 사용 경험을 고백하고, 마약을 거부하는 모습을 보여주는 역할극을 하도록 지도했다.[22]

하지만 시간이 지날수록 우리는 D. A. R. E. 프로그램으로 아이들을 교육할 수는 있지만 오히려 그들이 코웃음을 치게 만들 수도 있음을 알게 됐다. 이 프로그램은 실패했고, 여기에 관련된 모든 이들을 난감하게 했다. 여러 후속 연구에서 이 프로그램이 실제로는 10대의 약물 및 알코올 사용을 '증가시켰을' 가능성이 있음을 보여주었기 때문이다.[23] 1980년대 후반 당시 10대였던 배우 커크 캐머런Kirk Cameron이 앳된 얼굴로 TV에서 청소년들을 향해 "마약을 한다고 해서 멋져 보이진 않아"라고 애원했지만, 10대들은 어른들과 학교 당국의 앞잡이 노릇을 하는 배신자에게 콧방귀를 뀌었다. 커크는 멋져 보이는 데 다른 방법이 얼마든지 있다고 말했지만, 그 말을 들은 10대들은 마약이 그 무엇보다 빠르고 쉬운 방법이라고 생각한 것으로 보인다.[24] 원래 마약에 관심도 없던 아이들이 집단 상담에 참여해 마약에 대해 이야기한다면? 어떤 아이들은 마약 복용에 호기심이 생길지도 모른다.

돕고 싶어 하는 것 vs 도움이 되는 것

대다수 심리 치료 전문가는 환자를 돕고 싶어 하지만 때로는 그들의 개입이 도움을 주지 못한다. 그리고 인지행동치료Cognitive Behavioral Therapy, CBT가 공포증 치료에 효과를 냈듯이 일부 치료법은 한정된 영역에서 성과를 보였지만, 심리 치료의 효능을 연구한 이들은 다양한 유형의 치료법이 발휘하는 전반적인 효과가 뚜렷하지 않다고 지적하곤 한다.[25]

환자에게 무시무시한 치료법을 강권한 정신 건강 전문가들의 역사는 길고 화려하다. 그들은 자신이 치료할 수 있다고 주장하는 환자에게 새로운 문제를 야기했다. 다행히 지금은 인슐린 쇼크 요법(환자에게 인슐린을 주사해 혼수상태에 빠뜨렸다가 깨워 정신 질환 증상을 개선하는 방식—옮긴이), 환자를 일부러 말라리아에 감염시키는 치료법, 전두엽 절제술 같은 많은 끔찍한 치료법이 폐기되었다. 이것은 중세가 아니라 불과 지난 세기에 행해진 방법이다.[26] 20세기 초에 정신 치료 전문가들은 신경쇠약neurasthenia이라는 가짜 병을 유행시켰다. 한 세기 후에도 그들은 여전히 회복된 기억증후군recovered memory syndrome, 다중인격장애multiple personality disorder 같은 질환을 만들어냈다.[27] 또 그들은 곳곳에서 광범위하게 사탄 숭배 의식 중 학대가 일어난다는 소문을 그대로 믿었다.[28]

최근 10년간 심리 치료사들은 성별불쾌감gender dysphoria(타고난 신체적 성별에 불편감을 느끼는 것—옮긴이) 열풍을 촉진했다. 10대 여학생이 성별불쾌감을 겪는다고 진단받는 사례가 4,000퍼센트 증가했다.[29] 의학적 성전환 수술을 받은 것을 후회하고 탈성전환detransition(성전환을 한 사람이 원래 성으로 돌아가는 것—옮긴이)을 택하는 젊은 여성이 늘고 있으며 이들은 놀라울 만큼 비슷한 이야기를 들려준다. 그들의 인생이 원래 선로에서 급격히 이탈한 지점으로 거슬러 올라가보면 대개 정신과 의사나 심리 치료사가 존재했다. 마치 스위치를 조작해 선로를 변경하는 철도 신호수처럼 말이다.[30]

인간의 뇌는 세상에서 가장 복잡하면서도 원리가 가장 적게 밝혀진 유기적 구조물이라 해도 과언이 아니다. 정신 문제를 해결하는 일은 부러진 뼈를 붙이는 일보다 훨씬 더 어려운 작업이다. 우리는 심리 치료사가 신체적 병을 고치는 의사보다 실수를 '덜' 저지를 것이라고 기대해서는 안 된다. 그러니 우리가 전문가들이 심리 치료의 한계에 대한 논의에서 지금보다 더 투명하고 겸손한 태도를 보이기를 기대하는 것은 합당하다.

미국심리학회에서는 "심리학자들은 심리 치료를 통해 모든 연령대의 사람이 더 행복하고 건강하며 생산적인 삶을 살 수 있게 돕는다"라고 공표했다.[31] 슬프게도 그들이 목표에 가까이 다가가고 있음을 보여주는 증거는 존재하지 않는다. '돕고 싶어 하는 것'은 '실제로 돕는 것'과 전혀 다르다.

의원병의 피해자가 된 아이들

의료적 처치가 부작용을 초래할 수 있음을 직업상 인정할 의무가 있는[32] 의사들에게 의원병은 낯선 개념이 아니다.[33] 그러나 내가 심리 치료사들에게 심리 치료에 위험이 동반되느냐고 단도직입적으로 물었을 때, 대다수는 위험을 축소했고 많은 이들은 위험 가능성을 아예 부인했다.[34] 그들은 상담 치료를 정신 질환 치료에 효과적인 해결책이라고 강조했지만 심각한 위험이 동반된다는 사실은 부인했다.

어째서 대부분의 심리 치료사는 자신이 의원병 효과에 따른 피해를 일으킬 '가능성'을 인정하지 않을까? 이 문제를 살펴본 연구자들은 "심리 치료사는 의사와 달리 치료 도구의 '생산자'이며" 따라서 "모든 부정적 효과에 대해 법적으로는 아닐지라도 책임을 져야 하기 때문"이라는 결론을 내렸다.[35] 심리 치료사는 종종 약이 효과를 발휘하지 못한다는 사실을 인정하기 싫어한다. '그 자신'이 곧 약이기 때문이다. 그걸 인정하면 자신이 공격받는 듯한 기분을 느낀다.

그들은 의원병 문제를 솔직하게 다루기 어려운 보상 구조에 놓여 있다. 의사는 갑상선 약이 더는 효과가 없다고 판단해 복용을 중지시켜도 환자를 잃지 않는다. 그러나 심리 치료사는 약, 즉 상담을 제공하는 만큼 돈을 받는다. 따라서 내담자에게 더는 심리 치료가 필요 없다고 말하면 고객을 잃는다.

그뿐 아니라 '증상이 가장 미미한' 사람을 '최대한 오랫동안' 치료해야 심리 치료사에게 이익이다. 그들에게 조울증이나 조현병 환자를 치료하는 일이 어떠냐고 물어보면 '엄청나게 어렵다'는 대답이 돌아올 것이다(그렇기 때문에 많은 치료사가 그런 환자를 거부한다). 그런데 사회불안장애가 있는 10대 청소년과 일주일에 한 번씩 만나 대화를 나누는 일은 어떨까? 부모는 상담료를 꼬박꼬박 제때 내고, 아이의 문제는 그다지 심각하지 않으며, 상담 도중 폭력적 상황이 일어나지도 않는다. 그런 환자를 확보한 치료사가 그를 놓아주기 싫어하는 것은 당연한 일이다.

대부분의 심리 치료사는 자신의 치료법 때문에 환자의 상태가 악화됐는지 알 수 없다. 부작용을 추적 관찰하는 노력을 기울이지 않기 때문이다. 직업 자체가 그것을 의무화하지 않는다. 과거 한때 환자 치료 활동을 전담했던 정신과 의사들은 최근 몇십 년 사이에 대부분 상담 치료를 중단했다.[36] 의사들이 누리던 의료적 권위가 이제 의학 교육을 받지 않은 이들에게 옮겨 갔다.

게다가 심리학 분야에는 치료에 따른 '피해'가 무엇인지 정의하는 명확한 가이드라인이 없기 때문에[37] 심리 치료사가 피해를 추적하고 싶다 해도 방법이 모호하다. 어떤 연구자들은 이렇게 말했다. "이혼은 긍정적인 사건도 부정적인 사건도 될 수 있다. 마찬가지로 상담 중 내담자가 우는 것은 고통스러워하는 것으로 해석할 수도 있고 치료에 진전이 있다는 의미로 해석할 수도 있다."[38]

의원병 효과의 위험을 검토하지 않고 내버려두면 피해 사례는 계속 늘어가기만 한다. 이는 아픈 사람보다 건강한 사람에게 훨씬 더 큰 위협이 된다. 그 이유를 이해하기는 어렵지 않다. 총상을 입은 사람에게는 수술실에서 기회감염에 노출되는 것을 피하는 일보다 목숨을 구하는 수술을 받는 것이 더 중요하다. 반면 날카로운 물건에 피부가 살짝 긁힌 사람은 수술로 얻을 것이 전혀 없다. 위험에만 노출될 뿐이다.

건강한 아이들에게 불필요한 정신 건강 치료를 받게 할 때 무엇을 얻게 될까? 바로 전례 없는 수준의 의원병 효과다. 이 점을 명심하고 아이들을 대해야 한다.

2장
'치료의 시대'가 불러온 위기

열여섯 살인 노라[1]는 성숙한 여성의 느낌이 언뜻 비치지만 아직은 친구들과 깔깔대는 걸 제일 좋아하는 청소년이다. 곱슬거리는 긴 갈색 머리칼을 풍성하게 늘어뜨린 채 잇몸과 치아 교정기가 다 드러나도록 활짝 웃는 노라는 친구들 이야기를 할 때면 유독 얼굴이 밝아진다. 노라는 항상 스냅챗으로 친구들과 소통한다. 하루 종일, 심지어 수업 시간에도 스냅챗을 한다. 남부 캘리포니아에 위치한 사립 고등학교에 다니는 그녀는 학교 합창단에 소속돼 있고 연극에서 늘 배역을 따내며 성적도 상위권이다.

4월 어느 날 오후, 나는 노라와 함께 그녀가 엄마, 새아버지와 사는 집 뒤뜰에 놓인 야외용 의자에 앉아 있었다. 노라는 긴 머리칼을 등 뒤로 넘기면서 짧은 주름치마 밑으로 드러난 매끈한 두 다리를 번갈아가며 꼬았다. '나도 이제 다 큰 성인이에요'라는 메시지를 보내고 싶은 모양이었다. 자신이 나보다 더 매력적이고 최신 유행에 밝다고 믿으면서 말이다.

노라는 "아주 심각한 상황을 겪는 친구가 주변에 늘 있어요. 왜 그런지 모르겠어요"라고 말했다.

고등학교 여자애들은 그렇게 마련이다. "어떤 걸 겪는데?"라고 물었더니 노라가 대답했다.

"불안, 우울증, 부모님과의 갈등, 자해 같은 거요."

"자해라면 어떤 걸 말하는 거지?"

"날카로운 뭔가로 피부를 긁거나, 심한 상처를 내거나, 거식증을 앓거나 하는 것 말이에요." 그녀는 줄줄이 나열했다. "기본적인 욕구를 무시해버리는 것도요. 예를 들어 제 친구는 엄청 뜨겁거나 차가운 물로 샤워를 해요."

"그렇구나. 또 다른 건?"

"발모벽이요."

"뭐라고?"

"자기 몸에 난 털을 뽑는 행동 말이에요. 그건 진짜 심각한 문제예요."

'털뽑기장애hair-pulling disorder'라고도 부르는 발모벽은 자신의 털을 뽑아 만족감과 안도감을 느끼려는 충동을 억제하지 못해 머리카락, 눈썹, 속눈썹을 뽑는 것을 말한다. 노라는 해리성정체성장애dissociative identity disorder, 성별불쾌감, 자폐스펙트럼장애autism spectrum disorder, 투렛증후군도 언급했다. 이것들은 과거에 찾아보기 힘들었지만 요즘 청소년에게는 전혀 드물지 않은 진단명이다.

노라는 수많은 정신장애 명칭에 익숙했다. 마치『정신 질환 진단 및 통계 편람Diagnostic and Statistical Manual of Mental Disorders, DSM』을 침대 머리맡에 두고 늘 들춰보는 사람처럼 말이다(물론 그러지는 않는다).

아무리 봐도 잘 지내는 것 같지 않은 이 아이들에게 심리 상담을 권유하고 싶을지도 모른다. 실제로 노라의 친구 중 '상당히 많은' 아이가 치료를 받고 있었다. 몇 년째 심리 상담을 받고 있는 아이도 많았고, 일부는 정신과 약물도 복용한다고 했다. 나는 그런 것이 도움이 되는 것 같냐고 물었다.

"몇몇 애들한테는 도움이 되겠죠. 나머지는 어떤지 모르겠네요." 노라는 어깨를 으쓱했다. "제 친구는, 참, 이름은 밝히지 않을게요. 코로나19가 시작된 뒤로 불안 증세가 심해졌어요. 그때부터 몇 년째 약을 먹고 있죠. 상담 치료도 받고요. 그런데 상태가 더 나빠지는 것 같아요." 노라는 잠깐 곰곰이 생각하더니 덧붙였다. "사실 약 먹기 전이 더 나았던 것 같아요."

친구들이 무엇 때문에 힘들어하는 것 같냐고 물었더니, 노라는 조금 전과 비슷하게 아주 힘든 상황을 겪고 있다고만 대답했다. 그게 뭐냐고 다시 묻자 불편한 친구 관계, 남자 친구와의 이별, 부모님과의 갈등 같은 것이라고 모호하게 대답했다.

많은 청소년을 인터뷰한 경험상 노라가 질문을 회피하지 않고 솔직한 태도로 임한다는 걸 알 수 있었다. 요즘 10대들은 주로 디지털 기기를 통해 끊임없이 소통한다. 소통 내용은 이전 세대보다 훨씬 더 피상적이다. 여학생끼리도 마찬가지다. 마음속 깊은 곳의 생각과 감정을 나누기보다 밈이나 주고받곤 한다. 제일 친한 친구에게도

"나 요즘 힘들어. 그러니 네가 공감해주고 날 좀 잘 받아줬으면 좋겠어" 하는 정도의 느낌만 전달한다.

노라의 친구 중 몇몇은 부모님에게 '정서적 학대'를 당하고 있다고 하소연한다고 했다. 왜 그 애들의 심리 상담사가 아동보호 기관 같은 곳에 신고하지 않았느냐고 묻자, 노라는 침착하게 자신이 보기에는 친구들이 과장하는 것 같다고 대답했다. 하지만 친구 관계를 유지하려면 힘들어하는 친구의 말을 믿어줘야 한다.

또 노라는 이런 말을 해도 될지 모르겠다는 표정을 지으며 말했다. "요즘은 다들 자기 정신 건강 문제를 일상에서 화젯거리로 삼는 것 같아요. 꼭 유행이나 트렌드 같아요."

내가 청소년들을 인터뷰하면서 그런 말을 적어도 열두 번쯤 들었다고 이야기하자, 노라는 안심한 듯 한숨을 내쉬었다. 불안장애나 우울증을 겪는 친구들에게 둘러싸여 있는 것은 어떤 기분일까? 노라의 말에 따르면 진단명을 받지 않은 아이들은 소외된 기분을 느낀다고 했다.

"정신적 문제 하나쯤 겪고 있는 걸 당연하게 여겨요. 그런 진단을 받는 게 정상인 것처럼 되어가고 있어요. 사실 정상이 아닌데 말이에요. 정신적 문제를 지닌 아이들이 워낙 많다 보니 어떤 면에서는 이제 비정상이 정상이 된 것 같아요. 이런데 제가 어떻게 영향을 안 받겠어요? 저도 우울해지지 않으면 그게 이상한 일 아닐까요?"

내가 주변에 정신적 문제를 겪는 친구들이 있으면 우울해지는 이유가 뭐냐고 묻자, 노라는 이렇게 말했다.

"제가 아는 애들 셋이 정신병원에 장기간 입원했어요. 그중 한 명은 자살했죠." 그들 셋 모두 고등학생이었다.

노라는 주변 친구 대다수보다, 그리고 내가 인터뷰한 많은 청소년보다 훨씬 잘 지내고 있었다. 친구도 많고 오래 사귄 남자 친구도 있으며 학교 성적도 뛰어나고, 나름대로 미래에 대한 계획도 있었다. 노라는 정신과 약물도 복용하지 않고 상담 치료도 받지 않았다.

하지만 정신 건강 문제에 대한 노라의 관점은 단순하고 불완전했다. 그녀는 심각한 정신 질환이 있어서 정신과 치료가 꼭 필요한 아이들과 자신이 심리적 불편감을 느끼는 이유를 찾기 위해 진단받는 아이들을 아무렇지 않게 한데 묶어서 생각했다. 내가 만나본 다른 많은 청소년과 마찬가지로 노라도 '시험 불안'이나 '사회공포증'을 겪는 고등학생들이 심리적 장애 스펙트럼의 한쪽 끝에 있고, 그 스펙트럼 반대쪽 끝에는 슈퍼마켓을 알몸으로 돌아다니는 여자가 있다고 생각했다.

진단명, 소셜 미디어의 프로필이 되다

정신 건강 전문가들은 특정 세대의 대다수가 스스로 병들었다고 믿게 만드는 데 성공했다. Z세대 가운데 자신의 정신 건강이 양호하다고 생각하는 이들은 절반도 되지 않는다.[2] 그들은 정신 건강을 평범하고 균형 잡힌 삶을 살면 자연스럽게 얻을 수 있는 것이라고 보지 않고, 정원사가 늘 가지치기하고 다듬는 조경수처럼 끊임없이 돌보고 관리해야 하는 대상으로 여긴다.

Z세대는 과거의 어떤 세대보다 심리 치료를 많이 받았다. 그들

중 약 40퍼센트가 정신 건강 전문가에게 치료받았다. X세대의 경우 26퍼센트인 것과 대조되는 수치다.[3]

한 연구에 따르면 Z세대의 42퍼센트가 정신 질환을 진단받은 적이 있다고 답했다. '정상적'이라고 여겨지던 것이 점점 비정상적인 뭔가가 되어가고 있다.[4] 2~8세 미국 아동 6명 중 한 명이 정신이나 행동 또는 발달장애를 진단받았다.[5] 미국 아이들 중 10퍼센트 이상이 ADHD라는 진단을 받았는데[6] 이는 다른 나라들의 통계를 근거로 산출한 예상 유병률의 2배나 되는 수치다.[7] 또 아이들의 약 10퍼센트가 불안장애를 겪고 있다는 진단을 받았다.[8] 요즘 10대는 이런 진단명과 자신을 동일시해서 진단명을 자신의 사진과 함께 소셜 미디어 프로필에 올리기도 한다.

만일 당신이 전문가들에게 젊은 세대가 '아직 진단받지 않은' 정신 건강 문제를 지니고 있느냐고 물어보면, 그들은 틀림없이 그렇다고 대답할 것이다. 즉 그들은 정신 건강 문제가 '없는 것'이 이례적이라고 여긴다.

우리는 이 아이들에게 과거 어느 세대에 준 것보다 더 많은 항불안제와 항우울제를 퍼부었다. 또 그들에게 학교[9]와 스포츠[10]를 통해 더 많은 정신 건강 차원의 배려를 했다. 아이들은 정신 건강 치료에 대한 주변의 부정적 인식을 덜 느끼며,[11] 그들의 감정을 민감하게 살피고 돌보는 어른을 더 많이 만나고 있다.[12]

아이들이 불안정한 다리로 거실에서 처음으로 뒤뚱거리며 걸었을 때부터 부모들은 치료적 육아를 실천했다("애덤, 지금 '중요한 감정'을 경험하고 있는 것 같구나. 그걸 어떤 식으로 표현하고 싶니? 발을 쿵쿵 세게 구르고 싶어? 아니면 이를 앙다물고 싶어?"). 교사들은 치료적 교육법을 채택했으며("매디슨, 네가 그린 그림에 대해 설명해주렴. '너'는 이게 뭘 나타낸다고 생각하니?"), 아이들에게 자신의 감정을 처리하는 법에 대한 책을 읽어주었다.

10여 년 전 웹진 《슬레이트Slate》의 필자 중 한 명은 교육 수준이 높은 부모들이 자녀의 잘못된 행동을 설명할 때 도덕적 언어 대신 치료적 언어를 사용하기 시작했다고 지적했다.[13] 어느 순간부터 갑자기 허클베리 핀과 딜런 매케이(인기 TV 시리즈 〈베벌리힐스 아이들Beverly Hills, 90210〉에 나오는 반항아 캐릭터―옮긴이) 같은 최고의 청소년 영웅이 '적대적반항장애'나 '품행장애conduct disorder'를 겪는 환자로 보이게 되었다. 아이들 스스로 판단하고 자신의 행동을 통제하는 것의 중요성은 점점 희미해졌다.

언젠가부터 수줍음 많은 아이는 '사회불안장애' 또는 '범불안장애generalized anxiety disorder'를 진단받았고, 언행이 이상하거나 판단이 서툰 10대는 '자폐스펙트럼장애'를 겪거나 적어도 '자폐스펙트럼장애 징후를 보이는' 것이 되었다. 혼자 있기를 좋아하는 아이는 '우울증'이었고, 신체 행동이 서툰 아이는 '실행장애dyspraxia'였다.

부모들은 '편식하는' 아이를 더는 혼내지 않았으며 '음식회피증'이라는 진단명을 받아들였다(정식 명칭은 '회피적/제한적 음식섭취장애 Avoidan Restrictive Food Intake Disorder, ARFID'다). 아이가 셔츠 뒤에 붙은 태그 때문에 피부가 따갑다고 징징대거나 복도에서 들리는 소음 때문에 푹 잘 수 없다고 불평하면, 부모는 그냥 무시하라고 말하는 대신 태그가 없는 부드러운 고급 면 소재 옷을 사주고, 아이의 '감각처리

장애sensory processing disorder'를 해결하기 위해 부드러운 수면음이 나오는 기계를 방에 설치해주었다. 글씨를 엉망으로 쓰는 아이를 혼내지 않았으며(그것은 '난필증dysgraphia' 탓이었다), 우울해하는 아이에게 새로운 동네나 학교에 적응하는 데는 원래 시간이 걸린다고 말해주지 않았다(아이가 '이사우울증relocation depression'을 앓는 것이었다[14]). 여름방학 동안에 친구들을 그리워하는 것이 정상이라고 안심시키지 않았다(그건 '여름불안증summer anxiety'이다[15]).

우리는 진단 및 치료와 관련된 개념의 바다에서 너무 오랫동안 헤엄쳐온 탓에 이제는 물속에 있다는 사실조차 느끼지 못한다. 반려동물을 하늘나라로 보내거나 스포츠 팀 입단에서 제일 마지막으로 선발된 굴욕스러운 경험으로 아이에게 생긴 '트라우마'에 대해 이야기하는 것이 매우 합리적인 일로 느껴진다.

이 같은 시대적 추세를 잘 보여주는 다음과 같은 세 가지 소식이 한 달 사이에 연이어 들려왔다. 2022년 미국소아과학회American Academy of Pediatrics는 100년쯤 된 표준 프로토콜을 수정해 머릿니가 있는 아동을 학교에서 집으로 보내서는 안 된다고 발표했다. 이가 있어 귀가 조치를 당했다는 오명 때문에 학생이 정서적 상처를 입는 것보다 흡혈 해충이 전교생에게 퍼지는 것이 낫다는 의미였다.[16] 《워싱턴 포스트》의 '정신 건강 전문가'는 다른 사람이 이름을 잘못 발음하는 것은 그 이름 주인의 정신 건강에 해롭다고 독자들에게 말했다.[17] 그리고 뉴욕대학교는 해당 분야의 주요 교재를 저술한 저명한 유기화학 교수를 해고했다. 그가 의과대학 진학을 준비하는 학생들에게 적용한 평가 기준과 채점 등급(수십 년간 사용해온 것이었다)이 학생의 정

신 건강을 최우선으로 고려하지 못한다는 것이 이유였다.[18]

미국에 있는 대부분의 유명 대학교에 '학생 웰니스 센터'가 우후죽순으로 생겨났다. 최고의 운동선수들은 경기를 일정 기간 쉬면서 정신 건강을 돌본다. 할리우드의 젊은 신인 배우, 영국의 해리 왕자, 수많은 그래미상 수상자가 불안이나 우울증과 싸우기 위한 심리 치료를 받으며 '노력'하고 있다고 공공연하게 밝힌다. '웰니스'와 '트라우마'라는 대조적인 두 개념은 아이들이 성인이 되는 과정에서 항상 배경에 깔리는 사운드트랙이 되었다.

지난 75년 동안 정신 건강 치료 및 서비스가 급속히 늘어났음에도 우리에게 남은 것은 전례 없이 정신적으로 약해진 미국 젊은이들이라는 결과물이다.

치료는 늘었으나 우울증은 줄지 않았다

시작점은 제2차 세계대전에 참전했다 고향에 돌아온 군인들이었다.[19] 그들은 전장에서 과거에는 상상조차 하지 못한 수준의 죽음과 고통을 직접 보았고 때로는 그들 자신이 비극의 가해자가 되었다. 고향에 돌아온 많은 이들이 불안정한 심리 상태를 보였으며 일부는 완전히 무너졌다.

미 의회는 '예방적' 치료 서비스를 대폭 확대하는 법안을 통과시켰다.[20] 치료사들은 아픈 사람을 치료하는 데 만족하지 않고 건강한 사람을 지원하는 데 힘을 쏟았다.[21] 1946~1960년에 미국심리학회 회원 수는 4배가 되었다.[22] 그리고 1970~1995년에 정신 건강 전문가의 수는 '또다시 4배가' 되었다.²³ 미국에서는 1986년 이후로 정신건강 서비스에 지출하는 비용이 거의 10년마다 2배가 되었다.²⁴

그런데 이런 기하급수적 성장의 스토리에는 역설이 들어 있다. 치료가 더 널리 보급될수록 질병 발생률과 중증 사례는 줄어야 마땅하다. 매년 4만 명이 넘는 미국 여성의 목숨을 앗아 가는 유방암을 생각해보자. 1989년 이래로 유방암의 초기 발견 및 치료가 늘어나면서 유방암 사망률은 눈에 띄게 낮아졌다. 산모 사망률은 어떨까? 항생제가 널리 보급된 이후 출산 중 사망하는 산모 숫자가 크게 줄었다. 많은 사람들이 질 높은 치과 치료를 더 쉽게 받을 수 있게 되자 이 없이 사는 미국인의 수가 줄어들었다. 아동 질병을 위한 예방접종 및 치료가 발달하면서 아동 사망률이 뚝 떨어졌다.

하지만 불안이나 우울증을 위한 치료법이 더 발달하고 널리 확산되는 동안 청소년의 불안과 우울증은 오히려 '급증'했다.

치료의 '증가'가 우울증의 '감소'를 가져오지 않았다는 찜찜한 사실을 발견한 것은 나뿐만이 아니다. 최근 일단의 연구자들도 같은 사실을 알아챘다. 이들은 「치료는 늘었으나 우울증은 줄지 않았다: 치료-유병률의 역설」이라는 제목의 동료 심사 논문을 발표했다.²⁵ 논문 저자들은 1980년대 이후 세계적으로 주요 우울증에 대한 치료가 보편화되었고 질도 높아졌다고 말한다. 하지만 서구 국가들 가운데 이와 같은 치료로 주요 우울장애 발생이 감소한 나라는 '한 곳도' 없었다. 많은 나라에서 발생률은 오히려 증가했다.

논문 저자들은 이렇게 썼다. "효과적인 치료를 받을 수 있는 기회가 증가하면 우울 삽화가 줄고 병의 재발과 증상 재현이 감소해야 한다. 치료법의 발전은 우울증의 시점 유병률point prevalence(특정 시점에 전체 인구 집단 중 질병을 지닌 사람의 수—옮긴이) 예상치를 낮춰야 마땅하다. 이러한 감소가 실제로 일어났을까? 실증적 조사에 따르면 그 답은 명백히 '아니다'다."[26]

그들을 만나 이야기를 나눠보았는데 그중 2명은 불안증도 마찬가지일 것이라고 말했다. 치료가 널리 확산되었으므로 시점 유병률은 낮아져야 마땅하지만[27] 그렇지 않았다. 저자들은 과거에 우울증 환자가 우리가 아는 것보다 더 많았을 가능성도 인정하지만, 현재의 우울증 환자가 과거와 비슷한 수준이거나 더 많을 것이라고 주장한다.[28]

수십 년 동안 치료적 개입이 증가했으므로 그런 결과에 이른 것은 선뜻 이해가 되지 않는다. 항생제가 보급되면 감염에 따른 사망이 줄어드는 것이 당연한 것처럼 심리 치료가 더 널리 확산되면 우울증이 감소하는 것이 당연하지 않은가?[29]

그러나 청소년의 정신 건강은 1950년대 이후 꾸준히 '악화'되었다.[30] 1990~2007년(아이들이 스마트폰을 사용하기 전이다) 정신 질환에 걸린 아동의 수는 35배 증가했다.[31] 과잉 진단이나 정신 질환의 정의가 확대된 것이 이러한 급속한 변화를 부분적으로 설명해줄지 모르지만, 우리는 청소년 자살이 놀라울 만큼 증가한 사실을 무시할 수 없다. 《뉴요커》는 "1950~1988년에 자살한 15~19세 청소년의 비율이 4배 증가했다"고 보도했다.[32] 정신 질환은 아동이 지닌 장애의 주 원인이 되었다.

물론 이러한 두 추세가 동시에 나타난 것, 즉 심리적 장애에 대한 인식 및 검사, 진단, 치료가 크게 확산된 시대에 사람들의 정신 건강이 나빠진 것은 우연의 일치일 수도 있다. 두 추세 사이의 직접적 인과관계는 입증할 수 없다. 그러나 이런 동시 발생은 이상하고 특이한 현상이다. 적어도 그것은 많은 치료법과 전문가가 어떤 사람에게는 도움이 되지 않는다는 사실을 뒷받침하는 단서일지도 모른다.

정신 건강 전문가들은 내가 뭔가 잘못 이해하고 있다고 주장할 것이다. 자신들은 상어가 아니라 안전 요원이라고 말이다. 그들은 요즘 아이들이 상어가 우글대는 물속에서 헤엄치고 있다고, 과거 어느 세대보다 힘든 문제를 더 많이 겪는다고 말한다.

뉴욕주립대학교 뉴팔츠 캠퍼스의 심리학 부교수 칼라 베르묄렌 Karla Vermeulen은 나와 나눈 인터뷰에서 분명히 그렇게 말했다. 그리고 저서에도 이렇게 썼다. "미국의 그 어떤 과거 세대도 오늘날의 젊은 이들이 성장기에 경험하는 것과 같은 '동시다발적인 스트레스 요인의 누적 하중'을 경험한 적이 없다."[33]

심리 치료사들은 자신이 아이들에게 '도움이 된다'고 주장한다. 그들은 오늘날의 아이들이 과거 세대 아이들보다 더 힘든 문제를 마주하고 있다고 말한다. 그들이 주로 언급하는 세 가지는 스마트폰, 코로나19로 인한 봉쇄, 기후변화다.[34]

어른들이 저지른 커다란 실수

틱장애, 성별불쾌감, 거식증, 해리성정체성장애, 발모벽, 자해 등 스마트폰이 유발하는 끔찍한 정신적 문제는 너무 많아서 그것만 따로 정리해 정신과 매뉴얼을 만들 수 있을 정도다. 만일 한 세대

전에 스마트폰이 딸을 만나고 싶어 하는 남학생이었다면, 부모들은 "저 녀석을 절대로 우리 집에 들이지 않겠어"라고 말했을 것이다. 스마트폰과 소셜 미디어는 청소년의 정신 건강을 악화시키는 환경적 원인의 강력한 후보다.[35]

진 트웬지Jean Twenge와 조너선 하이트Jonathan Haidt[36]가 소셜 미디어와 스마트폰이 청소년에게 미치는 악영향을 처음 경고한 이후로 8년이 지났다(그리고 내가 경고한 이후로는 4년이 지났다[37]).[38] 그 경고를 들은 우리의 열정적인 정신 건강 전문가들은 즉각 행동을 취했어야 했다. 소셜 미디어를 담배처럼 취급했어야 했다. 정신 건강 전문가들은 중고등학교에서 스마트폰을 사용하지 못하게 하라고 외치고, 소셜 미디어 기업에 그들의 서비스에 강력한 경고문을 붙이라고 촉구했어야 했다.

그들은 그렇게 하지 않았다. 미국정신의학회American Psychiatric Association, 미국심리학회, 전국학교심리학자협회National Association for School Psychologists, 미국상담교사협회American School Counselor Association 등 정신 건강과 관련된 어떤 단체도 스마트폰과의 전투 준비 명령을 내리지 않았다. 지난 10년 사이 스마트폰을 처음 소유하는 평균연령이 10세로 낮아지는 동안[39] 이들 단체는 그런 추세에 대해서도 별다른 언급을 하지 않았다.

정신 건강 전문가들은 자신의 개입 방식에만 관심이 있었다. 자녀에게서 스마트폰을 빼앗는 것은 어느 부모라도 할 수 있는 일이지만, 아이의 심리 장애를 진단하거나 정신과 약 처방을 받으라고 권고하는 것은 오직 심리 전문가만 할 수 있기 때문이다. 아이들의 정신 건강을 개선하기 위해 그들이 할 수도 있었을 가장 중요한 행동은 그들의 전문 지식이 필요 없는 행동이었다.

사실 스마트폰에 대해서는 모든 어른이 큰 실수를 저질러왔다. 왜 부모들은 점점 더 어린 자녀에게 이 기기를 계속 사줄까? 스마트폰이 아닌 일반 폴더폰도 비상시에 충분히 유용하고, 요즘 나오는 GPS 기기와 디지털카메라는 과거 어느 때보다 품질도 좋고 저렴한데 말이다. 어째서 부모들은 스마트폰이 우울증이나 불안감, 자해의 증가와 밀접한 연관이 있다는 사실을 알면서도 100만 원이 훌쩍 넘는 스마트폰을 아이에게 선물할까? 그나마 가장 생각 있는 부모가 취하는 방식은 '기껏해야' 아이가 잠자리에 전화기를 들고 들어가지 못하게 하면서 주방에 놓인 충전기에 꽂아두라고 하는 것이다. 그것이 집중력 저하와 불면증, 심각한 불안, 우울증을 초래하는 기기를 제한하는 방법이다.

다양한 정신장애의 위험에 노출시키는 기기를 자녀에게 주는 이유가 뭐냐고 물어보면, 부모들은 한결같이 이런 식으로 대답한다.

"그래야 친구들이랑 이런저런 계획을 짜죠. 우리 애만 스마트폰이 없어서 따돌림을 당하면 어떡해요."

대개 심리 치료사는 부모가 10대 자녀의 스마트폰을 빼앗지 못하게 막는다. 그러면 자녀와의 관계가 더 나빠질 뿐이라는 것이 그 이유다.[40]

그리고 왜 공립 중학교와 고등학교는 '수업 시간에도' 아이들의 휴대전화 사용을 규제하려는 모든 노력을 포기했을까? 나는 학생들이 수업 시간을 포함해 하루 종일 스마트폰을 소지하도록 허락하는

(이것은 현재 대부분의 미국 고등학교에서 표준 지침이다) 사립 고등학교 교장과 대화를 나눴다. 공부할 때 스마트폰이 있으면 집중력을 빼앗긴다. 뿐만 아니라 친구들끼리 대화하면서 서로를 알아가는 시간도 줄어든다. 스마트폰이 없는 경우에 비해 친구들과의 소통이 훨씬 줄어든다. 게다가 소셜 미디어는 온갖 해로운 방식으로 아이들의 정서적 건강을 해친다. 그런데 왜 스마트폰 소지를 허락하는가?

교장은 내내 고개를 끄덕이다가 이렇게 답했다.

"그래야 아이들이 조용하고 차분해지거든요."

그동안 어느 누구도 10대의 스마트폰 사용을 제한하려는 진지한 노력을 기울이지 않았다. 부모도, 교사도, 당연히 정신 건강 전문가도 말이다. 왜냐하면 스마트폰이 우리가 아이들의 정신 건강을 위해 그들에게 주는 또 다른 배려의 도구가 되었기 때문이다. 우리는 스마트폰이 아이들에게 좋지 않은 영향을 미친다는 걸 안다. 그것이 장기적으로 가져오는 온갖 부정적 결과도 잘 안다. 스마트폰이 중독성 강하고, 수면을 방해하며, 병리적 문제를 일으킨다는 사실을 잘 안다. 하지만 당장은 스마트폰이 가져오는 일시적 고통 완화 효과가 그 무엇보다 강력하다. 스마트폰은 애착 담요만큼이나 효과적으로 아이의 정서를 진정시킨다.

정신 건강 전문가들이 청소년에게 가장 큰 도움이 되는 최선의 조치를 취하고 싶다면, 10대 자녀에게 스마트폰을 주지 말라고 부모에게 충고해야 한다. 의사가 자녀를 데리고 온 부모에게 "아이가 계속 담배를 피우게 놔둔다면 여기에 데리고 오시는 건 아무 의미가 없습니다"라고 말하는 것처럼, 정신 건강 전문가도 그런 식으로 말해야 한다. 그들은 청소년 정신 건강의 수호자라고 주장한다. 그렇다면 아이들의 스마트폰 사용과 관련해 '가장 과감한' 조언을 하는 것이 마땅하다.

하지만 그들은 반대로 움직이고 있다. 스마트폰 사용을 인정하고, 청소년 우울증에 스마트폰이 미치는 영향이 과장되었다고 일축해버린다.[41] 그들은 청소년과 부모를 대상으로 '소셜 미디어를 책임감 있게 사용하기'에 대한 세미나를 연다. 이것은 마약 상담 교사가 적절한 마약 사용법에 대해 강의하는 것과 비슷하다. 정신 건강 전문가들은 학교에서 청소년과 부모에게 소셜 미디어의 '위험성'에 대해 경고하면서도 언제나 그것의 위험성과 많은 이점을 비교 검토해본 뒤 결국 '마음껏 사용하라!'는 결론을 내린다.

게다가 그들은 다른 사람과 직접 만나는 활동을 힘들어하는 젊은 세대에게 이제 강력한 진통제를 제공한다. 스마트폰으로 상담 치료를 해주는 것이다. 심지어 일부 전문가는 음성 통화나 영상통화도 하지 않고 문자메시지로 상담해준다.

자녀의 정신 건강을 개선하고 싶다면 스마트폰 사용 제한이 출발점일지도 모른다. 스마트폰은 아이들이 다른 사람을 직접 만나 사귀고 교류하는 세상에서 더 멀어지게 한다. 그런 세상이 행복감을 높여줄 가능성이 큰데도 말이다. 스마트폰은 틱장애부터 성별불쾌감에 이르는 다양한 사회적 전염병을 악화시키는 명백한 주범이다. 하지만 스마트폰만 없애면 아이들의 모든 문제가 해결될까? 물론 그렇지는 않을 것이다.[42]

아이들의 정신 건강은 지난 50~60년 동안 계속 나빠져왔다.[43]

그리고 현재 부모들은 자녀의 손에서 스마트폰을 빼앗는 것을 심하게 주저하고 있다. 스마트폰이 불러오는 위험이 명백함에도 어째서 그런 무책임한 행동을 하는 것일까? 우리가 스마트폰의 위험성을 오래전부터 알았으면서도 그것과 한 몸이 되어버린 아이들의 사용을 규제하기 위한 조치를 전혀 취하지 않았다는 사실은 분명히 설명이 필요한 일이다. 우리 어른들이 아동과 청소년의 스마트폰 남용을 방관하는 것 자체가 더 큰 문제다.

그리고 누구도 경고하지 않았다

코로나19 봉쇄 조치 때문에 수많은 아이가 고통스러운 고립 생활을 해야 했다. 정신 건강 전문가들은 아이들이 1년 넘게 사회적 고립을 경험하는 것이 그들의 정신 건강에 치명적 영향을 미치리라 예상했을지 모르지만, 대다수가 그런 걱정을 공개적으로 표현하지 않았다. 정신 건강과 관련한 주요 단체 중 어느 곳에서도 2020년 '봄 학기에 이어 가을 학기까지' 학교를 폐쇄하는 데 반대하지 않았다. 만일 그들이 적극적으로 나섰다면 아이들의 정서적 고립감이 더 악화되는 일을 막을 수 있었을 것이다.[44]

정신 건강 관련 단체들은 공공 정책 담론에 적극적으로 참여하길 주저하지 않는다. 예를 들어 미국심리학회는 미국 역사에 존재해온 제도적 인종차별에 격분한 바 있다. 미국심리학회 CEO는 2020년 6월 의회 증언에서 "미국은 현재 인종차별 팬데믹에 빠져 있다"라고 말하면서 경찰의 법 집행 방식이 변화해야 한다고 주장했다.[45]

또 미국심리학회는 소수계 우대 정책이 국민의 정신 건강에 미치는 이로움을 강조했고[46], 자신들이 '이 사회가 기후변화에 대응하는 과정'을 도울 준비가 돼 있다고 요란하게 공표했다.[47] 하지만 강제적인 사회적 고립이 제기하는, 곳곳에 퍼진 긴급한 위협에 대해서는 어땠을까? 침묵했다. 어떻게 전문가들이 너무나 명백하며 충분히 예측 가능한 정신 건강 재앙을 놓칠 수 있었을까?

부모들은 길어지는 봉쇄에 항의했지만 그들의 의견은 거의 무시되었다. 정신 건강 전문가 집단은 단체로서의 상당한 영향력을 지니고 있었음에도 학교 폐쇄가 아이들에게 미치는 영향에 대해 정책 입안자들에게 기본적인 공개 경고조차 하지 않았다.[48] 어쩌면 그들은 자신이 도울 책임이 있는 아이들의 정신 건강에 학교 폐쇄가 치명적 영향을 미칠지 정말로 몰랐을지도 모르겠다.

그러나 이처럼 거대한 실수를 저지른 이유가 무엇이었든 간에 이후에 보인 행동에서는 뭔가 비뚤어진 인센티브가 엿보인다. 그들은 팬데믹 봉쇄라는 사건을 이용해 치료-유병률 역설을 부인하려고 했다. 치료-유병률 역설을 인정하지 않고, 팬데믹 때문에 정신 질환 진단이 증가했다고 주장하면서 말이다. 또 공공 정책 개발과 미국 아이들의 삶에서 자신들이 맡은 역할이 '더 중요해졌다'고 강조했다.

사실을 살펴보면 이렇다. 2019년 새로운 코로나 바이러스가 중국 국경을 넘어 세계로 퍼지기 전에도 18~35세 미국 젊은이 중 3분의 1이 정신 질환을 겪고 있다고 대답했다.[49] 생명에 지장이 없는 자해로 병원에 입원한 이들의 숫자는 팬데믹 이전 10년 동안 62퍼센트 증가했으며[50], 12~17세 여학생의 약 20퍼센트가 팬데믹이 일어나기

이전 해에 주요 우울 삽화를 경험했다고 답했다. 아동 자살률은 팬데믹 이전 10년 동안 150퍼센트 증가했다.[51]

재난 세대

칼라 베르묄렌의 머리는 짧게 깎은 스타일이다. 각진 뿔테 안경의 렌즈는 작은 포스트잇 두 장을 떠올리게 한다. 목에 걸린, 도기 재질의 구슬을 엮어 만든 목걸이는 진지한 학자 분위기에 완벽하게 어울린다. 실제로 그녀는 청소년 정신 건강 분야에서 미국에서 몇 손가락 안에 꼽히는 전문가다.

베르묄렌은 심리 치료사를 교육하는 활동을 하고 아동 및 청소년 상담을 돕는 책도 저술한다. 그녀의 전문 분야는 '재난과 관련한 정신 건강'이다. 즉 힘든 위기를 겪는 이들의 정신 건강을 연구한다. 어떤 사람들은 지금이야말로 그녀가 필요한 시대라고 말할 것이다.

나는 베르묄렌이 『재난 세대Generation Disaster』라는 책의 저자라는 사실을 알고 나서 곧장 연락했다. 나 역시 큰 관심을 기울이고 있는 세대 집단을 연구한 학자이므로 왠지 마음이 잘 맞을 것 같았다.

그녀는 현재의 젊은이들이 강인하고 회복력이 높다고 강조했다. 다만 과거 어느 세대보다 더 많은 힘든 문제와 스트레스 요인을 마주하고 있을 뿐이라는 것이다.

"그들을 괴롭히는 스트레스 요인은 대단히 많습니다. 하지만 그것들은 전부 기후변화라는 불안정한 수면 위를 떠다니고 있습니다."

책 내용을 알고 나서 보니 『재난 세대』는 오해를 불러일으키기 딱 좋은 제목이었다. 베르묄렌이 말하는 '재난 세대'에 담긴 의미는 사실 '오늘날 젊은 세대는 절대로 재난이 아니다'이기 때문이다. 따지고 보면 이 훌륭하고 멋지며 사회적 의식을 지닌 젊은이들을 지나치게 비판적 시각으로 바라보는 '나머지 모든 이들'이 재난이라고 말한다.

베르묄렌과 마찬가지로 많은 심리 전문가가 '기후불안climate anxiety'이 실재적이고 중요한 정신장애의 범주 중 하나라고 확신한다. 이를 치료하기 위한 '기후 문제를 의식한 심리 치료'도 생겨났다. 극지방의 얼음이 녹고, 열대성 질환이 맹위를 떨치고, 성경에 나오는 노아 시대의 홍수를 연상시키는 엄청난 홍수와 태풍이 우리를 덮치므로 '당연히' 젊은이들이 우울해질 수밖에 없다는 것이다! 《네이처》와 의학 저널 《랜싯The Lancet》, 미국 공영 라디오 NPR도 우울증이 온실가스가 유발하는 숨 막히는 공기에 대한 합리적인 반응이라는 데 동의한다.

《애틀랜틱The Atlantic》의 편집자 프랭클린 포어Franklin Foer도 불안감을 느끼는 열네 살짜리 딸에 대한 글에서 그와 비슷한 관점을 드러냈다. "딸아이를 두려움에서 보호해줄 방파제라도 세우고 싶은 심정이다." 포어는 딸이 학교 수업을 빠지고 그레타 툰베리Greta Thunberg(스웨덴의 유명한 소녀 환경 운동가—옮긴이)에게 영향받은 기후변화 시위에 참가하게 허락했다면서 이렇게 썼다. "하지만 우리 딸의 모습과 위태로운 지구를 걱정하는 툰베리를 보면서, 부모로서 아이의 불안감을 없애주고 싶어 하는 것이 순진한 착각이라는 사실을 깨달았다. 불안은 성숙한 반응이다. 우리는 아이들을 보호하기 위해 그들의 절망감을 인정하고 보듬어줘야 한다."[52]

하지만 나는 감히 이렇게 묻고 싶다. 기후불안이 정말 합리적인 것일까? 그리고 우리가 아이들에게 해줄 수 있는 최선의 행동이 그들의 두려움을 긍정해주는 것일까? 물론 지구온난화가 진행되고 있다는 사실에는 의심의 여지가 없지만, 사실 환경문제와 관련해 낙관적 시각을 가질 만한 이유도 많다. 많은 환경적 추세가 올바른 방향으로 움직이고 있기 때문이다.

"자연재해에 따른 사망은 지난 세기 동안 95퍼센트 이상 감소했다. 재해 자체도 지난 20년 동안 감소해왔다. 재해를 판단하는 기준은 기상이변이 초래한 사망 및 물리적 피해다." 오랫동안 환경 운동가로 활동했으며 환경 관련 책도 여러 권 저술한 마이클 셸런버거 Michael Shellenberger의 말이다. "현재 우리의 회복력은 과거 어느 때보다 뛰어나다."

지난해 기후 관련 재난으로 사망한 사람의 수는 '전 세계적으로' 6,000명이었다고 셸런버거는 지적했다. 이를 다음 사실과 비교해보라. 2023년 미국에서만 10만 6,000명이 약물 과다 복용 및 중독 때문에 사망할 것으로 추산된다. 탄소 배출량은 최근 10년간 전 세계적으로 약간 감소했다.[53]

그럼에도 사람들은 설문 조사에서 과거보다 환경문제로 불안감을 훨씬 더 심하게 느낀다고 답한다. 현재 대부분의 추세가 올바른 방향으로 나아가고 있는데도 말이다. 과거 우리가 전기 발전을 위해 거의 석탄에만 의존했을 때, 또는 CFC(염화불화탄소—옮긴이)로 오존층에 구멍을 내고 있을 때, 탁한 스모그 담요가 시야를 가려 로스앤젤레스에서 근처 샌게이브리얼산맥이 보이지 않았을 때도 환경문제에 따른 불안감은 요즘만큼 심하지 않았다. 이것 모두 사람들이 잘 아는 문제지만 그 때문에 새로운 정신 질환 진단명이 생겨나지 않았다. 질환명이 존재하지 않는다는 사실만으로도 불안감 확산이 억제됐는지도 모른다.

다시 말해 기후변화를 심각하게 걱정하는 어른이라 해도 그 때문에 인류가 멸종할 것이라는 아이의 두려움을 인정해주고 강화하는 것은 당연한 의무가 아니다. 그저 자기 나름의 이유 때문에 하는 행동이다.

불필요한 불안은 어떻게 증폭되는가

포어와 베르묄렌에 따르면 부모의 임무는 보다 넓은 시각으로 보게 이끌어서(예를 들어 기후 재난 사망자와 약물 과다 복용 사망자 수를 비교하게 함으로써) 딸의 두려움을 없애는 것이 아니다.[54] "지구는 앞으로도 오랫동안 존재할 거야"처럼 지나치게 단순하고 낙관적인 말로 아이를 안심시키려 애쓰는 것도 아니다(아마 멍청한 아이나 그런 말을 믿고 안심할 것이다). 기나긴 세월 동안 인류가 기후의 혹독한 변화를 포함해 온갖 종류의 역경과 문제를 극복해왔다는 사실을 아이에게 상기시키는 것도 아니다. 부모는 똑똑하고 열성적인 수많은 사람이 지구온난화에 따른 변화에 대응하기 위해 열심히 노력하고 있다고 아이를 안심시켜서도 안 된다. 아이에게 학교를 졸업한 뒤 언젠가 그런 과학자가 되어 기후 문제 해결에 기여할 수 있다고, 그러니 일단 지금은 기후를 걱정할 게 아니라 9학년 수학 시험을 통과할 일을 걱정하자고 말해주는 것도 바람직하지 않다.

포어와 베르묄렌은 그들 자신은 의도하지 않았지만 최근 목격한 수수께끼 같은 현상을 이해할 실마리를 던져준다. 10대 여학생의 정신 건강이 심각하게 나빠지면서 진보나 좌파 성향 학생의 정신 문제가 가장 심하게 악화된 현상이다.[55] 그리고 진보 성향의 10대 남학생은 보수 성향의 10대 여학생보다 더 심한 우울증을 겪는다. 이는 우리가 보고 있는 것 중 대부분이 '정신 질환'의 위기가 아님을 시사한다. 그것은 우리 어른들이 아이들에게 심어주는 가치관 및 세계관, 아이를 양육해온 방식, 아이들이 주변에서 받는 영향 등과 밀접히 연결돼 있다(미국에서는 기후변화에 대한 견해가 진보 진영이냐 보수 진영이냐에 따라 크게 나뉘며, 대체로 진보 진영이 환경 및 기후변화 문제에 더 적극적이다.—옮긴이).

많은 진보 성향 부모가 기후변화 문제에 대해서는 자녀에게 심하게 겁을 주는 것이 자신의 임무라고 믿는 듯하다. 그들은 잠자리에 드는 아이에게 '인류 멸종' 같은 표현을 사용해 기후변화의 심각성을 가르친다. 그것도 반복해서 말이다.

나는 아이에게 "얘야, 너는 지금 기후변화의 위험을 너무 과장해서 받아들이고 있어. 일단은 당장 이번 주를 잘 보내는 데만 집중하자"라고 말하는 것이 적절하냐고 베르묄렌에게 물었다.

베르묄렌은 충격을 받은 듯 불편한 표정을 지으며 대답했다. "저라면 문제를 과장하고 있다고는 절대 말하지 않을 겁니다. 그건 아이의 관점이 잘못됐다고 말하는 셈이고 아이에게 도움도 되지 않아요. 그렇게 말하면 아이는 방어적으로 변하고 부모가 자신의 말을 귀 기울여 듣지 않는다는 느낌을 받습니다."[56]

하지만 아이들은 원래 이런저런 걱정이나 두려움을 부모한테 표현하기 마련이고, 때로는 그저 부모가 어떻게 반응하는지 보려고 그러기도 한다. 심리 치료 전문가의 조언에 따라 자녀의 불안감을 무조건 인정해준다면 오히려 불필요한 불안을 증폭하게 된다. 부모 자신이 종말론적 두려움에 사로잡힌 일부 가정에서는 당연히 그런 두려움이 자녀까지 위협한다.

어떤 불안은 만들어진다

30대 후반인 베스는 보스턴 일대에 있는 대학교 세 곳의 학생들이 자주 찾는 병원에서 10년 넘게 정신과 간호사로 일하고 있다. 요즘 다들 청년 세대의 정신 건강을 어느 정도 걱정하는 것 같긴 하지만 사실 그들의 정신 건강은 생각보다 더 좋지 않다고 베스는 말했다. 그녀는 병원에 전화하는 일도 어려워하는 대학생을 자주 본다. 학생들은 자기 대신 전화를 걸어 진료 약속을 잡아달라고 교내 상담사나 부모에게 부탁한다.[57] 그들은 사회불안장애 때문에 그런 기본적인 일도 할 수 없다고 주장한다. 그러나 그들의 약을 처방해주는 베스는 그렇지 않다고 말했다. 그들이 지금껏 혼자서 뭔가를 해본 적이 없다는 게 문제라는 것이었다.

베스는 진료실에 엄마를 데리고 온 한 대학생을 예로 들었다. 그녀의 엄마는 휴대전화 앱으로 딸의 생리 주기를 관리했다.

딸에게 정신장애가 있었느냐고 묻자 베스는 아니라고 했다. 그저 엄마가 '관리하고' 있는 것뿐이었다. 아이들은 실패나 실수를 경험할 기회조차 얻지 못한다. 이는 땅을 딛고 제대로 걸어본 적이 없어서 불안정하고 힘도 없는 두 다리로 서 있는 것과 비슷하다. 그러다 부모라는 울타리를 벗어나 대학으로 내던져지고, 대학 생활은 준비되지 않은 그들을 폭풍우처럼 강타한다.

베스의 말에 따르면 많은 여대생이 불안이나 우울을 잠재우기 위해 '하루에도 몇 번씩' 혼자서 마리화나를 피운다. 베스는 이것이 전에 없던 현상이라고 말한다. 그들은 사람들과 어울리기 위해 마리화나를 피우는 것이 아니다. 강박적으로 그리고 고통을 다스리는 약처럼 마리화나를 피운다.

나는 베스가 치료하는 수많은 학생 중 얼마나 많은 이들이 기후변화나 제도적 인종차별을 자신이 겪는 우울과 불안의 이유로 꼽느냐고 물었다. 베스는 딱 잘라서 "없다"고 대답했다. 단 한 명도 없었다는 것이다. "그런 학생은 없었어요. 그런 주제에 대해 별생각 없이 농담을 하는 경우라면 또 몰라도요." 베스의 대답은 내가 조사한 내용과도 일치했다. 나는 젊은이들의 정신 건강과 관련해 그들을 숱하게 인터뷰했지만 '어느 누구도' 기후변화가 자신이나 친구들이 겪는 정서적 고통을 불러온 이유라고 말하지 않았다. 딱 한 명(틱톡 인플루언서였다)을 제외하고 모두 기후변화가 젊은 세대의 우울과 불안의 중요한 원인이라는 점을 분명하게 부정했다.

그렇다면 그들이 꼽는 심리적 고통의 원인은 무엇일까? 시험 스트레스, 쌓여 있는 할 일이 주는 중압감, (중고등학교 선생님과 달리) 성적이 나쁘면 정말로 낙제시켜버리는 교수님이 제시한 기대치에 자신이 도달하지 못한다는 좌절감 등이었다.

인간관계나 사회적 소통도 중요한 원인이었다. 예를 들어 그들은 자신이 온라인에서 한 말이나 어딘가에 올린 글에 대해 나중에 후회하고 그 일을 자꾸만 생각하면서 괴로워했다. 남자 친구한테 차이거나 문자를 '읽씹' 당하는 일도 우울함의 원인이었다. 그들은 그런 일을 극복하고 싶어 하지만 마음대로 되지 않는다.

그런데 어째서 많은 심리 치료사와 학자, 전문가는 기후변화가 젊은 세대의 불안과 우울을 유발하는 주원인이라고 주장할까? 그리고 어째서 젊은이들은 전문가와의 인터뷰에서 기후변화가 불안감을 불러일으키는 이유라고 대답할까? 사실 그들은 심각한 정신적 고통에 시달리는 경우를 제외하고, 주변 어른들에게 타당하게 여겨질 것 같은 이유를 말함으로써 자신에게 필요한 공감과 관심을 얻는다.[58]

연구자들은 자신의 정치적 성향을 토대로 가장 그럴듯하게 여겨지는 이유를 젊은 세대에게 갖다 붙인다. 보수 성향의 연구자는 아버지가 없는 가정의 증가, 결혼율 감소, 종교를 믿는 인구의 감소 등을 타당한 이유로 느낄 것이다. 진보 성향의 연구자에게는 기후변화, 학교 총기 난사, 제도적 인종차별, 소득 불평등, MAGA(도널드 트럼프 대통령의 슬로건인 '미국을 다시 위대하게Make America Great Again'의 약자—옮긴이)의 정치 등이 타당하게 느껴지는 이유의 후보들이다.[59]

물론 1962년의 젊은이들이 오늘날의 젊은이들보다 소련과의 핵전쟁을 더 걱정한 것처럼, 오늘날의 젊은이들이 과거 세대보다 기후변화를 더 우려하는 것은 맞다. 그러나 1960년대에 수많은 젊은이가 핵전쟁이 지구 종말을 초래할지도 모른다는 두려움 때문에 학교에 가지 않았다는 기록은 그 어디에도 없다.[60] 마찬가지로 미국 아이들은 1941년 12월 8일(진주만 공습이 발생한 다음 날이다.—옮긴이)에도 학교에 갔다.[61]

그러나 여전히 '기후변화'를 심각한 정신적 문제의 타당한 원인으로 보는 심리 전문가들은 낙관적 시각을 거부한다. 그들이 보기에 기후변화 문제에 밝은 면이란 없다. 또 그들이 보기에 기후불안을 겪는다고 주장하는 젊은이에게 그가 일종의 감정적 착시를 겪는 것일 수 있다고, 즉 특정 관점이나 마음 상태 때문에 감정이 왜곡되거나 균형을 잃은 것일 수 있다고 말해주는 것은 전혀 도움이 되지 않는다. 일부 예외는 있지만, 청소년이 자신의 불안을 보다 넓고 객관적인 시각으로 바라보게 이끄는 것은 심리 치료의 역할이 아니라고 믿는다. 그러면 환자의 감정을 인정하지 않는 것이 되기 때문이다.

무력감에 빠진 세대

Z세대에 대한 책을 여러 권 저술한 심리학자 진 트웬지는 현재의 젊은 세대가 과거 세대와 놀랄 만큼 크게 다르다고 말한다. 단순히 정신 질환 진단을 받는 비율이 높기 때문만은 아니다. 요즘 젊은 세대는 권위자의 말을 훨씬 잘 따르고, 사람들과 더 원만하게 어울리며, 엄마와 더 강하게 연결돼 있다. 또 정치적으로 더 과격하고(극좌파를 지지할 가능성이 높다) 밀레니얼 세대보다 자기 과시 성향이 훨씬 적다. 1995~2012년에 태어난 Z세대 젊은 층 중 다수를 움직이는 힘

은 희망도 낙관주의도 자신에 대한 믿음도 아니다. 이들을 움직이는 것은 '두려움'이다. 이들은 역사상 가장 불안과 두려움에 휩싸인 세대라 해도 과언이 아니다.

2021년 4월 나는 트웬지를 샌디에이고에 있는 그녀의 집에서 만났다. 《월 스트리트 저널》에 실을 그녀에 대한 기사를 위해서였다. 인생 초반에 벌써부터 끔찍한 괴로움을 겪는 듯한 이 세대에 대해 더 알고 싶었다. 우리는 나무가 우거진 뒤뜰에 놓인 플라스틱 의자에 3미터쯤 떨어져 마주 보고 앉았다. 팬데믹이 아직 기승을 부리던 시기였다.

트웬지의 설명에 따르면 Z세대는 밀레니얼 세대가 그들 나이였을 때와 비교하면, 데이트를 훨씬 더 적게 하고, 운전면허를 덜 따고, 직장을 더 빨리 그만두고, 친구를 직접 만나 어울리는 시간이 더 적다. 2016년에 고등학교 졸업반 학생들이 친구를 만나서 보낸 시간은 1980년대 고등학생에 비해 더 적었는데 '하루에 최대 1시간까지' 차이가 났다. 또 Z세대는 과거 세대들의 동일 연령 시기 경험과 비교할 때 섹스를 가장 적게 하고(그럴 기회가 어느 때보다 많은 시대 같은데도 말이다)[62] 연애 경험도 가장 적다.[63] 그들은 과거 세대의 적극성과는 대조적으로 독립적인 성인이 되어가는 과정에 놓인 단계적 지표를 달성하는 데 소극적이다. 내가 인터뷰한 젊은이 중 하나는 이렇게 말했다. "대학 생활을 시작하기가 너무 겁났어요. 하지만 제 나이 때는 다들 그렇지 않나요?" 이런 분위기는 다른 많은 젊은이에게서도 목격되었다. 당연히 나도 그 나이일 때가 있었지만 우리는 그렇지 않았다.

그리고 Z세대는 과거 세대보다 훨씬 비관적이다. 밀레니얼 세대와 비교하면 특히 더 그렇다. 나는 트웬지에게 물었다. "오늘날 젊은이들은 무엇에 대해 비관적인가요?"

트웬지는 "전부 다요"라고 답했다. "자기 자신의 미래와 이 세상의 미래에 대해서요. 그런데 이런 질문이 떠올라요. 무엇이 먼저일까요? 세상이 너무 암울하기 때문에 젊은이들이 우울한 걸까요, 아니면 그들이 우울하기 때문에 세상이 암울해 보이는 걸까요? 어느 쪽이든 이상하지 않아요."

그런데 또 다른 문제도 있다. 전례 없이 많은 젊은이가 자신에게 삶을 개선할 힘이 있다고 확신하지 못한다. '통제 소재locus of control'는 개인의 주체감 및 통제감 정도를 가리키는 심리학 용어다. '내적' 통제 소재를 지닌 사람은 자신에게 상황을 개선할 능력이 있다고 생각한다. '외적' 통제 소재를 지닌 사람은 그렇지 않다. 이들은 자신에게 일어나는 일이 자신의 통제 밖에 있는 외부 요인(예를 들어 타인, 불운 등) 때문이라고 여긴다.

트웬지는 현재의 젊은이들은 외적 통제 소재를 갖는 쪽으로 움직여왔다고 말했다. 그리고 인생이라는 기나긴 여정의 초반에 서서 자신의 운명을 개선하기 위해 할 수 있는 일이 거의 없다고 여긴다.

이와 같은 깊은 무력감과 무능감, 의존성은 이들 세대가 겪는 우울증의 징후일지도 모른다. 혹은 심리 치료로 고칠 수 없고 오히려 더 악화될 수 있는 또 다른 문제의 징후일지도 모른다. 그러나 정신 건강 전문가들은 젊은 세대가 겪는 문제 가운데 심리 치료로 해결할 수 없는 문제가 있을 거라는 생각을 좀처럼 하지 않는다. 그러니 심리 치료를 더 제공해야 한다. 얼마나 더? 아주 많이 말이다.

"대학에서 친구 사귀는 것을 도움받고 있어요"

내가 베카를 만났을 때 그녀는 캘리포니아주 샌타클라리타에 있는 대형 공립 고등학교를 졸업한 지 얼마 안 되었다고 말했다. 그녀는 일을 하지 않았고 일자리를 찾을 계획도 없었다. 가을에 대학에 진학하기 전까지 당분간 마음의 준비를 하고 싶다고 했다. 대학에 가서 심리학을 공부하고 싶다고 했다. 그녀가 친구를 사귈 준비가 되도록 심리 치료사가 도와주고 있었다.

"사실 전 친구 사귀는 일이 늘 힘들었어요. 좀 더 적극적으로 행동하는 게 중요한 것 같아요. 치료사도 그러더라고요. 상대방에게 먼저 다가가라고 말이에요. 그래서 노력하는 중이에요. 이제 대학에도 가야 하니 더 그래야겠죠. 제 룸메이트가 어떤 애일지는 아직 모르지만, 먼저 말을 걸고 친해지려고 꼭 노력해볼 거예요. 이제 진짜 새로운 시작 같아요."

과거 세대에게 이 평범한 일, 즉 새로운 곳에서 새로운 친구를 사귀는 것은 성인이 되면 당연히 스스로 하는 일이었다. 하지만 베카는 여섯 살 때 부모님이 이혼한 이후 계속 심리 치료를 받고 있었다. 친구 사귀는 방법을 계획하고, 그런 상황을 가정해 연습하고, 친구 만들기를 시도한 경험을 검토하고 분석하게 도와주는 심리 치료사는 필요 없다고 그녀를 설득하는 건 불가능했다.

치료사와 그토록 가깝게 지내는 소녀답게 베카는 '제일 친한 친구들'에 대해서도 잘 몰랐다. 친구 대부분이 어떤 종교를 믿는지, 친구들의 부모님이 무슨 일을 하는지도 몰랐다. 친구들 역시 베카에 대해 아는 게 별로 없었다. 베카는 이렇게 말했다. "친구들이랑 있을 때는 주로 남자 이야기를 해요. 하지만 제 심리 치료사랑 있을 때는 더 깊은 이야기를 하죠. 마음속에서 느끼는 불안감 같은 거요. 치료사 선생님은 그런 문제 해결에 도움이 될 방법을 알려줘요. 명상이라든지, 어떤 특정한 문제 탓에 스트레스를 받을 가치가 있는지 차분히 생각해본다든지 하는 것 말이에요."

전문 심리 치료사가 건네는 조언은 또래 10대가 해주는 조언보다 더 성숙하고 신중할 가능성이 높다. 상담료를 내는 부모들은 어쨌든 분명히 그렇기를 바란다. 그러나 치료사는 우정이 주는 정서적 지원과 끈끈한 유대감을 대체하지 못한다. 그녀는 앞으로 30년 동안 해마다 당신의 생일에 전화를 걸어줄 사람이 아니기 때문이다.

심리 치료사는 당신에 대한 애정이 넘쳐서 당신의 21번째 생일에 가라오케 바에서 창피하다며 버티는 당신의 손에 억지로 마이크를 쥐여줄 사람이 아니다. 그녀는 당신이 혼자인 것이 너무 안쓰러워서 당신에게 직장 동료를 소개해주거나, 자신의 남자 친구를 졸라 그와 함께 당신에게 소개팅을 시켜줄 계획을 짤 사람이 아니다. 그녀는 멀리에서 기차를 타고 와서 당신의 처녀 파티에 참석해 옛날 철없던 시절 당신과 함께 저질렀던 사고를 떠올리며 건배를 해줄 사람도, 당신 결혼식에 신부 들러리로 참석해 손에 든 작약 꽃다발을 움켜쥐며 눈물을 흘릴 사람도 아니다. 심리 치료사는 당신을 진심으로 이해해주리라 약속할지 모른다. 하지만 현실을 직시하자. 그녀는 당신이 첫 아이를 출산한 것이 인생에서 아주 중요하고 기쁜 사건이니 그것을 축하하는 의미에서 상담료를 받지 않겠다고 말하지는 않을 것이다.

친구들은 진정한 우정이라는 배당금을 당신에게 계속 나눠준다. 속마음을 터놓고, 여럿이 좁은 차 안에 구겨 탄 채 여행을 떠나고, 사고를 가까스로 피하고, 엉뚱한 동네에서 길을 잃는 등의 경험을 하면서 함께한 수많은 시간이 배당금을 만들어내는 투자금이다. 심리 치료사는 직업적 자세로 상담을 진행하는 50분 동안만 당신에게 관심을 기울인다. 모든 직업인이 고객에게 하는 딱 그만큼만 관심을 기울인다. 당신을 통해 상담료 수입이 꼬박꼬박 발생하는 동안만 말이다.

사회 비평가 크리스토퍼 래시Christopher Lasch는 언젠가 이렇게 말했다. "심리 치료는 환자를 자신의 삶을 관리하기에 부적합한 상태라고 선언하고 그를 전문가의 손에 맡긴다."[64] 나는 다음과 같은 래시의 글을 읽으면서 베카가 곤경에 빠져 있다고 생각할 수밖에 없었다. "치료적 관점이 널리 수용되면 점점 더 많은 사람이 사실상 자신이 성인으로서의 책무를 제대로 수행할 자격이 없다고 느끼면서 의료 권위자에게 의존하게 된다."[65]

블루 오션이 된 정신 건강 산업

Z세대는 이미 많은 심리 치료를 받아왔다. 그런데 인공지능 덕분에 곧 소나기가 홍수로 변할지도 모르겠다. 이는 내가 4명의 벤처 캐피털리스트를 통해 알게 된 사실이다. 그들은 빅 테크 기업이 정신

건강 분야를 혁신하고 있고, 머지않아 '모든 아이'에게 심리 치료를 제공할 앱을 개발하고 있다고 말했다.

나는 우리 아이의 미래 심리 치료사를 만나보고 싶어 웰니스 관리 앱 마이알라myala를 다운로드해 사용해봤다. 웹사이트 설명에 따르면 '16세 이상 학생이면 누구나' 사용할 수 있다는 그 앱에 들어갔을 때 가장 먼저 나온 것은 나의 현재 정신 상태를 평가하기 위한 '체크인'이었다. '치료봇'이 물어본 10개 질문 중 6개는 아래와 같다.

- 당신은 얼마나 외롭다고 느낍니까?
- 당신은 얼마나 응원받는다고 느낍니까?
- 당신은 지금 얼마나 불안합니까?
- 당신은 지금 얼마나 울적합니까?
- 당신은 소외됐다는 기분을 얼마나 자주 느낍니까?
- 당신은 지금 얼마나 슬픕니까?

당신도 나처럼 이런 생각을 할지 모른다. '대체 이게 뭐람? 내가 길거리에서 두들겨 맞는다 해도 전혀 관심도 없을 컴퓨터 프로그램한테 내가 얼마나 우울한지 여섯 가지 방식으로 질문을 받고 있잖아?' 누구라도 이런 질문을 받으면 좋던 기분까지 푹 꺼지면서 우울해질 것 같았다. 나는 질문에 답하지 않기로 했다. 하지만 그조차도 마음대로 되지 않았다. 만일 사용자가 자신이 느끼는 외로움을 인공지능에 고백하지 않으면, 이 앱은 사용자에게 질문에 아직 답하지 않았음을 상기시키는 알림을 보냈다.

이런 종류의 앱 가운데 일부는 실제 사람을 통해 심리 치료를 돕는다. 어떤 앱은 대면 대화를 기피하는 10대의 부담을 줄여주려고 문자로 소통하는 심리 치료사와 연결해주거나(찰리 헬스Charlie Health), 줌Zoom을 통해 치료사와 만나게 한다. 사람들을 다양한 종류의 라이프 코치와 연결해주는 앱도 있다(베터업BetterUp). 아이들(0~14세)과 그 부모들이 정신 건강을 관리하게 도와주는 앱도 있다(리틀 오터Little Otter).

많은 웰니스 앱이 인간 치료사가 참여하는 모델을 없앰으로써 어떤 아이라도 아이패드만 있으면 마음껏 '치료'를 받을 수 있게 한다. '치료사 없는 치료'는 빅 테크 기업이 더 많은 사람들에게 정신 건강 서비스를 제공하기 위한 전략이다. 심리 치료에 집착하는 이 사회의 끝없는 수요에 주목한 것이다. 머지않아 인공지능을 사용하는 치료 모델이 인간 치료사를 완전히 대체할지도 모른다. 이런 앱 대부분이 추구하는 목표는 정신 건강 스타트업 토크스페이스Talkspace가 내건 슬로건과 일치한다. 그것은 '모두를 위한 치료Therapy for All'다. 특히 '모든 아이'[66]가 치료 받을 수 있어야 한다.

코로나19 발생 이후 불과 15개월 동안 30억 달러 이상의 투자금이 정신 건강 서비스를 제공하는 기술 스타트업으로 흘러 들어갔다.[67] 심리 치료와 의원병 효과가 전 국민에게 살충제처럼 뿌려지고 있다.

정신 건강 스타트업이 잠재 투자자에게 보여주는 사업 설명 자료에는 확신에 찬 홍보 문구가 들어 있다. 젊은 세대의 정신 건강 악화가 엄청난 수익 창출 기회를 가져다준다고 말이다. 그들은 "미국 아동 6명 중 1명이 정신장애를 겪고 있다"고 주장한다. 투자자 대상으로 작성된 한 프레젠테이션 자료에서는 16~26세 아이들을 사업 발전의 "발판이 되어줄 인구 집단"이라고 표현한다.[68] 양심의 가책이나 미안함은 찾아볼 수 없다.

모든 아이의 여린 정신을 이들 기업의 포괄적이고 무차별적인 정신 건강 사업에 넘겨주기 전에, 기존에 사용되는 정신 건강 치료법과 접근법을 면밀히 재검토할 필요가 있다. 그것들은 자신이 치료할 수 있다고 주장하는 질환을 완화하는 데 실패했다. 그러나 그보다 더 확실한 결과는, 정신 건강 전문가들이 옹호하고 제공해왔던 치료법이 젊은이들을 더 병들고 우울하게 하며 어른이 되기를 두려워하게 만들고 있다는 것이다.

3장
우리를 속이는 열 가지 말

카밀로 오르티스Camilo Ortiz가 두 살 때 그의 부모는 아들을 데리고 콜롬비아를 떠나 미국으로 불법 입국했다. 영어도 할 줄 모르고 정부가 주는 생활 보조금을 받을 자격도 안 되는 그들은 뉴욕 퀸스에 있는 아파트 지하층의 방 하나짜리 집에서 살았다. 오르티스의 아버지는 가족을 먹여 살리기 위해 여러 가지 일에 손을 댔고 그중 다수는 불법적인 일이었다.

부모님은 오르티스가 열한 살 때 이혼했다. 열일곱 살 때 그의 아버지는 현금 30만 달러를 자동차 트렁크에 실어 옮기다가 경찰에 붙잡혔다. 이후 돈세탁 혐의로 유죄 선고를 받아 교도소에 수감되었다.

하지만 카밀로 오르티스는 이 책에서 환자로 소개할 인물이 아니다. 그는 대학의 종신 교수이자 저명한 아동 및 청소년 심리학자다. 그리고 그는 심리 치료 전문가가 불안하고 우울하며 스트레스로 지친 아이들을 어떻게 치료해야 하는가에 대해 대다수 기존 전문가와 다른 관점을 지니고 있다.

무엇보다 오르티스는 아이들에게 이루어지는 많은 심리 치료가 무용지물이라는 점을 걱정한다. 그는 이렇게 말했다. "상담실에서 아이와 놀아주는 것은 진짜 쉬운 일입니다. 그러니 치료사가 잘못된 인센티브를 지니게 되죠. 저는 부모들에게 '자녀분을 데리고 오세요. 함께 블록 집짓기를 하면서 치료를 놀이처럼 할 거예요'라고만 해도 돈을 꽤 많이 벌 수 있어요. 그건 아이에게 도움이 안 됩니다. 저는 원하기만 하면 상담 예약 목록을 꽉꽉 채울 수 있어요."

그는 자기 아이에게 개인 상담을 해달라고 간곡히 부탁하는 부모들의 전화를 일주일에 여러 통 받지만 전부 거절한다. 아이들이 겪는 대부분의 문제에서 개인 상담은 증명된 효과가 거의 없다는 것이다. 그는 이렇게 덧붙였다. "부모 중심의 접근법이 더 효과적이라는 증거가 꽤 확실히 나와 있습니다." 다시 말해 심리 치료사가 부모를 치료함으로써 아이의 불안을 치료해야 한다는 의미다. 부모는 은연중에 자신의 불안감을 아이에게 전염시키는 경우가 많다. 그리고 동시에 아이가 우울이나 불안에 지속적으로 대처하도록 도울 수 있는 최적의 위치에 있는 사람이다.

그럼에도 수많은 심리 치료사가 아이들에게 개인 상담을 제공할 뿐 아니라, 효과를 낸다는 증거가 별로 없는 '놀이 치료play therapy' 같은 방법을 사용한다. 실제로 일대일 개인 상담 치료가 아이들에게 도움이 된다는 증거는 거의 없다.[1]

그런데 개인 상담 치료는 왜 아이에게 효과가 없을까? 어른에게 도움이 된다면 아이에게도 도움이 되어야 하는 것 아닌가? 이에 대해 오르티스는 이렇게 말한다.

"불안장애를 겪는 다섯 살짜리 아이가 있다고 칩시다. 그리고 내가 세계 최고의 심리 치료사라고 하죠. 나는 불안을 적절히 다루는 대단히 효과적인 기법 몇 가지를 월요일 오후 4시에 아이에게 가르쳐줍니다. 그렇다면 과연 금요일에 감정 조절장애가 나타나 심하게 불안해진 순간 다섯 살짜리 아이가 상담실에서 나와 나눴던 대화를 기억해내 어려운 기법을 실행할 수 있을까요? '어른'도 그렇게 하기 쉽지 않습니다. 아이는 더더욱 말할 것도 없죠."

오르티스는 하루 중 자녀와 많은 시간을 보내는 부모에게 아이가 혼자 자는 데서 느끼는 두려움을 극복하게 도울 최선의 방법을 가르쳐주는 것이 훨씬 더 효과적이라고 말한다.

그리고 개인 상담의 진지한 분위기에서 형성되는, 치료사와 아이 사이 힘의 불균형이 너무 크다고 말한다. 아이들은 뭔가에 쉽게 설득당한다. 과거 한때 유행했지만 정신의학 역사의 우울한 오점으로 남은 기억 회복 요법recovered-memory therapy(트라우마 때문에 억압된 기억을 되살려 문제를 해결하려는 치료법. 기억이 쉽게 왜곡될 위험이 커서 현재는 신뢰하지 않는 방법이다.—옮긴이)을 떠올려보라. 이 요법을 실행한 치료사들은 무심코 아동 환자에게 가짜 기억을 심어주곤 했다.

*

나는 퀸스의 포리스트 힐스에 있는, 튜더 양식으로 지은 오르티스의 집에서 그를 만났다. 그곳에서 아들과 아내, 반려견 페스토와 함께 산다고 했다(딸은 대학에 다니느라 다른 지역에 살았다). 오르티스는 브룩스 브러더스Brooks Brothers(아메리칸 클래식의 대표 브랜드로, 미국 대통령들이 즐겨 입은 것으로 유명하다.―옮긴이) 카탈로그에서 막 튀어나온 사람 같았다. 군살 없는 날씬한 체격에 오렌지색과 갈색이 섞인 뿔테 안경을 쓰고 슬랙스와 가슴까지 내려오는 지퍼가 달린 스웨터 차림이었다. 외모를 보면 엑서터에 있는 명문 사립 기숙학교에 진학해 라틴어 어형 변화를 열심히 외우고 여름방학은 몬탁 휴양지에서 지내면서 청소년기를 보냈을 것만 같았다. 성장기에 풍족하지는 않았지만 그렇다고 지독한 가난에 시달리지도 않은 그는 초등학교에서 높은 시험 점수를 받은 덕분에 명망 높은 중고등학교인 헌터 칼리지 하이 스쿨에 진학했다. 거기서 태어나 처음으로 '학업 성취에 대해 높은 목표를 지닌 정말로 똑똑한 아이들'에 둘러싸여 생활했다. 그들의 목표와 열정은 전염력이 있었고, 적어도 그에게 유익했다. 오르티스 자신도 높은 목표를 세우게 된 것이다.

현재 오르티스는 롱아일랜드대학교의 임상심리학 교수다. 심리학을 전공하는 학생들을 가르치고 아동 및 청소년의 불안과 우울을 치료할 방법을 연구한다. 나는 청소년을 위한 좋은 심리 치료사의 요건이 무엇이냐고 물었다. 그는 우선 좋은 심리 치료사는 상담을 연금처럼 여기지 않는다고 말했다. "첫 번째 상담 시간에 심리 치료의 종료에 대해 언급하지 않는 치료사는 좋은 치료사가 아닐 가능성이 큽니다."

오르티스는 특정한 종류의 치료법, 특히 인지행동치료와 변증

법적 행동치료Dialectical Behavior Therapy, DBT가 틱장애나 정동장애affective disorder, 강박장애obsessive-compulsive disorder 같은 특정 질환을 개선하는 데 효과가 있다고 확신한다. 인지행동치료 전문가인 그는 이 방법을 이용해 만성 야뇨증을 비롯해 여러 문제를 겪는 아이와 그 가족을 돕는다. 그는 이 치료법이 환자의 삶을 개선하는 것을 직접 봐왔다. 하지만 심리 치료의 목적과 강력한 힘을 충분히 알고 있기에 모든 사람에게 심리 치료가 필요하다는 관점에는 반대한다. 그는 누구에게나 심리 치료가 필요하다고 주장하는 사람은 "음, 이 사람은 건강해 보이는군. 하지만 일단 개복 수술을 해서 살펴봐야겠어"라고 말하는 외과 의사와 비슷하다고 말한다.

심리 치료는 환자가 그 과정에 동의하고 적극적으로 참여할 때 성공적인 효과를 낸다. 그러나 상담실을 찾는 어린이나 청소년은 예외 없이 어른의 압력에 못 이겨 등이 떠밀려 들어온다. 때로는 부모가 아이의 동의도 받지 않는다. 그러면 치료사는 치료의 당연한 절차이자 효과를 이끌어내는 과정인 힘들고 불편한 대화는 피한 채 아이에게 듣기 좋은 칭찬을 해서 추켜세우거나 아이의 기분을 풀어줘야 한다. 만일 그래도 아이가 여전히 치료의 필요성과 중요성을 확신하지 못하면, 상황을 좀 더 명확하고 직접적으로 인지시켜야 할지도 모른다. "네 어머니는 시간당 250달러를 내고 상담을 받아야 할 만큼 네 문제가 심각하다고 생각하는 거야."

심리 치료가 창피하거나 수치스러운 일이 아님을 인지시키려 아무리 애쓴다 해도, 치료를 받는다는 사실은 아이에게 두 가지를 전달하게 된다. 바로 '너희 엄마는 너한테 문제가 있다고 믿는다'와 '그 문제를 해결하는 것은 엄마의 역량 밖 일이다'라는 메시지다. 중간에 개입하는 치료사라는 존재는 부모와 자녀의 관계를 대부분 변화시키기 마련이다. 부모가 그것을 깨닫든 그렇지 못하든 말이다.

아이의 일대일 상담 치료에 수반되는 의원병 효과 두 가지는 다음과 같다. 아이가 주눅이 들게 하는 것(자신에게 문제가 있다고 믿으므로)과 부모의 권위를 손상시키는 것(엄마가 문제를 해결할 능력이 되지 않아 아이를 더 잘 판단할 수 있는 누군가를 고용했으므로)이다. 효과가 있을지 의심스러운 과정을 위해 그런 리스크를 감당해야 하는 것이다.

오르티스는 자신을 찾아온 내담자에게 의원병 효과의 위험을 알려준다. 그들이 의원병 효과를 경계하고, 피해를 입지 않기를 바라기 때문이다. "나는 내담자에게 일부 사람들이 치료를 받고 상태가 더 나빠진다는 사실을 말해줍니다. 높은 비율은 아니지만 어쨌든 일어날 수 있는 일이니까요."

나는 그것이 합리적이고 현명한 행동이라는 생각이 들었다. 오르티스와 인터뷰를 하고 난 뒤 심리학자나 정신과 의사, 또는 심리치료사 중에 치료가 환자에게 피해를 줄 가능성을 진지하게 받아들이는 사람만 신뢰하게 되었다. 다행스럽게도 그동안 45명의 심리학자와 15명의 정신과 의사(그중 다수는 세계적 명성을 지닌 전문가다)를 만나거나 접촉했는데, 그들 모두 의원병 효과의 가능성을 인정했다(몇몇은 의원병 효과를 주제로 책과 논문을 썼다).

나는 궁금해졌다. 나쁜 치료는 어떤 모습을 하고 있을까? 만일 사디스트 같은 누군가가 불안이나 우울, 무능력감, 가족 관계 단절을 조장하고 싶다면 어떤 방법을 사용할까? 악의적인 조종자라면 어떤 식으로 한 세대를 감정의 횡포에 시달리게 유도할까?[2] 지금부터 그에 대해 살펴보자.

"지금 네 기분에 집중해볼까?"

율리아 첸초바 더턴Yulia Chentsova Dutton은 워싱턴 D. C.에 있는 조지타운대학교의 문화정서연구소Culture and Emotions Lab를 이끄는 책임자다. 나는 특히 미국 아이들이 정서 조절에 큰 어려움을 겪는 듯 보이는 이유를 그녀를 통해 알 수 있기를 바라면서 워싱턴 D. C.로 향했다. 러시아 출신의 심리학자인 그녀는 연구소를 구경시켜주며 이렇게 말했다.

"저는 감정을 연구하는 사람입니다. 우리가 감정에 집중하면 감정은 거기에 강하게 반응합니다. 감정에 집중하면 때로 감정적 고통이 더 커질 수 있습니다. 그래서 저는 우리가 아동이나 청소년을 돕겠다면서 사실은 불에 기름을 붓고 있는 건 아닌지 걱정됩니다."

더턴은 함께한 3시간 동안 일본, 러시아, 중국 등 다양한 나라 젊은이들의 스트레스 요인에 대한 정서 반응을 비교한 연구 내용을 들려주었다. 피험자의 몸에 전극을 부착하고 심리적 자극을 주는 영상을 시청하게 한 뒤, 단방향 창을 통해 그들을 관찰하는 방도 보여주었다. 감정을 표현하는 풍부한 어휘는 아이들이 자신의 기분을 적절히 설명하도록 도울 수 있다. 그러나 우리가 현재 아이들에게 시행하는 치료적 개입 중 다수는 그런 어휘를 제공하는 것을 훨씬 뛰어넘었다고 더턴은 말한다.

"우리는 사실상 아이들에게 굉장히 불완전한 신호, 즉 그들의 감정이 언제나 타당하다고 가르치고 있습니다. 감정을 체크하고 집중하는 것이 중요하다고, 감정을 특정 상황에서 어떻게 행동할지 알려주는 길잡이로 삼으라고 말입니다."

감정을 지나치게 강조하는 것은 높은 선반에 있는 물건을 꺼내려고 회전의자에 올라서는 것과 비슷하다. 발밑에 놓인 회전의자처럼 감정이 예상치 못한 방향으로 순식간에 미끄러져 균형을 잃고 넘어질 가능성이 있다. 게다가 감정을 돌보는 행위는 그 감정을 더 강화하는 경우가 많다. 감정에 집중하라고 가르치면 아이들은 '더' 감정에 휩싸일 수 있다.

더턴은 많은 치료적 개입이 아이가 감정을 대단히 중요하게 여겨야 한다는 발상에서 비롯된다는 사실을 우려한다. 감정은 불안정할 뿐 아니라 조종하기가 매우 쉽기 때문이다. 그녀는 자신이 마음만 먹으면 내가 온갖 감정을 느끼게 유도할 수 있다고 말했다. 우리는 누군가에게 어떤 질문을 던지거나 특정한 발언을 하면 어김없이 감정 반응을 유도할 수 있다(더턴은 "그건 굉장히 쉬워요"라고 했다).

개인주의가 강한 사회에 사는 우리는 감정이 현재 자신의 상태를 정확히 알려준다는, 잘못된 믿음을 갖는 경향이 있다. 하지만 감정은 수많은 자극과 신호에 대한 반응일 뿐이며 따라서 틀린 경우가 많다. 분노를 느낀다고 해서 당신이 반드시 옳거나 다른 사람이 당신을 부당하게 대했다는 의미는 아니다. 당신은 친구를 부러워하지만, 곰곰이 생각해보면 친구가 가진 것을 진짜로 갖고 싶은 것은 아닐 때도 있다. 우리는 자신을 학대하는 누군가에게 사랑받는다고 느끼기도 하고, 친절하게 대해준 사람을 원망하기도 한다. 감정은 언제나 우리를 속인다.

어른들은 감정이 얼마나 불완전하고 믿을 수 없는 것인지 아이들에게 알려줘야 한다고 더턴은 말한다. 아이들은 자신의 감정이 정확한 상황을 보여준다는 점을 의심해야 하고 때때로 감정을 완전히 무시해야 한다. 그렇다. 정서적으로 건강한 삶을 사는 사람은 날마다 어느 정도는 '감정을 억누르며' 생활한다.

속상한 감정을 잠시 접어두고 수업에 집중할 줄 모르는 아이가 어떻게 학교생활을 잘할 수 있겠는가? 자기 자신의 감정만 중요하다고 생각하는 아이가 어떻게 좋은 친구가 될 수 있겠는가? 어떻게 그런 아이가 자라서 직장 생활을 잘하겠는가?

절대 그렇지 않다. 절대로.

하지만 아이의 감정을 정기적으로 물어보는 것은 좋지 않을까? 미국의 모든 심리 치료사와 교사, 부모가 아이의 감정을 살피는 것이 현관문에 온도계를 걸어놓는 일과 비슷하다고 믿는 듯하다. 딱히 해롭지도 않으면서 이따금 유용하다고 말이다. 독일 베를린에 있는 샤리테 대학 병원의 정신과 의사 미하엘 린덴Michael Linden은 그것이 매우 좋지 않은 행동이라고 생각한다.

"'기분이 어떠냐?'는 질문은 부정적 감정을 유도합니다. 그런 질문을 던져서는 안 됩니다."

나는 그 이유를 물었다. 아침마다 "브레이든, 오늘 기분이 어떠니?"라고 물으면 아이는 부정적 대답뿐 아니라 긍정적 대답도 얼마든지 할 수 있는 것 아닐까? 린덴은 그렇지 않다고 딱 잘라 말했다.

"세상에 늘 행복하고 즐거운 기분에 젖어 있는 사람은 없습니다. 지하철에 앉아 반대편에 앉은 사람들을 한번 살펴보세요. 행복한 표정을 짓고 있지 않죠. 행복은 하루 중에 느끼는 주요 감정이 아닙니다."

린덴은 심리 치료의 의원병 효과에 대한 세계적인 전문가다. 나는 그가 심리 치료계의 부주의한 접근법에 대해 쓴 논문을 읽은 뒤 줌으로 그를 만났다. 잘생기고 유쾌한 그는 미국인을 놀리는 것을 재미있어하는 듯했다. 독일과 북유럽 학자들은 그러고 싶은 충동을 참지 못하는 것 같다. 은색 머리칼을 깔끔하게 손질한 린덴은 인터뷰 내내 밝은 표정이었고 유쾌한 톤으로 반대 의견을 말하는 스타일이었다.

린덴은 하루 또는 일주일 동안 개인의 감정을 추적해보면 통계적으로 행복감은 매우 드물게 경험한다고 말했다. 우리가 하루 중 깨어 있는 약 6만 초 중 '행복하다'고 말할 수 있는 때는 극히 일부다. 대개 우리는 이런저런 심리적 불편감을 무시하고 그저 '괜찮다'고 말한다. 피곤하거나, 지치거나, 화가 나거나, 스트레스를 받거나, 짜증이 나거나, 뭔가가 몹시 싫거나, 고통스럽거나 하는 것들 말이다. 누군가에게 자꾸 현재의 감정 상태를 생각해보라고 하는 것은 (그가 솔직하게 답한다면) 수많은 부정적 감정 반응을 이끌어내게 마련이다.

린덴은 놀라는 내 표정을 보더니 인터뷰하고 있는 그 순간에 내 기분이 어떤지 생각해보라고 했다. 나는 기분이 '좋다'라고 대답하고 싶었지만 그가 먼저 이렇게 말했다. "지금 당신은 즐겁지 않아요. 인터뷰에 집중하고 있으니까요."

그의 말이 맞았다. 대화를 나누는 그때 내가 있는 캘리포니아는 새벽 5시였고, 나는 아침형 인간이 아니다. 위층에서 자고 있는 세 아이가 혹시라도 깨서 인터뷰를 방해할까 봐 계속 신경이 쓰였다. 웹캠에 비치는 내 모습이 피곤해 보이는 것도 영 마음에 들지 않았다. 잠에 시간을 최대한 할애하느라 화장할 시간도 없었던 것이다. 모닝커피도 마시지 못한 채였다.

메리노 울 스웨터를 입은 화면 속 린덴은 여유 있고 편안해 보였지만, 핼쑥한 얼굴의 피곤한 나는 스스로 느끼는 것보다 더 지적이고 날카롭게 보이려고 안간힘을 쓰는 동시에 그가 말하는 독특한 억양의 영어에 담긴 의미를 이해하려 애쓰고 있었다. 나는 분명 '즐겁지' 않았다. 린덴의 말이 옳았다. 현재의 감정을 더 의식하고 더 정확하게 들여다보는 것은 주로 부정적인 자기 성찰을 유발했다.

나는 노라의 친구들을 떠올렸다. 자신의 감정을 깊이 관찰하는 것이 그들 중 누구에게 도움이 될까? 심각한 정신 질환을 겪는 아이들은 아닐 것이다. 자신의 증상을 과장해 말하면서 진단명에 의지하는 아이들도 당연히 아닐 것이다. 하지만 아이들에게 감정에 집중하라고 자꾸 권하는 것은 훨씬 더 큰 문제를 유발한다고 린덴은 말했다. 그것은 심리적 지향성과 관계있다.

심리학자들은 고난이나 장애물과 상관없이 더 높은 성과를 내게 하는 정신 상태를 연구했다. 우리가 채택하는 심리적 지향성에는 '행동 지향성action orientation'과 '상태 지향성state orientation'이 있다.[3] 행동 지향성을 지닌 사람은 현재 감정이나 신체적 상태를 생각하지 않고 눈앞의 일에 집중한다. 상태 지향성을 지닌 사람은 자기 자신에 대한 생각에 몰두한다. 자신이 얼마나 준비됐다고 느끼는지와 답장하지 않은 문자메시지에 대한 걱정, 목구멍 안쪽이 살짝 따끔거리는 느낌, 목에 일어난 근육 경련 등에 대해 생각한다. 둘 중 행동 지향성 유형이 일을 완수할 가능성이 훨씬 크다.

훌륭한 스포츠 감독은 이것을 본능적으로 안다. 그들이 경기 전에 선수들의 사기를 끌어올리는 방식을 생각해보라. "자, 우린 할 수 있어! 위긴스, 너는 11번 선수한테 그림자처럼 따라붙어. 타일러, 페널티를 받지 않게 조심해. 수비수들은 저쪽 쿼터백을 가차 없이 압박해야 해. 잽싸게 태클을 걸라고! 공격수들, 자신감을 갖고 침착하게 집중해. 효과적인 블로킹을 하되 페널티는 받지 말아야 해." 감독은 현재 주어진 역할에 집중하라고 강조한다.

그들은 이렇게 말하지 않는다. "잠시 앉아서 너희 각각의 감정이 어떤지 들어보자. 타일러, 너부터 시작할까? 부모님이 이혼한 일 때문에 아직도 우울하니?" 경기에서 이기고 싶다면(또는 어떤 일이든 완수하고 싶다면) 최악의 행동 중 하나는 자신이 느끼는 실망감이나 심리적 불편함, 힘든 인간관계 때문에 겪는 괴로움에 집중하는 것이다. 뛰어난 감독은 절대로 하프타임에 선수들에게 자신의 감정을 생각해보라고 하지 않는다. 그것은 훌륭한 경기를 펼치는 능력을 반감시키기 때문이다.

린덴은 "상태 지향성은 어떤 일에서든 성공적인 성과를 내는 것을 방해한다"고 말했다. 나는 아이들이 감정에 주의를 기울이라고 끊임없이 권유받으면 어떤 결과를 맞이하게 되리라 예상하느냐고 물었다.

"'나는 행복한가?'라는 질문으로 하루를 시작하는 사람은 결국 행복하지 않다는 사실을 더 확실하게 깨달을 뿐입니다. 그러면 행복해지기 위해 도움이 필요하다는 생각이 들죠. 그래서 심리 치료사를 찾아가고, 결국 치료사는 우리를 '정말로' 불행하게 만들 겁니다."

'나는 행복해'라는 답이 항상 나올 수 없는 이유는 무엇일까? 린덴은 현실적으로 절대 그럴 수 없기 때문이라고 말했다. 그리고 그런 질문을 자꾸 생각할수록 현실적이고 중요한 목표에서 점점 멀어지고 목표를 달성하는 만족감도 느끼기 힘들어진다.

"그 기억을 다시 곱씹어보자"

우리 주변에는 전 연인이나 배우자에 대한 생각에 집착하느라 엄청나게 많은 시간을 보내는 친구가 하나쯤 있다. 상처 입은 일이나 개인적 문제를 자꾸 곱씹으며 생각하는 것. 그것이 반추rumination다. 감정 분출은 심리적 고통을 덜어주기도 하지만, 괴로웠던 사건을 반복해서 생각하는 것은 병적 행동이 될 수 있다.[4] 또 그것은 심리 치료가 야기하는 가장 중요한 의원병 효과 중 하나다.

불안과 우울증, 강박장애 치료 분야에서 저명한 전문가 레이프 케나이르Leif Kennair는 반추에 따른 정신 장애를 연구한다. 노르웨이 과학기술대학교의 성격심리학 교수인 그는 심리 치료가 역효과를 내는 양상을 세밀하게 파헤친 책도 저술했다(안타깝게도 노르웨이어로 썼다).

그는 줌으로 진행한 인터뷰에서 "환자가 과거에 겪은 힘든 사건이나 잘못한 일을 떠올리게 하는 것, '이렇게 했더라면 지금 결과가 달랐을 텐데'라고 생각하게 유도하는 것은 걱정과 반추를 증가시키는 개입법입니다. 대신 환자가 우울증이나 범불안장애 증상을 보이면 치료사는 "걱정과 반추를 '중단시키는' 개입법을 시행해야 합니다"라고 말했다.[5] 다시 말해 좋은 치료사는 인지행동치료의 접근법을 택한다. 환자에게 반추가 비생산적 사고 방법임을 일깨우고 그것을 중단할 수 있도록 훈련해야 한다는 이야기다.

케나이르와 대화를 나누기 얼마 전, 나는 몇몇 심리 치료사에게서 오늘날 젊은 세대가 과거 세대보다 더 우울하다는 증거는 없다는 이야기를 들었다. 나는 케나이르에게 오늘날 젊은이들이 더 우울한 게 아니라 단지 자신의 나쁜 정신 건강에 대해 더 '스스럼없이' 말하게 된 것일 수도 있지 않느냐고 물었다. 케나이르의 대답은 명쾌하면서도 놀라웠다. 괴로운 감정을 과도하게 자주 이야기하는 행위 자체가 우울증 증상이라는 것이었다.

"부정적 생각이나 개인적 문제를 습관적으로 이야기한다면 그 사람은 적어도 대화 상대자와 함께 반추하고 있는 겁니다. 제 생각에 요즘 젊은이들은 과거 세대보다 반추하는 경향이 더 강합니다. 그리고 반추는 우울증의 주요 전조 증상입니다."

"네 최종 목표는 행복이야"

어린 자녀를 밖에 데리고 나온 부모들을 지켜보면 그들이 아이가 아이스크림을 '맛있게' 먹는지, 내일 학교에 가는 것이 '기대'되는지, 공원에서 '즐겁게' 놀았는지 등을 확인하는 것을 알 수 있다. 우리는 일상에서 수시로 자녀에게 '네 최종 목표는 행복이야'라는 신호를 보낸다. 우리 모두가 행복을 위해 살아간다고 말이다.[6]

연구에 따르면 우리는 한참 잘못 생각하고 있다. 아이들이 행복해지길 원한다면 가장 하지 말아야 할 행동은 행복이 목표라고 가르치는 것이다. 행복을 열심히 추구할수록 낙담하고 우울해질 가능성이 더 커지기 때문이다.[7] 행복만 강조하는 것이야말로 객관적 현실을 완전히 외면한 행동이다.

더턴은 이에 대해 "긍정적 감정 상태만 추구하는 것은 사실 심리적 기능 저하와 연관돼 있습니다. 더 많은 우울 증상을 초래한다는 의미입니다. 행복해지고 싶은 욕구가 매우 강한 사람은 실제로 별로 행복하지 않습니다. 행복 욕구가 오히려 취약성을 강화하는 요인이 되죠"라고 말했다.

당신의 조부모 세대를 생각해보라. 우리 할머니는 가난한 집에서 자랐지만 살면서 만나는 소소하고 즐거운 사건을 진심으로 행복해했다. 초콜릿 아이스크림 먹기, 집에서 만든 못생긴 케이크와 함께 하는 소박한 가족 생일 파티, 낯선 나라의 골동품 가게에서 히브리어 글자가 새겨진 장식품을 우연히 발견하는 것 같은 일 말이다. 그런 일은 인생에 행복만 가득할 것이라고 절대 기대하지 않는 누군가에게 생각지 못한 기쁨을 안겨주었다.

행복이 목표여야 한다고 강조하는 것은 결국 아이들을 시련에 맞닥뜨리도록 하는 길이다. '긍정적 감정 상태'만 추구하면 더 우울해질 가능성이 높다. 더턴은 나아가 우울한 감정이 사회적 보상을 받는다고 지적했다. 우울함을 표현하면 어른의 관심과 공감, 인정을 받는 것이다. 그러면 자연히 아이들은 "자신이 우울하다는 신호를 더욱 강하게 보낸다."

공립 고등학교 졸업반인 코디는 이런 이야기를 했다. 그는 한 세대 전에는 아이들이 '장점'을 이용해 자기 자신을 정의한 것 같다고 말했다. 운동을 잘하거나, 친구들 사이에 인기가 많거나, 공부를 잘하거나, 외모가 뛰어나거나 하는 것 말이다. 하지만 요즘은 그렇지 않다. "장점이나 특기로 자신을 정의하는 아이들이 별로 없어요. 요즘은 분위기상 그렇게 장점을 내세우면 특권을 누리는 사람이라는 눈총을 받기 쉽거든요."

심리적 우울이나 불안으로 자신을 정의하는 게 왜 문제일까? 코디는 이렇게 말했다. "그 애들은 자신의 정신 건강 문제를 해결하려고 적극적으로 노력하지 않아요." 코디는 심각한 우울증을 겪는 아이들이 아니라 평범한 아이들을 말하는 거라고 설명하며 덧붙였다.

"그런 애들이 자신의 정신 건강 문제에 대해 친구들의 인정과 공감을 얻으면 그 사이클에 갇혀 빠져나오지 못해요."

"네가 불편하다면 없애줄게"

부모들은 "메이슨은 버터가 들어간 면 요리만 먹어요", "하퍼가 개를 무서워해요. 저희가 그곳에 방문할 때 개를 케이지 안에 넣어주시겠어요?"라고 말하곤 한다. 심리 치료사들은 이렇게 말한다. "자녀분에게 시험 불안이 있는 것 같아요. 아이가 시간제한 없이 시험을 치를 수 있도록 학교 측에 요청하는 메모를 써드릴게요." 왠지 익숙하지 않은가?

심리 치료사만 아이의 불안을 인정하고 받아주는 것이 아니다. 부모도 늘 그런다. 하지만 심리 치료사는 불안증을 치료하겠다면서 그렇게 한다. 이에 대해 오르티스는 이렇게 설명한다.

"치료사는 내담자가 불안을 유발하는 외부 자극을 굉장히 두려워해야 한다는 메시지를 무의식중에 전달할 수 있습니다. 연구 결과에 따르면 불안 성향을 지닌 치료사가 내담자에게 개입할 때 그를 지나치게 보호하려는 경향이 있습니다"라고 말했다.

치료사가 개가 '무서울 수 있다'고 고개를 끄덕여주면서 옆집의 갈색 래브라도리트리버를 피할 방법을 함께 궁리하면 아이의 마음이 잠깐은 편해질지 모른다. 그러나 이는 두려움을 한층 구체적인 무언가로 만들어, 개를 마주치는 것이 퓨마를 만나는 것과 비슷하다는 암시를 전달할 수 있다. 무슨 수를 써서라도 피해야 하는 위급 상황이라고 말이다. 심리 치료사는 아동이나 청소년의 강한 두려움을 더 강화할 수 있다.

인지행동치료(이하 CBT)의 핵심 관점은 예컨대 아이가 흙을 극단적으로 싫어하는 것이 흙이 몸에 해롭다는 잘못된 믿음 때문일 수 있다고 보는 것이다. 이런 종류의 믿음을 없애는 가장 효과적인 방법은 두려워하는 대상을 직접 반복적으로 접촉하게 하는 것이다.[8] 만일 아이가 개를 무서워한다면 개를 만져보도록 차츰 유도한다.[9] 강박장애와 세균공포증이 있는 환자가 하루에 셀 수 없이 여러 번 손을 씻는다면, 치료사는 그에게 변기를 만져보도록, 나중에는 더러운 변기 안에 손을 넣어보도록 권한다. 언젠가 오르티스는 한 환자에게 변기 만진 손을 베개에 닦은 뒤 그 베개를 베고 자도록 유도했다.

"참을 수 없을 것 같은 극단적 노출을 경험하고 나면 평소에 느끼던 두려움이 별것 아닌 것으로 느껴집니다. 변기에 손을 넣어보고 나면 문손잡이를 만지는 것은 아무것도 아닌 일로 느껴지죠."

이와 같은 '노출 요법exposure therapy'은 CBT의 주요 기법으로, 환자가 불편해하거나 두려워하는 대상을 마주하게 유도하는 것이다. 이는 확실한 효과가 입증된 몇 안 되는 요법 중 하나다. 상당히 많은 심리 치료사가 CBT 기법을 사용한다고 주장하지만, 그중 CBT를 철저하게 교육받았거나 검증된 기법을 활용하는 이들은 일부일 뿐이다.[10]

학교 심리학자와 상담 교사는 그와 반대로 하는 경우가 많다. 긍정과 배려를 통해 아이의 불안을 더 강화하는 것이다.[11] 그들은 아이를 위한다는 명목 아래 교사와 함께 개입해 표준 교과과정이 아이에게 너무 많은 스트레스를 준다고 생각하면 숙제를 줄여주거나 맞춤형 과제를 내준다. 이런 조치는 불안에 대처하거나 스트레스 상황을 극복하기 위한 내면 자원을 개발하는 데 도움이 안 된다.

불안을 긍정해주고 배려하는 것은 아이에게서 힘든 문제를 극복할 기회를 빼앗으며 "실제로 뭔가를 해내지 못하는" 아이로 만든다고 오르티스는 말한다. 형제가 코 고는 소리나 창밖의 요란한 바람 소리, 삐걱대는 마룻바닥 소리 같은 평범한 소음으로 가득한 집에서 아이를 억지로 자게 해보라. 결국 잠이 들게 마련이다. 더 중요한 것은 아이가 자신이 그런 환경에서도 '잠들 수 있다'는 사실을 깨닫는다는 점이다.

우리 누구나 불편과 함께 살아가는 것을 연습해야 한다고 오르티스는 강조했다. 물리적 불편이든 정서적 불편이든 말이다. 필요한 만큼 충분히 연습하면 불편을 더 잘 참을 수 있다. 연습하지 않으면 더 참지 못하게 된다. 그럼에도 많은 어른이 아이의 삶에서 불편한 요인이나 스트레스를 마치 독소라도 되는 듯 전부 없애려 안달이다.

나는 신경심리학자이자 작가 리타 아이켄스타인Rita Eichenstein에게 요즘 많은 아이들이 공포증이나 불안을 겪는 이유가 무엇이라 생각하느냐고 물었다. 그녀는 이렇게 답했다. "감각 경험이 부족한 탓입니다. 엄마 배 속에서 나와 병원에서 집으로 돌아갈 때 아이는 뒤쪽을 본 채 카시트에 앉게 됩니다. 또 어린이집은 얼마나 깨끗하고 조용한지 몰라요. 아이의 수면을 도와주는 백색소음기도 갖추고 있죠. 몸이 더러워질 일도 없어요. 밖에서 흙을 밟고 뛰어놀지 않으니까요. 정상적인 혼란을 경험하지 못하고 자라는 거죠."

아이의 삶에서 정상적인 혼란을 없애는 것은, 아이를 인생의 달고 쓴 온갖 경험을 헤쳐나갈 줄 아는 성인으로 키우고 싶다면 절대 해서는 안 될 행동이다. 원래 인생에는 솜사탕과 즐거운 노래와 재미난 놀이기구가 가득한 놀이공원 같은 삶에서는 결코 발견하지 못할 작은 즐거움이 있다.[12] 그럼에도 현재 우리가 어떻게 하고 있는지 생각해보라. 우리는 의사를 졸라서 아이에게 먹일 항불안제를 처방받고, 교사에게 부탁해 아이가 시간제한 없이 시험을 치를 수 있게 한다. 목욕할 때 아이의 눈에 물이 절대 들어가지 못하게 목욕 모자를 씌우고, 햄버거 빵의 참깨를 세심하게 떼어준다.[13] 우리는 우리 자신만 제정신이 아닌 부모가 되어가고 있는 것이 아니라, 아이들을 더 겁 많고 현실을 견딜 줄 모르는 아이로 만들고 있다.

"어떻게 애들끼리만 있게 놔둘 수 있나요?"

예전에 부모들은 주로 아이가 '물리적' 위험에 처할까 봐 걱정했다. 낯선 사람의 위험성, 길을 건널 때 생기는 위험 같은 것 말이다. 그런데 육아에 치료적 접근법을 도입하고 아이가 입을 정서적 상처를 걱정하면서, 우리는 아이에게서 '한시도' 눈을 떼지 못하게 됐다. 팔이 부러진 아이는 당연히 비명을 지를 것이다. 하지만 친구들에게 놀림받아서 상처 입은 아이는 소리를 내지 않는다. 그러니 우리는 더 많은 정보가 필요했다. 아이를 관찰할 어른들이 필요해졌다. 아이의 감정을 적외선 열화상 이미지처럼 들여다보게 해줄 심리 치료사와 학교 심리학자, 상담 교사 말이다. 우리는 이들이 아이를 세심하게 관찰하고 보고해주길 기대한다.

보스턴대학교의 심리학 교수이자 정평이 난 심리학 입문서의 저자 피터 그레이Peter Gray는 이렇게 말했다. "요즘 아이들은 항상 관찰자의 시야 안에 있습니다. 집에서는 부모가 그들을 지켜보고, 학교에서는 선생님이 지켜보죠. 학교가 끝나면 어른이 지도하는 방과 후 활동에 참여하고요. 아이들에겐 프라이버시가 거의 없어요."

잠깐만 생각해봐도 이 말이 맞는다는 것을, 그리고 과거 세대가 경험한 학창 시절과 너무나도 다르다는 것을 알 수 있다. 오늘날 학교에는 '쉬는 시간 감독관'이 있다. 이들은 아이들이 놀다가 다투면 즉시 달려가고 비가 와서 정글짐이 미끄러울 수 있다고 경고한다. 스쿨버스에는 '스쿨버스 감독관'이 있다. 내가 아는 많은 아이가 방과 후에는 어른 주도로 진행되는 여러 활동(암벽 타기, 우쿨렐레나 주짓수 배우기 등)에 참여한다.

아무런 관리나 감독 없이 아이들을 마음대로 뛰어다니게 내버려두는 것보다 그게 더 낫지 않느냐고 말할 사람도 있을 것이다. 대체로 어른은 아이보다 더 적절하고 책임감 있는 행동을 보여준다. 부모는 또래 친구보다 더 나은 조언을 해줄 수 있다. 교사는 공정한 규칙을 강조하고 친구 괴롭히는 것을 막아줄 가능성이 크다. 그리고 이들 모두는 아이가 섹스나 마약에 손대지 못하게 막아줄 것이다. 그러니 더 많은 관찰과 감독은 바람직한 것 아닌가?

그레이는 아이들 삶을 관찰하는 것이 실제로는 불안을 증가시킨다고 말했다. "심리학자들은 스트레스 요인을 증가시키는 실험을 합니다. 과제를 스트레스 상황에서 수행하는 이들과 스트레스가 없는 상황에서 수행하는 이들을 비교하는 거죠. 이때 스트레스를 증가시키는 방법이 무엇일까요? 바로 관찰자를 추가하는 겁니다. 누군가가 자신을 지켜보며 성과를 평가하는 듯한 상황이 피험자의 스트레스를 가중합니다."

지난 20~30년간 우리는 아이들을 관리나 감독하지 않는 시간을 위험하다고 생각하게 되었다. 그럴 때 트라우마와 괴롭힘, 학대가 일어난다고 말이다. 한 아이라도 소외되는 것보다 쉬는 시간 감독관이 운동장에서 확실한 발야구 규칙을 정해주고 모두가 공정한 경기를 하도록 지도하는 편이 낫다. 어떤 아이가 다른 아이에게 점심 사먹을 돈을 빼앗길 위험을 감수하는 것보다 스쿨버스 감독관을 고용하는 편이 현명하다. 부모는 10대 자녀가 지금 어디 있는지 계속 궁금해하거나 자녀가 안전하게 귀가하리라 믿는 것보다 휴대전화 앱으로 자녀의 위치를 추적해 파악하는 것이 낫다. 그러나 이런 끊임없는 관찰은 아이에게 적지 않은 스트레스를 안겨준다.

물론 어른의 감시권 안에 있는 10대는 마음대로 섹스를 하지 못할 것이다. 하지만 그들은 친밀한 친구도 만들기 힘들다고 그레이는 지적한다. 다시 말해 부모가 감독하는 '플레이데이트playdate(아이들이 함께 놀 수 있도록 부모들끼리 약속을 정해서 만나는 것—옮긴이)'는 놀이가 아니다. 적어도 놀이라는 말이 인간에게 다양한 심리·사회적 이점을 제공하고 다른 사람과 어울리는 법을 가르쳐주는 진화적 활동을 의미한다면 말이다.

정서적, 사회적 발달에 이로운 진짜 놀이란 모험과 의견 조율이 동반되면서 어른의 감시는 없는 놀이다.[14] 어른들 시선에서 벗어난 요새나 트리 하우스를 만드는 것 말이다. 대신 우리는 '놀이 박탈 실험'을 하고 있다고 그레이는 경고한다. 교사와 부모, 심리 치료사가 아이들에게 감정이 중요하므로 세심하게 돌봐야 한다고 끊임없이 가르치면서, 정작 그 가르침의 목적인 정서 능력 발달을 위한 아이들만의 시간과 공간은 거의 주지 않는다. 그는 "우리는 아이들에게 즐거움을 주는 것들을 없애는 대신 불안을 높이는 환경과 활동을 제공했습니다. 그리고 그것은 우리 어른들의 불안도 높일 겁니다"라고 말한다.

아이에게 즐거움을 주는 것이란 무모한 모험, 새로운 것 발견하기, 옷을 더럽히면서 노는 일이다. 다양한 성격과 특성을 지닌 친구들과 함께 직접 규칙을 만들어 게임을 하는 것이다. 아이들이 느끼는 진짜 재미와 만족감은 엄마가 세심하게 준비한 모조품으로 느낄 수 없다. 엄마는 아마존에서 배송받은 저자극 무독성 '슬라임'을 갖고 함께 놀자고 아이를 재촉한다. "이거 재밌지 않니? 와, 정말 대단하구나! 그렇지?" 그런 놀이는 유해하지 않지만, 아이가 감정을 발산하며 스트레스를 풀거나, 자기 한계를 시험해보거나, 친구들과 의견을 조율하며 관계를 만들어나가도록 도와주지 않는다. 또 자기 자신을 더 깊이 이해하고, 그럼으로써 훗날 자신이 어떤 종류의 활동이나 사람을 좋아하게 될지 깨닫는 데도 도움이 되지 않는다.

"이 아이에게는 심각한 병이 있어요"

당신의 다섯 살짜리 아들이 유치원 공부방을 여기저기 돌아다니며 다른 아이들의 주의력을 분산시킨다. 선생님이 당신에게 걱정스러운 표정으로 말한다. "아드님은 알파벳 'e'가 내는 두 종류의 소리를 재미있게 배우는 시간에도 끝까지 앉아 있지를 못해요." 선생님이 모든 아이를 카펫에 앉혀놓고 함께 노래를 부를 때도 당신 아들은 창밖 나뭇가지 위를 총총거리며 뛰어가는 다람쥐를 바라본다. 선생님은 아이를 데리고 병원에 가서 검사를 받아보라고 권한다.

그래서 당신은 선생님의 권유대로 한다. 그곳은 훌륭한 유치원이고 당신은 선생님이나 유치원 측과 좋은 관계를 유지하고 싶다. 아들을 병원에 데리고 가니 의사는 아이가 ADHD인 것 같다고 말한다. 그 말에 당신은 안심한다. 적어도 뭐가 문제인지는 알았으니 말이다. 치료적 개입을 해야겠다는 생각이 든다. 그러면 아이는 선생님이 바라는 집중력 좋은 학생이 될 것이다.

그러나 아이에게 진단명을 안겨주는 것은 중립적인 행동이 아니다. 아이가 자신의 뇌에 문제가 있다고 믿은 채 자라는 것은 아이에게 심리적, 정서적으로 중대한 영향을 미칠 수 있다. 정신 건강 전문가 또한 환자의 진단명을 먼저 듣고 나면 환자의 평범한 행동을 병적인 것으로 해석할 가능성이 높다.[15]

린덴 박사는 이렇게 말했다. "특정한 진단을 내리는 것은 그 사람이 문제가 있고 아프다고 말하는 것과 같습니다. 이때 부작용 중 하나는 사람들이 자신이 심각한 상황에 놓였다고 믿게 된다는 점입니다. 전에는 그렇게 생각하지 않았는데 말이에요. 그들은 크게 의기소침해지죠."

정신 질환에 대한 부정적 인식을 없애려는 고귀한 사회적 노력도, 진단명을 확정받은 청소년이 결정론적 태도를 갖는 것을(그리고 자신의 한계를 확실히 인식하게 되는 것을) 막지 못한다. 엄마가 아무리 긍정적인 말을 해주어도 그 아이에게는 정신장애 진단을 받았다는 사실만 중요해진다. 작업 치료사에게서 학습장애가 있다는 진단을 받거나 신경심리학자에게서 신경발달장애가 있다는 진단을 받은 아이는 이제 자신은 노력으로 문제를 극복할 수 없다고 느끼고, 자신의 능력에 대한 믿음이 약해진다. 의사가 병명을 공식적으로 선언했다는 것은 아이가 상황을 스스로 개선할 수 없음을 의미한다. 오직 의학적 방법만이 그를 고칠 수 있다.[16]

물론 중요한 문제를 밝혀내는 것이 필요하고 적절한 행동일 때도 많다. 오랫동안 난독증으로 고생한 내 지인들은 문제의 명칭을(따라서 자신이 바보가 아니라는 사실을) 알고 난 뒤 크게 안심이 되었다고 말했다. 그러나 내가 만나본 많은 부모는 쇼핑하듯 진단명을 찾아다녔다. 그중 엄마 말을 잘 안 듣는다는 지극히 평범한 유치원생 남자아이가 있었다. 때로 그 아이는 굉장히 거칠게 굴거나 엄마를 때렸다. 신발을 신는 것처럼 단순한 일에도 매우 오랜 시간이 걸렸다. 몇몇 신경심리학자가 검사를 진행하고 아이가 '정상 범주에 속한다'고 결론을 내렸다. 그런데도 부모는 아이의 반항성을 나타내는 전문용어가 있을 거라고 확신하면서 계속 다른 의사를 찾아다녔다. 그들은 진단명을 구매함으로써 아이에게 없던 부정적인 자아 인식이 생겨날 수 있다는 점을 결코 생각하지 못했다.

"문제가 있다면 약을 먹어야 해"

진단 다음은 약 처방이다. 그러나 만일 렉사프로Lexapro나 리탈린Ritalin, 애더럴Adderall이 정말 해결책이라면 젊은이들의 정신 건강 악화는 수십 년 전에 끝났을 것이다(렉사프로는 항우울제, 리탈린과 애더럴은 ADHD 치료제다.―옮긴이).[17]

자녀 뇌의 화학적 프로세스를 바꾸는 것은 부모로서 내릴 수 있는 굉장히 중요한 결정이다. 하지만 많은 소아정신과 의사와 그보다 더 많은 소아과 의사는 그저 서명한 뒤 처방전 패드에 붙은 종이를 뜯어 건네는 행동만으로도 그 프로세스를 바꿀 수 있다.[18]

밴더빌트대학교의 저명한 심리학 교수로 우울증의 원인 및 치료법을 연구하는 스티븐 홀런Steven Hollon은 내게 "어린이와 청소년에게 항우울제를 복용시키는 일은 굉장히 신중하게 결정해야 합니다"라고 말했다. 그는 자낙스Xanax나 클로노핀Klonopin 같은 항불안제에 대해서는 훨씬 더 단호했다. "복용 후 30분 이내에 효과가 나타나는 약은 적어도 심리적으로 또는 생리적으로 중독성이 있습니다. 그리고 대개는 둘 다일 가능성이 높습니다."

나는 심각한 심리적 문제가 없는 청소년에게 항우울제를 복용하게 해 발달을 방해하는 것이 적절하냐고 홀런에게 물었다. "진화생물학자는 아니라고 할 겁니다. 진화생물학 관점에서 보면 우울과 불안도 삶의 일부거든요. 인간은 슬픔이나 상실에 대처하는 법을 익혀야 해요." 우리는 생존을 위해 그런 능력을 발달시켜야 하는 존재다. "그것을 배우는 과정은 때로 힘들고 때로는 무섭기도 할 겁니다. 하지만 화학물질에 의존할 때보다 대처 방법을 익힐 때 더 잘 살아갈 수 있습니다."

어린이와 청소년의 경우 항우울제가 효과를 낸다는 증거가 성인 환자에 비해 훨씬 적다.[19] 근거가 되는 사례 역시 성인의 경우보다 훨씬 적다.[20] 게다가 아이들은 빠른 변화를 겪는 성장기에 있기 때문에 의사가 어차피 곧 지나갈 문제나 상황에 불필요하게 약물을 처방하게 될 위험이 있다.

나아가 안 그래도 힘들어하는 청소년에게 끔찍한 부작용까지 겪게 할 수 있다. 체중 증가, 불면증, 성적 욕구 저하, 메스꺼움, 피로감, 초조함, 중독 위험 등이다.[21] 물론 심각한 금단증상도 있다.[22] 자살 경향성도 여전히 항우울제의 부작용이며 그 이유가 아직 정확히 밝혀지지 않았다.[23]

그러나 항우울제와 항불안제, 각성제의 가장 암울한 리스크는 약물 자체의 '주요 효과'에 있다. 자아 발견과 정서 발달이 이뤄지는 중요한 시기에 약물에 의지해 생활한다고 생각해보라. 약을 복용하는 청소년은 진정한 자아와 연결이 끊어지고 감정이 둔해진다. 날카로운 인지능력이 주는 즐거움도, 정의감에서 오는 강한 분노도, 기회를 발견해 달려들고 싶은(연애든 스포츠 팀에 들어가는 일이든) 동물적 충동도 느끼지 못할 것이다. 약물은 아이를 자기 인생을 멀리서 지켜보는 방관자로 만든다.

자낙스에 의지해 힘든 시기를 이겨내는 데 익숙한 성인 중 많은 이가 힘들어하는 10대 자녀에게도 똑같은 방법을 권하고 싶어 한다. 그러나 향정신성 의약품이 청소년에게 미치는 영향은 성인의 경우와 완전히 다르다. 약을 먹기 시작하는 순간부터 아이가 삶에서 하는 모든 경험(그중에는 '첫' 경험도 많다)이 화학적 매니저를 통해 중재된다. 모든 성공도 욕망도 후회도 말이다. 아이에게 약을 먹이기 시작하면, 리스크를 판단하고 인생의 좋고 싫은 경험을 헤쳐나가는 법을 익혀야 할 중요한 시기에 아이를 둔하게 만들 위험이 있다. 약에 젖어 생애 처음으로 만나는 성공과 실패, 사랑, 절망을 자신만의 감각으로 온전히 경험해보지 못한 아이는 나중에 어른이 돼서 필요한 정서적 근육을 키울 기회를 박탈당한다. 약에 의지하는 아이는 혼자 힘으로 험한 세상을 헤쳐나갈 수 없다고 믿을 가능성이 크다. 그리고 실제로 그런 마음을 지닌 어른이 될지도 모른다.

만일 약을 쓰지 않고도 자녀의 불안이나 우울, 과잉 행동을 완화할 방법이 있다면, 당신의 인생을 통째로 바꿔야 하는 희생을 치르고서라도 그 방법을 택할 가치가 있다.

"어서 네 트라우마를 털어놓으렴"

의사이자 정신 건강 전문가 리처드 빙Richard Byng은 말했다. "정말로 효과적인 트라우마 기반 치료에서는 환자에게 트라우마에 대해 이야기하라고 유도하지 않습니다. 오히려 그 반대죠."

빙은 잉글랜드 플리머스에서 전과자들이 사회에 적응하는 과정을 돕는다. 그중 다수는 어린 시절이나 청소년기에 심한 학대를 경험했다. 그럼에도 그들을 상담할 때 트라우마에 대해 '말하지 않도록' 하는 경우가 많다고 빙은 말한다.

빙의 설명에 따르면 심리 치료의 가장 중요한 실수 하나는, 문제나 상처를 이야기하는 것이 무조건 도움이 되는 건 아니라는 사실을 인정하지 않는 것이다. 그러면 오히려 환자 상태가 나빠질 위험이 크다.

빙은 이렇게 말했다. "저는 트라우마를 겪는 사람을 대할 때 그것을 아주 가볍게 인정하고 넘어갑니다. '당신이 지금의 모습이 된 데는 그 나쁜 경험이 어느 정도 영향을 미쳤군요' 하는 식으로요. 그러고는 그 이야기는 접어둡니다. 대신 환자의 현재에 대해 대화하려고 노력합니다."

트라우마를 '털어놓는' 것이 힘든 시련을 경험한 모든 아이에게 도움이 되지는 않는다고? 과거의 고통에 대해 이야기하는 것이 반드시 고통을 완화해주지는 않는다고? 심지어 훈련받은 전문 치료사와 함께하더라도 트라우마성 경험에 대해 대화를 나누면 때로 고통이 심해질 수 있다고? 나는 이런 의문을 품은 표정을 지었다.

빙은 치료사가 더 겸손한 접근법을 취하는 것이 환자에게 도움이 된다고 말했다. "그 일에 대해 말하고 싶어 하지 않는 사람도 있다는 사실을 인정해야 한다는 뜻입니다. 어떤 사람에게는 상담이 아니라 혼자만의 시간과 공간이 필요하다는 사실을 인정해야 합니다. 하지만 또 어떤 사람에게는 직접적인 도움이 필요하다는 사실도, 어떤 방법이 도움이 될지 알기는 쉽지 않다는 사실도 인정해야 합니다."

그러나 오늘날 많은 교사와 상담사, 심리 치료사는 정반대로 접근한다. '아이들은 자신의 고통을 세밀하게 들여다보고 쏟아내지 않으면 절대로 잘 성장할 수 없다'고 믿는 것이다. 아카데미상을 받은 영화 〈굿 윌 헌팅〉을 보면 주인공(맷 데이먼)이 학대당했던 어린 시절의 상처를 치료사(로빈 윌리엄스)에게 털어놓으며 대화를 나눈 뒤에야 과거의 트라우마를 극복하고 여자 친구와의 관계도 발전시킨다. 이 영화를 보며 수많은 관객이 감동받고 눈물을 흘렸으며, 미국인들은 상담 치료가 지닌 기적 같은 힘에 대한 믿음을 다시금 확인했다.

그러나 영화가 아닌 현실에서는 아픈 기억을 반복해 떠올리는 것이 종종 문제를 해결하기보다는 만들어낸다.

트라우마를 '이야기해야만' 치료가 가능하다고 보는 모델보다 더 나은 접근법을 택하는 치료법이 있다. 대표적인 예는 변증법적 행동 치료다. 빙의 견해에 따르면 더 나은 접근법이란 고통과 상처를 털어놓으라는 압력을 주지 않고 "환자가 상처받았다는 사실을 인정하면서 환자 본인만이 변화를 만들어낼 수 있음을 일깨워주는 것"이다. 하지만 그 역시 "그렇게 하기가 쉽지만은 않다"고 인정한다.

그러나 그것은 환자를 위한 최선의 전략일 때가 많다. 고통스러운 감정이나 기억을 어느 정도 억누르는 것은 삶을 잘 살아가도록 돕는 꽤 유용한 심리 도구인 것 같다. 심한 트라우마를 겪은 이들이라 할지라도 말이다.

우리는 아이들에게 그렇게 하도록 허용하지 않고 어두운 감정을 속속들이 찾아내 털어놓으라고 요구한다. 우리는 지금 그 결과를 목격하고 있는지도 모른다. 사소하고 별것 아닌 고통조차 무시하지 못하는 아이들 말이다.

"'해로운' 부모와는 연락을 끊어도 돼"

임상심리학자이자 저자 조슈아 콜먼Joshua Coleman은 '가족 단절family estrangement'이라는 현상을 깊이 연구해왔다. 이는 성인 자녀가 부모와 관계를 끊고 대화도 하지 않으려 하며 부모가 손자를 만나는 일까지 금지하는 것을 말한다. 한 대규모 설문 조사는 최근 이런 현상이 증가했음을 보여준다. 18세 이상 미국인 약 30퍼센트가 가족 구성원과 연락을 끊고 지내는 것으로 나타났다.[24]

이들이 부모와 관계를 끊는 이유는 어린 시절에 실제로 학대를 당했기 때문일까? 콜먼은 아니라고 말했다. 그가 관찰한 바에 따르면 어릴 때 학대받은 성인은 그것을 자신 탓으로 여기는 경우가 매우 많다. "그들은 부모와의 관계에서 찾아낼 수 있는 긍정적 측면을 지키려고 애쓰곤 합니다."

그렇다면 왜 요즘 그토록 많은 젊은이가 쉽게 부모와 연락을 끊어버릴까? 엄마는 종종 우리를 짜증 나게 하지만, 그렇다고 해서 부모 자식 관계를 끊지는 않는다(엄마와 통화하다 씩씩거리며 전화를 끊어버리고 5분 뒤 다시 전화해서 마치 아무 일도 없었다는 듯 아들을 축구 연습이 끝나면 픽업해달라고 부탁한다).

콜먼에 따르면 연락을 끊은 성인 자녀가 부모를 만났을 때 가장 흔하게 내놓는 이유는 이렇다. "자녀는 이렇게 말해요. '내 상담 치료사가 그러는데, 엄마가 나를 정서적으로 학대했대요', '상담 치료사의 분석에 따르면 아빠는 자기애성인격장애가 있어요'라고요. 그러면 당연히 부모는 아니라고 자신을 변호하면서 방어적으로 나올 테고, 그러면 자녀에게는 그런 태도가 부모의 문제를 확증해주는 증거로 느껴지죠."

콜먼은 이렇게 덧붙였다. "저는 늘 이런 제목의 논문을 쓰고 싶었어요. '당신과 자녀의 관계를 가장 크게 위협하는 것은 양육법이 아니다. 어느 시점엔가 자녀가 만나게 될 심리 치료사다.'"

콜먼에 따르면 이 사회에 서서히 퍼지는 가장 유해한 생각 중

하나는 성인이 되어 겪는 모든 심리적 문제의 근원을 어린 시절 트라우마에서 찾을 수 있다는 관점이다. 그동안 심리 치료사들은 근거도 없지만 틀렸다고 증명할 수도 없는 견해를 바탕으로 수많은 폐해를 불러왔다.

심리 치료사는 젊은이들이 자신의 삶을 그런 식으로 바라보게 유도하곤 한다. 직업 생활이나 인간관계에서 문제를 겪는다면, 또는 삶에 만족하지 못한다면 숨겨진 어린 시절 트라우마를 찾아보게 한다. 그리고 어린 시절에 대해서는 궁극적으로 부모에게 책임이 있으므로, 결국 찾아낸 '어린 시절 트라우마'는 당연히 부모를 비난할 근거가 된다.

가족 단절은 심리 치료에 수반되는 주요 의원병 리스크다. 이는 성인 자녀에게 관계를 단절당한 부모에게 큰 고통을 안겨주기 때문만은 아니다. 성인 자녀 입장에서는 안정감과 지지를 주는 주요 원천을 잃게 된다. 그리고 그 영향은 다음 세대까지 이어진다. 가족과 단절되면 학교에 데리러 와주거나 화난 부모의 기분을 누그러뜨리는 할머니 혹은 할아버지의 넘치는 사랑을 경험하지 못하는 아이들이 생긴다. 게다가 이 아이들은 자신의 조부모가 고약한 사람이라는 인상을 받는다. 뭔가 한참 잘못된 구제 불능인 사람이므로 엄마가 그들을 집에 들어오지 못하게 하는 것이라 생각하는 것이다. 거리에서 구걸하는 노숙인조차 이따금 행인에게 손 인사와 1달러짜리 지폐를 받는다. 그런데 그 아이들의 조부모는? 손 인사를 받기는커녕 절대 용서받지 못할 행동을 한 사람으로 낙인찍힌다.

게다가 아이들은 모든 관계가 소모적이라는 사실을 배우게 된

3장 우리를 속이는 열 가지 말 111

다. 심지어 부모와 자식 관계도 말이다. 그리고 이렇게 생각할 것이다. '우리 엄마는 자기 부모님이랑 연락을 끊어버렸어. 그러니 내가 엄마를 화나게 하면 엄마가 나한테도 똑같이 할 거야.'

"무엇을 하든 먼저 허락을 구하렴"

심리 치료는 개인의 행위 주체성과 자신에 대한 믿음을 손상시킬 수 있다고 빙은 말했다. 치료 의존성은 심리 치료에 흔히 동반되는 의원병 리스크다. "치료 의존성이 문제를 가장 간단하게 요약한 표현 같습니다. 우리는 사람들에게 그들이 충분한 능력이 없는 인간이라고 가르치고 있어요."

치료사에게 상담받는 습관이 생긴 환자는 권위 있는 인물의 확실한 동의가 없으면 스스로 행동할 수 없다고 믿게 될 가능성이 있다. 작은 리스크를 감당하기 전에 어른의 동의를 얻는 데 익숙해진 청소년은 성인이라면 으레 겪는 일을 해낼 수 있다는 자신감을 갖기 힘들다. 새로운 친구를 사귀거나, 연인과의 이별을 극복하거나, 대학에서 공부할 전공을 선택하는 일 등 말이다.

내 지인 에벌린은 미국의 최상위급 생물 의학 연구 기관에 속한 연구소를 이끄는 책임자다. 그녀는 15년 동안 해마다 수백 명의 지원자를 검토해 소수의 대학 졸업생을 연구직에 채용했다. 지원자들은 국내 일류 대학 출신이며 의과대학 지원에 요구되는 필수과목 전부 우수한 성적을 받은 이들이다. 일부 학생의 연구 결과는 학술 저널에 소개되기도 했다. 한마디로 톱클래스 젊은이들이다. 그들 세대만의 고민과 괴로움은 있겠지만 에벌린이 채용하는 이들은 최고 중의 최고 인재다.

작년에 에벌린의 생일날 전화 통화를 하면서 내가 쓰는 책의 주제를 말했더니 그녀는 호기심을 보였다. 그러면서 지난 10년 동안 대학 졸업생이 크게 달라진 걸 느꼈다고 했다.

"그들은 겁이 많아요. 자신이 틀리는 걸 두려워하고, 아이디어를 구체화해서 직접 테스트해보는 걸 두려워하죠. '놀라운' 성과를 못 낼까 봐 두려워하고요." 에벌린은 답답하다는 듯 말했다. "놀랍지 않은 성과를 두 눈으로 확인하느니 차라리 아예 시도하지 않는 편이 낫다고 믿는 것 같아요. 그런 두려움은…." 그녀는 자신의 아이들을 떠올리며 잠시 말을 멈췄다. "우리 애들은 나중에 그러지 않았으면 좋겠어요."

나는 그들을 제한하는 것이 경험 부족이나 신중함이 아니라 '두려움'인지 어떻게 아느냐고 물었다. 그녀는 두려움이 맞다면서, 그들이 직접 그렇게 말한다고 했다. "그들을 지도하면서 나누는 대화의 상당 부분을 차지하는 게 뭔 줄 알아요? 그들의 심리 상태와 연구소 생활, 정서적으로 잘 지내고 있는지 등이에요." 그들은 에벌린이 당연히 알고 싶어 하리라 생각하고 자신의 정신 건강 상태를 수시로 알려준다. 자신의 정신 건강 정보를 알려주는 것이 세포 연구의 중요한 부분이라고 믿기라도 하는 모양이었다. 에벌린은 그들이 어째서 그렇게 생각하는지 어리둥절했지만 어쨌든 그런 상황에 적응했다.

에벌린은 고등학생 때 국립보건원에서 세포생물학자의 지도를 받으며 자신만의 실험을 진행하곤 했다. 요즘은 학문적 능력이 훨씬 뛰어난 '대학 졸업생'에게서도 그런 모습을 찾을 수 없다고 말한다. "그들은 원하는 어떤 주제든 연구할 수 있어요. 스스로 주도성을 발휘해 실험을 한다면 얼마나 좋을까요?" 그들이 의학 분야에서 성공하는 데 필요한 기본적 과학 지식은 갖추었지만 진취성은 눈곱만큼도 없다고 그녀는 말한다. 10년 전에 채용했던 젊은이들과 비교하면 "행위 주체성이 없다"는 것이다.

그녀는 화가 난 목소리로 말했다. "한번은 제가 그중 한 명에게 이렇게 말했어요. '자네는 내가 부탁하는 식염수 주사기나 준비해주려고 여기 들어왔나? 그게 정말 여기서 하고 싶은 일인가? 자네는 유능한 인재야. 그러니 연구를 하라고.'"

매몰차게 들릴지 모르지만 사실 그녀는 부드럽고 친절하며 상대를 잘 보살피는 성격이다. 과학적 호기심에 불을 붙여주는 것을 즐거워하고 인내심도 강하다. 그녀는 언젠가 한 인턴에게 스스로 실험을 설계해서 추진해보라고 제안했다. 인턴의 반응은 어땠을까? "'그러려고 노력 중입니다. 그 전에 먼저 실력을 더 쌓고 싶어요'라고 하더군요. '그러려고 노력한다'는 게 대체 무슨 말입니까? 6개월 뒤에나 실험을 하겠다는 뜻일까요?"

나는 "너무 어린애 같네요"라고 조심스럽게 말했다.

"그렇다니까요! 그들은 늘 '배우는' 중이고 '준비하는' 중이에요. '실력을 쌓고 있어요. 언젠가 시작할 거예요. 약속해요'라고 말하죠. 만족감을 느끼는 결과물의 기준이 매우 낮아요." 즉 그들은 훨씬 더 어리고 학문적 능력이 낮은 학생에게 맞을 법한 기준을 자신에게 적용한다는 말이다.

에벌린이 말한 요즘 젊은이의 모습은 '치료 의존성'의 특성과 일치한다. 치료 의존성이 생긴 사람은 자신을 쉽사리 믿지 못해 '외적 통제 소재'를 지니게 되고, 연애나 직업적 성공을 불러올 수도 있는 과감한 시도를 좀처럼 하지 못한다.

만연하는 정서적 건강염려증

나쁜 치료는 개인의 정서 상태에 과도하게 집중하게 하고 이는 결국 증상을 더 악화시킨다. 나는 이에 대해 생각해보는 동안 건강염려증hypochondriasis이 있는 듯 보이는 사람들이 떠올랐다. 내가 만나본 한 여학생은 축구팀 소속이었는데, 실제 경기는 거의 뛰지도 않으면서 항상 이런저런 알 수 없는 부상을 토로했다. 어딘가에 깁스를 하거나 목 보호대를 착용하거나 목발을 짚고 학교에 왔다. 만지면 아프다는 부위를 엑스레이로 찍어보면 특별한 이상이 없었다. 장애인 정부 지원금을 받는 한 젊은 사회 정의 활동가는 나와 약속한 인터뷰 시간을 자꾸 변경했다. 편두통이 있다거나 라임병Lyme disease(진드기가 옮기는 세균에 의한 감염병―옮긴이)에 걸렸다는 등 그가 대는 이유는 늘 바뀌었다.

정신 건강 전문가가 아동과 청소년을 정서적 건강염려증 환자로 만들 수도 있을까? 그렇다면 건강염려증이란 무엇인가? 하버드 대학교 의과대학 정신의학 교수이자 건강염려증(신체증상장애somatic symptom disorder 또는 질병불안장애illness anxiety disorder라고도 불린다)의 세계적 권위자인 아서 바스키Arthur Barsky의 설명에 따르면 건강염려증은 일종의 불안장애다. 건강염려증이 있는 사람은 자신의 건강과 신체 증상에 대해 불안해한다. 이들은 겁쟁이도 아니고 통증을 상상해서 말하는 것도 아니다. 하지만 그렇다고 꼭 다른 사람들보다 '더 심한' 통증을 느끼는 것도 아니다. 다만 누구나 느끼는 평범한 통증을 과도하게 신경 쓰고 보살피는 것이다.

바스키는 자신의 저서 『걱정에 압도된 사람들 Worried Sick』에서 "건강염려증 환자는 자신의 정상적인 신체 감각을 비현실적으로 해석하면서 그것이 질병을 나타내는 신호라고 믿는다"라고 했다.[25] 몸에 대한 일종의 불안증인 이런 과도한 집중은 신체적 증상을 강화하곤 한다. 바스키는 이렇게 말했다.

"예를 들어 이런 겁니다. 유방암은 여성에게 몹시 두려운 병입니다. 어떤 여성이 유방 검사를 지나치게 자주 받는다고 칩시다. 그리고 어느 순간부터 가슴을 만지면 아픈 느낌이 듭니다. 그러면 '어떡해! 염증이 생긴 게 틀림없어'라고 생각하죠. 사실은 그들의 행동이 문제를 더 악화시켜요."

그는 건강염려증 환자에게 가장 효과적인 치료법은 행동 수정 기법을 적용해 정신적으로나 신체적으로 자신의 통증에 집중하는 일을 중단하게 만드는 것이라고 덧붙였다.

건강염려증 환자 중 어떤 유형이 가장 치료하기 어려운지 묻자 그는 자신의 통증이나 불편감을 일종의 '조직화 원리'로 변화시키는 사람들이라고 답했다. 이들은 알 수 없는 병을 앓는 자신과 비슷한 경험을 하는 사람들이 모인 온라인 동호회에 가입하고, 직장에 출근하지 않으며, 사회적 활동이나 인간관계도 자신이 겪는 증상을 중심으로 돌아간다. 이들에게 필요한 것은 일종의 구조대다. 그들 자신을 향한 집중을 다른 곳으로 돌리고 자기 파괴적인 정신적 루프에서 빠져나오게 해줄 무언가 말이다.

나쁜 치료는 정확히 그 반대로 한다. 감정에 과도하게 집중하도록 유도하고, 정서조절장애를 악화하며, 절망감과 무능하다는 기분을 강화하고, 밀려오는 감정의 물결 앞에서 아무것도 하지 못하는 무력감을 만들어낸다.

게다가 오늘날 나쁜 치료는 소파가 놓인 정신분석학자의 상담실에 국한되지 않고 거의 모든 아이들에게 적용되고 있다. 심리 치료사에 의해, 때로는 전문 치료사가 아닌 이에 의해 말이다. 아이들 삶에서 나쁜 치료의 중심지는 학교가 될 확률이 크다.

2부

다정한 양육, 바이러스처럼 퍼지다

수학만큼
사회 정서 학습이
꼭 필요한 과목은 없는 것 같다.

— 리키 로버트슨 Ricky Robertson (교육 컨설턴트)

4장

공감과 배려는
어떻게 아이들을 망치는가

일곱 살인 딸이 "불안이 심하다"는 말을 처음 들은 것은 소아과가 아니라 학교의 학부모 면담에서였다. 보조 교사는 "아이가 하교 시간이 가까워지면 자꾸 시계를 봐요. 스쿨버스를 놓칠까 봐 굉장히 불안해하는 것 같아요. 어머님도 아셔야 할 것 같아서요"라고 말했다.

한 세대 전의 교사라면 학교에서 보내는 9시간이 끝나갈 즈음 시계를 자주 보는 2학년 학생을 유심히 살펴보지는 않았을 것 같다. 그처럼 지극히 평범한 행동을 학부모 면담 자리에서 보고하는 일은 더더욱 없었을 것 같다.

그해는 딸이 오빠들 없이 혼자 스쿨버스를 타는 첫해였으므로, 딸아이가 제시간에 타지 못할 때 스쿨버스 운전사에게 그것을 알려줄 사람이 없었던 것은 사실이다. 하지만 그 애의 할아버지도, 아버지도, '나'도 무언가에 늦는 것을 끔찍이 싫어한다. 시간을 정확히 지키려고 신경 쓰는 것은 우리 가족의 성향이다. 그럼에도 내 딸을 안 지 불과 몇 개월밖에 안 된 교사는 아이의 행동이 걱정스럽다면서 검사를 받아봐야 한다는 뉘앙스를 풍겼다.

오늘날 대부분의 미국 아이들은 심리 치료를 받지 않는다. 그러나 대다수 아이들은 치료 전문가와 비전문가가 마음껏 그들을 진단하는 학교에 다닌다. 워싱턴 D. C. 일대 의사들을 대상으로 진행한 설문 조사에 따르면, 아이가 ADHD인 것 같다는 의견을 처음 제시하는 사람은 교사인 경우가 가장 많았다.[1] 청소년 정신 건강을 위해 힘쓰는 명성 높은 비영리단체 아동 정신 연구소Child Mind Institute에서 부모나 '교사'가 "의심되는 진단명"을 알 수 있도록 돕는 온라인 "증상 체크 도구"를 제공하는 것도 그 때문일 것이다.[2]

나는 아이들의 정신 건강 개선을 돕는다는 명목 아래 학교에서 하는 다른 활동은 어떤 게 있는지 궁금해졌다. 그리고 마침 그걸 알 수 있는 기회가 생겼다. 캘리포니아주는 매년 사흘에 걸쳐 진행하는 공립학교 교사 콘퍼런스를 후원한다. 이 자리에서는 학교에서 제공하는 다양한 정서 및 행동 발달 관련 서비스를 소개한다. 나는 곧장 콘퍼런스 참가를 신청했다.

2022년 7월 콘퍼런스가 열린 애너하임 컨벤션 센터에는 2,000명이 넘는 공립학교 교사가 모였다.[3] 페디큐어와 발목 문신을 한 사람, 고전적 스타일의 카디건을 입은 사람, 닭 볏 같은 헤어스타일을 한 사람 등 다양한 모습의 교사들이 에어컨 바람 덕분에 추울 만큼 시원한 로비로 속속 들어왔다.

그곳에 모인 교사들은 다수가 미리 보고 온 유튜브 동영상 내용을 토대로 '뇌 과학'에 대해 이야기했다.[4] 이 동영상에서는 뇌를 엄지손가락을 손바닥 쪽으로 접은 손에 비유해 설명하면서 "인간의 편도체는 위급한 상황에서 매우 중요한 역할을 한다"고 말했다. 맞는 설명 같았다. 다들 신경 과학자가 된 듯한 기분을 느꼈다.

교육 시스템에 증원된 정신 건강 관리 인력의 일부인 상담 교사들에게 주어지는 업무량 부담에 대한 개탄도 나왔다. 다양성 담당자(인종이나 성별 차별을 예방하고 관련 갈등의 조율을 담당하는 사람—옮긴이)가 대학생을 지도하듯, 모든 공립학교에서 정신 건강 인력이 학생들을 감독한다. 교사들은 이 새로운 상관을 미심쩍어했지만 그들의 역할이 중요하다는 점은 인정했다. 아이들에게 정신적 문제가 있기 때문이다(교사들은 '조절장애'라는 신중한 표현을 사용했다). 과거와 달리 요즘의 상담 교사는 교육과정의 사회적, 정서적 지도 수준을 늘 관찰했고, 학생에게 감정장애가 있는지 살폈으며, 어떤 숙제를 면제해줄지 또는 어떤 성적을 상향 조정해줄지 결정하는 일도 했다.

교사들은 아이들에게 "마음 챙김" 효과를 내는 "뇌 휴식 시간"을 줘야 한다고 말했으며 하루 일과를 "긍정적인 맺음말"로 마무리하는 것이 중요하다고 강조했다. 그들이 지향하는 것은 "전인교육"이었다. 즉 아이들의 학업 능력뿐 아니라 "사회적, 정서적 능력"도 관찰하고 평가해야 하며 "트라우마 기반의 교육"이 필요하다고 말했다. 그리고 '모든 아이'를 심각한 트라우마를 경험한 것처럼 대하자고 다짐했다.

이후 나는 전국의 많은 교사와 학교 상담 교사, 부모를 인터뷰한 뒤 확신을 굳혔다. 아이들에게 나쁜 치료를 하는 것이 심리 치료사뿐만이 아니라는 확신 말이다. 나쁜 치료는 바이러스처럼 곳곳에 퍼져 있었다. 그동안 학과목 교사와 상담 교사, 학교 심리학자는 정신과 의사처럼 행동하면서, 학교라는 울타리에 갇힌 거대한 인구 집단인 아이들에게 치료의 의원병 리스크를 안겨주었다.[5]

'감정 체크인', 하루의 일과가 되다

교실에서 아침마다 하던 국기에 대한 맹세는 잊어라. 요즘 교사들은 '감정 체크인'으로 하루를 시작할 가능성이 크다.

학교 상담 교사 나탈리 세다노Natalie Sedano는 그날 콘퍼런스에 모인 교사들에게 이렇게 조언했다. "아이들에게 물어보세요. '오늘 기분이 어때? 기분이 좋고 행복하니?' 또는 이런 식으로 비유를 사용하는 것도 좋아요. '무당벌레가 된 기분이야? 사람들이 너무 가까이 오면 날아가버릴 거야?'"

그녀의 조언은 청중의 큰 반응을 이끌어냈다. 교사들은 자신의 '감정 체크인' 방법을 너도나도 들려주었다. 한 교사는 교사 연수 프로그램에서 배운 방법을 소개했다. 그녀는 날마다 아이들에게 "뼈 있는 날" 같은 기분인지 또는 "뼈 없는 날" 같은 기분인지 묻는다고 했다. 이것은 유명한 틱톡 영상에서 따온 표현이었다. 영상은 한 남자가 자신이 키우는 열세 살짜리 퍼그 '누들'의 기분을 확인하는 내용으로, 누들이 똑바로 앉으면 그날은 "뼈 있는 날"이고 옆으로 쓰러지면 "뼈 없는 날"이다.

세다노는 감격한 듯이 말했다. "그거 진짜 재밌네요! 정말 좋은 방법이에요! 알려줘서 고마워요!"

하루를 시작할 때 아이가 자신의 하루를 '뼈 없는 날'이라고 단정해버리면 종일 '우울한 날'이라는 기분에 갇힐지 모른다고 걱정하는 사람은 아무도 없었다(나는 같은 테이블에 앉은 교사들에게 아이들을 감정에 집중하게 하는 것은 좀 지나치지 않느냐고 이야기했지만, 그들은 "절대 그렇지 않다"고 말했다).

하지만 나는 케나이르와 린덴을 통해 알게 된 사실을 떠올리지 않을 수 없었다. 두 사람은 그처럼 끊임없이 감정을 살피면 아이의 정서적 안정을 해칠 가능성이 높다고 말했을 것이다. 아이의 정서 조절 능력을 '돕고' 싶다면 대신 어떻게 하는 게 좋으냐고 케나이르에게 묻자 그가 말했다.

"걱정하거나 지난 일을 자꾸 곱씹는 것을 '줄이라고' 해야 합니다. 모든 감정을 언어로 표현하는 것도 '줄이고' 자신의 감정을 관찰하거나 행동 하나하나에 신경 쓰는 것도 '줄여야' 해요."

그런데 감정 체크인이 초래하는 또 다른 문제가 있다. 아이들의 상태 지향성을 유도해, 학교에서 하는 활동이나 과제를 완수하는 능력을 방해할 가능성이 있다는 점이다.[6]

"산에 오르고 싶은 사람이 두 걸음 걷고 나서 '지금 내 기분이 어떻지?'라고 물으면 어떨까요? 그 사람은 산 밑에서 벗어나지 못할 겁니다." 린덴의 말이다. 많은 심리학 연구도 이를 뒷받침한다.[7] 행동 지향성을 지니고 눈앞의 일에 집중하는 사람이 어려운 과제를 완수할 가능성이 더 크다. 자신에 대한 생각에 골몰하는 사람은 일을 완수할 가능성이 낮다.

학교 일과가 시작되는 시간만 살펴봤을 뿐인데 벌써부터 암울했다. 하지만 나는 정신 건강 전문가들과 학교의 모습을 좀 더 살펴보고 결론을 내리기로 했다. 어쨌든 그들의 의도는 아이들을 도우려는 것이니까 말이다.

학교 내 심리 치료에 잠재된 위험들

요즘 학교들은 완전하게 구성된 정신 건강 팀 없이 아이들을 가르치는 것은 엄두도 내지 못한다. 일반적으로 이 팀은 학교 심리학자 한 명, 다수의 상담 교사 및 사회복지사로 이루어진다. 예전에는 학생이 문제를 일으키면 방과 후에 남거나 정학 처분을 받거나 교장실로 불려갔지만, 요즘은 상담 교사나 학교 심리학자와의 면담 스케줄이 잡힌다.

2022년 캘리포니아주는 청소년의 정신 건강이 악화되는 데 대응하기 위해 상담 교사 1만 명을 추가 채용하겠다는 계획을 발표했다.[8] 최근 상정된 캘리포니아주 법안(통과될 가능성이 높다)은 공립학교에 사회복지사 및 정신 건강 전문가를 추가 채용하는 데 5,000만 달러의 예산을 배정했다.[9] 아이들이 그동안 교내 심리 서비스를 얼마나 받았든 앞으로는 더 많이 받게 되리라는 의미다.

캘리포니아의 학교 심리학자 마이클 잠보나Michael Giambona는 학교 일과 시간 중 중학생들에게 개인 상담 치료를 해준다. 또 학생 대신 선생님과 소통하는 일도 일상적으로 수행한다.

"교사들은 행동이나 정신 건강 측면의 요구가 있는 개인을 대하는 방법에 대해 특별한 훈련을 받습니다. 따라서 상황을 관리하는 방법을 알죠. 우리는 매주 만나서 학생들의 상태가 어떤지, 그들에게 어떻게 다가가고 어떻게 도울지 대화를 나눕니다."

모두 좋은 이야기 같았다. 아이의 구체적 장애를 다루는 법을 훈련받고 그에 따라 학교생활을 조정할 준비가 된 어른들이 도와준다니까 말이다.

그러나 교내 심리 치료에는 문제가 있다. 일종의 윤리적 타협이라 할 수 있는 이 문제는 상담의 본질적 기능을 훼손할 가능성이 있다. 심리 치료라는 직종에는 관련 규제가 별로 없는 편이지만 그럼에도 몇 가지 확실한 윤리적 규칙이 있다. 그중 가장 대표적인 것은 '이중 관계dual relationship(상담자와 내담자 사이에 치료적 관계뿐 아니라 지인, 친척, 친구 등 다른 역할의 관계가 중복 형성되는 상황―옮긴이)'의 금지다.

심리학자이자 작가 로리 고틀립Lori Gottlieb은 "상담실에서 이뤄지는 관계는 그 자체로 독립적이어야 한다"라고 말한다.[10] "이중 관계라는 윤리적 위반 행위를 피하기 위해 내 주변에 있는 그 누구도 내담자로 받아서는 안 되며 나 자신도 그런 사람에게 치료를 받아서는 안 됩니다. 예를 들어 내 아들의 반 친구 부모, 직장 동료의 언니, 친구의 어머니, 옆집에 사는 이웃 등이죠."

이와 같은 윤리적 보호책이 존재하는 것은 내담자를 보호하기 위해서다. 내담자는 치료사에게 자신만의 비밀이나 남들에게 보이기 싫은 약점 등을 말할 수 있다. 그런데 내담자의 사생활에 대해 많은 것을 알게 된 치료사가 부당한 힘을 행사하고 싶은 유혹을 느낄 수도 있다. 그러므로 상담 치료업계에서는 이중 관계를 엄격히 금한다.

하지만 학교를 보면 상담 교사나 학교 심리학자, 사회복지사는 자신을 찾아오는 모든 학생과 이중 관계를 맺고 있다. 그들은 학생의 가장 친한 친구들을 알고, 그중 일부에게 상담을 제공할 수도 있다. 그들은 학생의 부모는 물론 친구들의 부모도 안다. 자신이 상담해준 여학생이 좋아하는 남학생도 알고 둘의 관계가 얼마나 진전됐는지, 관계가 왜 끝났는지도 안다. 그들은 학생이 속한 스포츠 팀 선수들과 감독을 알고 학생을 힘들게 한 선생님도 안다. 그리고 상담을 통해 알게 된 사실을 학생의 부모가 아니라 학교 측에 알린다. 이런 교내 관계를 허용한다는 사실이 놀라울 따름이다.

미국상담학회American Counseling Association, ACA는 이중 관계가 수반하는 윤리 문제를 인지한 것으로 보인다. 2006년 이 단체는 'ACA 윤리 규정'을 개정했다. 이 규정은 현재 내담자와의 성적 관계는 여전히 금지하지만 "내담자에게 이로울 가능성이 있는" 경우 "비非성적인" 이중 관계를 더는 금지하지 않는다고 밝혔다.[11]

학교의 상담 교사와 심리학자는 학생의 '옹호자'를 자처하면서 이중 관계를 형성했다. 그들은 심리 치료사이면서 학습을 위한 중재자이고 훈육 코치이기도 하다.[12] 오늘날 상담 교사와 학교 심리학자는 개인 상담을 통해 학생을 평가하고 진단을 내리고 치료한다. 또 그들은 학생의 친구들을 만나고, 학생의 선생님과 이야기를 나누고, 구내식당에서 학생과 마주친다. 상담 교사에게 오랫동안 울면서 비밀을 털어놓은 10대는 자신의 학교생활에서 큰 통제력을 발휘하는 누군가를 화나게 하거나 실망시킬까 봐 두려워할 것이다. 그 누군가가 상담 교사를 통해 정보를 얻은 선생님이든 부모든 학교 당국이든 말이다.

그런데 상담 교사와 사회복지사가 아이들에게 부당한 영향력을 행사하고 있지는 않을까? 지난 2년 동안 나는 상담 교사가 아이에게 성 정체성을 바꿔보라고(심지어 부모에게 말하지 말고 이름을 바꾸라고) 권유했다는 이야기를 학부모에게 너무 많이 들어서, 세상에 좋은 상담 교사가 있기는 한지 의아해질 정도였다. 한 어머니는 고등학생 아들의 상담 교사가 그에게 지역 청년 성소수자 셸터의 주소를 알려주면서, 그곳을 피난처 삼아 부모님에게서 법적으로 자유로워질 방법을 생각해보라고 말했다고 한다.

물론 세상에는 훌륭한 상담 교사도 있다. 내가 인터뷰한 이들 중에도 좋은 상담 교사가 있었다. 하지만 문제는 힘의 구조다. 리더에게 군주의 권력을 주면 그는 백성에게 자유를 줄지도 모르지만, 그가 군주의 의무를 책임감 있게 이행하는 것은 누가 보장한단 말인가? 상담 교사에게 큰 권력을 주는 것은 그의 양심에 너무 많은 것을 맡기는 일이다.

지금 당신은 이렇게 생각할지도 모른다. '우리 아이는 학교 상담 교사에게 상담을 받은 적이 없어서 다행이야.' 하지만 당신이 '모르고 있는' 것일 가능성이 더 크다. 캘리포니아주와 일리노이주, 워싱턴주, 콜로라도주, 플로리다주, 메릴랜드주에서 12세 또는 13세 이상 미성년자는 부모의 허락 없이 정신 건강 치료를 받을 수 있는 법적 권리가 있다. 학교는 아이가 상담 교사를 정기적으로 만난다는 사실을 부모에게 알릴 의무가 없을 뿐 아니라 알리는 것이 금지되는 경우도 있다.[13]

부모가 특별히 금지하지 않았다면 상담 교사는 부모의 동의 없이 미성년자에게 상담 치료를 해줄 수 있다.[14] 또 상담 교사는 미성년자와의 상담 중 알게 된 정보를 아이의 부모에게 알리지 않을 것인지에 대해 재량에 따라 '개인적 판단'을 내리도록 권장한다.[15]

아이가 교내 치료를 받는 사실을 부모에게 알릴 의무가 있는 주도 있지만, 이 경우 학교 사회복지사는 여전히 자유롭게 비공식적으로 아이를 만나 성적性的 지향이나 성 정체성, 부모의 이혼 등에 대해 물어볼 수 있다. 이런 대화는 대개 '심리 치료'로 간주되지 않는다.[16]

꽃 대신 잡초에 물을 주다

솔트레이크시티의 교사 줄리[17]는 2021년 학교에서 사회 정서 학습Social-Emotional Learning, SEL을 도입한 이후 늘 초등학교 5학년 학생들을 커다란 원 모양으로 배치한 의자에 앉혀놓고 하루를 시작했다. 그녀는 아이들 각각에게 "오늘 아침엔 기분이 어때?"라고 물으면서 보다 심화된 버전의 '감정 체크인'을 진행했다. 하루는 곧장 본론으로 들어가 이렇게 물었다. "지금 굉장히 우울한 이유가 있다면 말해볼까?"

한 소년이 자기 차례가 되자 아빠의 새 여자 친구에 대해 웅얼거리며 말하더니 곧 무너졌다. "애가 갑자기 엉엉 울기 시작했대요. '우리 아빠는 나를 미워하는 것 같아요. 맨날 나한테 소리를 질러요'라고 했다더라고요." 그 자리에 있던 학생 중 한 명의 엄마인 로라의 말이다.

또 다른 소녀는 부모님이 이혼했다고 말하면서 울음을 터뜨렸다. 한 학생은 엄마가 데이트하는 아저씨가 싫다고 말했다.

몇 분도 안 돼 아이들 중 절반이 울고 있었다. 다음 시간은 수학 수업이었지만 아무도 수학 문제를 풀고 싶은 마음이 들지 않았다. 우울한 분위기가 교실 안에 꽉 찼다. 아이들은 이렇게 생각했을 것이다. '쟤 아빠는 쟤를 미워한대. 우리 아빠도 나를 미워하면 어떡하지?'

로라는 "그 때문에 아이들이 그날 하루를 어떻게 보낼지 결정되는 것 같아요. 전부 한참 동안 우울한 기분에 빠져 있었잖아요. 아이들이 거기서 빠져나오기는 쉽지 않아요"라고 말했다.

또 다른 엄마는 이 익명의 알코올의존자 갱생회Alcoholics Anonymous, AA 스타일의 모임이 울음바다가 되었다는 이야기가 학교 전체에 퍼졌다고 내게 말해주었다. AA와 다른 점이 있다면 참가자가 초등학생이라는 사실과 모임 후 아이들이 그 자리에서 들은 이야기를 다른 친구들한테 말했다는 사실이었다.

사회 정서 학습 덕분에 아이들이 감정을 터뜨려 교실이 아수라장으로 변하는 광경이 미국에서 점점 흔하게 목격되고 있다. 2013년 《뉴욕 타임스》에는 캘리포니아의 한 교사가 유치원생을 모아놓고 비슷한 사회 정서 학습 시간을 진행한 뒤 거의 같은 광경이 펼쳐진 일에 대한 글이 실렸다.[18]

로라는 "특히 아이들은 어떤 감정에 집중하면 그 감정을 더 크게 느껴요. 사회 정서 학습이라는 게 꽃 대신 잡초에 물을 줘서 키우는 것과 비슷하다는 생각이 듭니다"라고 말했다.

사회 정서 학습 옹호자들은 오늘날 대부분의 아이들에게 학습에 방해가 되는 심각한 트라우마 경험이 있다고 주장한다. 또 그들은 점심시간 전에 교육자의 주도하에 반 전체 아이들이 함께 자신의 트라우마에 대해 이야기하면 트라우마 치유에 도움이 된다고 주장한다. 둘 다 근거가 불충분한 주장이지만 줄리는 그런 교육 방식이 가져오리라 예상되는 결과를 직접 확인했다. 즉 집단 상담에 참여하지 않았다면 즐거웠을 아이들이 우울해지고, 실제로 트라우마가 있는 아이는 자신의 개인적 고통을 치료해주지도 못할 누군가의 지시에 이끌려 그것을 남들 앞에서 밝히게 된다.

나는 '사회 정서 학습'이라는 말을 처음 들었을 때 진부하지만 아이의 감정 및 행동 통제력을 키워주는 데 필요한 접근법이라고 생각했다. 또는 예전에 말하던 '인격 교육'의 새로운 이름 같기도 했다. 다른 사람을 친절하게 대하고, 정중하게 반대 의견을 표현하고, 못되게 굴지 말라고 가르치는 것 말이다. 사회 정서 학습을 지지하는 사람은 정신 건강이라는 다소 우회적 루트를 거치기는 하지만 이 학습이 결국 그런 모든 목표를 달성한다고 주장한다.

열혈 옹호자들이 때로 "삶의 방식"[19]이라고 부르는 사회 정서 학습은 해마다 교육 지출에서 '수십억 달러'를 집어삼키고 교사들 시간의 8퍼센트 이상을 잡아먹는 거대한 괴물이다[20](많은 교사가 사회 정서 학습이 '하루 종일' 이뤄지도록 노력한다고 말한다).[21] 사회 정서 학습은 다양한 조언과 연습을 통해 아이들에게 일련의 개인적 숙고 활동을 유도하며 "자기 인식"과 "사회적 인식", "인간관계 기술", "자기 관리", "책임감 있는 의사 결정"을 가르치는 것을 목표로 한다[22](캘리포니아주에 있는 한 지역의 교육부가 솔직하게 인정한 바에 따르면, 한 변형된 버전인 '변혁적 SEL'에서는 아이들의 자기 탐구에 마르크스주의를 접목했다).[23]

사회 정서 학습에 남다른 열정을 지닌 7학년 교사 켄드리아 존스Kendria Jones는 마약중독자 엄마 밑에서 자란 어린 시절 이야기를

11~12세 학생들에게 들려준다.²⁴ 또 남편이 죽은 뒤 혼자서 아들을 키우며 살아온 삶에 대해서도 이야기해준다. 그녀는 《에듀케이션 위크Education Week》와의 인터뷰에서 "꺼내기 쉽지 않은 아픈 개인사지만 아이들에게 숨김 없이 말해요"라고 했다.

흥미롭게도 만일 존스가 심리 치료사라면 이런 자기 고백은 비윤리적 행동으로 여겨질 것이다. 심리 치료사는 자신의 욕구를 채우기 위해 개인적인 이야기를 하고 싶어진다 해도 그런 충동을 자제하고 내담자의 요구를 우선시해야 하기 때문이다.²⁵ 그런데 여기서 곤란한 문제가 발생한다. 교사는 전문 훈련을 받은 심리 치료사가 아니므로 그런 윤리적 가이드라인의 구속을 받지 않는 것이다. '감정 공유하기' 시간을 갖는 것은 좋은 일처럼 보인다. 그러나 일반적으로 심리 치료사는 감정을 나누더라도 윤리적 가이드라인 내에서 그렇게 한다. 자신도 모르게 내담자에게 피해를 주거나 치료자의 의무를 저버리는 일을 막기 위해서다.

때로 아침 집단 상담 시간에 한 아이가 부루퉁한 얼굴로 의자에 거칠게 앉는다면, 괴로운 경험을 털어놓고 싶은 기분이 아니라는 뜻이다. 자기 부모님이 성관계 맺는 장면을 우연히 보았다는 오스틴의 이야기를 모두가 들으면서 대화하는 것이 아이들의 정서적 지평을 아무리 넓혀준다 해도 말이다. 따라서 심리 치료사 역할을 하는 교사는 이런 문제를 고민한다. 아이들이 말하기 싫어할 때 감정을 충분히 말하게 하려면 어떻게 해야 하는가?

오렌지카운티 공립 학군의 지역 정신 건강 코디네이터 아멜리아 아잠Amelia Azzam은 앞서 말한 콘퍼런스의 발표자로 나와 이 난제의 답이 될 만한 이야기를 들려주었다. 그녀가 아는 한 보조 교사는 7학년 학생이 점심을 먹으러 갈 때 쫓아갔다고 했다. "교사는 아이가 앉은 자리 옆에서 점심을 먹었어요. 항상 '안녕?' 하고 인사를 건넸죠. 그러고는 가볍게 잡담을 나눴어요." 그러던 어느 날 그 학생은 아빠가 곧 교도소에서 나올 예정이라고 교사에게 말했다. 아잠은 "아무도 모르는 사실이었어요"라고 말했다.

좋은 심리 치료사는 아이에게 압력을 주어 트라우마를 학교에서 말하게 하는 것이 역효과를 낼 수 있음을 잘 안다. 또 괴로운 경험을 곱씹도록 장려하는 것을 피하도록 훈련받는다. 그러나 심리 치료사 역할을 하는 교직원들은 점심시간에 스토커처럼 아이를 쫓아가 역사 시험 직전에 아이가 아버지가 교도소에 갇힌 범죄자라는 사실을 털어놓을 때까지 기다리는 것이 괴로운 경험을 곱씹게 유도하는 행동일 수 있다는 사실을 잘 모르는 것 같다.

교육 컨설턴트 리키 로버트슨은 콘퍼런스에 모인 교사들에게 말했다. "때로 말하고 싶어 하지 않는 것, 털어놓지 않으려는 것은 회복력이 있다는 의미가 아닙니다. 그것은 감정 표현 능력이 손상됐다는 의미입니다."

좋은 의도와 나쁜 결과

교사인 세라는 의사인 동성 배우자와 결혼했다. 두 사람은 위탁 가정에서 지내던 아이 셋을 입양해 키우고 있다. 주 정부가 세 아이를 친모의 집에서 구해내기 전까지 이들은 성적, 신체적 학대를 당했다. 현재 셋 모두 심각한 학습장애를 겪고 있다.

그들의 딸아이 머릿속에 남은 아기 때 기억 중 하나는 고양이 화장실에 깔린 모래를 먹은 일이다. 세라의 말에 따르면 형사가 아이들을 친부모 집에서 구해낼 때 본 광경을 설명하면서 "법정 증인석에서 울었다"고 한다.

세라 부부는 세 아이가 전문 심리 치료사에게 상담받게 하고 있다. 그런데 많은 교사와 상담사가 열정적으로 아마추어 치료사 역할을 하는 공립학교에 아이들을 보내야 한다는 사실 때문에 마음이 너무 아프다고 했다.

세라는 "우리 애들은 과거 때문에 창피해할 필요가 없어요. 애들은 잘못한 게 없으니까요"라고 말했다. 그녀의 목소리에서 팽팽하게 당겨진 기타 줄 같은 힘이 느껴졌다. 하지만 사회 정서 학습을 중시하는 교사들 때문에 걱정인 모양이었다. "그들은 자신이 구사하는 표현이 아이에게 미치는 영향을 잘 몰라요. 아주 간단한 과제를 할 때도 그들의 말이 아이로 하여금 스스로 열등하거나 형편없는 존재라고 느끼게 만들 수 있거든요. 그들이 강조하는 게 사회 정서 학습이든 뭐든 간에 말이에요. 교사들이야 좋은 의도를 갖고 있겠지만 실제로는 우리 아이들에게 해를 끼쳐요."

"왜 해를 끼친다고 생각하시죠?"

"그들은 아이들이 겪는 트라우마의 심각성을 제대로 모르니까요."

교사들이 반 전체의 공감 능력을 높이기 위해 아이들의 고통스러운 과거를 캐물으면, 그동안 아이들이 어릴 적 기억이 현재 삶을 방해하는 것을 막기 위해 심리 치료사와 함께 기울인 노력이 헛수고가 될 우려가 있다. 세라는 교사가 아이들에게 각자의 트라우마를 이야기하라고 끊임없이 권유하는 것에 대해 "그건 옳지 않아요"라고 했다.

이런 '트라우마 기반 치료'의 필요성을, 그리고 아이들이 트라우마를 털어놓게 설득하는 전면적인 압박 공세를 정당화하기 위해, 몇몇 교사는 내게 어떤 학생의 아버지가 아침에 돌아가신 상황을 상상해보라고 했다. 아버지가 돌아가신 날은 헤일리가 수학 시험을 치르기 적절한 날일까? 물론 아닐 것이다. 따라서 교사가 아이의 수학 시험을 미뤄줘야 할지 말지 알 수 있는 유일한 방법은 모든 아이가 돌아가며 트라우마를 털어놓게 하는 것뿐이다.

그런 빈약한 논리를 내세워 트라우마 기반 치료를 정당화한다는 게 놀라울 따름이다. 10년이 넘는 시간 동안 교육자들은 자신의 개입을 조용히 확대하면서, 모든 학교를 전문 훈련을 받은 적이 없는 인력으로 채운 정신 건강 외래환자 클리닉으로 바꿔놓았다.

나는 오리건주에서 20년간 공립학교 교사이자 행정관으로 일해 온 크리스틴에게 물었다. 왜 교사들은 어떤 날이든 학생 중 누군가는 트라우마적 경험을 했을 것이라고 가정하도록 교육받는가? 그건 아이들 중 누군가는 등굣길에 교통사고를 겪었을 것이라고 가정하고 매일 아침 붕대를 잔뜩 준비한 채 아이들을 맞이하는 것과 비슷하지 않은가?

크리스틴은 "내 말이 그 말이에요. 물론 우리는 아이들 각자의 상황이 다양하다는 사실을 인정해야 합니다. 어떤 아이는 아침에 부모님과 말다툼을 했을 수도 있지요. 하지만 그렇다고 해서 학교에서 공부에 집중하는 일의 중요성이 퇴색돼서는 안 됩니다"라고 말했다.

예전의 교육자들은 가정환경이 좋지 않은 아이를 지도하는 최선의 방법은 아이의 행동에 대한 높은 기대치를 유지하는 것이라고 생각했다. 집에서 어떤 안 좋은 일이 있었든 간에 그것이 학교에서 어른들이 정해놓은 질서를 흩트려서는 안 된다고 아이들에게 가르쳤다. 교사는 아이가 날마다 학교의 일관성 있는 루틴과 분명한 규칙에서 안정감을 느끼도록 이끌었다. 그리고 학생이 자신을 특별히 예외로 해달라는(예를 들어 추가 도움이 필요하다거나 기대치를 낮춰달라는) 의사 표시를 하지 않았다면, 교사는 학생이 과제를 완수할 능력을 갖추었다고 믿는 것이 마땅했다.

앞에서 설명한 나쁜 치료의 특성을 떠올려보면 학교는 그중 꽤 여러 특성을 갖추고 있다. 감정 체크인으로 아이들의 상태 지향성을 조장한다. 아이들이 감정에 집중하게 유도하고, 결국 이는 나쁜 감정을 오래 지속시킨다. 아이들에게 시행하는 교내 상담 치료는 온갖 종류의 의원병 효과를 초래할 수 있다. 특히 이중 관계와 관련된 윤리적 선을 지키지 않는다면 말이다. 학교가 상황을 악화시키는 주범 역할을 하고 있다.

"대체 왜 학교에서 이런 걸 알려고 하지?"

사회 정서 학습 활동은 일반적으로 아이가 슬프거나 무섭거나 취약해진 느낌을 받았던 경험을 계속 떠올리도록 유도한다. 예를 들어 가장 널리 활용되는 사회 정서 학습 커리큘럼 중 하나인 세컨드 스텝Second Step에서는 8학년 학생들에게 다음과 같은 질문을 던진다.

- 병원에 하룻밤 입원한 적이 있나요?
- 가까운 누군가가 죽었나요?
- 결승전이나 다른 중요한 경기에서 진 적이 있나요?
- 종교 활동을 하나요?
- 사랑하는 사람이 위험해질까 봐 걱정된 적이 있나요?
- 심하게 부끄러웠던 적이 있나요?
- 전학한 경험이 있나요?
- 놀림을 당한 적이 있나요?[26]

'네' 또는 '아니요'라는 단답형 대답만 나오지 않도록 이 커리큘럼은 교사에게 다음과 같이 하라고 지시한다. "'네'라는 답변이 나온 경우 '그 경험이 어땠나요?'라고 물어보세요." 다시 말해 "그때 어떤 감정을 느꼈나요?"라고 물어보라는 뜻이다.

교사는 아이들에게 이 과제를 부모와 함께 하라고 말하지만, 많은 학부모가 자연스럽게 이런 생각을 할 것이다. '대체 왜 학교에서 이런 걸 알려고 하지?' 학부모들은 교직원이 아동 학대 및 방치 신고 의무자라는 사실을 안다. 학대나 방치가 의심되는 경우 아동보호 서비스에 전화만 한 통 걸면 된다. 그러니 당연히 일부 학부모는 '네'라는 답변이 아동보호 서비스 기관의 조사로 이어질 것을 걱정해 과제에 협조하길 거부할 테고, 그러면 아이는 나중에 혼자서 과제를 끝내야 한다.

그리고 교사는 아이가 답변한 모든 내용을 쉽게 저장할 수 있다. 그들은 파노라마 에듀케이션 Panorama Education 같은 기업에서 제공하는 소프트웨어를 이용해 학생의 사회적, 정서적 능력에 대해 관찰한 내용과 정기적으로 이뤄지는 비공식적 집단 상담 시간에 알게 된 내용을 기록할 수 있다. 따라서 학생이 한번 고백한 사건이 그 아이의 학창 시절 내내 따라다닐 수 있다. 언젠가 아이는 이렇게 말하는 교사를 만날지도 모른다. "우리 지금 처음 만나는구나. 11학년이네? 그런데 이런 기록이 있네…. (클릭, 클릭) 네가 유치원에서 사촌이랑 부적절한 신체 접촉을 했구나. 그 일에 대해 말해주겠니?"

정서적 건강, 교육의 우선순위가 되다

"사회적, 정서적 요구를 충족시켜주기 전까지 아이들은 학습 능력을 제대로 발휘할 수 없다. 그리고 그 요구는 분명히 충족되지 '않고' 있다. 그러므로 사회 정서 학습을 모든 교과목에 통합해야 한다."[27]

학교 심리학자 마이클 잠보나는 이와 같은 사회 정서 학습 옹호론을 펼쳤다. 그는 아이가 수업 시간에 공황 발작 같은 심한 불안을 느끼면 공부를 제대로 할 수 없지 않겠느냐며 이렇게 말했다. "선생님이 글쓰기를 가르치든 제2차 세계대전에 대해 가르치든 그런 아이의 머릿속에는 하나도 들어오지 않을 거예요."

물론 아이가 감정적 고통을 겪는 중이라면 수학 문제 푸는 데 집중하기 힘들 것이라는 말은 맞다. 그러나 아이들이 겪는 이런저런 감정적 괴로움의 경우, 해리성 둔주 fugue state 같은 심각한 질환이 아닌 한 『앵무새 죽이기』를 읽는 것이 거기서 빠져나오는 유용한 방법이 될 수도 있지 않을까?

사회 정서 학습을 열렬히 옹호하는 사람들은 수학이나 국어, 역사를 당연스럽게 뒤쪽으로 밀어놓는다. 그들에게 학과목 교육은 아이의 사회적, 정서적 발달을 위한 수단에 불과하기 때문이다. 콘칩이 아이에게 과카몰리를 먹이기 위한 수단인 것처럼 말이다. 로버트슨은 콘퍼런스에서 "수학만큼 사회 정서 학습이 꼭 필요한 과목은 없는 것 같다"라고 말했다.

그런데 교사는 어떻게 사회 정서 학습을 수학 수업 시간의 목표로 만들 수 있을까? 나는 그 답을 찾기 위해 'SEL을 수학 수업에 통합하기'라는 제목의 프레젠테이션을 끝까지 지켜봤다.

프레젠테이션 도중에 이루어지는 모의 수업은 (당연히) 수학에 대해 각자 느끼는 감정에 대해 이야기를 나누는 것으로 시작됐다. 청중석 곳곳에서 교사들이 "불안이요!"라고 외쳤다. 발표자는 청중에게 유치원 수준의 수학 문제를 보여주었다. 도형 여러 개를 제시하고 "다음 중 다른 것은 무엇일까요?"라고 묻는 문제였다. 마지막에 발표자는 이렇게 답을 알려주었다. "이것들은 전부 다르지 않아요. 틀린 답은 없어요! 모두 다 잘했어요!" 이 얼마나 쉬운가?

나는 이것이 미국 아이들의 수학 실력을 망쳐놓으려고 중국 공산당이 꾸민 책략이 아닌가 하는 생각까지 들었다. 나는 옆에 앉은 고등학교 수학 교사에게 이런 종류의 접근법을 '대수학 2' 과목에 통합할 수 있겠느냐고 물었다. 그랬더니 그녀는 나를 빤히 쳐다보면서 쓴웃음을 지었다. 어떤 권위자가 SEL을 채택하지 않는 교사를 쏘아보며 감시하는 듯한 기분을 느끼는 것 같았다.

사회 정서 학습이라는 접근법에서 절대로 환영받지 못하는 유일한 감정은 교과목 학습을 밀어낸 정서적 대화를 불신하는 것이다. 아이들 중 상당수는 사실 한정된 수업 시간을 수학 선생님과 자신의 정신 건강에 대해 대화를 나누는 데 써버리고 싶어서가 아니라 기하학을 배우고 싶어서 학교에 간다. 그러나 그런 아이들은 자신이 뭔가 잘못됐거나 외톨이라는 기분만 느끼게 될 수 있다.

사회 정서 학습 옹호자가 생각하는 건강한 아이란 기하학 시간에 정서적 고통을 털어놓는 아이다. 그래야 교사가 아이들의 정서가 순조롭게 조절되고 있음을 알 수 있다. 사회 정서 학습 옹호자는 아이가 수업 중 마음껏 감정을 표현하며 우는 것이 반 전체에 도움이 된다고 믿는다.

직접 부딪히며 배워야만 하는 것들

사회 정서 학습의 많은 교육법은 아이들에게 친구가 되는 방법을 가르친다고 주장한다. 한 초등학교 4학년용 자료에는 부모를 위한 이런 조언이 담겨 있다. "우정을 보는 당신의 관점에 대해 자녀와 대화를 나누세요."[28] 그리고 이런 조언도 있다. "만일 자녀가 친구와 싸웠거나 친구가 싫어졌다고 말하면, 무슨 일이 있었는지 대화를 나눠보세요." 이 자료를 만든 사람은 아이들이 바보인 줄 알고 부모들은 완전히 멍청이라고 생각하는 모양이다.

이들 자료는 부모가 자녀에게 알려줄 내용까지 제시한다. 자녀에게 친구를 향해 이렇게 말하라고 알려주라는 것이다. "미안해, 다시 나랑 친구가 되어줄래?", "난 네가 정말 좋아. 그러니 다시 친구가 되고 싶어", "네가 기분이 나빴다면 사과할게".

여기서 문제는? 친구를 사귀는 것은 인간이 강의나 인쇄 자료를 통해 '배울 수 있는' 종류의 기술이 아니라는 사실이다. 조지타운대학교의 심리학자이자 신경 과학자 애비게일 마시Abigail Marsh는 나와의 인터뷰에서 말했다. "뇌에는 학습을 위한 두 종류의 시스템이 있습니다. 하나는 의미론적 학습semantic learning입니다. 예컨대 책에서 지식을 얻고 그 지식이 명시적 기억의 일부가 되는 거죠." 미국 남북전쟁을 공부하는 것을 예로 들 수 있다. 전쟁을 직접 경험하는 것이 아니라 남북전쟁에 대한 글을 읽어서 배우는 것이다.

명시적 학습explicit learning과 암묵적 학습implicit learning은 서로 다른 신경 프로세스를 사용한다.[29] 명시적 또는 의미론적 학습은 이차방정식을 배울 때 이루어진다. 이것은 '의도적'이고 규칙을 기반으로 한 학습이며 배우는 데 의식적 노력이 필요하다. 또 일반적으로 이 학습으로 습득한 내용은 자주 사용하지 않거나 적극적 회상 및 반복이 동반되지 않으면 잊힌다.[30]

암묵적 학습은 이와 다른 신경 프로세스를 사용하며 원칙적으로 '행동'을 통해 이루어진다. 바지의 지퍼를 올리거나 단추를 잠그는 것, 날아오는 공을 배트로 맞히는 것, 이를 닦는 것 등이 이런 종류의 학습이다. 대부분 이것은 책으로 배우지 않으며, 그것을 하는 방법에 대한 기억은 적극적 회상 및 반복이 없어도 머릿속에 남는다. 우리는 이것을 수행할 때 방법이 적힌 지침을 찾아보지 않는다.

이차방정식이 나오기 한참 전부터 인간이라는 종의 생존에는 친구를 만들고 유지하는 일이 대단히 중요한 역할을 했다. 아마도 그 과정에 부모가 약간의 길잡이 역할은 했을 것이며, 종종 도덕적 교훈이 담긴 이야기를 들려주기도 했다. 한때 학교에서 그랬던 것처럼 말이다. 교육자들이 아이로 하여금 친구를 사귀게 하려면 교실에서 사회 정서 학습 커리큘럼을 가르쳐야 한다고 믿기 한참 전에 말이다.

과거에는 아이들이 명시적 교육 없이도 친구를 잘만 사귀었다. 왜 친구 사귀기에 갑자기 학교 상담 교사의 관리와 감독이 필요하게 되었을까? 본래 대인관계 기술은 현실 삶에서 이런저런 시행착오를 거치면서 획득하는 것이라고 케나이르는 강조했다. 정서 조절 능력도 마찬가지다. 아이가 시험에서 나쁜 성적을 받고 짜증을 있는 대로 부리면서 운다고 치자. 반 친구들은 이상하게 쳐다보면서 피할 것이다. 그러면 아이는 다음 시험 때는 공부를 더 열심히 하든지, 아니면 나쁜 성적을 받은 데 대한 실망감을 대수롭지 않게 받아들이는 법을 익히면서 정서 조절 능력을 키워나가야 한다.

정서 조절 능력은 수업으로 배우는 게 아니라고 케나이르는 말했다. 야구팀에 들어가지 못한 좌절감을 극복하는 법은 교실에서 말로 하는 수업을 통해서가 아니라 '야구팀에 들어가지 못하는 경험을 직접 해보면서' 배우는 것이다.

사회 정서 학습 활동은 종종 이런 가정하에 이뤄진다. 가상의 상황을 설정하고 그때 느낄 좌절감에 대해 이야기를 나누면 아이가 힘든 일을 겪는 것을 생략한 채 곧장 성숙과 사회적 능력에 도달할 수 있다는 가정 말이다. 그러나 실제로 친구를 사귀려 시도하지 않고서 친구 사귀는 기술을 익힐 방법은 세상에 없다. 실제로 실패를 경험해 보고 결국 이겨내는 경험을 해보지 않고서는 실패를 극복하는 방법은 절대 배울 수 없다.

네 부모를 의심하라

사회 정서 학습의 교육법 중 하나에서는 다른 이들이 넌지시 암시할 만한 행동을 대놓고 지시한다. "10대 청소년은 부모님을 몰래 감시한 뒤 선생님에게 보고해야 한다"는 것이다. 이게 대체 무슨 말인가?

세컨드 스텝 프로그램 활동 중 하나인 "숙제: 염탐하기"는 '소련의 영웅'이라는 이름을 붙여도 어울릴 만한 게임을 7학년 학생에게 시킨다. 내용은 이렇다. "지금부터 당신은 탐정입니다. 당신은 자신의 가족을 '염탐'하도록 익명의 정보원에게 고용되었습니다. 이 정보원은 당신의 가족이 집에서 여러 활동을 하면서 느끼는 다양한 감정을 알고 싶어 합니다. 가족에게는 이 사실을 말해선 안 됩니다(당신의 정체가 탄로 나면 안 되니까요!). 그러니 당신의 날카로운 관찰력을 최대한 발휘하세요."[31]

눈을 비비고 다시 한번 읽어보라. 숙제의 지시 내용은 이렇게 이어진다. "먼저 한 사람을 정합니다. 그의 얼굴 표정, 보디랭귀지, 말투 등을 관찰한 내용과 그가 말한 내용을 기록합니다. 그 단서들을 토대로 그의 기분이 어땠을지 추측해보세요. 그리고 다른 가족 구성원에 대해서도 똑같이 해보세요."

하지만 세컨드 스텝 프로그램 개발자들은 순진한 바보가 아니다. 만일 부주의하게 방치된 비윤리적인 기록을 회의적인 저널리스트가 세상에 폭로한다면 어떨지 생각해보라. 그들은 지시 내용 마지막에 교묘하게 이렇게 덧붙인다. "기록을 다 끝내면 그것을 가족 중 어른에게 보여주고, 당신이 염탐한 사람이 과연 누구일지 맞혀보라고 하세요." 비윤리적 감시 행위가 아니라 재미있는 게임인 척하는 것이다.

세컨드 스텝 개발자들은 7학년 학생이 학교 상담 교사를 위해 가족의 사적인 대화를 기록할 만큼, 그리고 엄마를 몰래 감시했다는 사실을 자백할 만큼 바보인 줄 아는 걸까? 이런 스파이 행동은 "성인 가족 구성원과의 갈등"을 초래할 것이다. 교육 자료에서는 아이들에게 그런 일이 생기면 다음 수업 시간에 보고하라고 한다.[32]

많은 사회 정서 학습 활동에서는 학생이 부모님과 겪을 수 있는 평범한 갈등을 다시 생각해보도록 유도한다. 한 예로 8학년 학생 윌라에 대한 내용이 있다. "윌라의 아버지는 자신이 윌라가 어디에 있는지 알아야 하고 윌라가 외출하기 전에 허락을 맡아야 한다는 규칙을 세워놓았다. 윌라는 이제 8학년이므로 그렇게 할 필요가 없다고 생각한다. 윌라의 아버지는 딸을 더 믿어야 한다."[33]

사회 정서 학습 수업에서 제시하는 한 시나리오에서는 아이에게 전자 기기 사용 시간을 얼마만큼 허락해야 할지에 대해 엄마와 할머니가 의견 충돌을 일으키고,[34] 어떤 시나리오에서는 방과 후 활동의 '성인 지도자(엄마 역할일 것이다)'가 아이에게 놀러 나가기 전에 숙제부터 끝내라고 말하며,[35] 또 다른 시나리오에서는 엄마가 10대 딸에게 결혼식장에 청바지를 입고 가면 안 된다고 말한다.[36]

아이들은 가족과 있었던 일을 시시콜콜 이야기하면서 부모님이 정한 규칙을 평가하고 그 타당성에 판결을 내리도록 권유받는다. 학교 상담 교사는 종교의 제사장처럼 그 모든 것을 내려다보면서 아이에게 여러 방식으로 묻는다. "그때 어떤 기분이 들었니?", "이 경우 부모님이 과연 옳은 걸까?"

사회 정서 학습의 관점에서 가장 바람직한 결과는 절충안, 즉 부모와 청소년이 각각 타협하는 '윈-윈' 시나리오에 도달하는 것이다. 이를테면 결혼식장에 갈 때 청바지에 화려한 상의를 입는 것이다. 사회 정서 학습에서는 아이가 부모가 제시한 규칙을 따르는 것이 나은 경우도 있다고는 좀처럼 생각하지 않는다. 부모와 자녀의 지위가 동등하다는 것이 이 교육법의 기본 가정이다(하지만 물론 학교 상담 교사가 그 둘의 위에 존재한다).

사회 정서 학습 옹호자들은 부모(불완전한 부모라 할지라도)와 자녀의 관계를 망치는 것이 심리적 피해를 야기한다는 점을 생각하지 않는 것 같다. '부모님은 무엇이 나를 위한 최선인지 늘 생각하는 분이야'라는 믿음이 무너진다면 아이가 어떻게 안정감을 느끼겠는가?

부모의 권위를 아무렇지 않게 훼손하는 것은 사회 정서 학습의 대표적 특성이다. 엄마와 아빠는 '양육자'이자 서비스 제공자일 뿐이며 게다가 무능력한 양육자다.[37] 또 아이의 정신 건강에 해로운 존재가 될 수도 있다. 부모는 "부정적 태도"로 아이의 발전을 방해하는 장애물이다.[38] 파노라마 에듀케이션 웹사이트에서는 이렇게 말한다. "좋은 의도를 지닌 부모와 양육자라 해도 사회 정서 학습과 관련해서는 어디서부터 시작해야 할지 또는 어떻게 자녀를 도와야 할지 잘 모르는 경우가 많다."

이것은 단순히 교사들이 휴게실에 모여 수다를 떨며 가볍게 내뱉는 불평불만이 아니다. 학부모에 대한 그런 부정적 견해 때문에 그들은 항상 일상의 중요한 사건이나 뉴스에 대해 자녀와 대화하는 법에 대한 '유용한 조언'을 알려준다. 학부모를 믿지 못하기에 사회 정서 학습을 위한 '가정용' 자료를 제작한다. 부모가 아이와 함께 실천할 수 있는 학습 자료 말이다. 한 교육 자료의 표현을 빌리자면, 이 모든 행동은 부모가 자녀의 발전을 막는 "장애물"인 경우가 많다는 믿음에 입각해 있다.[39]

예를 들어 세컨드 스텝 프로그램에는 이런 중학생용 학습 활동이 있다. "슈퍼히어로 팀의 멤버가 되고 싶은 베라라는 소녀"를 가정한 시나리오다. 베라가 만날 수 있는 장애물은 어떤 게 있을까? 이 수업에서 제시하는 "내적 장애물"에는 "자신감 부족"이 포함된다. "외적 장애물"에는 "베라가 잘 못할 것 같다고 말하는 친구들"과 "집에서 연습하지 못하게 하는 부모님"이 포함된다.[40]

아마도 이런 이유 때문에 비밀 울타리 안에서 행동하는 학교가 점점 많아지는 것 같다. 자녀의 학교에 사회 정서 학습 교재를 보여달라고 요청해보면 얻기가 쉽지 않을 것이다. 내가 인터뷰한 교사의 말에 따르면, 그녀가 일하는 중학교의 상담 교사들은 아이들에게 상담 센터에 들러 기록으로 남거나 부모에게 보고되지 않는 비공식 상담을 받으라고 부추겼다.

나는 오리건주 그랜츠패스에서 중학교 과학 교사로 일하는 엘리자베스에게 일반 교사나 상담 교사가 학생과 사회 정서 학습 수업 시간에 나눈 대화를 토대로 아동보호 서비스 기관에 사랑이 넘치는 좋은 부모를 신고하는 것을 본 적이 있느냐고 물어봤다. 그녀는 주저 없이 대답했다. "그럼요. 상담 교사도, 학교 행정관도 수시로 그래요."

따지고 보면 사회 정서 학습은 신성로마제국과 비슷하다. 사회적이지도 않고, 정서적 건강에도 이롭지 않으며, 학습할 수 있는 무언가도 아니다. 그럼에도 분명히 학교들은 앞으로 수십 년간 이 교육 방식을 바꾸지 않을 것 같았다(볼테르는 중세부터 근대까지 중부 유럽에 있었던 신성로마제국의 말기 모습을 두고 "신성하지도 않고, 로마도 아니고, 제국도 아니다"라고 말했다.—옮긴이).

나는 교사 줄리가 진행한 집단 상담이 울음바다로 변한 일과 그날 마음속 고통이 다 까발려진 채 집으로 돌아갔을 그 소년이 떠올랐다. 어쩌면 친구들이 소년에게 공감해줬거나 그날 이후 소년을 불쌍한 눈으로 바라봤을지도 모른다. 하지만 그게 소년이 원하는 것일까?

사회 정서 학습 옹호자들은 세심한 감수성과 다정함을 배우는 시간이 모든 아이에게 이롭다고 말할 것이다. 그러나 무슨 일이 일어났는지 보라. 교육자들은 '사회 정서 학습'이라는 명목 아래 소년이 고통스러워하는 순간을 '효과적인 교육의 순간'으로 재탄생시켰다.

나는 소년이 언젠가는 자신이 이용당했다는 사실을 깨닫지 않을까 싶었다.

5장
연약한 괴물들의 탄생

내 쌍둥이 아들이 5학년이었을 때의 일이다. 어느 날 둘 중 한 아이가 학교에 갔다 와서 이렇게 말했다.

"브라이언 선생님이 나를 미워해요."

"누구?"

"보조 선생님이요. 아이작한테만 신경 써요. 아이작이 손을 들면 브라이언 선생님이 수업하는 선생님한테 말해서 참여할 수 있게 해줘요. 그리고 아이작이 질문을 하면 브라이언 선생님이 대답해주는데, 제가 질문하면 그냥 무시해요."

학교 측에서 학부모들에게 보조 교사 명단을 알려줬지만, '브라이언'은 처음 듣는 이름이었다. 나는 보조 선생님이 학생 한 명만 편애하는 일은 없다고 아이를 안심시켰다. 아이가 뭔가 잘못 알고 있는 게 틀림없었다.

하지만 예전에는 아이가 학교의 보조 교사에게 부정적인 느낌을 받은 적이 없었다. 알고 보니 아들이 본 브라이언 선생님은 그림자 교사였다. 학교에는 그런 선생님이 굉장히 많았다.

사립학교에서 이들은 '그림자 교사shadows'라고 불리지만 공립학교에서는 '교육 기술자', '파라프로페셔널paraprofessional' 또는 '파라프로' 등으로 불린다. 때로 아이의 대변인 역할도 하고 때로 특수교육 교사 역할도 하는 이들 그림자 교사는 부모가 개인적으로 고용하거나 공립학교 측에서 학생에게 배정해준다. 이들은 말 그대로 특정 학생을 그림자처럼 쫓아다니면서 밀착해 지도하며, 표면적으로는 아이가 순조롭게 학교생활에 적응하는 것을 돕는다.[1]

10여 년 전에 그림자 교사는 자폐스펙트럼장애나 심각한 학습장애가 있는 학생이 '특수반으로 옮겨 간 아이'라는 꼬리표가 붙어 이상한 시선을 받지 않고 다른 아이들과 같은 교실에서 공부할 수 있도록 돕는 역할을 했다.[2] 물론 지금도 그런 역할을 한다. 다만 지금은 훨씬 더 다양한 행동 발달 요구를 지닌 아이들을 돕는다는 점이 다를 뿐이다.

오늘날 공립학교에서는 경미한 학습장애부터 폭력적인 성향까지 온갖 문제가 있는 아이들에게 그림자 교사를 배정한다. 사립학교에서는 부유한 학부모에게 정상적인 자녀의 뒤를 따라다닐 그림자 교사를 고용하라고 조언한다. 이유도 다양하다. 아이가 운동장에서 친구 사귀는 것을 도와주기 위해서, 수업 시간에 가만있지 못하고 자꾸 꼼지락대는 아이를 진정시키기 위해서, 아이가 학교생활을 잘하고 즐겁게 지내도록 도와주기 위해서 등등. 그림자 교사는 아이에게 이렇게 말한다. "지금 손을 들어보면 어떨까?", "네 간식을 페이지랑 나눠 먹는 게 어때?", "엘라의 인형이 예쁘다고 칭찬해주면 어떨까?", "서배스천을 그만 껴안는 게 좋겠다. 그 애는 몸을 접촉하는 걸 싫어할지도 모르잖니".

아이에 대한 관찰과 감시가 늘어나고, 아이는 어른에게 더 의존하게 된다. 또 아이는 뭔가를 직접 해결할 기회가 적어지고 스스로 '할 수 있다'는 믿음이 줄어든다. 그런데 꼬리표와 이상한 시선은 줄어들까? 대체로 교사는 반 아이들에게 "브라이언 선생님은 새로 오신 보조 선생님이에요" 하는 정도로만 소개하며 그림자 교사의 존재를 부각하지 않으려고 애쓰지만, 내가 이야기를 나눠본 많은 초등학생은 상황을 다 아는 듯했다. 브레이든이 정글짐으로 갈 때 뒤를 졸졸 쫓아가는, 스타트렉 티셔츠를 입은 남자가 브레이든의 그림자 교사라는 사실을 말이다.

만일 학교 예산 문제로 그림자 교사 채용이 힘들다면, 학교 심리학자가 아이의 정서를 안정시킬 대체 수단으로 피젯 토이fidget toy(손에 쥐고 반복적인 동작을 할 수 있는 장난감—옮긴이)를 주라고 권고하는 경우가 많다. 아마도 그들은 이런 이론을 믿는 모양이다. "모든 아동은 꼼지락거리는 횟수가 한정돼 있다. 만일 지나치게 많이 꼼지락거리는 아이가 있다면 장난감으로 횟수를 줄일 수 있으며, 그러면 아이는 적당한 수준으로 적게 꼼지락거린다."

이 명쾌한 이론에도 나는 피젯 토이를 직접 확인해보고 싶었다. 그래서 피젯 토이 및 그와 비슷한 효과를 낸다는 제품을 10개쯤 사서 책상 위에도 올려놓고 의자에도 붙였다. 겉면에 작은 돌기들이 박힌 고무 의자 쿠션은 가만히 있기 싫어하는 아이가 자리에 앉은 채 상하로 뛸 수 있게 해주는 제품이었다. 앉아서 두 발을 올려놓을 수 있게 의자 다리에 묶어놓는 커다란 고무줄도 있었다. 일종의 발을 위한 하모니카였다. 자잘한 주름이 잡힌 길쭉한 형광색 튜브는 옆으로 죽 늘이거나 줄일 때 우스꽝스러운 소리가 났다. 피젯 큐브는 각 면에 달린 버튼과 작은 장치를 누르거나 이리저리 움직이며 노는 물건이었다. 말미잘처럼 생긴, 겉면이 뾰족한 고무공도 있었다. 검비 Gumby(점토 애니메이션에 나오는 녹색 캐릭터—옮긴이) 손가락처럼 생긴 장난감도 있었다. 물론 원래 검비는 손이 주걱처럼 생겨서 손가락이 없지만 말이다.

내가 책상에서 장난감의 버튼을 눌러보고 레버를 움직이면서 만지작거리는 걸 본 아들이 다가오더니 말했다. "엄마, 그렇게 하는 거 아니에요. 누가 중년 아줌마 아니랄까 봐, 참."

나는 아들에게 아이들이 학교에서 그걸 어떻게 사용하는지 보여달라고 했다. 아들은 12면체 모양의 피젯 토이를 집어 들더니 고개를 숙인 채 열심히 문지르고 누르고 돌렸다. 정말 굉장한 집중력이라도 발휘하는 것 같았다. 마치 루빅스 큐브 대회에 참가한 선수 같았다. 천재 소년들이 색깔이 아무렇게나 뒤섞인 큐브를 순식간에 맞추는 대회 말이다. 이런 물건을 손에 쥐고 어떻게 수업에 집중할 수 있을까? 나는 아들에게 물었다.

물론 바보 같은 질문이었다. 집중할 수 없다.

전문가들은 피젯 토이가 아이들의 집중력을 향상시키는지 알아보는 실험을 했다. 실험에서는 피젯 스피너를 사용했는데, 처음에는 아이들의 활동성이 줄었지만 곧 '전반적으로 집중력이 떨어지는' 결과가 나타났다.[3] 오르티스 박사는 연구 결과를 이런 말로 요약했다. "돈 낭비일 뿐이며 어른들이 기대하는 것과 정반대 효과만 냅니다."

그것은 아이들의 정신 건강을 위해 학교에서 이뤄지는 많은 배려에도 해당하는 말 같았다. 기껏해야 별 도움이 안 되고 최악의 경우 파괴적 효과를 내니까 말이다. 그리고 이제 전문가들 덕분에 그런 조치는 너무나도 흔해졌다.

'회복적 정의'를 아십니까

교육적 배려라는 원칙에 담긴 대의는 간단하고 인도적이다. 난독증이 있는 학생에게 난독증이 없는 학생과 똑같은 시간 내에 대학 입학 능력 평가 시험의 언어 영역을 다 풀라고 요구하는 것이 타당한가? 또는 난독증이 있는 학생이 독해력에서 해당 학년의 기준 점수에 못 미쳤을 때 유급시키는 것이 합리적인가?

과거 한때는 교육적 배려를 시행하는 이유가 대부분 그런 절박한 사례 때문이었다. 지금은 그런 사례가 코끼리 꼬리 정도밖에 안 된다.[4] 학생의 교내 '대변인'인 상담 교사들은 교사에게 영향력을 행사해 학생의 지각이나 결석을 봐주고, 수업에 빠진 것을 용서해주고, 학생이 수업 도중 밖에 나가 산책하도록 허락하고, 성적을 상향 조정해주고, 숙제를 줄이거나 없애주고, 필기시험 대신 구두시험을 치르게 하고, 또는 정신 건강 문제가 있다는 진단을 받지 않은 학생이 원하는 자리에 앉게 해주도록 한다.

위스콘신 공립학교 시스템의 고등학교 영어 교사 셰릴은 과제물을 늦게 낸 학생의 성적을 깎는 것이 이제는 허용되지 않는다고 말했다. 학기가 끝나기 전까지만 제출하면 무조건 과제물을 받아주라고 교장이 지시했다는 것이다. 때로는 학기가 아니라 해당 연도 내에만 제출하면 된다고 했다. "꽤 많은 아이들이 학기 말을 코앞에 두고 18주 치 과제를 제출하곤 해요."

그렇다면 교사가 채점해야 하는 과제물의 양이 지나치게 많아지지 않을까? 당연히 그렇다. 한때 교사가 되는 것이 꿈이었던 서른한 살의 셰릴은 벌써 교사 일을 그만둘 생각을 하고 있다.

이와 같은 교육적 배려의 요청을 정당화하는 심리적 이유는 모호한 내용인 경우가 많다. "선생님, 제가 너무 힘든 하루를 보냈어요. 제 성 정체성을 고민하느라고요.' 아이들은 툭하면 이런 식으로 말해요." 공립 고등학교의 관현악단 지도 교사 데이비드는 교육적 배려가 남용된다면서 이렇게 토로했다. 학생은 상담 교사와 잠깐만 면담을 하면 과제 제출 기한을 2주 연장할 수 있거나 그 밖에 다른 종류의 특별 허가도 얼마든지 받을 수 있다.

수려한 외모의 30대 남성인 데이비드는 열정과 진심이 넘치는 청소년 담당 목사이기도 하다. 군인처럼 짧게 깎은 적갈색 머리칼과 깔끔하게 다듬은 턱수염이 잘 어울렸다. 그는 게이로서 고등학교 시절을 보내며 겪은 내밀한 혼란을 스스럼없이 밝힌다. 하지만 당시 선생님들이 그가 정서적 혼란을 핑계 삼아 바이올린 연습을 게을리하는 것을 절대 허락하지 않았다면서 그 점을 매우 감사하게 생각한다.

수행 능력이 있는 학생임에도 애매모호한 정신적 괴로움을 주장한다고 해서 기준을 낮춰주는 것은 오히려 해롭다고 데이비드는 말한다. "졸업반 아이가 저를 찾아와서 이렇게 말해요. '오늘은 연주를 못하겠어요. 제 정신 건강이 진짜로 안 좋은 날이라서요.' 만일 제가 고등학교 때 관현악단 선생님한테 그렇게 말했으면 선생님은 이렇게 말했을 겁니다. '안됐구나. 하지만 어서 악기를 챙겨 와. 오늘은 최종 리허설을 해야 돼. 네가 지금 기분이 안 좋다니, 그 점은 안타깝구나. 그래도 악기를 연주하면 기분이 나아질 거야.'"

데이비드는 학생이 연주 실력을 갈고닦도록 돕는 것이 아이의 행복감과 성취감을 훨씬 더 높인다고 생각한다. 힘든 노력을 피해 가도록 허락하는 것이 행복을 높이는 길이 아니라는 의미다. 하지만 일단 상담 교사가 개입하고 나면, 그가 요구하는 '배려 조치'가 아무리 불합리하거나 불필요하다고 해도 교사가 반대하기는 거의 불가능하다고 한다.

TV 프로그램 제작 팀에서 일하는 앤절라는 아들이 다니는 고등학교의 상담 교사가 해준 조언에 따라, 똑똑하지만 정서가 불안한 아들 제이든이 교육적 배려를 받아 고등학교 생활 3년 동안 시간제한 없이 시험을 치를 수 있도록 했다. 친절한 상담 교사는 제이든이 수학 시험을 볼 때 추가 시간이 필요한 것 같다고 말했다. 하지만 그런 배려 조치가 좀 더 열심히 공부하도록 제이든을 자극하거나 정서적 부담을 줄여주기는커녕 노력할 의지를 없애는 것 같았다고 한다.

앤절라는 다음과 같이 말했다. "그렇게 하도록 놔둔 게 크게 후회돼요. 아이가 거기에 지나치게 의지하거든요. 이를테면 '나는 504조항(장애 학생이 배려받을 수 있는 권리)이 적용되니까 숙제를 제시간에 내지 않아도 돼'라고 생각하는 거죠. 우리는 아이를 돕는다고 생각했지만 결국 돕는 게 아니라는 걸 깨달았어요."

비뚤어진 행동, 관대한 대응

스테파니의 열두 살짜리 아들 오스카는 2021년 맨해튼의 공립 중학교인 75 모턴에서 7학년 생활을 시작했다. 알고 보니 이 학교는 불량한 아이들이 가득한 소년원과 비슷했다. 오스카는 학교에 있는 동안 화장실 근처의 식수대에서 물 마시는 것도 피할 정도였다. 화장실이 무서웠기 때문이다. 스테파니는 "애들이 화장실 안에서 싸우기 일쑤래요. 화장실 벽은 온갖 추잡한 낙서와 그림으로 가득하고요. 게다가 바닥에 똥도 묻어 있었대요"라고 말했다.

그해에는 학교 폭력이 유난히 자주 발생해서 학생들이 '75 모턴의 싸움들'이라는 스냅챗 그룹을 만들어 싸움 목록을 올리기까지 했다.[5]

"애들이 얼마나 폭력적인지 몰라요. 그냥 뺨을 때리는 정도가 아니에요. 여자애 셋이서 다른 여자애의 머리칼을 움켜쥐고 땅바닥에 내동댕이친 뒤 발로 머리와 가슴을 사정없이 걷어차고 얼굴을 가격하더라고요."

한 남학생이 오스카의 머리를 금속 사물함 문에 세게 처박은 일도 세 번이나 있었다. 세 번째에는 뺨이 베이는 상처를 입었다. 만일 1센티미터만 위쪽을 부딪쳤다면 실명할 수도 있는 위험한 상황이었다.

스테파니의 말에 따르면 오스카를 괴롭힌 아이들 중 누구도 정학을 당하지 않았다. '회복적 정의restorative justice'를 위해서였다.[6]

2014년 오바마 대통령은 지나치게 많은 소수계 학생에게 정학이나 퇴학 처분을 내리는 학교에 예산 지원을 줄이겠다는 경고를 담은 '동료에게 보내는 서한Dear Colleague Letter'을 발표했다. 학교들은 당혹스러워했다. 처벌을 하지 않고 어떻게 학교 질서를 유지할 것인가? 이 서한은 "회복적 실천과 상담, 긍정적 개입을 위한 체계적 시스템"을 해결책으로 제시했다.[7] 이제 시각을 바꿔 폭력적인 아이를 고통을 겪는 아이로 바라보았다. 학교는 그런 학생에게 정학이나 퇴학이라는 징계를 내리지 않았다. 그리고 공립학교 아이들의 정신 건강을 더욱 적극적으로 돌보는 새로운 시대가 시작되었다.

'회복적 정의'는 학교에서 학생의 모든 비뚤어진 행동을 도움을 원하는 외침으로 재해석하는 치료적 접근법을 뜻하는 공식 명칭이다. 이때 중심이 되는 활동은 아메리카 원주민 사회의 대화 모임 전통에서 유래한 회복적 서클restorative circle로, 이는 교사의 지도하에 아이들이 둥글게 모여 앉아 갈등을 겪은 학생들이 차례로 자신의 고통을 이야기하는 것이다. 아이들은 발언할 사람이 누구인지 나타내는 도구로 '토킹 피스talking piece'나 작은 토템 조각품을 돌아가면서 손에 든다. 토킹 피스로는 예쁜 돌멩이, 눈알이 달린 아이스크림 막대기 등 무엇이든 사용할 수 있다.

이런 활동이 진짜 치료 활동은 아니기 때문에 대개 교사는 '서클 바깥의 사람들(즉 부모)'에게는 비밀을 유지하라고 아이들에게 명시적으로 요청한다. 교육 블로그 에듀토피아Edutopia에서 한 교사는 학생들에게 이렇게 말하라고 동료 교사들에게 조언했다. "이 서클에서 나온 이야기는 우리끼리 비밀이에요. 그 어떤 친구가 한 이야기도 교실 밖으로 새어 나가면 안 돼요. 모두의 이야기를 지켜줍시다."[8]

만일 괴롭힘이 일어나면 어떨까? 한 아이가 다른 아이의 머리를 사물함 문에 처박는 일이 반복적으로 발생한다면? 가해자와 피해자 학생이 회복적 서클에 참여해 얼굴을 마주 보면서 각자의 고통을 털어놓는다. 반 전체 아이들에게도 이롭도록 말이다.

캘리포니아의 공립 초등학교 교사 레이 셸턴Ray Shelton은 회복적 서클 같은 활동이 학대나 마찬가지라고 생각한다. "피해자 학생에게 너무 많은 책임을 떠넘기는 거예요. 피해자는 원치 않을 수 있는데도 자신을 괴롭힌 아이를 마주한 채 이야기를 나눠야 하니까요. 그건 아이를 두 번 괴롭히는 거예요." 가해자는 반 아이들 앞에서 피해자에게 사과해야 한다. 그런데 피해자는 사과를 받아들이고 자기 자신도 사과해야 한다는 압력을 느낀다. 가해자의 공격을 유발한 원인이었을 수도 있는 말이나 행동에 대한 사과 말이다.

게다가 이런 활동은 폭력 사건을 억제하지도 못하는 것 같다. 2021년 테네시주 채터누가에서 키가 180센티미터인 7학년 학생이 다른 아이를 유리창을 향해 내동댕이쳤는데 겨우 수업 참석 금지라는 징계만 받았다. 당시 그곳의 중학교 교사였던 라이언 스테일리Rhyen Staley는 "사실상 타임아웃이나 마찬가지죠"라고 말했다. 같은 해 후반에 그 7학년 학생은 또 다른 아이를 칼로 찌르겠다고 위협했고, 이후 또 다른 학생에게 "죽여버리겠다"고 몇 번이나 겁박하고 나서야 정학을 당했다.

여러 교사의 말에 따르면 회복적 정의 덕분에 공립학교들이 아주 극단적인 상황이 아니고서는 더는 아이들을 유급시키거나 퇴학시키지 않는다고 했다. 심각한 범죄행위를 저지르지 않는 한, 폭력적인 학생을 교내에 놔두고 그림자 교사를 배정한다. '처벌하지 말고 치료하자'는 치료적 접근법에 따라서 말이다. 마조리 스톤먼 더글러스 고등학교에 다니던 니컬러스 크루즈Nikolas Cruz는 수년간 폭력적이고 위협적인 행동을 보였다. 그에게 배정된 그림자 교사는 그의 어머니였다.[9] 이후 크루즈는 파클랜드 총기 난사 사건을 일으켜 17명을 살해했다.

내가 인터뷰한 교사들은 하나같이 학교의 치료적 접근법이 실패했다고 입을 모았다. 이 접근법이 폭력을 처벌하는 시스템의 대체물이 되지 못한다고 말이다.

"문제는 사람들이 거기에 반대하는 목소리를 내길 두려워한다는 겁니다. 특히 내부 사람들이요. 반대 목소리를 내지 않는 건, 그런 방식이 효과가 있을 거라는 믿음 때문에 좀 더 지켜봐야 한다고 생각하기 때문이기도 해요. 또 한편으론 나서서 반대했다가 직장을 잃을까 봐 두려워해요." 스테일리는 자신이 교사를 그만둔 데는 학교의 혼란을 뻔히 지켜보면서도 침묵할 수밖에 없었던 무력감도 어느 정도 영향을 미쳤다고 했다.

랜드 연구소RAND Corporation에서 시행한 메타분석은 회복적 정의라는 접근법을 실행한 학교들이 낸 성과가 형편없음을 보여주었다. 중학교의 경우 이 접근법을 시행한 학교들은 상황이 더 나빠졌다. 이들 학교에서는 폭력이나 무기 소지 사건이 줄지 않았고, 남학생의 정학 건수도 줄지 않았으며, 체포되는 학생 수 또한 감소하지 않았다. "물론 이는 회복적 정의 접근법이 적어도 실행 2년 내에 심각한 폭력 행동을 억제하는 데 효과를 발휘할 수 있을 것인가 하는 의문을 제기한다"고 메타 분석 저자들은 밝혔다.[10] 아마 폭력의 두려움에 시달리는 비폭력적인 학생들이야말로 누구보다 그 물음에 대한 답을 알고 싶을 것이다.

"회복적 정의가 학교를 망친다"고 위스콘신주의 중학교 교사 대니얼 벅Daniel Buck은 말했다. "잘못을 저질러도 자신에게 돌아오는 타격이 별로 없다는 사실을 알면 아이들은 또 그 행동을 할 테니까요."[11]

청소년 범죄가 늘어나고 혼란이 학교를 지배하고 있다. 정서적 피해를 신체적 피해만큼이나 중요하다고 여긴 시스템은 결국 정서적 건강을 돌본다는 명목 아래 신체적 폭력을 용서해주는 결과를 낳고 말았다.

남용되는 배려, 학교의 풍경을 바꾸다

켈리는 뉴욕주 북부에서 공립 중고등학교 상담 교사로 7년간 일하다가 2021년 그만두었다. 제멋대로인 아이들이 날뛰는 난장판 같은 학교를 더는 참을 수 없었기 때문이다. 학생들은 그녀의 코앞에서 문을 있는 힘껏 쾅 닫고 나가버렸고, 복도에서 성희롱이 담긴 농담을 그녀에게 던졌다. 기분이 내킬 때마다 교실 밖으로 나가 학교 안을 이리저리 돌아다녔다. 아이들이 정신 건강상의 이유로 필요하다고 주장하면 모든 파괴적 행동이 용서되거나 노골적으로 환영받았다.

켈리는 학교 측에 항의했지만 문제라고 느낀 사람이 자신뿐이라는 사실을 곧 알게 됐다. '언제든 수업에 빠질 수 있는 권리' 같은 교육적 배려 덕분에 "정신적으로 불안하다"고 주장하는 학생은 누구나 수업에 빠지고 상담 교사와 만날 수 있었다. 학생들은 자신을 학교생활에 적응하기 힘든 아이로 바라보는 것 같은 시스템을 필요에 따라 잘 활용했다. "애들은 주로 싫어하는 과목 수업을 받아야 할 때 그 방법을 이용했어요." 켈리의 말이다.

최근 들어 전국 곳곳의 학교에서 그보다 훨씬 더 나쁜 행동이 급증했다는 소식이 들려오고 있다. "문제를 겪고 있는 미국 공립학교들에서 일해본 적이 있는 사람에게 물어봐라. 그러면 거의 모두가 똑같은 말을 할 것이다. 가장 큰 문제는 교사의 질이 아니라고 말이다." 2018년 한 교사가 《뉴욕 포스트New York Post》에서 한 말이다. "아이들의 행동이 문제다. 분노에 싸여 있고 파괴적이고 무례한 아이들의 행동은 통제가 불가능하다."[12] 내가 인터뷰한 모든 공립학교 교사도 같은 말을 했다. 지난 10여 년 사이에 아이들의 행동이 계속 나빠졌다고 말이다.

오리건주의 여러 고등학교에서 사회 정서 학습 프로그램을 감독하는 크리스틴은 조절장애 증상을 보이는 학생 수가 적어도 2016년 이후로 급증했다면서 이렇게 말했다. "감정을 터뜨리고, 짜증을 부리고, 소리 지르고, 물건을 집어 던지고, 울고, 자살하겠다고 위협하고, 선생님한테 욕설을 하는 등 형태도 다양합니다."

내가 인터뷰한 모든 교사가 학생의 짜증과 폭력적 태도, 선생님한테 소리 지르기, 교실에 있는 물건 집어 던지기, 문 쾅 닫고 나가기,

성희롱 등이 최근 10년 사이에 늘어났다고 말했다. 아이들이 자신의 행동을 통제할 줄 모르는 것 같다고 문제의 상당 부분을 차지하는 것이 학교의 방침이라고 말하기도 했다. 즉 학교 측은 학생에게 절제력과 자기 훈련을 기대하는 것이 시대에 뒤떨어진 관점은 아닐지라도 지나치다고 생각해서 그것을 요구하지 않는다는 것이다.

고등학교의 관현악단 지도 교사 데이비드는 "제가 연주를 중단시키고 음을 바로잡아주려고 하면, 학생이 짜증을 부리는 어린애처럼 활을 바닥에 던져버려요. 욱하고 짜증을 내는 애들이 너무 많아요"라고 말했다.

하지만 혹시 선을 넘는 행동을 하는 학생이 약물 치료가 필요한 아이일 수도 있지 않을까? 그는 대다수 아이가 항우울제를 먹고 있다고 말했다. 어떻게 아느냐고 물었더니, 아이들이 직접 말해주기도 하고 때로는 약물 복용 사실이 교사들이 공유하는 내부 서류에 기재되기도 한다고 했다.

음악 수업에는 고등학교 4개 학년이 참여하기 때문에 데이비드는 1년에 100명이 넘는 학생을 상대한다. 10년 전에 가르치던 아이들과 비교하면 요즘은 예측 불가능한 방식으로 감정을 분출하거나 좀비처럼 무기력한 아이들이 훨씬 많다고 한다. 그는 "사람이 아니라 화분이랑 대화하고 있는 기분이 들 때가 많아요"라고 했다.

아이들에게 쏟아붓는 심리 치료와 약물, 교육적 배려가 별 도움이 되지 않는 것 같다. 아이들은 감정을 제어할 줄 모르거나 그러려는 의지가 없다. 숙제를 제시간에 제출할 능력이나 의욕도 없다. 과거 어느 때보다도 많은 아이가 뭔가를 스스로 혼자 해내지 못하거나 그렇게 하려는 의지를 보이지 않는다.

데이비드는 최근 겪은 두 사례를 들려주었다. 데이비드가 지도한 학생들의 첫 연주회가 열린 날, 남학생들이 클립식 넥타이를 손에 들고 줄지어 그에게 다가왔다. 어떻게 해야 할지 모르겠다는 것이었다. 학생들은 클립이 없는 일반 넥타이 매는 방법을 물은 게 아니라고 데이비드는 강조했다. 그들은 데이비드가 클립식 넥타이를 '붙여주기를' 바라고 있었다. "근처에 있던 학부모가 저를 쳐다봤어요. 제가 종일 아이들이 넥타이 착용하는 걸 도와주는 모습을 지켜봤던 그녀는 '요즘 애들은 할 줄 아는 게 없어요'라고 하더라고요. 그 학생들은 열다섯이나 열여섯 살이었어요. 그런데 여덟 살짜리 아이 같았다니까요."

하루는 연주 경연 대회가 있는 날이었는데, 데이비드가 연이은 회의 때문에 바빠서 고등학생 아이들에게 알아서 점심을 먹고 오라고 말했다. 그런데 열여섯 살인 한 남학생이 데이비드에게 와서 어떻게 할지 모르겠다고 말했다. 데이비드는 "길 건너편에 치폴레Chipotle(멕시코 음식 프랜차이즈 체인—옮긴이)가 있잖니"라고 알려주었다. 남학생은 점심 먹을 돈은 있었지만 혼자 점심을 사 먹을 줄 몰랐던 것이다. 그동안 가게에 혼자 들어가 샌드위치조차 사본 적이 없었다.

아동기 트라우마라는 거대한 그물

앞서 말한 콘퍼런스의 워크숍 세션 중에 교육 컨설턴트 리키 로버트슨이 '트라우마'라는 단어를 여섯 번 사용할 즈음, 나는 옆자리 사람에게 술자리 게임이라도 해야겠다고 조용히 속삭이듯 말했다. 트라우마라는 단어가 나올 때마다 술을 한 잔씩 마시는 게임 말이다. 다행히 그 자리에 술이 없었으니 망정이지, 만일 진짜로 게임을 했다면 우리 둘은 고주망태가 되어 뻗었을 것이다. 1시간쯤 진행된 워크숍 동안 로버트슨은 '트라우마'라는 단어를 105회나 사용했다.

그 공립학교 교사 콘퍼런스에서 자주 언급된 내용은 모든 학생이 '아동기 고난 경험Adverse Childhood Experience, ACE', 쉽게 말해 '트라우마'를 경험했다고 가정해야 한다는 것이었다.[13] 사실 아동기 고난 경험은 아동의 행동을 이해하는 데 중요한 역할을 하는 요인일 수도, 맥거핀macguffin(영화 등의 줄거리에서 쓰이는 일종의 눈속임 장치. 관객의 관심을 극대화하지만 결국 아무런 역할을 하지 않는 존재나 사건—옮긴이)일 수도 있다. 오늘날 많은 교육자가 사회적, 경제적으로 불리한 상황에 처한 아이들을 돕는 가장 좋은 방법은 모든 아이가 상처를 겪었다고 가정하고 포괄적인 정신 건강 개입 조치를 통해 그들을 집단적으로 치료하는 것이라 생각한다. 심리 치료를 수돗물에 첨가하는 불소처럼 생각하는 모양이다.

아동기 고난을 경험한 횟수를 파악해 아이의 심리적 피해 상태를 판단할 수 있다고 보는 관점도 있으며, 이는 유명한 연구 결과에서 유래했다. 이 연구는 다음의 ACE 중 4개 이상을 경험한 아이는 성인이 됐을 때 신체적·정신적 건강 수준이 평균 이하인 경향을 보인다고 주장한다.[14]

1. 신체적 학대

2. 성적 학대

3. 정서적 학대

4. 물리적 방치

5. 정서적 방치

6. 정신 질환

7. 부모의 이혼이나 불화

8. 가족의 약물 남용

9. 어머니에 대한 폭력

10. 가족 구성원의 투옥[15]

ACE 연구는 이들 요인이 흔하게 발생하고, 서로 밀접히 연관돼 있으며, 훗날의 정신적·신체적 건강에 누적되어 악영향을 미친다고 주장한다. 정신 질환이 있는 마약중독자 엄마에게 성적 학대를 당하며 자란 사람은 나중에 약물중독에 빠지거나 노숙자가 되거나 만성 질환을 앓거나 가정 폭력의 희생자가 되거나 자살하게 될 가능성이 더 높다고 본다. 이 연구는 평균적으로 볼 때 특정 인구 집단 내에서 ACE 점수가 높아지면 그 집단의 혈액 내 염증 표지 농도도 높아진다고 주장한다. 이로써 공공 보건 전문가들은 ACE 점수가 낮아지면 모든 종류의 공공 보건 문제도 사라질 것이라고 생각하게 됐다.

하버드대학교 의과대학 정신의학 교수 해리슨 포프Harrison Pope는 전화 인터뷰에서 이 ACE 연구를 두고 "방법론적으로 잘못된 연구의 전형적인 사례"라고 했다. 만일 트라우마가 일부 병리학적 문제를 일으키는 원인인지 알아내려면 철저하게 '전향적prospective' 연구를 진행해야 한다. 이런 식이다. 트라우마를 겪은 아이들을 만나 그 내용을 실시간으로 기록한다. 그런 다음 어떤 피험자 집단이 트라우마를 경험했는지 모르는 연구자들이 10년이나 20년 후에 피험자들을 체크해, 다른 조건은 비슷하되 트라우마를 겪지 않은 피험자들보다 트라우마를 겪은 피험자들에게서 신체적 또는 정신병리학적 질환이 더 많이 나타나는지 관찰한다.

그런데 위의 ACE 연구에서는 '후향적retrospective' 방식을 택했다. 이 경우 문제가 생길 수 있다. 성인 피험자를 모집해 '과거에 겪은' 트라우마에 대해 물어볼 경우 피험자 집단 자체에 편향성이 생길 가능성이 크다. 현재 문제를 겪고 있다고 생각하는 성인은 자신의 과거에서 그 이유를 찾고 싶은 동기를 느낄 테고, 연구자가 제시한 질문 방식이나 연구자의 기대치가 반영된 설명에 영향을 받기가 매우 쉽다. 그리고 정신병리학적 문제를 겪는 사람들의 경우 많은 교란 변수confounding variable가 존재할 가능성이 늘 있다. 즉 현재의 문제를 야기했을 가능성이 있는, 트라우마 이외의 요인 말이다. 예를 들어 교란 변수에는 유전적 요인, 알코올의존증 환자 부모가 자신도 모르게 집에 들인 온갖 영향 요인(예: 나쁜 성인) 등이 포함된다.

하지만 설령 이 ACE 연구가 어린 시절에 다양한 종류의 트라우마를 경험한 인구 집단이 성인이 되었을 때 평균적으로 여러 건강상 리스크를 겪는 경향이 있음을 보여줬다 할지라도, 이후 이 연구 결과가 활용될 때는 대체로 그런 평균적인 경향성에 초점이 맞춰지지 않았다. 1998년 처음 발표된 이래로 150개 이상의 저널에서 3만 2,000회

넘게 인용된 ACE 연구의 영향력은 걷잡을 수 없이 커졌다. 현재 이 연구는 개별 아동에 대한 진단 도구로 흔하게 활용되고 있다. 아이의 ACE 횟수를 파악하면 미래에 걸릴 병을 예측할 수 있다는 듯이 말이다.

ACE 연구 논문의 저자들 중 한 명인 로버트 안다Robert Anda는 최근 이 연구가 오용되고 있다고 우려했다. 그는 ACE 항목이 "불완전"하며 '개인'의 리스크를 평가하는 데 활용하도록 고안한 것이 아니라고 한 강연에서 말했다. 이 연구 결과를 인용하는 전문가들은 어린 시절 경험한 스트레스 요인에 대한 반응이 다양하다는 사실을 고려하지 못하는 경우가 많다. 실제로 어떤 아이들은 어려운 상황을 무사히 헤쳐나가기도 한다.

안다는 이렇게 말했다. "대규모 역학 연구에서 나온 평균적 리스크를 개인에게 적용하는 것은 적절하지 않습니다. 그것은 힘든 경험의 생물학적 영향에 실제로 노출된 사례로 이뤄진 광범위한 산포도의 평균치니까요. 혈압이나 지질 농도 같은 널리 인정된 공공 보건 검사 도구의 경우, 정상 또는 비정상을 구분하는 정확한 기준 수치를 활용해 임상적 의사 결정을 내리지요. 하지만 그와 달리 ACE 점수는 아이가 스트레스의 생물학적 영향을 얼마나 겪는지 측정할 수 있는 표준화된 도구가 아닙니다."[16]

ACE 항목 중에는 '가족 구성원의 투옥'이 있다. 특정한 인구 집단 전체에서는, 그것이 향후 건강 문제를 겪을 위험이 높아짐을 시사하는 유의미한 지표일 수도 있다. 하지만 이를 개인에게 적용해서는 안 된다. 예를 들어 다음 두 경우를 구분할 수 없기 때문이다. 아이의 유일한 양육자인 엄마가 마약을 거래하다가 교도소에 간 경우, 그리고 아이와 한집에 사는 삼촌이 메디케이드 사기(정보를 조작해 미국의 의료 보조 제도인 메디케이드 프로그램의 혜택을 받는 것—옮긴이)로 교도소에 간 경우다. 개인 차원에서 보면 두 아이가 맞이할 가능성이 있는 결과는 완전히 다르다. 앞의 아이는 엄마가 마약 거래상이므로 임시 위탁 보호소로 갈 것이고, 두 번째 아이는 한심한 삼촌을 떠올리며 고개를 절레절레 흔들 것이다.

이런 두 시나리오를 한 종류로 취급하면 의원병 효과가 생길 위험이 있다. 이런 상황은 학교에서 ACE 항목을 학생 개인을 위한 진단 도구로 사용할 때 종종 발생한다. 그러면 학생이 겪을 신체적, 정신적 리스크를 과대평가할 가능성이 있다. "리스크를 과대평가하면 개인에게 필요 없는 치료나 서비스를 받게 할 수 있습니다. 이는 시간 낭비일 뿐 아니라 다른 리스크를 발생시킬 수도 있습니다"라고 안다는 강연에서 말했다.

교육 기관에서 ACE 개념을 심각하게 남용해 수백만 미국 아이들에 대한 기대치를 낮추게 된 것은 사실 애초에 이 연구를 발표한 저자들의 어휘 선택 탓이다. ACE(아동기 '고난' 경험)라는 명칭 자체가 사람들을 크게 오도하는 표현이기 때문이다. 안다는 ACE가 특정 인구 집단 내에서 "고난이 축적되어 리스크를 증가시킨다는 것을 보여주기 위한 도구"라고 말한다. 사실은 그렇지 않다.

이 연구는 미국으로 이주해 '고난'으로 가득한 삶을 사는 이민자들의 자녀가 훗날 정신적, 신체적 질환을 겪을 가능성이 더 크다는 사실을 보여주지 않는다. 그럴 가능성은 물론 더 크지 않다. 이 연구에 그런 내용이 없는 까닭은 원래 발표된 논문에 포함된 대부분의 ACE 항목이 고난이 아니기 때문이다. 적어도 일반적인 언어 습관상 '고난'이라는 표현이 의미하는 바를 기준으로 하면 말이다. 그 항목은 '가정의 기능장애'를 가리킨다.

가난, 취직이 힘들어 고생하는 것, 생계를 위해 여러 일을 동시에 하는 것, 자신이 몸담은 사회의 문화를 이해하기 힘든 스트레스, 떠나온 고국과 모국어 및 고향의 가족을 그리워하는 것, 이런 것이 '고난'이다. 학교에 잘 적응하지 못하고, 혼자만 겉도는 기분을 느끼고, 가족의 높은 기대치로 부담감을 느끼는 것, 자식이 낯선 땅에서 잘 살게 하려고 고생하는 부모님을 보며 미안함을 느끼는 것, 이런 것들이 '고난'이다. 그리고 이것들이 축적된다고 해서 장기적으로 반드시 나쁜 결과를 가져오지는 않는다(오히려 아이에게 '더 나은' 결과를 가져오리라고 믿을 만한 충분한 근거가 있다).

고난과 가정의 기능장애를 구분하는 것은 중요하다. 아이가 헤로인에 중독된 엄마 밑에서 자라는 것은 단순히 정서적 학대나 방치를 당하는 것보다 더 심각한 문제다. 그런 아이의 경험은 학교에 데리러 오는 시간에 자주 늦거나 밤에 피곤하다는 이유로 오늘 학교생활이 어땠냐고 물어보지 않는 엄마를 둔 아이의 경험과는 차원이 다르다.

헤로인 중독자이거나 남자 친구에게 수시로 폭행당하는 엄마를 둔 아이는 엄마가 학교에 데리러 오는 시간에 늦으면 어딘가에서 죽었거나 죽어가고 있을지 모른다고 생각한다. 게다가 그 추측이 '맞을 수도' 있다. 아이는 엄마에게서 평소와 조금만 다른 점이 느껴져도 곧 나쁜 일이 생길 신호라고 불안해할 수 있다. 끊었다고 했던 마약에 다시 손을 대거나, 범죄를 당하거나, 곧 자신이 엄마에게 버려질 가능성을 떠올린다. 엄마가 비틀거리며 현관문으로 들어올 때마다 아이는 이번엔 무슨 일이 일어날지 또는 엄마가 누구를 데려왔을지 무서워진다.

원래의 ACE 연구 논문의 저자들이 'ACE'라고 부른 것을 경험한 아이들은 아마도 특별한 돌봄이 필요할 것이다. 그들 중 일부는 그 경험이 주는 고통을 떨쳐내기 힘들어 학교에서도 괴로워할지 모른다. 그런 아이들의 경우 정신 건강상의 지원을 해줘야 하느냐 마느냐가 아니라 '어떤 종류의 지원을 해줄지' 고민해야 할 것이다.

이것은 대다수 아이들에게는 해당하지 않는다. 따라서 사랑을 주기는커녕 수년간 성적으로 학대하거나 고의적으로 굶기거나 화상을 입히는 부모를 둔 아이와 '고난'을 겪은 아이를 구분 없이 한데 묶어 생각하는 것은 위험하다. 자신을 폭행하거나 강간하는 양아버지와 같은 집에 사는 것은, 부모님이 찢어지게 가난해서 방과 후에 아르바이트를 해야 한다는 부담을 느끼는 것과 완전히 다른 차원이다.

또 그것은 세 가지 일을 하며 열심히 사는 아버지가 야간 근무하느라 아직 퇴근하지 않았기 때문에 아침 일찍 일어나 어린 동생들의 도시락을 싸주는 것과도 완전히 다르다. 또 그것은 사랑하는 아버지를 암으로 잃는 것과도 전혀 다른 이야기다. 만일 부모가 아이를 폭행하거나 성추행을 한다면, 적어도 성장기에는 아이 삶에서 부모의 존재가 곧 위험과 불안 요인이며 가장 심각하고 예측 불가능한 정서적 고통을 야기하게 된다. 그것은 함께했던 기억을 소중하게 간직하고 싶은 사랑하는 아버지를 잃는 고통과 크게, 그리고 질적으로 다르다.

그럼에도 교육 종사자들은 기분이 내킬 때마다 또는 자신이 원하는 정치적 대의에 따라 마음대로 ACE 항목을 추가해놓고는 그 역시 장기적으로 정신적·신체적 건강이 나빠지는 결과를 가져온다고 가정한다. 나는 사흘간 진행된 공립학교 교사 콘퍼런스에서 "식민지 건설이 여러 세대에 걸쳐 남기는 역사적 트라우마"에 대한 설명을 들었고, "이민자 또는 난민인 아이들"이 가족을 위해 성인과 비슷한 수준의 책임을 떠안아야 했던 경험이 남긴 트라우마에 대한 설명도 들었다. 환경오염과 기후변화가 야기하는 트라우마, 그리고 물론 미국의 흑인들이 겪는 "역사적 트라우마"도 있었다.

"평범한 미국 교실에 있는 아이들의 50퍼센트가 두 가지 정도의 ACE를 지니고 있습니다. 팬데믹 경험을 제외하고도 말입니다"라고 로버트슨은 강당을 가득 채운 교사들에게 진지한 어조로 말했다.

"모든 게 '트라우마'래요." 오리건주의 공립학교 교사 크리스틴은 내게 말했다. "흑인으로 태어나 백인이 패권을 쥔 사회에서 살아가는 것도 '트라우마'예요." 그녀는 회의적인 어조로 말했다. 그러면서 교육 종사자들이 찾아내야 한다고 여겨지는 트라우마 몇 가지를 열거했다. "아이가 부모님이 집을 마련하지 못할까 봐 스트레스를 받는다는 사실을 아는 것도 트라우마, 부모가 이혼한 것이나 부모가 자살을 생각한 적이 있음을 아는 것도 트라우마, 자신의 성 정체성을 인정받지 못한다고 느끼는 것도 트라우마죠."

크리스틴은 흑인이다. 그녀는 미국에서 흑인으로 태어나 성장하는 것이 아이를 심리적 트라우마의 희생자로 만든다고 생각하지 않는다. 하지만 크리스틴이 일하는 학교의 백인 상담 교사들의 관점은 그녀와 반대였다.

그녀는 이렇게 말했다. "우리는 아이들에게 상처를 극복할 수 없다고 말함으로써 아이들을 망치고 있는 것 같아요. 물론 이 사회에 인종차별이 없다는 말은 아니에요. 지독한 차별로 끔찍한 언행을 일삼는 사람들이 없다는 것도 아니고요. 제 말은, 아이들에게 '너희는 피해자야'라는 메시지를 끊임없이 전달하는 것이 결코 그들에게 도움이 되지 않는다는 겁니다."

크리스틴은 교육자들이 '트라우마 기반' 치료와 '사회 정서 학습' 개입을 통해 전달하는 것이 바로 그런 메시지라고 생각한다. "결국 흑인은 모두 멍청하고 심한 트라우마에 사로잡혀 있으며 성공할 능력이 없다고 말하는 것이나 마찬가지예요. 그런 말도 안 되는 관점을 지닌 동료 교사를 볼 때면 낯선 사람처럼 거리감이 느껴지곤 해요. 하지만 저를 비롯해서 '이건 말도 안 되는 교육 방식이야'라고 생각하는 교사들은 정작 두려워서 아무 말도 못해요."

회복력은 누군가의 도움으로 길러지는 것이 아니다

심리학자이자 작가 롭 헨더슨Rob Henderson은 성장기 중 많은 시간을 위탁 보호 가정에서 보냈다. 현재 그는 극도로 절망적인 환경에서 자란 아이들에 대한 글을 써서 많은 이에게 울림을 주고 있다. 그런 아이들에게 필요한 것은 주변의 어른이 그들을 보며 좀처럼 갖지 않는 것, 바로 높은 기대치다. 헨더슨은 이렇게 썼다. "사람들은 혼란스럽거나 불우한 환경에서 자란 아이에게는 낮은 성취도 기준을 적용해야 한다고 생각한다. 그것은 잘못된 생각이다. 그 아이에게는 높은 기준을 적용해야 한다. 그러지 않으면 아이는 자신이 자라온 환경과 같은 수준으로 내려앉고 말 것이다."[17]

그는 전문가들의 엄정한 검토를 거친 다수의 심리학 연구를 분석한 후 "아이들은 자신에게 주어지는 기대치만큼 해낸다"는 사실을 밝혀냈다. 안정되고 부유한 가정에서 자란 아이는 동기부여를 위한 외부 압력이 덜 필요하고, 불우한 환경에서 자란 아이는 그런 압력이 상대적으로 '더' 필요하다. 교육받는 것을 포기할 이유와 기회를 제공하지 말고 실제로 교육을 받게 해야 불우한 아동에게 훨씬 더 도움이 된다고 헨더슨은 말한다.

대부분의 아이가 트라우마에 시달린다고 믿을 만한 타당한 근거는 존재하지 않는다. 한 훌륭한 연구는 오히려 반대 상황을 보여준다. 비참한 일을 겪은 피해자도 그 경험을 극복하고 회복하는 것이 일반적이라는 사실 말이다.[18] 고통스러운 경험은 트라우마를 남길 '가능성이 있다'고 보는 것이 합당하다. 다시 말해 장기적인 심리적 상처를 남기지 않을 수도 있으며 반드시 부정적인 상처를 남기는 것도 아니다.[19]

반대가 옳다는 명확한 증거가 없다면, 이상적이지 않은 가정환경에서 자란 학생도 감정을 '조절할 수 있고' 수학 과제물을 '완성할 수 있으며' 높은 기대치에 '부응할 수 있다'고 가정하는 것이 최선이다. 그리고 아이의 능력에 확신이 들지 않더라도 아이가 해낼 수 있다고 믿어줘야 더 좋은 성과를 낼 가능성이 커진다.

교육자들은 '회복력'이라는 단어를 잘 사용하지 않는다. 그들이 제시하는 풍경은 스스로 치유할 수 없는 심리적 약점이 있는 아이들로 가득하다. 그들은 대부분 "아이들이 회복력을 기르게 도와주는 것"에 대해 말한다. 그러나 일반적으로 회복력은 '전문가의 도움을 받아 길러지는' 것이 아니라, 인생의 여러 문제와 도전에 맞닥뜨리고 그것을 이겨내는 과정에서 자연스럽게 길러진다.

정서 조절 능력도 마찬가지다. 뭔가에 실패했거나 스포츠 팀 입단 테스트에 떨어진 아이가 있다고 치자. 아이는 이렇게 생각한다. '그렇다고 세상이 끝난 건 아니잖아!' 다음번에 더 열심히 준비해서 다시 도전하면 된다. 또는 자신의 취향과 재능에 더 잘 맞는, 아예 다른 길을 선택해도 좋다. 그런 시간을 겪으면서 정서 조절 능력을 기를 수 있다.

케나이르는 모든 아이를 트라우마의 피해자로 보는 문화는 "회복력을 질식시키는 문화"라고 말했다. 아이들을 상처와 결함이 있는 존재로 대하는 교육자는 그들에게 피해를 입힐 가능성이 크다. 그토록 많은 아이가 자신에게는 삶을 긍정적으로 변화시킬 힘이 없다고 느끼는 것도 놀랄 일이 아니다. 교육자들에게 끊임없이 '넌 할 수 없어'라는 메시지를 들어왔으니 말이다.

6장

트라우마 제국의 왕들

나의 외할머니는(내가 아는 가장 긍정적인 여성이다) 모친 살해범이 되고 말았다. 1927년 외할머니의 어머니가 외할머니를 낳다가 돌아가셨기 때문이다. 손위 형제들은 툭하면 그 일을 상기하며 외할머니를 두고두고 원망했다. 외할머니는 태어난 후 몇 년간 워싱턴D. C.와 필라델피아에 있는 몇몇 무관심한 친척에게 맡겨졌다. 우유를 충분히 먹어본 적이 없는 탓에 영양 결핍으로 치아가 회색으로 변했고 성장도 방해를 받았다.

이유는 정확히 알 수 없지만, 아내를 잃은 외할머니의 아버지는 외할머니를 키울 수 없었다. 유대인 사회에서는 외할머니가 한 친척 집에서 살 때 친척이 그녀를 성추행했다는 소문이 돌았다. 어떤 이들은 상실감과 절망감에 빠진 저학력자 러시아 이민자인 그녀의 아버지가 경마에 빠져 있었다고 주장했다.

외할머니는 여섯 살이 되었을 때 처음으로 크나큰 행운을 만났다. 그녀의 큰언니 클레어에게 애인이 생긴 것이다. 열여덟 살인 새미는 양어깨가 현관문을 간신히 통과하고 머리가 위쪽 가로대에 닿을 만큼 체구가 크고 건장했다. 그는 초등학교 3학년 정도의 교육밖에 받지 못했다. 하지만 1930년대 미국에서 가방끈 길이보다 중요한 것은 그의 손 크기와 팔의 힘 그리고 일을 향한 불타는 의지였다. 새미는 여덟 살 때부터 일을 해서 가족을 먹여 살려온 사나이였다. 부양가족이 2명 늘어나는 것은 그에게 별로 대단한 일도 아니었다. 클레어는 새미와 결혼했고, 두 사람은 외할머니를 데려와 키웠다.

외할머니는 열여섯 살 때 어느 토요일 밤 파자마 파티에서 고등학교 친구들과 함께 놀았다. 그들은 다음 날인 일요일 아침에 버스를 타고 이스트 포토맥 공용 수영장에 놀러 갔다. 외할머니는 수영장에서 집으로 돌아온 후 심한 두통에 시달렸다. 몇 시간도 안 되어 통증이 목까지 퍼졌다. 목이 뻣뻣해 고개를 앞으로 숙이기 힘들어지자 클레어는 서둘러 의사를 불렀다. 의사는 척수성소아마비(급성회백수염으로 명칭이 변경되었다.—옮긴이)라는 진단을 내렸다. 의사는 외할머니를 갤링거 병원의 격리 병동에 입원시키라고 지시했다.[1] 클레어는 외할머니의 옷을 전부 불태웠다.

새미의 거대한 발이 노르망디 해안에 상륙했을 즈음, 외할머니는 철제 산소통iron lung(근육 조절 능력을 잃은 환자의 호흡을 돕는 기계로, 환자의 머리를 제외한 몸 전체를 감싸는 원통형 구조다.—옮긴이) 안에 누워 열일곱 살을 맞았다. 숨 쉬기도 힘들고 음식을 삼킬 수도 없었다. 식구들은 병원에 찾아와 복도 유리창 너머에서 손짓 발짓을 해야 했다. 그녀에게 손을 흔들고, 미소를 지어주고, 손 키스를 날려주었다. 1년쯤 투병 생활을 하던 어느 날 외할머니의 혀와 인두가 움직여 티스푼에 담긴 물을 받아 마실 수 있을 정도가 되었다. 간호사들이 침대 옆에 모여 그녀가 처음 물을 마시는 장면을 지켜봤다.

외할머니는 고등학교 생활을 통째로 잃어버린 것이 슬펐을지 모르지만 한번도 그런 이야기를 하지 않았다. 외할머니는 자신의 미출간 회고록에 들것에 누워 병원에서 나온 날을 이렇게 적었다. "사람들이 나를 구급차에 태울 때 누워서 바라본 하늘이 얼마나 예뻤는지 모른다. 하늘에 떠 있던 하얀 구름과 신선한 공기 냄새도 기억난다. 나는 드디어 집으로 향했다."

외할머니는 조지워싱턴대학교에 다니는 동안 버지니아주 출신의 유대인 남학생 버디를 만났다. 전쟁 기간에 버디는 시력은 좋지만 수학 실력은 별로인 육군 항공대 사관후보생들을 가르치는 일을 했다. 두 사람은 결혼했고, 아이 셋을 낳아 키웠다. 외할머니 부부는 곤경에 처한 여러 친척이 그들 집에서 살도록 방을 내주었고, 외할머니와 비슷한 어린 시절을 보내는 딱한 아이들에게 위탁 부모가 되어주었다. 외할머니는 야간 로스쿨 과정을 마친 뒤 메릴랜드주 역사상 최초의 여성 판사 중 한 명이 되었다.[2] 말년이 다가올수록 날카로운 정신은 조금씩 무뎌졌지만 94세에 세상을 떠날 때까지 항상 살아 있는 모든 날이 기적이라고 느끼며 살았다.

하지만 우리 외할머니가 유독 특별했던 것은 아니다. 미국의 가장 위대한 세대 The Greatest Generation(1901~1927년에 태어난 미국인들로 대공황과 제2차 세계대전을 겪고 전후의 미국 부흥을 주도한 세대—옮긴이)라고 일컬어지는 사람들은 대체로 비슷한 궁핍과 역경을 겪었지만 긍정성과 강인함을 잃지 않았다. 엄마 없이 자란 외할머니는 가난과 소아마비, 세계대전을 견뎌냈다. 그럼에도 만약 외할머니에게 설문 조사를 했다면 1990년에 태어난 평범한 미국 젊은이가 최근에 말한 것처럼 대답하지는 않았을 것이다. "저는 20분마다 재앙이 일어나는 21세기에 성장기를 보냈어요."³

간신히 침대에서 기어 나온 듯 보이는 또 다른 1999년생 청년은 같은 설문 조사에서 이렇게 말했다. "우리에겐 미래도 희망도 없어요. 우리는 역사의 종말을 목격하고 있는 세대예요."

외할머니 세대가 당시의 전쟁과 정치적 혼란에 대해 어떻게 생각했는지는 그들이 쓴 일기와 편지, 당시 새로 창간된 《세븐틴Seventeen》 같은 잡지에 남긴 글로 알 수 있다. 1940년대 발간된 《세븐틴》을 살펴보면, 활기차고 고집 세며 자신들을 경제적 고난과 전쟁의 세상으로 몰아넣은 세대를 비판하는 '틴에이저teenager' 세대를 목격할 수 있다(틴에이저는 당시 생겨난 지 얼마 안 된 말이었다).

그들은 부모 세대와 교사들의 인종적 편견과 종교적 편협함을 비난했다. 건방질 만큼 대담한 그들은 자신들이 부모 세대가 물려준 것보다 훨씬 더 나은 세상을 만들 수 있다고 확신했다(한 10대 여학생은 《세븐틴》에 실린 편지에 "우리가 그들보다 세상을 더 망치지는 않을 거예요"라고 썼다).⁴ 그저 애국심 가득한 낙관주의자 행세를 하려 했던 것인지도 모르지만 이 젊은 메서드 연기자들은 결국 애국적 낙관주의를 믿게 되었다.

미국의 과거 세대 대부분은 이런저런 국가적 역경을 겪었다. 그러나 남북전쟁 동안에도 전쟁 후의 재건 시대에도 남부 젊은이들의 자살이 흔하지는 않았다. 대공황 시기에 성인의 자살은 크게 증가했지만 10대 청소년은 그렇지 않았다.[5] 많은 젊은이가 전장에 투입되어야 했던 진주만 공습 이후에도 젊은이의 자살이 엄청나게 증가하지 않았다. 고장 난 TV가 툭 꺼지듯이 전쟁으로 세상이 멸망할지도 모른다는 불안감이 증폭됐던 쿠바 미사일 위기 때도, 베트남전쟁에 따른 환멸감이 팽배했던 시기에도 마찬가지다. 베이비붐 세대는 자신들이 미국 역사의 가장 추악한 페이지(인종 분리 정책, 베트남전쟁, 워터게이트 사건 등)를 겪었다고 생각하지만 대체로 긍정적인 변화를 일궈낼 수 있다고 믿은 첫 세대이고 실제로 그런 변화를 일궈냈다.

9·11 테러로 세계무역센터가 무너지는 것을 목격한 대다수 사람들은 PTSD를 겪지 않았다.[6] 그 잔혹한 대량 살해로 가족을 잃은 이들도 마찬가지였다. 회복력과 트라우마를 연구하는 컬럼비아대학교의 조지 보나노George Bonanno는 9·11 테러를 목격했거나 그 사건으로 사랑하는 사람을 잃은 이들에 대한 일련의 연구를 진행했다. 그 결과 테러 공격이 안겨준 초기의 충격 이후 그들에게 가장 많이 나타난 패턴은 "시간이 흐르며 정상적인 생활을 영위하는 안정적 궤도"였다.[7] 다시 말해 회복력이 발휘된 것이다.

수천 년 동안 인간은 엄청난 불운을 겪은 이들이 대체로 회복해 원래 삶으로 돌아오리라 기대했다. 전문가들은 크나큰 역경을 경험한 사람도 대다수는 내버려두면 자연스럽게 회복하기 마련이라고 말한다.[8] 즉 스스로 힘을 내서 다시 도전한다고 말이다. 일부 전문가는 평탄치 않은 어린 시절에 많은 실패와 역경을 겪으면 오히려 '더 나은' 사람, 즉 더 강하고, 더 똑똑하고, 더 야무지고, 더 감사할 줄 아는 사람이 될 수 있다고 생각한다.

그런데 언젠가부터 달라졌다. 우리는 원래 인간에게 역경을 이겨내는 능력이 있다는 믿음을 버렸다. 그리고 아이들에게 더 강해지는 것은 고사하고 스스로 고통을 회복할 수 없다고 말한다. "심리학 분야의 큰 문제 중 하나는 주로 특권층이나 부유한 사람들이 이 분야에 종사한다는 사실인 것 같습니다." 카밀로 오르티스의 말이다. 정신 건강 전문가 중 가난을 경험한 이들은 별로 없고, 오르티스처럼 원치 않은 힘겨운 이민 생활을 견디거나 부모님의 투옥을 경험한 이들은 훨씬 더 적다.[9] 그러니 그들은 사소한 문제나 작은 곤경이 청소년의 정신에 상처를 남기는 정도를 과장하기 쉽다.

그럼에도 심리 치료사들은 지휘권을 쥐었고, 지금도 여전히 우리를 괴롭히는 '어린 시절의 트라우마'라는 망령에 생명을 불어넣었다.

"이 모든 건 당신 탓이 아닙니다"

요즘이라면 우리 외할머니처럼 엄마 없이 힘들게 자란 여학생에게 어떤 일이 일어날까? 학교 상담 교사와 심리학자가 아이를 상담실로 불러 가정생활에 대해 이것저것 물어보고, 아이와 접촉하는 모든 선생님에게 아이가 굉장히 힘든 일을 겪었다는 사실을 알릴 것이다. 그들은 아이가 학교생활에 적응하지 못한다는 작은 신호라도 찾으려 애쓸 테고, 아이는 똑똑한 소녀이므로 그들의 행동에 담긴 의미를 알아챌 것이다. 자신이 정신적 피해를 입은 아동으로 취급받고 있다는 사실을 말이다. 엄마가 없으므로, 가난한 집에서 자랐으므로, 이민자 가정이므로, 학대를 견뎠고 치명적인 병에 걸렸으므로, 어른들은 아이에게서 문제의 징후를 찾으려 애쓸 것이다. 아이가 어떤 상황을 감당할 수 있는지, 얼마만큼 해낼 수 있는지에 대한 그들의 기대치는 하향 조정될 것이다. 오늘날 상담 교사들의 표현을 빌리면 이 아이는 '적어도 ACE 4개에 해당하는 아이'다. 네 가지 아동기 고난 경험에 시달린 학생이며, 이는 온갖 종류의 신체적·행동적 문제가 생길 것임을 의미한다.

어느 누구도 이런 이력을 지닌 아이가 잘못된 행동을 했다고 처벌하거나 과제물을 내지 않았다고 나쁜 성적을 주지 못할 것이다. 아이는 이미 고통을 충분히 겪지 않았는가? 이런 심각한 트라우마를 겪는 소녀라면 그저 문제없이 평범하게 지내기만 해도 기적이다. 만일 상담 교사의 태도와 눈빛으로 이런 메시지가 아이에게 전달되지 않는다 해도 어차피 정기적인 감정 체크인 시간에 전달될 것이다.

이 사회의 모두가 아동기 트라우마라는 개념에 완전히 사로잡혀 있다. 아이에게 트라우마를 경험하게 하지 않으려 조심하고 어린 시절의 트라우마를 찾아내려 안달이다. 누구나 어린 시절에 겪은 숨겨진 트라우마가 있다고 주장하는 책이 베스트셀러에 올라 굳건히 그 자리를 지킨다.

그리고 우리 자신의 트라우마를 발견하는 순간 안도감을 느낀다! '아, 그래서 내가 늘 애정에 목마른 거구나', '그래서 제시간에 출근하는 게 힘든 거구나', '그래서 내가 인간관계를 잘 유지하기가 어려운 거구나'라면서 말이다. 트라우마를 찾아낸 순간 우리는 책임에서 자유로워진다. 우리가 애인의 심각한 성격상 결함을 간과한 것이 문제가 아니고, 삶을 혼란스럽게 하는 요인(마약, 소셜 미디어, 포르노물)을 스스로 삶에 공급한 것이 문제가 아니다. 불행을 만들어낸 근본 원인은 어린 시절 트라우마다. 그것은 질병과 비슷하게 우리에게 부당하게 주어진 장애다. 트라우마는 낮은 천장처럼 머리 위에 매달려 있다. 우리가 과연 얼마나 자랄 수 있을까? 우리는 자랄 수 없다. 그렇다고 문을 열어젖히고 답답한 공간을 빠져나가지도 못한다. 트라우마가 우리의 발을 바닥에 꽉 붙여놓았기 때문이다.

이스라엘의 저명한 사회학자 에바 일루즈Eva Illouz는 트라우마 내러티브가 앞에서 뒤로 진행된다고 말한다. 즉 성인이 현재 겪는 불행에서 출발해 기능장애가 있는 가정에서 보낸 어린 시절 경험에 대한 깨달음에 이르는 것이다. 그녀는 이렇게 썼다. "기능장애가 있는 가정이란 무엇인가? 개인의 욕구가 충족되지 못하는 가정이다. 그렇다면 어린 시절에 욕구가 충족되지 못했다는 사실을 어떻게 알 수 있는가? 간단하다. 그의 현재 삶을 보면 된다. 이 순환 논리의 본질은 분명하다. 현재 겪는 모든 문제는 과거의 상처를 가리킨다."[10]

손금이나 타로 카드 점을 봐주는 사람의 말과 마찬가지로, 성인의 삶이 불행한 것을 어린 시절의 트라우마로 설명하는 접근법은 틀렸다고 입증할 방법이 없다. 아빠에게 맞거나, 소리 지르는 엄마 탓에 고통을 겪거나, 중학교에서 괴롭힘을 당한 경험 때문에 남은 치유되지 않은 상처 때문에 현재 직장에서 형편없는 성과를 내거나 인간관계 문제를 겪는 것이 아님을 어떻게 알 수 있단 말인가? 알 수 없다. 결코 입증할 수 없다. 모든 걸 트라우마 탓으로 돌리는 관점은 쉽사리 틀렸다고 단정하기 어렵고, 그 타당성을 철저히 평가하는 비판적 검토를 피해 간다. 그리고 이 관점은 현재 겪고 있는 모든 문제를 설명해주는 듯 보이는 동시에 문제를 해결할 우리의 책임을 없애주기 때문에, 사람들에게 너무나도 쉽게 받아들여진다.

어린 시절의 트라우마는 몸에 저장된다?

베셀 반 데어 콜크Bessel van der Kolk는 "현존하는 세계에서 가장 유명한 정신의학자"로 불려왔다.[11] 그의 대표작 『몸은 기억한다』는 300만 부가 팔렸고 150주 넘게 《뉴욕 타임스》 베스트셀러 자리를 지켰다. 마치 고등학교 스포츠 경기에서 뛰는 올림픽 대표 팀 선수처럼 다른 책들의 인기를 수월하게 앞서갔다. 나는 책을 쓰느라 자료를 조사하는 동안 어딜 가나 그의 책을 읽고 인생이 바뀌었다고 말하는 사람을 만날 수 있었다.[12] 그들은 반 데어 콜크의 책을 통해 우리 몸이 어린 시절의 트라우마를 저장한다는 것을, 그 트라우마가 자연사박물관에 있는 창을 든 원시인 모형처럼 영원히 붙박이로 남는다는 것을 알게 되었다.

지금도 트라우마 관련 워크숍을 꾸준히 진행하는 반 데어 콜크는 수많은 이들의 존경을 받는 권위자가 되었다. 부드러운 은백색 머리칼이 사람들의 고통을 보면 가슴이 아프다는 그의 매혹적인 주장에 더 힘을 실어준다. 특유의 북유럽 억양이 지적인 느낌을 주지만 그것만으로는 인간 정신이라는 주제를 정말로 진지하게 파고든 학자인지 알 수 없다. 반 데어 콜크는 하버드대학교 의과대학에서 정신

의학과 부교수로 몇 년 있다가 보스턴대학교로 옮겼다.[13]

여기까지만 들으면 어린 시절 트라우마(그는 "숨겨진 유행병"이라 부른다)에 관한 그의 이론을 우리 모두 매우 진지하게 받아들여야 할 것 같은 느낌이 든다. 그런데 무엇이 문제일까? 심리학과 정신의학 분야에서 인정받는 여러 저명한 학자의 말에 따르면 반 데어 콜크의 이론은 엉터리나 마찬가지다.

반 데어 콜크의 대히트작 『몸은 기억한다』는 2014년에 출간되었지만 이 책의 토대가 된 것은 그가 1994년 발표한 같은 제목의 논문이다.[14] 그는 "트라우마의 기억이 내장 기관에, 극심하게 고통스러운 감정에, 자가면역질환에, 골격계 및 근육계 문제에 암호화되어 남는다"고 주장한다.[15] 트라우마의 기억은 우리 몸 어디든 저장될 수 있다. 그것은 뇌의 해마에 저장돼 우리를 불안에 시달리게 하고, 어깨에 저장돼 통증을 일으키고, 백혈구에 저장돼 기능을 방해한다. 자가면역질환, 불안, 우울증, ADHD, 천식, 편두통, 섬유 근육통, 심지어 암도 어린 시절에 겪은 트라우마 때문에 생길 수 있다고 반 데어 콜크는 말한다.[16]

1994년 그는 트라우마성 경험에 대한 기억이 자꾸 떠올라 괴롭다고 주장하는 피험자 8명을 연구실로 불렀다. 그리고 그들이 그 기억을 떠올리는 동안 양전자 방출 단층 촬영PET 스캐너로 뇌의 활동을 관찰했다. 그는 강렬한 감정에 관여하는 편도체에서 밝은 점이 나타날 것이라고 예상했다. 그런데 그들의 편도체는 마치 몸이 '현재' 위험에 처한 것처럼 과열되는 듯 보였다. 또 그는 좌뇌에 있는 언어 중추인 브로카 영역의 활동성이 감소하는 것을 보았다.[17]

그는 이렇게 썼다. "어떤 외부 자극이 트라우마를 경험한 사람들에게 과거의 일을 상기시키면 우뇌는 그 사건이 현재 일어나고 있는 것처럼 반응한다. 하지만 좌뇌가 제대로 작동하지 않는 상태이므로 과거 사건을 머릿속에서 다시 경험하고 있다는 사실을 인지하지 못할 수 있다. 따라서 격분하거나 공포에 휩싸이거나 수치감을 느끼거나 얼어붙는다."[18]

이런 일련의 연구에서 다음과 같은 내러티브가 탄생했다. '몸에 저장된 기억'을 항상 환기하거나 명확히 설명할 수 있는 것은 아니지만 누구나 그 기억 때문에 이와 같은 '투쟁-도피 반응' 상태로 돌입할 수 있다. 그리고 만일 설명할 수 없는 이유로 갑자기 분노나 공포에 휩싸인다면 그것은 트라우마의 기억 때문이다.

반 데어 콜크는 "이미 일어난 일은 되돌릴 수 없다"면서 우리가 할 수 있는 일은 심리 치료사의 도움을 받아 트라우마를 찾아내는 것이라고 말한다. "그러나 트라우마가 몸과 마음, 영혼에 남긴 흔적은 해결할 수 있다. 불안이나 우울증일 수 있는 가슴이 답답한 느낌, 통제력을 잃을 것 같은 두려움, 위험에 빠지거나 거절당할까 봐 늘 불안한 것, 자기혐오, 악몽, 끔찍한 기억이 자꾸 되살아나는 것, 눈앞의 일에 집중하지 못하게 방해하는 머릿속의 뿌연 안개, 다른 사람에게 마음을 활짝 열고 다가가지 못하는 것 등이 그런 흔적이다."

너무나도 많은 이들이 방황하고 자신의 삶이 불행하다고 느끼는 시대에 반 데어 콜크가 나타나 그들을 위한 면죄 선언을 해준 셈이다. "당신 잘못이 아닙니다. 트라우마가 당신을 이렇게 만든 겁니다"라고 말이다.

집중하기가 힘들다면? 트라우마 탓이다! 인간관계에 어려움을 겪는다면? 트라우마 탓이다! 가슴이 죄어오듯 답답하다면? 트라우마 탓이다! 암, 약물 남용, 성적 문란, 뇌졸중, 과민대장증후군은? 그것도 전부 트라우마 탓이다![19]

반 데어 콜크가 제기하는 주장의 많은 부분은 PTSD를 경험한 참전 군인에 대한 연구에 토대를 둔다. 전쟁을 전혀 경험한 적 없는 (또는 잔혹한 일을 겪어본 적도 없는) 사람들이 누구에게나 상처가 있다는 그의 주장에 설득당해, 자신의 숨겨진 트라우마를 발견하고 현재의 힘든 삶을 초래한 원인을 과거 자신에게 도움을 주지 못한 부모에게서 찾곤 한다.

반 데어 콜크는 26세 청년 마크의 이야기를 들려준다. 마크는 타인에게 정서적으로 공감하는 능력이 부족했고 자신에게 관심을 보이는 여성을 좀처럼 믿지 못했다. 반 데어 콜크가 이끄는 집단 상담 치료의 역할극 시간에 마크는 열세 살 때 아버지가 이모와 폰섹스하는 것을 우연히 들었다고 밝혔다. 몇 년이 지나 마크의 어머니가 죽은 후 아버지는 이모와 결혼했다. 마크는 장례식에도 못 갔고 결혼식에도 초대받지 못했다. 역할극 도중 갑자기 과거 기억이 생생하게 되살아난 마크는 자신의 아버지 역할을 맡은 참가자를 향해 외쳤다. "이 개자식, 위선자, 당신이 내 인생을 망쳤어!"

반 데어 콜크는 생물학적 표현("독소")을 정서적 표현과 섞어 사용하며 이렇게 썼다. "이런 비밀은 몸 안의 독소가 된다. 스스로도 그리고 남들 앞에서도 인정할 수 없는 경험이 개인의 삶을 규정하는 틀이 되어버린다."[20]

잊힌 또는 숨겨진 어린 시절 경험이 파괴적인 "몸 안의 독소"를 만들어낼 수 있으며, 심리 치료나 최면을 통해 잃어버린 기억을 회복함으로써 독소를 빼내야 한다는 말에 많은 미국인이 고개를 끄덕일 것이다. 반 데어 콜크는 "트라우마가 잊혔다가 오랜 시간이 흐른 뒤에 다시 수면 위로 떠오를 수 있음을 보여주는 증거가 많다"고 말한다.[21] 이 개념은 한때 약간 다른 옷을 입었다가 '억압된 기억'이라는 더 신중한 이름을 달고 유행했다.

전두엽 절제술 이래 가장 끔찍한 재앙

하버드대학교 심리학 교수 리처드 맥널리Richard McNally는 억압된 기억을 되살리는 치료법을 "전두엽 절제술 시대 이후로 정신 건강 분야에 닥친 가장 끔찍한 재앙"이라고 말한다.[22] 1990년대 미국에서는 기억 회복 치료가 크게 유행하면서 무고한 사람이 고발당하는 일이 잦았고, 세간의 이목을 끄는 유죄판결이 나왔다가 나중에 번복되기도 했다[23](치료사가 환자의 억압된 기억을 되살려 문제를 해결한다는 목표를 표방했지만 그 과정에서 환자의 기억을 특정 방향으로 유도하거나 기억이 조작되었고, 특히 여성들이 어린 시절에 아버지나 친척에게 성폭행당한 기억을 되찾았다고 주장하면서 많은 부모가 고발당하고 가정이 파탄 나는 일이 벌어졌다.―옮긴이). 이 유행은 20세기 미국에서 심리 치료에 따른 의원병 효과가 무더기로 발생한 가장 악명 높은 사례일 것이다. 그 중심에는 반 데어 콜크가 있었다.

1990년대에 반 데어 콜크는 인간의 몸이 숨겨진 트라우마 기억을 간직한다는 이론의 주요 설계자이자 옹호자였다. 그는 미국 곳곳을 돌아다니며 억압된 기억 사건의 기소자 측을 위해 증언했으며,[24] 억압된 기억의 회복이라는 접근법이 과학과 거리가 멀다고 주장하는 엘리자베스 로프투스Elizabeth Loftus, 해리슨 포프 같은 기억 전문가들과 대립했다. 이 거짓 기억 스캔들을 심층 취재한 과학 저널리스트 마크 펜더그라스트Mark Pendergrast는 "반 데어 콜크의 증언은 무고한 사람들을 감옥에 보내는 데 결정적 역할을 했다"고 말했다.[25] 반 데어 콜크의 1994년 논문 「몸은 기억한다The Body Keeps the Score」는 그런 기소 사건에 전문가적 근거를 제시하며 영향력을 행사했다. 현재까지 반 데어 콜크는 자신의 이론을 부인한 적이 없으며, 『몸은 기억한다』의 한 섹션 전체를 "억압된 기억의 과학"에 할애했다.[26]

하버드대학교 정신의학과 교수 해리슨 포프는 오래전부터 반 데어 콜크의 억압된 기억 이론을 소리 높여 비판해왔다. 포프와 맥널리, 존스홉킨스대학교의 정신의학자 폴 맥휴Paul McHugh 같은 이들에게 강하게 비판받은 이후, 억압된 기억 이론은 "동료 심사를 거치는 논문을 쓰는 과학자들 사이에서 사실상 퇴출되었다"고 포프는 나와 주고받은 이메일에서 말했다. 그러나 이 이론은 대중의 머릿속에서 힘차게 부활했으며, 여기에는 어린 시절 트라우마라는 개념에 집중한 심리 치료사들의 추앙이 한몫했다.

나는 맥널리에게 반 데어 콜크의 책이 《뉴욕 타임스》 베스트셀러 목록에 150주 넘게 머물면서 마치 델포이 신탁처럼 귀 얇은 독자들에게 그들의 정신과 몸과 삶이 억압된 어린 시절 트라우마 탓에 너덜너덜해진 상태라고 설득하는 것을 보고 놀랐느냐고 물었다.

맥널리는 솔직하게 말했다. "기억 전쟁은 끝났다고 생각했습니다. 알다시피 우리가 이겼으니까요. 휴, 그런데 또다시 시작이군요."

트라우마 이론, 양육 방식을 바꾸다

가보 마테Gabor Maté는 의사로 활동하다가 트라우마 전문가가 되었다. 그는 영국 해리 왕자의 상담 치료 과정을 온라인에 라이브 스트리밍으로 공개해 사람들이 33.09달러를 내고 시청할 수 있게 하기도 했다. 최근 출간한 베스트셀러『정상이라는 환상』에서 마테는 마치 오랫동안 간직한 비밀을 꺼내놓듯 우리 모두가 고장 난 제품이라고 밝힌다. 따라서 도움, 즉 심리 치료사의 도움이 필요하다는 것이다.

"어떤 사건이 우리를 '약화시킬' 때, 즉 정신적으로나 육체적으로 전보다 능력이 '더 제한되고' 그런 상태가 '지속될' 때만 트라우마를 초래하거나 재발시킨다"라고 마테는 말한다. 트라우마는 우리가 몸과 단절되게 한다. 만일 "자기 자신을 느끼거나 생각하거나 신뢰하거나 자기주장을 하는 능력이 약해졌다면", 괴로움과 슬픔이 커서 "습관적으로 일로 도망치거나 강박적으로 자신을 위로하거나 자극해야" 한다면, "다른 사람에게 인정받기 위해 자신을 과대 포장하거나 겸손해야 한다"고 느낀다면, "삶의 아름다움과 경이로움에 감사하는 마음을 느끼기가" 힘들다면, 그것은 "당신의 영혼에 트라우마의 그림자가 드리워졌음을 의미하며 대문자 T든 소문자 t든 트라우마에 따른 치유되지 않은 정서적 상처가 남아 있다는 뜻이다."[27]

이 목록들이 우리 누구나 때때로 겪는 현상이라는 점에 주목하

라. 따라서 어느 누구도 정상이 아니라는 결론이 나올 수밖에 없다. 마테는 서로 반대되는 증상이 포함된 체크리스트를 제시하는데(예: 자신을 과대 포장하는 것과 겸손한 것), 그렇다면 사실상 거의 모든 사람이 자가 진단으로 "나는 어린 시절에 트라우마를 겪은 게 틀림없어"라고 결론을 내릴 수 있다.

마테의 말에 따르면 거의 모든 것이 몸과 정신을 파괴하는 트라우마의 증상이 될 수 있다. 심지어 친절함도 말이다. "내가 운영하는 가정의학과 병원에 만성질환 때문에 찾아오거나 통증 완화 병동에서 내가 치료한 환자들은 '친절한' 사람인 경우가 많았다. 그들은 자신보다 남들의 기대와 욕구를 강박적으로 더 중요시하고 자신의 부정적 감정을 억눌렀다"라고 그는 말한다.[28] "이 환자들은 암에 걸리는 비율이 더 높았고 예후도 더 안 좋았다. 그 이유는 간단하다. 자신을 억누르므로 몸을 스트레스에서 보호하는 능력이 약해진 것이다."[29]

친절한 사람이 암에 더 잘 걸리고 예후가 더 나쁘다는 가보 마테의 말은 섬뜩하기는 해도 분명히 사람들의 이목을 사로잡는 구석이 있다. 하지만 그 주장에 통계적 타당성이 있는가 하는 것은 다른 문제다. 그리고 자신보다 타인의 욕구를 강박적으로 중요시하는 사람은 유방암 검진 또는 대장 내시경 검사를 받을 시간을 내지 못하거나, 암 증상을 방치할 가능성 역시 있다고 말할 수 있다. 그러나 마테는 다른 원인을 찾았다고 믿는다. 즉 자신을 억압하는 것 말이다.

사실 마테의 주장은 거기서 훨씬 더 나아간다. 우리는 자신이 경험한 트라우마만 짊어지고 있는 것이 아니라 부모나 그 이전 조상이 겪은 트라우마도 안고 있다. 마테는 "대부분의 경우 트라우마는 여러 세대에 걸쳐 남는다. 그 전달 사슬은 부모에게서 자녀로, 과거에서 미래로 이어진다. 우리는 자신이 해결하지 못한 무언가를 자손에게 물려준다."[30]라고 말했다.

마테는 '정상'으로 분류할 수 있는 사람이 없다고 말한다. 심지어 그 자신에게도 상처가 있다. 10여 년 전 마테의 동료이자 전우인 반 데어 콜크가 한 콘퍼런스에서 점심 식사를 하는 도중 마테를 빤히 쳐다보며 이렇게 말했다. "가보, 아우슈비츠의 기억을 가는 곳마다 끌고 다닐 필요는 없어."

홀로코스트에서 살아남은 마테에게 그것은 깨달음의 순간이었다. 나치가 지배했을 당시 아기였던 그는 낯선 사람에게, 이후에는 친척에게 맡겨졌다가 나중에야 부모를 다시 만났다. "그 순간 베셀은 나를 꿰뚫어 보았다. 나는 긍정적 태도로 살고 있었지만, 그리고 내 몫으로 주어진 사랑과 기쁨과 많은 행운을 누렸지만, 스스로 만들어낸 절망감이 그림자처럼 내 안에 숨어서 내가 실패하거나 좌절할 때마다, 심지어 내가 무방비 상태일 때 환한 빛을 꺼버릴 준비를 하고 있었다."[31] 다른 사람이라면 몰라도 당연히 반 데어 콜크는 홀로코스트 생존자에게 "그 기억을 극복하라"고 말해줄 수 있는 사람이었다.

"트라우마의 그림자가 영혼에 드리운다"는 관점은 심리 치료의 접근법과 교육, 그리고 자녀 양육 방식을 크게 변화시켰다. 마테와 반 데어 콜크는 과학을 가장한 이론과 강력한 비유로 가득한 팔레트를 손에 들고, 구석구석이 트라우마의 색채로 칠해진 세상을 그려서 우리에게 제시했다. 그리고 모두가 조상들이 어린 시절에 입은 상처까지 짊어지고 있다는 생각은 우리 사회의 자화상에서 지워지지 않는 특징이 되었다.

그런데 내가 인터뷰한 여러 심리학자는 이것이 완전히 잘못된 관점이라고 말했다. 이 이론이 가장 신뢰성 높은 훌륭한 연구들과 어긋난다는 것이다. 실제로 그들의 연구는 반대가 옳다는 것을 보여주었다. 즉 영구적인 트라우마 반응이 아니라 회복력이 나타나는 것이 일반적이라는 것이다. 심지어 가난, 가족 구성원의 알코올의존증, 불안정한 가정, 부모의 정신 질환 같은 가혹한 역경을 겪은 아이라도 대단히 심각한 상황을 지속적으로 겪은 경우를 제외하고는 대체로 그 일을 극복하고 회복한다는 것을 여러 연구가 보여주었다.[32]

맥널리는 반 데어 콜크를 논박하는 논문에 이렇게 썼다.[33] "기억은 '몸 안에(즉 근육조직에)' 저장되지 않으며, '몸에 저장된 기억'이라는 것은 기억을 연구하는 인지 신경 과학에 존재하지 않는 개념이다." 우리는 트라우마를 일으킬 가능성이 있는 사건을 경험하면 그것을 명시적으로 기억하곤 한다. 심각한 트라우마를 겪은 생존자라도 기억을 내재적으로 보유한다거나 그 기억이 중추신경계 외에 저장될 수 있다는 증거는 존재하지 않는다.[34]

어린 시절의 트라우마가 몸에 저장된다는, 그리고 조상들의 트라우마까지 물려받는다는 주장은 특정한 목적을 위한 일종의 마케팅 전략인지도 모른다. 미국심리학회에서 심리학 분야 평생공로상을 받은 심리학자 마틴 셀리그먼Martin Seligman은 어린 시절 트라우마에 대한 연구를 검토한 뒤 이렇게 요약했다. "어린 시절의 주요 트라우마는 성인의 성격에 어느 정도 영향을 미칠 수 있다. (중략) 이들 연구에 따르면 성인에게 나타나는 우울증이나 불안, 실패한 결혼 생활, 마약 사용, 성생활 문제, 실직, 아동 학대, 알코올의존증, 분노가 어린 시절에 겪은 일 때문이라고 보는 것은 타당하지 않다."[35]

하지만 내 주변 사람들 중 다수는 내가 점점 의심하기 시작한, 눈에 보이지 않지만 몸에 트라우마가 새겨진다는 이론에 완전히 설득당했다. 그들은 아이에게 모진 말을 하거나 심한 벌을 주거나 어른의 인정을 받지 못한다는 기분이 들게 하면, 그것이 평생 지워지지 않는 정서적 상처를 남길 것이라고 믿었다. 그리고 아이를 전쟁터에서 막 살아 돌아온 군인처럼 대하는 교사가 아이에게 '도움이 되리라' 믿었다.

초등학생은 참전 군인이 아니다

2001년 반 데어 콜크는 전국아동트라우마스트레스네트워크 National Child Traumatic Stress Network 설립에 주도적 역할을 했다. 이 네트워크는 현재 전국적으로 150개 이상의 센터를 운영하고 있다. 그리고 학교, 청소년 사법제도, 아동 복지 기관 등에서 활용할 다양한 트라우마 기반 프로그램을 만들었으며 "트라우마에 민감한 교사들"이 아이들을 이끌 수 있게 도왔다.[36]

반 데어 콜크의 네트워크는 PTSD 환자들의 뇌 스캔 결과를 아동기 고난 경험이 있는 아이들에게 적용하라고 교사들을 가르쳤다. "우리가 하는 이 모든 활동의 목표는 뇌 과학을 일상의 활동에 접목하는 것이다"라고 그는 썼다.[37]

하지만 그것은 잘못된 접근법이다. 캘리포니아대학교 어바인 캠퍼스의 신경생물학 명예교수 제임스 맥고James McGaugh의 설명에 따르면, 트라우마성 사건을 경험한 PTSD 환자의 연구 결과를 어려운 환경에서 자라는 아이에게 적용하는 것은 실수다. 신경 과학 관점에서 볼 때 이 둘은 완전히 다른 그룹이기 때문이다. 맥고는 반 데어 콜크를 두고 "그는 강한 감정 반응을 유발하는 단일 사건을 둘러싼 상황과 장기간에 걸쳐 지속적인 트라우마성 경험을 하는 상황을 구분하지 않는다"라고 말했다.

뇌의 프로세스에 관한 한, 사제 폭탄이 터져 동료 부대원이 모조리 죽는 모습을 보는 것과 같은 충격적 경험과 알코올의존자 아버지 밑에서 고통스러운 성장기를 보내는 것은 완전히 다르다. 둘 다 '트라우마'라고 부를 수 있을지는 몰라도, 신경생물학적 관점에서 둘은 완전히 다른 종류의 사건이다.

"예를 들어 부모에게 버림받은 채 자라는 일처럼 장기간에 걸친 트라우마를 다루는 것은 완전히 다른 이야기입니다"라고 맥고는 말했다. 불연속적이고 갑작스러운 충격을 경험한 군인에 대한 연구를 토대로 삼아 힘든 성장기를 보낸 아이에 대한 신경 과학적 주장을 펼치는 것은 명백한 실수다.

참전 군인이나 PTSD를 겪는 사고 피해자의 뇌 스캔 결과가 부모에 의한 지속적 학대나 방치를 경험한 아이의 뇌에 대해 뭔가를 말해주리라는 보장은 없다. 전자를 토대로 후자를 추론하는 것은 잘못이다. 지속적 학대나 방치를 경험한 아이에게는 당연히 도움과 지원이 필요하다. 그러나 아이를 참전 군인과 같은 카테고리로 묶어버린다면 그들이 도움과 지원을 얻을 길은 점점 더 멀어진다.

정서적 상처는 영구적으로 뇌를 바꿔놓을까

인간은 복잡한 존재다. 뇌는 더더욱 그렇다. 내가 만난 정신의학자들은 하나같이 아직도 뇌가 작동하는 방식에 대해 아는 것이 너무 적다고 강조했다. 성폭행을 당하거나 폭력에 시달리거나 부모가 감옥에 간 아이가 어른이 돼서 심근경색을 일으키거나 약물중독에 빠질 가능성이 정말로 더 클지도 모른다. 그런데 여기서 던져야 할 중요한 질문은 이것이다. "왜 그럴까?" 트라우마성 경험이 심장병이나 약물중독을 '초래하는 원인'이라는 그 어떤 증거도 없다. 심혈관계 질환이나 약물중독은 아이가 어릴 때 들인 잘못된 생활 습관 탓에 일어날 수도 있다.

해리슨 포프는 나와 진행한 전화 인터뷰에서 반 데어 콜크의 추론 방식에(그리고 추론의 근거로 삼은 인상적으로 보이는 뇌 연구들도) 심각한 방법론적 오류가 있다고 설명했다. 반 데어 콜크는 자신의 PET 연구가 아동기 트라우마로 변화한(그리고 피해를 입은) 뇌 영역을 보여준다고 주장한다. ACE 연구와 마찬가지로 이 연구는 선택 편향과 정보 편향, 교란 변수에 물들어 있다.

'선택 편향selection bias'은 특정한 종류의 피험자가 연구에 과도하게 많이 포함될 때 발생한다. 현재 정신병리학적 문제를 지닌 동시에 어린 시절의 성적 학대를 경험한 환자가 그 둘 사이의 인과관계를 조사하는 연구의 피험자로 참여할 가능성이 더 클 수 있다. 그러면 두 변수에 강한 상관관계가 나타날 것이다. 참여한 피험자들을 토대로 했으니 당연한 결과다.

포프는 다음과 같은 좀 기이하지만 인상적인 비유를 들려주었다. 19세기에는 많은 의사가 과도한 자위행위가 정신 질환을 일으킬 수 있다고 믿었다. 당신이 현대의 정신의학 전문가인데 현대의 검사 도구를 가지고 타임머신을 타고 19세기로 간다고 가정하자. 그곳에서 당신은 당시 의사들에게 '자위행위가 유발한 정신 질환'을 앓고 있다고 진단받은 성인 20명을 모집한다. 당신은 그들에게 현대적 검사를 실시한 뒤 그 결과를 정신 질환이 없는 성인 20명의 검사 결과와 비교한다. 당신은 무엇을 발견하게 될까? 포프의 말에 따르면 '자위행위가 유발한 정신 질환'이 있는 환자들은 집중력과 단기 기억 능력이 감소했다는 결과가 나올 것이라고 한다. "그들은 높은 코르티솔 수치, 뇌의 뇌하수체나 시상하부에서 분비되는 호르몬의 변화 같은 신경 내분비적 이상을 보일 것이다. 해마가 작아진 것이 관찰될지도 모른다."

19세기 의사들은 자위행위가 유발한 정신 질환이라는 자신의 진단이 옳음을 당신이 확인해주었다고 기뻐할 것이다. 그러나 물론 당신이 '발견한 결과'는 선택 편향이 만들어낸 신기루에 불과하다. 포프는 "당신은 정신 질환이 있어서 선택된 그룹이 건강해서 선택된 그룹과 다르다는 사실을 보여준 것에 불과합니다. 이 결과를 토대로 자위행위가 당신이 목격한 이상치를 초래했다고 말할 수 있는 논리적 근거는 없습니다"라고 말했다.

마찬가지로 반 데어 콜크와 마테가 선택한 성인 PTSD 환자와 마약중독자의 뇌에서는 실제로 코르티솔 수치가 높거나 해마가 작아진 것이 관찰될 수 있다. 또 그들 중 다수가 어린 시절에 트라우마성 경험을 한 것이 사실일 수 있다. 그러나 마약중독자 부모 밑에서 자란 아이들은 아동기 트라우마가 아닌 전혀 다른 이유 때문에 중독에 더 쉽게 빠질 수도 있다. 예를 들어 마약을 구하기가 더 쉽다거나, 마약 사용을 굳이 말리지 않는 집안 분위기에 영향을 받거나, 또는 유전적 소인 때문일 수도 있다. 앞서 언급한 뇌의 특성은 중독자 부모가 있는 가정에서 자란 트라우마가 뇌에 변화를 일으켰다는 것을 입증하지 못한다.

'정보 편향information bias'은 응답자의 현재 지식이 과거 사건에 대한 기억을 바꿀 때 일어난다. 자신에게 현재 정신병리학적 문제가 있다는 사실을 '아는' 성인 피험자는 어린 시절에 트라우마를 경험했다는 사실을 '기억해내고' 그것을 현재 문제의 원인으로 지목할 가능성이 더 크다.

포프는 하버드대학교에서 실시한 유명한 연구를 들려주었다. 이 연구에서는 선천성 기형아를 낳은 여성 100여 명과 정상적인 아기를 낳은 여성들을 비교했다.[38] 연구 팀은 이들 여성에게 임신 중에 임신 사실을 모르는 상태에서 호르몬 피임약을 사용하거나 다른 해로운 물질에 노출된 기억이 있느냐고 물었다.

선천성 기형아를 낳은 여성 그룹에서는 아기에게 생긴 문제의 원인을 설명하고 싶은 마음이 강해, 임신 중에 호르몬 피임약을 사용했다고 기억하는 이들이 훨씬 더 많았다. 하지만 실제로 연구 팀이 의료 기록을 확인해보니 임신 중 피임약 사용 비율에서 두 그룹에 거

의 차이가 없었다.**39**

"선천성 기형아를 낳으면 기억을 최대한 샅샅이 뒤져 그 이유를 찾으려 합니다. 따라서 현재의 부정적 결과와 연관됐을 가능성이 있는 과거 사건에 집중하는 편향이 생깁니다"라고 포프는 말했다. 마찬가지로 만일 약물중독과 싸우고 있거나 한 직장에 오래 다니기 힘들어하는 성인에게 어릴 때 트라우마를 겪었느냐고 물어본다면, 그들은 그렇다고 대답할 확률이 높다.**40**

마지막으로 뇌 스캔 연구를 비롯한 아동기 트라우마에 대한 연구들은 '교란 변수'에 둘러싸여 있다. 반 데어 콜크가 아동기 트라우마 탓이라고 주장하는 뇌의 변화에 다른 원인이 있을 수 있다는 뜻이다. 지나친 소금 섭취가 고혈압을 일으키는 원인이라고 오랫동안 여겨졌는데, 사실 이는 짜게 먹는 사람이 비만이고 음주 습관이 있는 경우도 많기 때문이다. 알코올 섭취와 비만이라는 변수를 고려하자 소금 섭취와 고혈압의 연관성은 상대적으로 약해졌다.

반 데어 콜크가 인용한 뇌 스캔 연구, 즉 장기간 트라우마성 스트레스를 겪은 사람들의 뇌가 달라졌음을 보여준다는 연구도 그와 마찬가지일 수 있다. 사실 장기간 트라우마성 스트레스를 겪는 것과 뇌의 특정 부분이 남들과 다른 것, 이 둘 모두 제3의 변수에서 영향을 받은 결과일 수도 있다. 예를 들면 출산 전 어머니가 몸 관리에 소홀했다거나 특정한 유전자를 지녔다거나(해당 개인과 그의 부모 모두 중독에 빠지기 쉬운 유전적 소인이 있을 수 있다) 하는 변수 말이다. 사실 베트남전쟁 참전 군인에 대한 후속 연구들은 작은 해마가 전쟁 트라우마의 결과가 아니라 PTSD를 '일으키는' 위험 인자라는 사실을 보여주었다.⁴¹ 많은 트라우마 전문가가 작은 해마와 PTSD의 인과관계 화살표를 완전히 반대로 생각한 것 같다.

이와 같은 방법론적 오류는 트라우마 연구자에게만 나타나는 것은 아니다. 피험자에게 과거를 묻는 방식으로 진행하는 모든 후향적 연구가 이런 오류를 겪는다. 그렇기 때문에 아동기 트라우마의 장기적 영향에 대한 연구를 진행하는 적절한 방법은 전향적 연구라고 포프는 강조한다.

이런 상황을 가정해보자. 당신은 학대를 경험한 아이들이 나중에 성인이 돼서 자녀를 신체적으로 학대하는지 알아보는 연구를 계획하고 있는 학자다. 당신이 지도하는 대학원생들이 지역 교도소 수감자들, 특히 자녀를 신체적으로 학대한 죄로 유죄판결을 받은 이들을 인터뷰해 그들의 어린 시절에 대해 물어보라고 제안한다. 이렇게 할 경우 두 달이면 연구를 마칠 수 있다. 하지만 이 제안은 앞에서 말한 세 가지 모두, 즉 선택 편향, 정보 편향, 교란 변수에 노출돼 있다. 그렇다면 이 셋을 피해 연구를 설계할 방법이 있을까? 물론 있다.

먼저 트라우마를 남길 가능성이 있는 사건을 경험한 사실이 확인되는 아동들의 데이터를 수집한다. 그리고 대조군으로 그들과 연령과 성별이 같고 사회경제적 조건 및 성장 배경이 비슷하지만 그런 사건을 '경험하지 않은' 아동들의 데이터를 수집한다. 오랜 세월이 흐른 뒤 두 그룹이 성인이 됐을 때 그들을 추적 관찰한다. 이때 응답하는 피험자가 어떤 그룹에 속하는지 모르는 연구자를 투입하고 최종 결과를 분석한다. 이것은 오랜 시간이 걸리는 대단히 힘든 작업이지만 편향되지 않은 타당한 결과를 얻을 수 있는, 방법론적으로 옳은 유일한 방법이다.

이것이 바로 캐시 위덤Cathy Widom이 택한 방법이다. 1980년대에 심리학 교수이자 아동기 성적 학대 관련 전문가인 위덤은 어릴 때 학대당한 성인이 자녀를 학대할 가능성이 '더 높은지' 알아보는 연구를 시작했다. "나는 0~11세 아동의 학대 및 방치에 따른 법정 소송 사건 기록을 수집했다. 시간 순서에 따라 학대 및 방치와 이후 결과 사이의 연관성을 확인하기 위해서였다"라고 그녀는 훗날 설명했다.[42] 위덤은 사건의 피해자인 아동 908명의 데이터를 확보하고, 이들과 같은 지역에 살고 같은 학교에 다니지만 학대당한 기록이 없는 아동 667명의 데이터도 확보했다.

세월이 흐른 뒤 위덤은 성인이 된 그들과 그들의 자녀 다수를 추적 조사했다. 그들을 인터뷰할 연구자를 고용하되, 연구자에게는 피험자들이 어느 그룹에 속하는지 알려주지 않았다. 최종 분석 결과에 따르면, 어릴 때 신체적 학대나 성적 학대, 방치를 경험한 부모들이 자녀를 학대하는 비율이 더 높지는 않았다.[43]

우리는 모든 일이 이유가 있어서 일어난다고 믿고 싶어 한다. 그리고 그 이유를 정확히 밝혀내고 싶어 한다. "바로 '그것' 때문에 지금 내가 이 모양 이 꼴인 거야"라고 결론 내리고 싶어 한다. 심리학자들은 이와 같은 성향을 '의미를 찾으려는 노력effort after meaning'이라고 부른다.[44] 유치원생 자녀가 자폐스펙트럼장애라는 사실을 알고 충격과 혼란에 빠진 어머니가 있다고 치자. 그녀는 아이가 어릴 때 맞은 백신 탓에 자폐가 생겼다고 결론을 내리면 비로소 그것을 이해할 수 있는 상황으로 받아들일지도 모른다. 우리는 가혹한 불운을 초래한 원인으로 지목할 대상도 없고 "왜 나한테 이런 일이 생겼지?"라는 질문의 답도 모른 채 혼란스러워하는 것을 싫어한다. 과거에 자신을 고통스럽게 한 부모님에 대한 기억을 떠올린 뒤 뇌의 내측 전전두피질(이성적 사고, 의사 결정, 추론 등 고차원적 기능을 담당하는 영역—옮긴이)의 활발한 작동으로 드디어 지금 겪는 문제의 원인을 이해하게 되었다고 만족스러워할지 모른다.

그러나 아동기 트라우마가 성인의 특정한 정신 건강 문제를 초래하는 '원인'이라는 증거는 없다. 그 사실을 보여준다고 주장하는 연구들은 편향을 만들어내는 요인 때문에 신뢰성이 떨어진다.[45] 확실한 것은 아동기 트라우마가 성인의 정신병리학적 문제를 일으키는 데 필요조건도 충분조건도 아니라는 사실이다.

그런데도 왜 그토록 많은 이들이 『몸은 기억한다』의 내용이 자신의 상태를 정확히 설명해준다고 생각하는 것일까? 사무직 근로자 여성이 있다고 치자. 그녀는 상사에게 심하게 혼나자 말문이 막히고 얼어붙으면서 몸이 떨린다. 자기 몸에서 '투쟁-도피 반응'이 일어나는 것을 느낀다. 이런 경험을 하자, 특히 자신의 신체 반응을 보자 여덟 살 때 양아버지에게 심한 폭언을 한참 동안 들은 일이 생생하게 떠오른다. 그녀는 책에서 '몸에 저장된 기억'에 대한 설명을 읽고 생각한다. '그래! 내가 바로 이런 경우야.' 그녀는 자신의 몸 자체가 과거의 트라우마를 떠올려 현재로 소환했다고 믿는다.

하지만 맥널리는 두려움은 위협을 마주할 때 일어나는 정상적인 생물학적 반응이라고 설명한다. 상사가 고함을 지르면 당신의 심장은 세게 뛰기 마련이다. 그것은 '몸에 저장된 기억' 때문이 아니라 위험을 맞닥뜨렸을 때 나타나는 평범한 생리학적 반응이다. 과거 경험이 연상됐다는 사실이 당신이 트라우마를 입었다는 증거처럼 보일지 모른다. 하지만 당신은 당신과 크게 다른 성장기를 보낸 성인이 상사에게 혼날 때 당신과 똑같은 반응을 보이지 않으리라고 확신할 수 없다. 당신의 반응은 자식에게 절대 목소리를 높이지 않는 부모 밑에서 평화롭게 자란 사람들의 반응보다 더 심하지 않을지도 모른다. 당신의 신체적 증상은 고약한 양아버지가 없었고 상사에게 깨지는 것과 비슷한 상황을 겪은 성인들보다 더 강하지 않을지도 모른다.

안타깝게도 이 사무직 여성은 위협이 '없을' 때도 고함치는 양아버지가 떠오르면서 두려움으로 극심한 생리적 반응이 나타날 수도 있다. 맥널리는 이 경우에 대해서도 설명했다. 그런 반응은 과거 경험에 대한 기억이 신체 증상으로 나타난 것이라고 말이다. 그것은 기억이 '몸에 저장됐기' 때문이 아니라 뇌가 떠올린 과거 경험에 몸이 반응한 것일 뿐이다.[46] 기억은 정신 안에 있으며 언제든 떠올릴 수 있다. 억압돼 있어서 파내야 하는 것이 아니고, 불러내기 위해 특별한 의식이 필요한 것도 아니며, 심리 치료사가 삽을 들고 캐내야 하는 숨겨진 기억 같은 것은 없다.

설명할 수 없는 신체적 증상은 어떨까? 예를 들면 통증 같은 것 말이다. 이유를 알 수 없는 통증이야말로 트라우마에서 기인한 것이 분명하지 않을까? 전문가들은 학대당한 아동이 어른이 되어 더 많은 통증을 겪는지 알아보는 정밀한 연구를 진행했다. 연구 팀은 학대나 방치를 당한 기록이 확인되는 아동을 찾아낸 뒤 수십 년 후에 추적 관찰했다. 다른 조건은 비슷하지만 학대나 방치됐던 기록이 없는 대조군 아동에 대해서도 똑같이 했다.[47] 성인이 된 그들을 인터뷰한 결과 두 그룹은 거의 비슷한 수준의 통증 증상을 보였다. 즉 어린 시절의 학대와 성인이 되어 겪은 이유를 알 수 없는 통증에는 연관 관계가 없었다. 흥미로운 점은 어릴 때 학대당했느냐는 질문을 던졌을 때, 통증을 겪는 성인 피험자가 그렇다고 대답하는 비율이 통증을 겪지 않는 피험자보다 훨씬 높았다는 사실이다.

요컨대 아동기 트라우마는 설명할 수 없는 통증이 발생할 확률을 높이지 않는다. 하지만 통증을 겪는 성인은 어린 시절에 트라우마를 겪었다고 대답할 가능성이 더 크다. 만일 연구자들이 후향적 연구 방식에 의존했다면 아동기 트라우마가(그리고 그 때문에 '몸에 저장된 기억'이) 성인이 겪는 특발성 통증이 발생하는 빈도를 높인다는 잘못된 결론을 내렸을 것이다.

주변에 아무도 그런 사람이 없는데 왜 나는 마약중독자가 되었을까? 원인을 알 수 없는 신체적 통증이 왜 나타날까? 왜 나는 결혼 생활을 망쳤을까? 그 이유를 알고 싶은 것은 당연하다. 인생이 바라는 대로 풀리지 않는다 해도 그건 당신 잘못이 아니다. 당신의 의지와 상관없이 과거에 겪은 어떤 일이 '당신을 그렇게 만든' 것이다. 이런 식으로 아동기 트라우마라는 실체 없는 목표물에 대한 사냥이 시작된다. 그렇게 해서 일단 건져 올린 '기억'이 사실인지 확인하는 작업은 좀처럼 이뤄지지 않고, 그렇게 탄생한 아동기 트라우마 이론은 틀렸음을 증명할 수도 없다. 당신이 트라우마를 입었다고 생각하면 입은 것이다.

기억의 내용이 사실임을 확인하거나 입증하는 일이 왜 필요할까? 나쁜 어린 시절 기억 속 사건이 전혀 일어나지 않은 일일 수도 있고, 일어나긴 했어도 우리가 기억하는 방식대로 일어나지 않았을 수도 있기 때문이다.[48] 실제 일어난 사건이라 해도 당시에는 우리에게 별로 중요하지 않았을 가능성도 있다. 당신이 정신의 강바닥을 갈퀴로 샅샅이 긁어 떠올려낸 사건에 심리 치료사가 확대경을 들이대면서 그것이 성인인 당신이 겪는 문제를 명확히 설명해준다고 말하기 전까지는, 그 사건이 당신 인생에 아무런 영향도 미치지 않았을 것이다.

변덕스럽고 불안정한 기억

내가 세계적으로 유명한 기억 전문가 엘리자베스 로프투스의 캘리포니아 집에 도착했을 때 그녀는 자동차 열쇠를 찾을 수 없다며 난감해했다. 그녀가 내게 같이 찾아봐달라고 부탁해서, 우리는 완벽하게 꾸민 학자의 집을 수색했다. 타일로 장식한 병렬형 주방, 깨끗하게 닦은 포마이카(가구에 바르는 열에 강한 합성수지 도료―옮긴이) 조리대, 바닥에서 천장까지 닿는 책장들 옆에 이동 사다리가 서 있는 깔끔한 연구실까지 모조리 찾아봤다. 내가 차고에 가서 자동차 운전석 위로 몸을 구부린 채 조수석 앞 사물함도 열어봤다.

나는 "아무래도 기억 전문가가 있어야겠어요!"라고 농담을 던졌다. 그녀가 농담을 받아줄지 알 수 없어서 잠깐 망설이다가 꺼낸 말이었다. 그녀는 고맙게도 웃어주었다(결국 자동차 열쇠는 집 안에 있던 다른 가방 안에서 발견되었고 점심 식사 장소로 가는 차는 내가 몰았다).

70대인 로프투스는 20세기의 가장 중요한 여성 심리학자로 인정받는 인물이다.[49] 기억 연구 분야에 큰 기여를 한 그녀는 지크문트 프로이트Sigmund Freud, B. F. 스키너B. F. Skinner, 장 피아제Jean Piaget와 함께 이 분야의 '가장 영향력 있는 학자 100명' 명단에 자주 오른다. 그녀가 사람들에게 일깨우는 것은 기억이 우리가 경험한 사건을 녹화한 동영상이 아니라는 사실이다.[50] 기억은 '구성적인' 프로세스이고 쉽게 바뀌며 암시에 영향받기 쉽다. 이는 사건을 겪고 오랜 시간이 흐른 뒤에도 마찬가지다.

"기억은 위키피디아 내용과 비슷합니다"라고 그녀는 말했다.[51] "당신이 바꾸기도 하고 다른 사람이 바꾸기도 하죠." 인터뷰 진행자가 유도 질문으로 사람들(특히 아이들)을 압박해서 온갖 것을 믿게 만드는 일이 가능하다.[52] 또 거짓 기억도 진짜만큼이나 생생하고 진실처럼 느껴질 수 있다.

로프투스는 점심을 먹으며 말했다. "아동은 성인보다 더 쉽게 영향을 받습니다. 하지만 적당한 암시를 활용하면 누구라도 특정 방향으로 유도할 수 있습니다. 물론 항상 그런 것은 아니지만, 암시가 주어지면 일어나지 않은 일을 기억해내도록 유도당할 수 있어요."

그녀가 진행한 심리학 실험에 따르면, 질문자가 자동차 사고에 대해 설명할 때 '세게 충돌하다'라는 표현을 사용하면 사람들은 자동차가 더 빠른 속도로 달렸다고 기억했다. 심지어 사고 현장에 깨진 유리가 있었다고 잘못 기억하기도 했다. 실제로는 깨진 유리가 없었는데도 말이다. 로프투스가 피험자들이 스트레스받는 상황을 설정했을 때도 비슷한 결과를 얻었다. 전쟁 포로 심문을 당한 군인들에게 특정 방향으로 유도하는 암시적 정보를 주자, 그들은 엉뚱한 사람을 심문자라고 대답했고 때로는 원래 심문자와 전혀 닮지 않은 사람을 지목하기도 했다.

1990년대에 로프투스는 자신의 연구 결과로 무장한 채 반 데어 콜크와 법정에서 대결하면서 피고인 측을 위해 증언했다. 하비 와인스틴Harvey Weinstein과 빌 코스비Bill Cosby, 제리 샌더스키Jerry Sandusky, 그리고 2006년 강간 혐의를 받았지만 이후 혐의를 벗은 듀크대학교 라크로스 선수들의 변호사들은 모두 재판을 위해 기억 전문가인 로프투스에게 도움을 청했다(여기 언급된 이름들은 성폭행 혐의로 유죄판결을 받은 유명인이다.—옮긴이). 이들 사건의 변호인과 마찬가지로 그녀 역시 피고인 측 변호에 참여했다는 사실 때문에 대중에게 눈총을 받기도 했다.

피고인 측 변호사들이 나쁜 사람에게도 자신을 적극적으로 변호할 권리가 있다고 생각하는 것처럼, 로프투스는 나쁜 사람도 확실한 증거에 기초해 유죄판결을 받아야 한다고 생각한다. 사건 발생 후 20년 뒤에 갑자기 주장되는 혐의는 오류와 잘못된 기억이 뒤섞이는 경우가 많으므로, 해당 범죄가 아무리 충격적이거나 기소된 피고인이 아무리 악질이라 해도 엄정하고 정확한 증거에 따라 죄를 입증해야 한다.

정당한 법 절차에 대해, 그리고 파편적 사실과 거짓 기억을 짜맞춘 모자이크를 토대로 피고인에게 유죄를 선고하는 일의 불공정함에 대해 이야기하는 동안 로프투스의 목소리에 강한 감정이 실렸다. 나는 "여성들의 말을 믿어야 한다"고 외치며 모두가 들고일어나는 사회적 분위기 때문에 법학과 교수들마저 입을 꾹 닫는 시대에, 그녀가 무죄 추정의 원칙을 무력화하기 위해 사용되는 증거의 질에 어떻게 그토록 큰 관심을 가질 수 있는지 궁금했다.

로프투스는 잠시 생각에 잠겼다가 말했다. "나는 남들과 좀 달라요. 왜 그런지는 정확히 모르겠네요. 오래전부터 부당하게 비난받는 사람들에게 관심이 많았어요. 내가 그런 경험이 있기 때문은 아니에요. 사실 10대 시절을 떠올려보면 오히려 진짜 비난받을 짓을 많이 한 것 같아요." 후회 때문인지 실망 때문인지 그녀의 입술이 일그러졌다. 10대 시절의 자신에게 화가 나는 모양이었다.

"그보다는 다른 게 영향을 미친 것 같아요. 내가 열네 살 때 어머니가 물에 빠져 돌아가셨어요. 열두 살 때는 중증근무력증을 앓던 이모가 철제 산소통 안에서 죽었고요. 우리 집에 불이 나서 모든 걸 잃은 적도 있어요." 그녀는 어깨를 으쓱했다. 오르티스와 마찬가지로 그녀는 성장기에 겪은 역경 덕분에 삶을 바라보는 관점이 더 깊어졌고, 사람들을 돕고 싶다고 생각하게 되었다고 믿는다. 그래서 억울하게 기소당한 사람을 돕게 된 것이리라. 그녀는 역경 자체가 신체적, 정신적 문제를 일으킨다는 견해에 반대한다.

로프투스는 어릴 때 베이비시터에게 성적 학대를 당했다. 고등학교 때는 그녀를 성폭행하려는 남학생에게서 간신히 도망쳤다. 그녀는 이런 경험이 끔찍하다는 것도 알고 그런 일이 종종 일어난다는 것도 잘 안다. 하지만 단순히 그 일이 일어났다고 주장하는 것만으로 유죄판결이 나와서는 안 된다고 생각한다. 기억의 진실성이 '중요'하다는 것이다. 그것은 재판을 받는 사람이 나쁜 인간인 경우에도 마찬가지다.

또 로프투스는 거짓 기억에 속는 것이 얼마나 쉬운지도 잘 안다. 직접 경험했기 때문이다. 어머니가 돌아가시고 세월이 한참 흐른 뒤 자신이 수영장에서 어머니 시신을 발견한 일이 '기억났다'고 한다. 친척이 그 사실을 그녀에게 강하게 암시하는 말을 자꾸 했기 때문이었다. 나중에 친척은 그녀에게 자신이 착각했다고 말했다. 그 비극적 장면을 처음 본 사람은 10대의 로프투스가 아니었던 것이다.

기억은 변덕스럽고 불안정하다. 기억은 창의적이고 외부의 영향을 쉽게 받으며 근본적으로 비일관적이다. 특히 아이들은 질문하는 사람에게 더 쉽게 영향을 받는다. 사회적 영향력과 강화가 아이들의 대답을 좌지우지할 수 있다.[53] 로프투스는 말했다.

"심리 치료사가 내담자의 이야기를 진짜로 관심 있게 듣는지 아니면 지루해하는지 은연중에 티가 날 수 있습니다. 그리고 내담자는 치료사가 자기 이야기를 관심 있게 들어주길 바라기 때문에 그런 비언어적 신호에 따라서 자신의 말이나 행동을 조정하기도 하지요. 내담자는 치료사가 자신을 좋아하기를, 자신과 대화하는 시간을 좋아하기를 바랍니다."

만일 심리 치료사와 교사, 부모가 질문을 던지면서 과거의 트라우마를 '열심히 찾고 있다'는 느낌을 주면, 아이들은 트라우마가 있다고 대답할 가능성이 크다.

기억력 포커판 대회

트라우마 경험에 대한 기억이 신기하게도 중추신경계 이외의 몸에(예를 들어 목이나 어깨, 팔꿈치 등에도) 저장된다는, 대단히 논란이 많은 이론은 잠시 제쳐놓자.[54] 마테를 비롯한 여러 인물이 말하듯 우리가 후성 유전을 통해 조상의 역사적 트라우마를 물려받는다는 미심쩍은 주장은 잠시 잊어버리자.[55]

아동기의 트라우마 경험이 성인이 된 후의 정서적 구조에 영향을 미쳐 건강한 인간관계를 유지하거나, 직장을 꾸준히 다니거나, 일상적 스트레스 요인에 정상적으로 반응하거나, 신뢰할 수 있는 평범한 시민이 되지 못하게 방해한다는 증명되지 않은 이론도 제쳐두자. 사실 대다수 성인은 어린 시절의 역경을 극복하고 현재와 미래에 집중하면서 인생을 살아간다. 인류 역사에서 아주 최근까지도 요즘 우리가 '아동기 트라우마'라고 부르는 경험의 대부분이(예를 들어 굶주림, 부모나 형제를 잃는 것, 전쟁, 신체적 학대도) 삶의 흔한 경험이었다는 사실도 잠시 잊자.

그런 이론의 진위 여부는 잠시 접어두고 질문을 던져보자. 수많은 성인을 설득해 어릴 때 경험한 역경이 그들의 몸과 정신에 지워지지 않는 상처를 입힌다고 믿게 하는 것이 좋은 일일까? 반 데어 콜크의 전문 분야는 잔혹한 전투 현장을 목격한 참전 군인들과 PTSD다. PTSD는 분명히 존재하는 정신장애이고, 이를 앓는 환자는 심리 치료사가 반 데어 콜크가 권하는 방법으로 치료하는 것이 타당할 것이다.

하지만 모든 아이가(요즘 중산층이나 부유층 집안에서 태어나 순탄하게 자란 아이도) 그와 비슷한 충격적 경험을 했을 가능성이 있다는 전제하에 그들을 대하는 것이 바람직할까? 노골적으로든 아니면 뻔하면서도 반복적 암시를 주어서든 아이들에게 그들이 트라우마의 상

6장 트라우마 제국의 왕들

처로 망가졌을 수 있다고 말해주는 것이 좋은 일일까? 우리 사회는 심리 치료사가(그리고 준#치료사 역할을 하는 이가) 아이들의 숨겨진 트라우마를 발견하려 노력하는 것을 지원해야 할까?

로프투스는 이렇게 말했다. "저는 아니라고 생각합니다. 숨겨진 트라우마가 분명히 있다고 믿으면서 온갖 방법을 동원해 끄집어내려고 애쓰면 때로는 존재하지도 않는 트라우마 기억을 만들어내니까요. 제가 조사하고 연구한 여러 사례처럼 말이에요."

나는 트라우마를 겪었으리라 추정하면서 모든 아이를 대하면 아이가 자신의 과거를 재구성하게, 즉 실제보다 더 암울하거나 무서운 모습으로 각색하게 만들 가능성이 있지 않느냐고 물었다. "맞아요. 끔찍한 이야기를 들려줌으로써 관심이나 인정이라는 보상을 받는다면 그렇죠. 그게 스키너의 기본 개념이에요." 그녀는 B. F. 스키너의 행동 조건화 이론을 언급하며 말했다.

"강화는 행동을 증가시키고 벌은 행동을 감소시킵니다. 따라서 트라우마 경험을 떠올리는 것에 대해 강화가 이루어지면 그 행동이 더 증가합니다."

로프투스는 집단 상담에서도 그런 일이 발생할 수 있다고 말한다. 일종의 경쟁이 일어나, 참가자가 다른 이들이 말한 이야기가 슬픔과 연민을 부르는 데 뒤지지 않기 위해 자신의 고통을 과장하는 것이다.[56] 참가자는 이야기를 과장해놓고 스스로 그것이 사실이라고 믿게 되기도 한다.

"기억력 포커 판이라고 할 수 있죠." 그녀는 동료가 했다는 표현을 빌려 말했다. "이런 식이 되는 거예요. '누가 이기나 보자고. 내가 더 큰돈을 걸겠어. 나는 너보다 훨씬 더 특이하고 충격적이며 흥미로운 경험을 들려줄 거야.' 누군가가 '내게 숨겨진 트라우마가 있는 것 같은데, 기억이 잘 안 나'라고 말한다면 따분하기만 할 뿐 아무런 관심도 얻지 못해요. 하지만 옆 사람은 사탄 숭배 의식에서 학대당한 이야기를 들려준다고 생각해보세요." 집단 상담에 참여한 아이들은 일어나지도 않은 일을 '기억해내거나' 일어난 일에 대한 기억을 더 드라마틱하게 과장할 수도 있다고 로프투스는 말했다.

최근에 '정말로' 비극적인 일을 겪은 아이는 더 세심하게 살피고 배려해주는 것이 옳다. 그러나 '트라우마 기반 치료'와 '트라우마 기반 교육'은 아이에게 상처가 있다고 가정하고 치료를 시작한다. 그러니 당연히 의원병 효과가 뒤따를 수밖에 없다.

진짜 가해자는 누구인가

다수의 유명한 정신 역동psychodynamic 치료사가 '회복력'이라는 개념에 겉으로는 동의한다. 하지만 사실 그들의 관점은 비관적이고 우울한 예측으로 가득하다. 그들은 몸이 트라우마를 기억한다는 반 데어 콜크 이론의 자랑스러운 계승자다. 그들은 '아동기 트라우마의 영향'의 해악을 지적하고 '트라우마에 지배당하는 몸(끊임없이 일어나는 투쟁-도피 반응)'에 대해 말한다.

《뉴욕 타임스》 베스트셀러의 저자이자 심리 치료 전문가이며 700만 명의 인스타그램 팔로어에게 조언을 제공하는 "전체론적 심리학자The Holistic Psychologist" 니콜 르페라Nicole LePera는 "스스로 자신을 치유할 수 있는 길"을 알려준다. 그녀가 올린 유튜브 동영상의 조회 수는 1,000만 회가 넘는다. 무료로 조언하는 트윗은 보통 수백만 회의 조회 수를 기록한다. 그녀가 올린 수많은 트윗 중 하나는 다음과 같다.

"인간관계가 힘든가요? 버려질까 봐 두려운가요? 도움을 청하는 것을 잘 못하나요? 그렇다면 당신은 부모화parentification를 경험했을 가능성이 있습니다."[57] 부모화가 무엇일까?

그녀는 이렇게 정의한다. "부모화는 우리 사회에서 제대로 인정받지 못하는 '보이지 않는' 형태의 트라우마다. 이것은 부모가 자녀로 하여금 정서적 지원을 하고 가정을 꾸려나가는 역할 일부를 맡게 할 때 일어난다. 한마디로 부모와 자녀의 역할이 바뀌는 것이다."

르페라는 자가 진단을 돕는 증상 체크리스트를 제공한다. 그에 따르면 부모화 경험을 한 성인은 다음과 같은 문제를 겪을 수 있다.

- 타인과의 소통 기술 부족
- 자신의 감정을 제대로 이해하지 못함
- 자신의 욕구를 충족시키지 못함
- 지나친 독립성("나 혼자서 할 수 있어.")
- 도움을 청하거나 받아들이기를 두려워함
- 정서적 미성숙 또는 강한 정서적 반응
- 인간관계에서 방어적 태도를 보임
- 공의존 패턴(공의존codependency이란 돌봄이 필요한 사람 곁에서 자신을 희생하면서 상대를 통해 자신의 존재 가치를 확인하는 심리를 말한

다.―옮긴이)
- 자기 내면의 소리와 욕구를 외면하는 자기 배반 패턴
- 낮은 자존감
- 자아감 부족

위 항목 중 몇 개쯤은 해당하는 것 같은가? 거의 모든 사람이 그럴 것이다.

나는 형편없는 심리 치료사와 대결한 경험이 풍부한 로프투스에게 잠재 환자가 돌팔이 치료사를 피하려면 무엇을 조심해야 하느냐고 물었다. 그녀는 증상 체크리스트를 주의 깊게 보라고 주저 없이 대답했다. "'당신은 사람을 지나치게 잘 믿습니까, 좀처럼 믿지 못합니까?', '당신은 술을 많이 마십니까, 술을 안 마십니까?' 이런 식으로 포괄적 특성을 나열한 체크리스트에서 증상을 확인하다 보면, 당신은 어릴 때 성적 학대를 당했을 가능성이 높다는 결과가 나올 겁니다. 당신뿐 아니라 거의 모든 사람이 자신에게 해당하는 항목을 발견할 수 있지요."

오늘날 인기 많은 트라우마 기반 심리 치료사들이 으레 그렇듯, 르페라는 포괄적이고 흔한 증상이 담긴 리스트를 권장할 뿐만 아니라 사람들에게 진단명을 남발한다. 그녀는 부모화가 일어날 수 있는 다섯 가지 주요 상황을 이렇게 알려준다. 부모가 1) 자녀를 친구처럼 대할 때, 2) 해야 할 일이 지나치게 많을 때, 3) 중독 문제를 겪고 있을 때, 4) 정서적 교감 능력이 떨어질 때, 5) 이민자일 때.

이민자의 자녀가 부모화될 가능성이 있다니, 무슨 뜻일까? 르페

라는 이렇게 설명한다. "더 나은 삶을 찾아 낯선 나라로 자녀를 데리고 가는 부모는 언어를 배우거나, 공과금을 처리하거나, 문화적 규범을 이해하는 일에서 도움을 받기 위해 자녀에게 의지할 수밖에 없다. 그러면 아이들이 필요에 따라 어른 역할을 하게 된다."[58] 어떤 이들은 자녀를 위해 많은 것을 희생하는 이민자들이 부모로서 매우 훌륭한 이들이라고 생각할지 모른다. 그러나 트라우마의 세계에서 그들은 '보이지 않는 트라우마'를 안기는 가해자다.

많은 심리 치료사가 지지하는 가짜 진단명인 '복합 PTSD'는 『정신 질환 진단 및 통계 편람』 편집자들에게 가차 없이 거부당해 등재되지 못했다. 이 진단명을 DSM에 포함해야 한다고 강력히 주장한 반 데어 콜크를 비롯한 여러 정신의학자의 노력에도 말이다.[59] 그럼에도 르페라 같은 대중적 심리 치료사들은 이 진단명을 정식으로 인정받은 질환인 것처럼 사용한다.[60]

그러나 복합 PTSD는 정식으로 인정받은 진단명이 아니다. 듀크대학교 의과대학 명예교수이자 정신의학자 앨런 프랜시스Allen Frances에 따르면 이것이 DSM에 실리지 못한 이유는 다음과 같다. 증상 패턴이 너무 광범위해서 대부분의 스트레스 장애와 겹치고, 이 진단명에서 설명하는 트라우마가 너무 흔한 것이라 대부분의 환자에 해당하고, 근거로 삼은 연구가 빈약하며, "이 진단명을 주장하는 사람들이 해당 분야에서 권위를 별로 인정받지 못하고", "모든 걸 설명해주는 듯한 이 진단명에 귀 얇은 치료사나 환자가 너무 쉽게 설득되기" 때문이다.[61] 다시 말해 그것은 정신 건강 전문가들이 '모든 사람'을 비정상적인 환자로 만들려는 또 다른 시도였다.[62]

르페라는 조회 수가 500만이 넘은 또 다른 트윗에서 이렇게 말했다. "감각 없이 멍하고, 정지되고, 자기 자신과 단절된 기분이며, 미루는 습관에 꼼짝없이 갇혔는가? 당신은 게으른 것도 의욕을 잃은 것도 아니다. 그것은 트라우마 또는 스트레스 반응이다."[63] 그녀의 트윗 중 내가 제일 좋아하는 것은 이것이다. "만일 당신이 할 일을 자꾸 미룬다면 그것은 게을러서가 아니다. 당신의 몸이 위협을 느끼는 상태이기 때문이다."[64]

르페라가 어떻게 이런 사실을 아는지 궁금할 따름이다(나는 그녀의 에이전트에게 연락해 인터뷰를 요청했지만 안타깝게도 회신을 받지 못했다). 그리고 그녀는 게으름이 인간이 뭔가를 회피하려는 욕망에 굴복할 때 나타나는 가장 자연스럽고 흔하디흔한 상태 중 하나라는 사실을 모르는 걸까? 그녀의 말에 귀를 기울이는 수많은 사람 중에는 당연히 게으른 이들이 많을 테고, 이 사회의 어떤 인구 집단을 들여다봐도 마찬가지일 것이다. 많은 사람이 게으르지만 자신이 게으르다고 인정하고 싶은 사람은 없다. 따라서 트라우마를 사랑하는 심리학자들의 세계에서 특정한 진단이 급증하고 내담자의 문제에 대해 트라우마로 책임의 화살을 돌리는 행태가 이어지는 것이다.

데이터가 간절히 필요한 어른들

아이들은 친구랑 '매직: 더 개더링Magic: The Gathering' 카드 게임을 하고, 구름사다리에 매달려 놀고, 재미난 수다를 떨 생각을 하며 학교에 간다. 학교 심리 치료사와 대화를 나누거나 자신의 '아동기 고난 경험'을 털어놓는 일이 즐겁지만은 않을 것이다. 하지만 공립학교의 정신 건강 전문가들은 아이들이 트라우마로 고통받는다는 사실을 '입증'하지 못하면 온갖 치료 프로그램을 실행할 자금을 확보할 수 없다.

아이들을 감시할 방법이 있다면 좋을 것이다. 물론 그들을 위한 감시다. 아이들 가정에서 일어나는 일과 그들의 가족에 대해 알아낼 수 있다면, 아이들의 뇌를 들여다볼 수 있다면 좋을 텐데 말이다. 모든 중학생의 뇌를 기능적 자기공명 영상fMRI 스캐너로 촬영할 수는 없다(그럴 수만 있다면 얼마나 좋겠는가!). 그러니 정신 건강 전문가들에게는 아이들이 트라우마를 세세하게 털어놓도록 유도할 다른 방법이 필요하다.

7장

아이의 모든 감정을 캐내자

    당신의 남편이 직장에 출근하자 사장이 설문지를 준다. '직원들이 잘 지내고 있는지 알아보기 위한' 설문 조사라고 한다. 답변은 철저히 비밀로 지킬 예정이다. 하지만 '진지한 태도로 답해야' 한다. 설문지의 질문은 다음과 같다.

- 배우자가 당신에게 진심 어린 애정이 담긴 행동을 얼마나 자주 합니까?
- 당신은 당신에게 가장 중요한 것에 대해 배우자에게 정서적 지원을 받는다고 느낍니까?
- 가장 최근에 배우자가 당신에게 자발적으로 칭찬을 해준 때는 언제입니까?
- 당신이 배우자를 위해 뭔가를 해줬을 때 배우자가 "고마워"라고 말

하며 신체 접촉을 하는 일이 얼마나 자주 있습니까?
- 당신은 다른 섹스 상대를 상상합니까? 그렇다면 얼마나 자주 상상합니까?
- 과거의 성관계 경험을 배우자에게 숨긴 적이 있습니까?

이것이 당신의 결혼 생활에 아무런 영향을 미치지 않으리라 생각하는가? 아내가 자신의 욕구를 충족시켜주는지에 대한 남편의 평가가 달라지지 않을까?

위의 질문 목록을 다음 항목과 비교해보라. 아래는 콜로라도주에서 초등학생을 대상으로 실시한 설문 조사 항목으로, 아이들은 어느 정도로 '그렇다' 또는 '그렇지 않다'인지 답해야 했다.[1]

- 나는 내 감정을 부모님에게 말할 수 있다.
- 가족과 뭔가를 함께 하는 것이 즐겁다.
- 대개 가족과 함께 저녁 식사를 한다.
- 가족에게 친밀감을 느낀다.
- 쇼핑, 스포츠 놀이, 학교 과제물 하기 등의 활동을 가족과 같이 한다.
- 내가 뭔가를 잘했을 때 부모님이 알아채고 칭찬해준다.
- 가족 이외에 내가 믿고 의지할 수 있는 성인이 있다.
- 내 인생에서 중요한 사람들이 종종 나를 실망시킨다.

우리는 온라인 쇼핑을 하거나 우버를 이용한 뒤에도 만족도를 평가하거나 설문에 응해달라는 요청을 받곤 한다. 이제 너무 흔해진 설문 조사를 우리는 무해한 시간 낭비로 여기고 무시해버리곤 한다. 하지만 세상에는 다른 종류의 설문 조사도 있다.

국가기관의 지시에 따라 표면적으로는 학생의 정신 건강을 평가한다는 목적하에 진행되는 설문 조사가 그렇다. 설문 항목은 주로 질병통제예방센터Centers for Disease Control and Prevention, CDC에서 작성한다. 이들 설문 조사는 표준화된 시험만큼이나 진지하게 공립학교 학생을 상대로 실시된다. 여기서는 10대의 모험적 행동이나 가정생활에 대해 매우 사적인 세부 정보를 캐묻는다. 예를 들어 음주, 마약 사용, 성적性的 지향, 인종 및 성 정체성 등에 대한 것이다. 또 부모님에게 사랑받는다고 느끼는지, 학교에서 충분한 지원을 받는다고 느끼는지 물으며, 어떤 종류의 자해를 시도해봤는지에 대해 일련의 구체적인 질문도 던진다.

학교는 정신 건강 지원 자원의 증가하는 수요를, 즉 더 많은 지원금을 받는 것을 정당화하는 데 설문 조사 결과를 이용한다.[2] 엄밀히 말하면 학부모는 자녀가 설문 조사에 '참여하지 않게' 해달라고 요청할 수 있지만, 여러 주에서는 그런 요청이 없으면 자녀의 설문 조사 참여에 자동 동의하는 것으로 여긴다.[3] 다수의 설문 조사 결과가 CDC의 청소년 위험 행동 감시 시스템Youth Risk Behavior Surveillance System에 업로드된다. 이는 청소년의 위험 행동을(그리고 결과적으로 부모의 위험 행동도) 관찰하는 연방 정부 프로그램이다.

나는 교육수호학부모회Parents Defending Education가 아니었다면 설문 조사 내용을 확인하지 못했을 것이다. 2021년 설립된 이 비영리 단체는 그동안 정보자유법Freedom of Information Act, FOIA에 의거한 수백

건의 정보 공개 요청을 통해 전국의 초등학생 및 중고등학생에게 일상적으로 실시하는 설문 조사 자료를 상당량 확보했다. 이 단체에서는 고맙게도 데이터를 내게 공유해주었다.

뻔뻔스러운 우연인지, 모종의 의도가 숨겨진 전략인지 모르겠으나 이들 설문 조사 항목의 범주는 연방법에서 금지한 범주와 정확히 일치한다. 학생의 가장 사적인 정보에 대해 학교 당국의 궁금증이 몹시 커질지도 모른다고 생각한 모양인지, 미 의회는 1978년 학생 권리 보호법 개정안Protection of Pupil Rights Amendment, PPRA을 통과시켜 학교 측에서 학생에게 다음 여덟 가지에 대해 묻는 것을 금지했다.

1. 학생 또는 학부모의 정치적 소속이나 신념
2. 학생 또는 학생 가족의 정신적 문제
3. 성性 행동 및 태도
4. 학생의 불법적 행위 또는 자기부죄自己負罪(법률적 상황에서 자신에게 불리한 증거로 사용될 수 있는 행동이나 진술을 하는 것—옮긴이) 행동
5. 학생의 가족 구성원에 대한 비판적 평가
6. 비밀 유지가 전제되는, 학생과 심리 치료사 또는 성직자 사이의 대화
7. 학생의 종교적 신념 또는 활동
8. 가정의 소득수준[4]

어떻게 연방 정부와 학교, 주州 보건 기관이 연방법에서 금지한 주제에 대해 학생에게 버젓이 물어볼 수 있을까? 설문 조사 참여가 자발적이고 익명이 유지된다면 '합법적'이라고 법원에서 판결했기

때문이다.[5]

중학생의 성적 지향과 성 정체성에 대해 온갖 질문을 던지는 것보다 더 놀라운 점은 이들 설문 조사가 아무렇지 않게 형법을 무시한다는 사실이다. 2021년과 2023년 CDC에서 실시한 청소년 위험 행동 설문 조사에서는 중학생들에게 이런 질문을 던졌다. "몇 살 때 처음 성교를 했습니까?"[6]

A. 해본 적 없음

B. 8세 또는 그 이전

C. 9세

D. 10세

E. 11세

F. 12세

G. 13세 또는 그 이후

앞에 제시된 모든 연령에 해당하는 아동이 경험한 '성교'를 나타내는 다른 단어가 있다. '강간'이다. 하지만 우리의 공공 보건 관리자들은 전혀 신경 쓰지 않는 것 같다. 어른이 사춘기 직전 아이에게 성 경험을 묻는 것이 굉장히 자연스러운 일이라고 믿는 모양이다. 이런 질문 자체는 어른들이 여덟 살밖에 안 된 아이가 성 경험을 했으리라 예상한다는 의미를 내포하며, 당연히 아이들도 그 의미를 눈치챈다.

어린아이들을 범죄에 가담하도록 꼬드기는 비행 청소년처럼 설문 조사에서는 학생 자신 및 학생 가족 구성원의 마약 사용과 음주 행위에 대해 묻는다. 이때 학생들이 자백할지도 모를 내용의 상당 부분은 범죄 혐의 인정에 해당할 수 있다.

예를 들어 CDC에서 실시한 2021년 플로리다주 고등학교 청소년 위험 행동 설문 조사에서는 이런 질문을 던졌다. "최근 30일 중 며칠 동안 교내에서 총이나 칼, 곤봉 등의 무기를 소지했습니까?"[7] 다른 여러 설문 조사에서는 중학생에게 마약 사용에 대한 세세한 질문을 던지고 불법 약물, 즉 메타돈, 펜타닐, 마리화나,[8] 또는 자신이 처방받지 않은 진통제를 구하기가 얼마나 쉬운지 물었다(조지아주의 학생 건강 설문 조사에서는 "하이드로", "옥시", "가비", "트라마" 같은 구어체 이름이 등장했다.[9] 설문지 제작을 대형 범죄 조직의 홍보 팀에 맡긴 모양이다)(여기 나열된 것들은 마약성 진통제 또는 항경련제로, 각각의 정식 명칭은 '하이드로콘', '옥시콘틴', '가바펜틴', '트라마돌'이다.—옮긴이).

무책임하고 불필요한 질문들

현재 우리의 목적을 감안할 때 가장 흥미로운 설문 조사는 청소년의 두개골을 열고 사회적·정서적 건강과 트라우마 이력을 알아내려는 질문들이다. 자살에 대한 광범위한 질문 목록이 존재한다. 2021년 플로리다주 고등학교 청소년 위험 행동 설문 조사에서는 14세 이상 청소년에게 다음과 같은 매우 표준적인 사회적·정서적 질문을 던졌다.

- 최근 1년 동안 2주 또는 그 이상 연속으로 거의 날마다 심한 우울감

과 절망감을 느껴서 평소 하던 활동을 중단한 적이 있나요?
- 최근 1년 동안 자살을 심각하게 생각해본 적이 있나요?
- 최근 1년 동안 자살 방법에 대한 계획을 세웠나요?
- 최근 1년 동안 실제로 몇 번 자살을 시도했나요?
- 만일 최근 1년 중 자살을 시도한 적이 있다면, 그것 때문에 의사나 간호사의 치료가 필요한 부상이나 중독, 또는 약물 과다 복용을 겪었나요?[10]

고등학교 설문 조사에 뒤질세라, 2021년 플로리다주 중학교 청소년 위험 행동 설문 조사에서는 과감하게 다음과 같은 질문을 던졌다.

- 최근 1년 동안 자살을 목적으로 하지는 않았지만 일부러 몸을 칼로 베거나 몸에 화상을 입히는 등의 자해 행동을 했나요?
- 혼자서 또는 친구들과 몽롱해지는 기분을 느끼기 위해 일부러 현기증이나 기절을 유도하는 놀이 및 챌린지에 참여한 적 있나요(이는 '질식 놀이', '기절 놀이', '블랙아웃 챌린지' 등으로 불린다)?
- 최근 1년 동안 2주 또는 그 이상 연속으로 거의 날마다 심한 우울감과 절망감을 느껴서 평소 하던 활동을 중단한 적 있나요?
- 자살을 진지하게 생각해본 적 있나요?
- 자살 방법에 대한 계획을 세운 적 있나요?
- 자살을 시도한 적 있나요?[11]

'대체 어떤 잔혹한 인간이 중학생한테 이런 걸 물어보는 거야?'

라는 생각이 들지 모른다. "자살을 진지하게 생각해본 적 있느냐"는 질문은 10대 청소년이 친구를 비아냥거리며 괴롭히는 문자를 보내거나 악의적인 누군가가 소셜 미디어에서 상대를 공격할 때나 할 법한 말이다. '기절 놀이'나 '블랙아웃 챌린지'를 몰랐던 7학년 학생은 자기도 한번 해보고 싶은 마음이 들 것이다. 이런 설문지를 열한 살짜리 아이의 책상 위에 들이미는(주 당국이나 학교의 궁금증을 풀어주기 위해서 말이다) 정신 건강 전문가야말로 아이들에게서 떨어뜨려놓아야 할 위험인물이다.

하지만 여기서 끝이 아니다! 조지아주의 6학년 학생들은 2022년에 다음과 같은 질문을 받았다. 범죄 스릴러 소설의 잔혹한 주인공이 상대의 정신 질환을 유도하기 위해 사용하는 전술을 연상시킨다.

최근 1년 동안 일부러 자해하는 것을 진지하게 생각해봤다면, 가장 큰 이유는 무엇인가요? 해당하는 모든 항목에 표시하세요.

- 자해를 생각한 적 없음
- 학교 과제의 중압감
- 친구들과의 문제
- 소셜 미디어
- 가족과의 갈등
- 괴롭힘
- 학교 성적
- 학교의 규율이나 처벌

- 파트너/여자 친구/남자 친구와 싸우거나 헤어짐
- 데이트 폭력
- 마약 또는 알코올
- 기타[12]

플로리다주의 설문 조사에서는 고등학생들에게 살을 빼기 위해 정확히 어떤 방법을 사용해봤는지 묻는데, 단식부터 변비약 남용까지 다양한 보기를 제시한다.[13] 고등학교 여학생이라면 살 빼는 데 유용한 각종 팁을 깔끔하게 요약해놓은 이 목록을 그냥 지나칠 리 없다.

학교 심리학자들은 청소년에게 자살을 생각한 적 있는지(그리고 얼마나 자주 생각하는지) 물어본다고 해서 그들이 자살을 시도할 가능성이 높아지지는 않으니 걱정 말라고 한다. 하지만 그런 세세한 설문 조사 이후에 자살을 시도하는 청소년이 없다 할지라도, 자살을 평범하고 흔한 것으로 인식하게 될 것이다. 만일 당신이 고등학생이라면 거의 모든 사람이 자살에 대해 생각한다고 믿게 될지도 모른다.

자살 관련 설문 조사가 자살률을 높이지 않는다는 주장을 뒷받침하는 연구 결과가 있는 것은 사실이다. 그러나 그런 연구에서는 오늘날 중고등학생이 자살이라는 단어에 지속적으로 노출된다는 사실을 생각하지 않을 때가 많다. 자살 예방 상담 전화번호가 공립 중고등학교 화장실에 붙어 있고 사우스캐롤라이나주와 애리조나주, 일리노이주, 캘리포니아주에 있는 모든 고등학교 학생증에 찍혀 있다는 사실을 생각해보라.[14] 또 그런 연구는 아이들에게 자해 경험을 지속적으로 묻는 것이, 그리고 흔한 자해 방법과 그 이유를 백과사전만큼 자세히 제시하는 것이 그들의 머릿속에 새로운 방법을 심어줄 가능성이 있는지 아닌지도 밝히지 않는다.

그런데 이들 설문 조사는 다른 관점을 스스로 무심코 드러낸다. 예를 들어 8학년 학생을 대상으로 실시한 2022년 일리노이주 청소년 설문 조사에서는 마지막에 이런 말을 덧붙였다. "만일 이 조사의 질문이나 학생이 한 답변 때문에 마음이 불편하거나 불안해서 누군가와 대화하고 싶다면 교내 상담사나 선생님, 또는 믿을 수 있는 다른 어른에게 이야기하세요." 만일 그런 어른을 찾아가 이야기하는 것이 불편하다면 자살 충동이나 성폭행, 정신적 위기와 관련해 상담을 해주는 전화번호로 연락하라고 권한다.[15]

워싱턴주 청소년 건강 설문 조사에서도 그와 비슷한 경고성 안내를 하면서 위기 상담 전화 이용을 권유한다.[16] 위스콘신주 중고등학교 설문 조사도 마지막에 비슷한 문구를 덧붙인다. 설문 조사가 큰 정신적 괴로움을 유발해 학생이 교내 상담 교사나 사회복지사, "또는 다른 믿을 수 있는 어른"과 대화하고 싶어질 수 있다고 말이다.[17]

적어도 설문 조사를 시행하는 관리자들은 이런 조사가 아이들에게 정서적 불안을 불러일으키기 쉽다는 사실을 아는 것이다. 그렇다면 애초에 왜 이런 조사를 하는지 의아할 뿐이다.

설문 조사는 무엇을 암시하는가

아마도 가장 선동적인 질문은 아이들에게 가족을 비판적으로 평가하고 그들에 대한 정보를 말하게 하는 질문일 것이다. 2022년 애리조나주 청소년 설문 조사는 중고등학생들에게 "자신의 가족이라 여기는 사람들(예: 부모, 양부모, 조부모 등)을 떠올리면서" 아래 항목에 "매우 아니다/아니다/그렇다/매우 그렇다" 중 하나로 답하라고 한다.

- 우리 가족은 자주 상대를 모욕하거나 서로를 향해 소리를 지른다.
- 우리 가족은 같은 문제로 반복해서 싸운다.
- 만일 부모님 허락 없이 술을 마시면 부모님이 그 사실을 알아챌 거라 생각한다.
- 우리 부모님은 내게 영향을 미치는 가족 내 결정을 내리기 전에 거의 항상 내 의견을 묻는다.
- 어머니에게 깊은 친밀감을 느낀다.
- 아버지에게 깊은 친밀감을 느낀다.
- 자신의 생각과 감정을 어머니에게 이야기한다.
- 자신의 생각과 감정을 아버지에게 이야기한다.
- 어머니와 시간을 보내는 것이 즐겁다.
- 아버지와 시간을 보내는 것이 즐겁다.[18]

학생에게 자살에 대해 중립적 방식으로 묻는 것은 자살 생각을 일으킬 수도, 일으키지 않을 수도 있지만 가족과의 관계를 곰곰이 생각해보게 하는 것은 완전히 다른 문제다. 프레너미 frenemy(친구인 척하지만 사실은 적인 사람—옮긴이)가 있는 사람이라면 잘 알겠지만, 당신의 삶과 인간관계에 대해 특정한 방식으로 묻는 질문은 당신의 불만스러운 감정을 유발할 수 있다.

다음 문장과 질문은 애리조나주에서 8~12학년 학생에게 제시한 것이다.[19]

- 내가 뭔가를 잘했을 때 부모님이 알아채고 칭찬해준다.
- 내가 한 일이 자랑스럽다는 말을 부모님이 얼마나 자주 하는가?

다음은 인디애나주의 설문 조사에서 7~12학년 학생에게 물은 질문이다.

- 내가 한 일이 자랑스럽다는 말을 부모님이 얼마나 자주 하는가?
- 내가 제시간에 집에 돌아오지 않으면 부모님이 그 사실을 아는가?
- 나는 개인적인 문제가 생겼을 때 엄마나 아빠에게 도움을 요청할 수 있다.
- 우리 부모님은 내가 다음과 같은 행동을 하는 것이 얼마나 나쁘다고 생각하는가? 예: 메스암페타민 사용, 헤로인 사용, 처방받지 않은 처방 약 복용, 5달러 이상의 값어치가 있는 물건 훔치기. ("매우 나쁨", "약간 나쁨", "나쁨", "전혀 나쁘지 않음" 등으로 대답)[20]

그리고 학생이 어떻게 답변하느냐에 따라 아동보호 기관에 신고가 이뤄질 가능성이 있는 질문도 있다. 일리노이주의 8학년 학생들에게 한 다음 질문을 보라.

- 방과 후에 어른 없이 혼자서 시간을 보내는 날이 일주일에 며칠인가요?
- 방과 후 집에 돌아왔을 때 보통 하루에 몇 시간을 혼자 보내나요?
- 만일 부모님의 허락 없이 맥주나 와인, 독한 술(예: 보드카, 위스키, 진)을 마신다면 부모님이 그 사실을 알아챌 것 같은가요?
- 만일 술이 있는 파티에 참석한다면 부모님이 그 사실을 알아챌 것 같은가요?
- 내가 집에 없을 때 부모님/보호자가 내가 어디에 누구랑 함께 있는지 알고 있다.
- 나의 부모님/보호자는 내가 숙제를 다 했는지 확인한다.
- 내가 제시간에 귀가하지 않으면 부모님/보호자가 그 사실을 알까요?[21]

다음은 미주리주의 학생 설문 조사에서 6학년 학생들에게 물은 질문이다.

- 가족이 얼마나 자주 상대를 모욕하거나 서로를 향해 소리를 지르나요? (1) 그런 일이 없다 (2) 드물다 (3) 가끔 (4) 자주 (5) 항상[22]

아이의 가족 혹은 정신 건강에 대한 이런 지극히 개인적인 세부 정보가 유출될 위험이나 아이의 사적인 정신 건강 정보가 어딘가로 퍼지거나 판매될 가능성이 존재한다는 사실은 일단 제쳐놓는다고 치자.[23] 설령 답변 내용이 절대 세상으로 새어 나가지 않는다 할지라도 이런 설문 조사는 가정이라는 사적이고 신성한 공간을 무단 침입하는 잘못을 저지르고 있다. 때로는 별나고 때로는 안락한 가정이라는 동굴에서, 아이는 엄마가 일을 많이 해서 너무 피곤하거나 기분이 안 좋다는 걸 알기 때문에 자신에게 오늘 학교에서 발표를 잘했느냐고 물어보지 않아도 용서하곤 한다. 아이는 부모님이 슈퍼마켓에 가느라 또는 데이트 때문에 자신을 집에 놔두고 한 시간쯤 외출해도 별로 대수롭지 않게 여기곤 한다. 열두 살이고, 무슨 일이 생기면 연락할 수 있는 전화기가 있기 때문이다.

이런 설문 조사는 세상에 대한 특정한 그림을 아이들 눈앞에 제시한다. 그 세상에서는 트라우마가 만연하고 모든 가정에서 학대와 방치가 이루어진다. 마약 사용이 흔해 중학생까지 손에 넣을 수 있다. 여덟 살짜리 아이에게 "성교 경험"이 있다. 고통의 파도가 세상 모든 아이들을 덮쳐 익사시킨다.

물론 학대당하거나 방치당하는 아이, 중학생인데 마약에 손대는 아이, 강간당하는 아이는 실제로 있다. 아무도 이를 부인하지 못할 것이다. 정상적인 사람이라면 누구나 그런 아이들을 돕고 싶어 하고 그래야 한다고 생각한다. 하지만 이런 설문 조사는 그런 아이들을 돕지 못한다(게다가 설문 조사는 익명으로 진행된다). 이런 설문 조사는 아이들에게 암울하고 타락한 세상의 그림을 보여줄 뿐이며 아이들이 바로 그 세상에 살고 있다고 설득한다.

이들 설문 조사는 기껏해야 아이에게 부모와의 관계에 대한 비판적 시각을 부추길 뿐이다. 아이가 부모와의 관계가 만족스럽지 못하다고 느끼도록 유도하고, 자신의 생각만큼 사랑받지 못하거나, 정서적으로 지원받지 못하거나, 적절한 관심과 돌봄을 받지 못하고 있을지 모른다고 생각하게 유도한다.

정신 건강 전문가들이 가족을 비판적으로 보도록 선동한 탓에, 자신이 심각하게 방치되었거나 정서적 학대를 당했다고 생각하는 청소년이 그토록 많은지도 모른다. 이제 어쩌면 수많은 이들이 부모(자녀를 사랑하는 부모임에도)와 연락을 끊어버리는 세대가 생겨날지도 모른다.

부추김당하는 아이들

한 정신병원에서는 잠재 환자에게 사전 문진에서 다음과 같은 사항을 묻는다.

- 최근 1년 동안 2주 또는 그 이상 연속으로 거의 날마다 심한 우울감과 절망감을 느껴서 평소 하던 활동을 중단한 적이 있나요?
- 최근 1년 동안 자살을 심각하게 생각해본 적이 있나요?
- 최근 1년 동안 자살 방법에 대한 계획을 세웠나요?
- 최근 1년 동안 실제로 몇 번 자살을 시도했나요?
- 만일 최근 1년 중 자살을 시도한 적이 있다면, 그것 때문에 의사나 간호사의 치료가 필요한 부상이나 중독, 또는 약물 과다 복용을 겪었나요?[24]

사전 문진이라는 것은 농담이다. 이것은 미국 여러 주에서 학생의 정신 건강 상태를 파악하기 위해 공립 고등학교에서 사용하는 표준 질문이다.[25]

델라웨어주에서 중학생에게 제시하는 다음 설문지도 목적이 같다.

- 최근 1년 동안 2주 또는 그 이상 연속으로 거의 날마다 심한 우울감과 절망감을 느껴서 평소 하던 활동을 중단한 적이 있나요?
- 슬프거나, 공허하거나, 절망적이거나, 화가 나거나, 불안한 기분을 느끼나요?
- 슬프거나, 공허하거나, 절망적이거나, 화가 나거나, 불안할 때, 당신은 필요한 도움을 얼마나 자주 얻을 수 있나요?
- 최근 1년 동안 자살을 목적으로 하지는 않았지만 일부러 몸을 칼로 베거나 몸에 화상을 입히는 등의 자해 행동을 했나요?
- 때때로 사람들은 미래가 너무 암울하게 느껴져 자살을 생각하기도 합니다. 당신은 자살을 진지하게 생각해본 적이 있나요?
- 자살 방법에 대한 계획을 세운 적이 있나요?
- 자살을 시도한 적이 있나요?[26]

설문지를 만든 사람은 이것이 중립적인 질문이라고 주장할 것이다. 하지만 많은 질문이 중학생에게 비교적 드물어야 마땅한 수준의 우울함과 정신적 고통을 전제하고 있는 듯하다("슬프거나, 공허하거나, 절망적이거나, 화가 나거나, 불안할 때…"). 어떤 질문은 새로운 정보를 알려주기도 한다("때때로 사람들은 미래가 너무 암울하게 느껴져…"). 그리고 전체적으로 응답자의 찬성을 간절히 바라는 듯한 느낌이다.

그렇다면 어째서 많은 심리학자는 이런 설문 조사가 응답자에게 부정적 영향을 끼칠 수 있다는 사실을 부인할까? 혼자 고개를 갸우뚱거리는 내가 딱해 보였는지 한 심리학자가 그 답을 알려주었다. "우리는 정신 건강 설문 조사에 의지해 연구를 수행하거든요." 바꿔서 표현하면 이런 말이었다. "우리는 설문 조사가 응답자에게 피해를 줄 가능성이 있음을 인정할 수 없다. 그러면 주요 연구 도구가 사라질 테니까."

나는 오랜 임상 및 연구 경험이 있는 동시에, 설문 조사에 의존하지 않고 학생들이나 대학교 측의 눈치도 보지 않는(심지어 종신 교수도 그런 경우가 많다) 심리학자를 만나봐야겠다는 생각이 들었다. 그래서 조던 피터슨Jordan Peterson에게 연락했다. 우리는 줌으로 만나 대화를 나눴다. 몸이 마르고 단단한 피터슨은 품이 넉넉한 담청색 드레스 셔츠를 입고 있었다. 쾌활하면서 여유 있어 보이는 그는 나이프와 포크로 스테이크를 썰어 먹으면서도 내가 하는 질문에 지체 없이 대답했다.

나는 피터슨에게 실제로 학생들에게 실시되는 설문 조사의 질문들을 말해주었다. 그리고 아이들에게 자해 관련 질문을 반복적으로 던지는 것이 실제로 자해를 유도한다는 그 어떤 증거도 없다는 심리학자들의 견해에 대해서도 언급했다.

피터슨은 "그들은 관련 연구 결과가 존재한다는 사실을 모르는 겁니다"라고 말했다. 그는 청소년 자살 위험군 선별 설문을 진행하고 '이틀 뒤에' 검사한 결과에 따르면 1회의 설문 조사가 단기적으로 우울감을 증가시키지 않았다는 사실은 인정했다.[27] 그러나 20년 전에 수행한 이 연구는 자해 성향에 대한 끊임없는 질문 세례를 받는 오늘날 청소년들의 상황과 너무 동떨어져 있다.

자살과 자해는 10대 사이에 전염성이 강하기 때문에 어른들이 유도성 질문을 하지 않도록 각별히 주의해야 한다고 피터슨은 말했다. "예를 들어 '자살을 목적으로 하지 않았더라도 일부러 칼로 손목을 긋고 싶다고 마지막으로 생각해본 게 언제입니까?' 같은 질문 말입니다. 이 문장에 얼마나 많은 정보가 들어 있는지 아세요?"

그는 이 질문에 담긴 함의를 하나씩 일러주었다. "먼저 '사람들은 으레 그런 행동을 한다'라는 정보가 들어 있죠. 두 번째로 '그 행동을 하는 사람이 '당신'이 될 수도 있다'라는 의미도 담겨 있어요. 그다음으론 '그것이 매우 흔한 행동이라서 내가 아무렇지 않게 물어볼 수 있는 거다'라는 의미를 전달하죠. 그리고 이런 의미로 받아들이는 사람도 있어요. '만일 자해를 생각해보지 않았다면 당신은 비정상이다'."

피터슨의 우려에는 그럴 만한 근거가 충분하다. 청소년들 사이에 자살과 자해가 바이러스처럼 퍼질 수 있다는 사실은 확실히 밝혀졌다.[28] 언론에 보도되는 자살 기사가 청소년의 자살을 증가시킬 수 있음을 여러 연구가 보여주었다.[29] 1980년대에 오스트리아 빈에서는 지하철 자살에 대한 언론 보도를 줄이는 사회적 노력을 기울여 놀라운 결과를 얻었다. 지하철 자살 건수가 75퍼센트 감소한 것이다.[30]

CDC의 보고서에 따르면 모방 자살이 발생할 위험은 다음과 같은 경우에 특히 높아진다. 자살한 사람을 긍정적으로 묘사할 때, 자살이라는 단어가 '반복적으로 또는 과도하게' 언급되어 위험한 환경에 처한 청소년의 머릿속을 지배할 때, 자살을 인생의 문제에 '대처하는 수단'으로 표현할 때, '구체적인 자살 방법'을 제시할 때.[31]

청소년에게 제시하는 설문지를 작성한 사람들이 이것을 읽고 일부러 반영하기로 결정한 것이 아닐까 싶은 생각마저 든다. 자살을 청소년이 흔히 하는 행동처럼 '홍보'하고, 반복적으로 그리고 과도하게 '언급'하고, '개인적 문제에 대처하는 수단으로' 표현하고, '구체적인 방법'을 알려주기로 말이다.

델라웨어주의 중학생을 대상으로 실시한 설문 조사를 생각해보라. 여기서는 열두 살밖에 안 된 아이들에게 "다음의 질문 3개는 자살 시도에 대한 것입니다"라고 안내한 뒤 이렇게 말한다. "때때로 사람들은 미래가 너무 암울하게 느껴져 자살을 생각하기도 합니다."[32] 자살이 개인적 문제에 대처하는 수단이라는 느낌을 강하게 풍긴다.

설문 조사들은 '구체적인' 자살이나 자해 방법도 아낌없이 알려준다. 2021년 플로리다주 중학교 설문 조사에 포함되어 있던 질문을 살펴보자. "최근 1년간 자살을 목적으로 하지는 않았지만 일부러 몸을 칼로 베거나 몸에 화상을 입히는 등의 자해 행동을 했나요?"[33]

앞에서 말했듯 D. A. R. E. 캠페인이 10대의 마약 사용을 증가시킨 이유도 아마 이 때문이었을 것이다. 캠페인을 통해 말리고 싶었던 바로 그 행동에 대한 아이들의 호기심이 커진 것이다.[34] 내가 인터뷰한 많은 청소년은 이렇게 말했다. "주변의 거의 모든 아이들이 심리적으로 무너지기 직전이라는 느낌이 든다"고 말이다.

'전인교육'과 '트라우마 기반 치료'라는 기치 아래, 교육자들은 눈에 보이지 않는 환자 이송용 침대를 준비한 채 모든 아이에게 어서 올라가 누우라고 간청하다시피 한다. 그들은 누가 다쳤는지 자세히 살펴볼 필요가 없다. 어차피 아이들 모두 자신을 혹사당하고 지친 상태라고 여기도록 종용받기 때문이다. 그들은 아이들이 끊임없이 자신과 자신의 힘든 문제에 대해 생각하게 부추긴다.

자아에만 집중할 때 벌어지는 일들

임상적으로, 그리고 심리 측정학 측면에서 볼 때 '자기의식' 또는 피터슨이 말하는 '감정 상태에 대한 자기 성찰'과 신경성neuroticism이 높은 것은 거의 구분하기 힘들다. 피터슨은 "자기 자신에 대해 생각하는 한 우리는 우울하고 불안해집니다. 자신에게 집중하는 것과 우울 및 불안을 느끼는 데는 차이가 없어요. 사실상 '둘은 같은 것'입니다."[35]라고 말했다.

불안과 우울은 동반 질환 성격이 강하고(즉 환자가 둘을 함께 겪는 경향이 있고) 종종 같은 약물로 치료하므로 이렇게 같이 말해도 큰 무리는 아닐 것이다. 불안과 우울은 같은 정신 습관, 즉 자신에 대해 지나치게 많이 생각하는 것의 다른 모습일지 모른다. 불안과 우울이 본인의 잘못 때문이라거나 불안증 또는 우울증을 앓는 모든 사람이 스스로 고칠 수 있다는 의미가 아니다. 적어도 중증이 아닌 불안과 우울을 겪는 이들이라면 자신에게 집중하지 않고 주의를 다른 곳으로 돌리면 기분의 통제권을 되찾을 가능성이 있다는 이야기다.

피터슨은 환자를 치료할 때 이런 방법을 종종 사용했다. 그는 사회불안 증상을 겪는 사람들에게 다음과 같이 하라고 권유했다. 예를 들면 파티에 가서 다른 사람을 편안하게 해줄 방법을 생각하는 것이다. '다른 사람'이 어떤 기분을 느낄지에만 집중하고, 다른 누군가를

위해 친절한 '행동'을 하며 자기 자신에 대해서는 생각하지 않는다.[36]

피터슨은 이렇게 말했다. "아이들을 자아에만 지나치게 집중하게 만들면 결국 사회적 맥락에서 밀어내고 고립시키며 신경성을 높이게 됩니다. 그리고 사람들의 정신 건강에 끊임없이 개입하는 것과 그들이 우울해지는 것 사이에 아무런 연관성이 없다고 말하는 의사가 있다면, 그는 '멍청한' 겁니다. 뭘 모르는 거예요."

안정적인 정신 상태를 유지하게 해주는 것은 사회적 맥락이라고 피터슨은 말했다. 일반적으로 정신 건강 전문가들은 온전한 정신 상태가 그저 개인의 머릿속에 있는 것이라고 가정한다. 하지만 그렇지 않다. 적어도 머릿속에만 있는 것은 아니다. "안정된 정신 상태란 다양한 사회제도와 맞물려 살아가면서 상호작용함으로써 형성되는 것"이라고 그는 말했다.

어른이 감시하고 조언하고 개입하지 않은 채 아이들을 그들의 사회에서 어느 정도 자유롭게 살아가게 내버려두면, 사람들과 사귀고 잘 지내는 법을 터득하기 마련이다. 우울하고 풀이 죽은 모습도 줄어들 것이다. 괴롭힘을 당하는 소수의 사례에는 어른이 개입해야 할지도 모른다. 하지만 소프트볼 팀에 들어가거나 걸스카우트 활동을 하는 것, 엄마한테 말하지 못하는 비밀을 가장 친한 친구에게 털어놓는 것은 어른의 개입이 필요한 일이 아니다. 이런 활동은 청소년의 균형 잡힌 정서 생활을 도와주고, 자아를 발견하고 만들어가는 자연스럽고 자유로운 과정에 시동을 걸어 안정된 정체성을 형성하게 이끈다.

하지만 오늘날 학교는 부모와 자녀 사이에, 그리고 학생과 그의 친구들 사이에 일상적으로 끼어든다. 학교는 아이들이 자신의 존재와 정체성을 사회적 맥락에서 완전히 분리해 생각하도록 유도한다. 그리고 아이들이 실수와 절망감을 계속 곱씹게 한다. 그럼으로써 철저하게 혼자라는 기분에 빠지게 한다.

그것은 어른이 아이에게 으레 다음과 같이 묻는 일과는 완전히 다르다. "요즘 학교생활 어때?", "선생님은 어떠니?", "야구팀은 어때?", "7학년 생활은 어때?", "가족들은 어떻게 지내시니?", "학교에서 요즘 뭘 배우니?", "제일 좋아하는 과목이 뭐야?" 모두 아이가 자신의 생활을 돌아보게 유도하는 좋은 질문이다. 하지만 이 질문들에는 공통적으로 이런 메시지가 담겨 있다. '너는 사회적 구조물의, 사회의, 지역의, 가족의, 팀의 일원이야. 주변 세상에 대해 어떻게 생각하니?'

그러나 요즘 학교에서 일상적으로 그러는 것처럼 "오늘 '너의' 기분이 어떠니?"라고 묻는다면 아이를 사회적 구조물에서 떼어내는 것이다. 이는 아이에게 자신을 어디에도 연결되지 않은 채 우주를 둥둥 떠다니는 불안정한 분자로 생각하라고 말하는 것과 마찬가지다. 이런 종류의 사고는 본질적으로 아이의 정서를 불안하게 한다. 그리고 아이는 자신이 불행하다고 느끼게 될지도 모른다.

8장

어린 나르시시스트의 출현

클로이[1]에게는 암울한 10학년 생활을 버티기 위한 자신만의 방법이 있었다. 그녀는 날마다 상류층 가정의 딸이 많이 다니는 사립 여학교인 스펜스 스쿨의 100년 된 건물로 들어가기 전에 완전히 충전한 에어팟을 귀에 단단히 꽂아 넣었다. 친구 없이 복도를 걸어가 매일 혼자서 점심을 먹을 때면 에어팟이 작은 안식처가 되어주었다.

"아무도 우리 애랑 말을 안 했어요." 클로이 어머니의 말이다. 유치원 때부터 알던 친구들조차 그랬다고 했다. "클로이는 늘 혼자 점심을 먹었어요. 주말에도 저녁에도 늘 혼자였어요. 왜 그렇게 됐는지 학교 애들이 전부 알았죠."

2018년 10월, 수학을 잘하는 이 열다섯 살 소녀는 친구 2명과 곧 다가올 핼러윈 파티를 위한 최악의 분장에 대해 농담을 주고받았다. 결과적으로 봤을 때 그것은 큰 실수였다. 셋은 꼽아보기 시작했다. 올해 핼러윈에 우리 셋이 '절대 해서는 안 될' 분장은 뭘까? "조지 워싱턴, 토머스 제퍼슨, 제임스 매디슨." 고리타분함. "양성자, 중성자, 전자." 너무 샌님 과학자 같음. "동위원소, 이온, 불안정한 원자." 셋은 배꼽을 잡고 웃었다. "사인, 코사인, 탄젠트."

클로이는 똑똑한 소녀였고 자신도 그걸 알았다. 학교의 테니스 대표 팀 멤버이고 성적도 최상위권인 클로이는 기발하고 엉뚱한 조합을 떠올려 친구들을 웃겼다. 마치 스케이트보드를 잘 타는 아이가 고난도 기술로 주변 모두를 즐겁게 해주듯이 말이다. 클로이와 친구 2명은 최악의 핼러윈 분장을 돌아가면서 하나씩 말했다.

"탈격, 대격, 주격", "가정법, 동사 원형, 명령법", "모세, 예수, 무함마드", "노예, 원주민, 백인 정착민." 너무 재미있었다! 삶의 대부분을 책상 앞에서 보내는 클로이에게는 숨통이 트이는 시간이었다. 그녀는 계속했다. "자유무역, 부분적 정부 개입, 공산주의", "히틀러, 무솔리니, 스탈린", "인종차별, 성차별, 반유대주의."[2]

후보가 될 만한 것은 거의 다 나왔지만 클로이와 친구들은 여전히 즐거워하며 까르르 웃었다. 어리고 똑똑한 세 소녀는 남자애들이 없는 자기들만의 세상에서 괴짜 천재다운 주제에 대한 관심을 마음껏 표현했다. 클로이는 친구들과 나눈 이 우스꽝스럽고 엉뚱한 대화를 자신의 인스타그램에 올렸다. 이후 평화롭던 그녀의 삶은 완전히 엉망이 되었다.

다음 날 학교에서 반 친구 2명이 클로이에게 다가오더니 클로이의 인스타그램을 보고 기분이 나빴다고 말했다. 클로이는 곧장 사과하고 인스타그램 게시물을 삭제했다. 하지만 너무 늦었다. 두 사람이 클로이를 찾아와 따진 것은 형식적인 제스처였다. 알고 보니 둘은 해당 게시물을 캡처해 학교 측에 제출한 뒤였다. 그들은 클로이가 올린 게시물의 인종차별과 반유대주의 때문에 정신적 피해를 입었다고 주장했다.

다른 학생들도 마치 피 냄새를 맡고 몰려든 상어처럼 행동했다. 그들은 학교에 각자의 불만을 제기했다. 그들은 클로이가 온라인에서 친구들과 "노예와 노예 소유주", "유대인과 히틀러"로 분장하는 것을 주제로 농담했다고 거짓 주장을 했다. 그것 때문에 "겁이 나고 불안감을 느꼈다"고 말했다.

스펜스 스쿨의 제도적 공정성 책임자와 행정 관리자들은 클로이에게 해명을 요구했다. 나중에 클로이의 부모가 제출한 고소장에 따르면 클로이는 당혹감과 억울함에 무너져 내리며 정신 나간 사람처럼 울부짖었다. 전에는 한 번도 이런 곤경에 처한 적이 없는 아이였다.

스펜스 스쿨 측은 클로이 학년의 전체 조회를 두 번 열어(클로이는 참석시키지 않았다) 이 '사건'을 논의했다. 상황은 걷잡을 수 없이 커지고 있었다. 조회 자리에서 학교 측은 클로이가 인종차별적 행동을 했다는 점을 공개적으로 비난했다. 하지만 클로이가 했다는 인종차별적 행동의 구체적 내용은 밝히지 않았다.

고소장 내용에 따르면, 클로이를 비난한 학생 몇 명은 클로이가 올린 게시물을 본 적이 없다고 인정했으며 학교 관리자들 중 누구도 게시물의 내용을 읽어보지 않았다. 클로이를 비난한 학생들의 상처 입은 감정만으로 충분했다. 그들의 고통이 곧 피해가 발생했다는 확실한 증거였다.

클로이의 반유대주의 혐의에 대한 논의가 이뤄지는 동안 학교 관리자 누구도 피해를 입었다는 학생 중에 유대인이 없다는 사실을 언급하지 않았다. 학교 행정관 중에도 유대인은 없었다. 하지만 '클로이'는 유대인이다. 클로이를 고발한 학생 중 다수는 이 일이 있기 2년 전 그녀의 유대교 성인식에 참석했다.

클로이는 상처 입은 학생들에게 여러 번 사과했다. 한 학교 관리자는 클로이가 고발 학생 중 한 명에게 "인종을 언급하며" 사과할 것을 요구했다. "백인 여학생 입장에서" 사과하라는 뜻이었다. 클로이는 그렇게 했지만 그것으로는 충분하지 않았다.

사람들은 "사회적, 정서적 능력 함양"을 중요한 교육적 목표로 표방하는 스펜스 스쿨에서는 학생들 간의 이런 고의적인 잔인 행위가 거의 일어나지 않으리라 추측할지 모른다.[3] '공감'을 핵심 가치로 삼는 학교라면 부당하게 비난받는 10대 여학생의 관점에서 상황을 바라볼 수 있어야 하는 것 아닐까? 공감을 "시민적 참여를 위한 핵심 역량" 중 하나라고 요란하게 강조하는 학교가 어떻게 클로이한테는 그토록 인색하게 공감을 발휘했을까?[4]

감정이 휘두르는 폭정

클로이의 엄마를 만났을 즈음 나는 학교의 치료적 개입이 더 건강하고 정서적 회복력이 강한 아이를 만드는 데 별로 도움이 되지 않는다는 사실을 알고 있었다. 하지만 공감을 강조하는 교육이 적어도 다른 사람을 더 배려하는 환경을 만들었을 것이라 추측했다. '공감'을 가르치는 것은 사회 정서 학습SEL 프로그램을 시행했을 당시부터 지금까지 이 프로그램에서 분명히 밝히고 있는 목표다.[5] 사회 정서 학습 전문 기관인 CASEL에서는 SEL을 청소년이 "다른 사람에게 공감을 느끼고 표현하는" 법을 익히는 프로세스라고 정의한다.[6] 공감 능력은 SEL이 함양하는 "다섯 가지 핵심 역량" 중 하나인 "사회적 인식"의 일부다.[7] 그렇다면 사회 정서 학습을 시행하는데 어째서 학생들 간의 잔인한 공격 행위가 발생하는 것일까?

"사회 정서 학습이 지독한 나르시시스트를 만들어내기 때문이에요"라고 뉴욕의 명문 사립 고등학교에 다니는 아들을 둔 이란 출신 여성 패리사는 말했다. 자신의 감정과 욕구에 집중하라고 가르치니 아이들이 자신의 부정적 감정을 다른 친구 탓으로 돌린다는 것이다.

"아이들은 친구의 말과 행동을 감시하고 통제해야 한다고 느껴요. 누군가의 기분을 상하게 할 수 있는 견해를 지닌 사람은 침묵해야 하죠. 그 견해를 말하면 응분의 결과를 맞게 되고요."

한국계 미국인 케이틀린의 자녀들은 캘리포니아주의 상류층 학교에 다닌다. 그녀는 요즘 명문 사립 고등학교에서는 하나같이 사회적·정서적 능력을 강조한다면서 이렇게 말했다.

"학생의 생각과 감정만 중요하다고 가르쳐요. 어른을 신뢰하고 존경할 필요가 없다는 말이나 마찬가지예요. 어른들은 너보다 잘 모른다, 네가 느끼는 감정만 정확한 거다, 하는 식이죠. 그러니 어린 나르시시스트들을 자유롭게 풀어놓고 서로를 공격할 이유를 제공하는 셈이에요."

치료적 접근법이 만연한 오늘날의 학교 환경에서 아이들은 자기 자신의 감정에만 압도되는 것이 아니다. 그들은 친구들의 감정이 휘두르는 폭정에도 노출돼 있다. 그리고 과거의 학교들이 엄격한 규칙에 따르던 것과 달리, 학생의 감정을 강조하는 오늘날 학교들의 접근법은 변덕스럽고 방향성이 모호하며 사실이나 증거에는 무관심하다. 정서적 피해를 호소하는 아이가 만족할 때까지 처벌은 강해진다. 다음번에는 누가 나를 고발할지 모른다는 불안감은 실수로 떨어뜨린 병마개를 꺼내려고 싱크대의 음식물 쓰레기 분쇄기에 손을 집어넣을 때 느끼는 불안감과 비슷하다. 분쇄기에서 안전하게 손을 꺼낸 뒤에도 누군가가 스위치를 켤지 모른다는 걱정이 머릿속을 떠나지 않는다.

공감은 무조건 좋다는 착각

어떤 사람들은 이렇게 생각할지도 모른다. 학교에서 공감에 대해 잘못 가르치는 것 같다. 그러니 만일 가르치는 방법을 바꾼다면 조화로운 사회적 관계로 가득한 환경이 되지 않을까? 그렇지 않다. 공감을 연구하는 여러 심리학자에 따르면, 부당함과 잔인함은 공감을 우선시하는 것이 초래하리라 '예상되는' 결과일 수 있다. 예일대학교 심리학 교수 폴 블룸Paul Bloom은 저서 『공감의 배신』에서 이렇게 말한다.

"공감은 눈앞의 특정 사람들을 집중적으로 비추는 스포트라이트다. 우리는 그들을 더 잘 보살피게 되지만, 우리의 행동이 가져올

장기적 결과에 둔감해지고 우리가 공감하지 않거나 공감할 수 없는 사람들의 고통을 보지 못한다. 공감은 편향되어 있어서 우리를 지역주의와 인종차별주의 쪽으로 몰고 간다."

이성적으로 우리는 전 세계 수십억 명의 삶을 가치 있게 존중할 수 있다. "그러나 우리가 할 수 없는 것은 그들 모두에게 공감하는 일이다. 사실 우리는 한두 명 이상에게 동시에 공감하기도 힘들다. 한번 해보라."[8]

2명 이상에게 동시에 공감하기 힘든 것은 우리의 잘못이 아니다. 그것은 공감 능력의 자연스러운 한계 탓이다. "공감은 좁은 면적에 초점이 맞춰진 스포트라이트라서, 우리가 사랑하는 이들은 아주 밝게 비추지만 낯설거나 다르거나 무서운 이들이 있는 쪽은 어두컴컴해진다"라고 블룸은 말한다. 우리는 이를 어느 정도 본능적으로 아는 것 같다. 우리가 친족 등용 금지규정을 만든 것은 친족에 대한 자연스러운 공감이 공정을 훼손하고 결과적으로는 집단의 건강을 해친다는 사실을 인정하기 때문이다.

공정을 기준으로 삼으면 모든 사람을 공평하게 대할 수 있는 토대가 생긴다. 그러나 공감을 기준으로 삼으면, 다시 말해 눈앞에 있는 '피해자'의 고통에 집중하면, '외집단'을 훨씬 더 부당하게 대우할 가능성이 크다.[9] 나아가 '모든 이들을' 부당하게 대할지도 모른다. 경찰서장이 무능력한 경찰관에게 공감하며 그를 배려한다면 결과적으로 시민은(그리고 해당 경찰관도) 더 위험해진다.

포유동물의 가장 이타적인 행동은 자식을 위해 뭔가를 할 때 나타난다. 가장 폭력적인 행동도 자식을 지킬 때 나온다. 공감이 인간의 상호작용을 지배하는 키워드가 되면, 내집단 구성원만 지나치게 세심히 보살피는 태도와 외부인에 대한 무관심 및 잔인함이 나타날 수 있다.

그렇다면 때때로 심리 치료사가 부부 관계를 악화하는 말을 하고 그 자리에 없는 배우자를 부정적으로 묘사하면서 내담자에게 무심코 이혼을 권유하는 이유를 알 것 같다.[10] 그런 치료사는 냉정한 것이 아니라 그저 '공감'을 잘하는 것인지도 모른다.

심리 치료사는 돈을 내고 앞에 앉아 있는 내담자에게 쉽게 공감한다. 이때 자신의 입장을 변호할 기회가 없는 사람(예를 들어 내담자와 갈등을 빚는 상대인 엄마)에게는 당연히 공감을 나눠주지 않는다. 치료사가 엄마와 연락을 줄이고 거리를 두라고, 친구에게 '절교'를 선언하는 문자를 보내라고, 또는 '순조로운 이혼'을 위한 방법을 생각해보라고 제안하는 것은 자연스러운 수순이다. 치료사 입장에서 내담자가 상담실 소파에 앉아 흐느끼고 있는데 얼굴도 본 적 없는 그녀의 아이, 즉 인생이 두 동강 나기 직전인 소녀에 대해 생각하는 건 대단히 힘든 일이다.

공감에는 반드시 '누구의 감정을 보살피고 누구의 감정을 무시할 것인가'라는 선택이 동반된다. 사람 사이의 일을 중재하는 길잡이로 공감에 과도하게 의지할 경우 우리가 오늘날 학교에서 목격하는 종류의 부당함이 생긴다. 사회적으로 무시당한 학생을 보호하기 위한 것이라는 여론 조작용 재판, 달갑지 않거나 부적격이라 여겨지는 이들에 대한 끔찍하게 잔인한 행동을 생각해보라. 공감은 좁은 구멍을 통해 집중적 보살핌을 제공한다. 그 구멍 바깥에 있는 이들은 흐릿해져 관심의 시야에서 벗어난다.

학교에서는 친구의 고통을 느낄 줄 알아야 그를 더 올바르게 인간적으로 대할 가능성이 높다는 가정을 토대로 공감 능력을 강조하곤 한다. 그러나 그런 증거는 존재하지 않는다. "나쁜 짓을 하는 사람이 꼭 공감 능력이 낮은 것은 아니며, 나쁜 짓을 하지 않는 사람이 꼭 공감 능력이 높은 것도 아니다"라고 블룸은 말한다.[11]

공정을 기준으로 또는 옳고 그름에 대한 명확한 감각에 따라 행동하는 사람은 상대방에게 공감하지 않아도 다른 사람을 인도적으로 대하는 경우가 많다. 길에서 주운 지갑을 주인에게 돌려주는 사람은 공감 능력이 높기 때문에 그렇게 하는 것이 아니다. 대개는 지갑 주인을 알지도 못한다. 지갑을 돌려주는 것이 옳은 행동이라 생각하기 때문에 그렇게 한다.

반대로 사이코패스는 인지적 공감 능력을 이용해 피해자를 착취한다.[12] 사기꾼, 나이 든 과부를 유혹하는 사람, 다른 사람을 조종해 이익을 얻는 지독한 악당은 모두 그런 '사악한 공감 능력'이 뛰어난 이들이다.

치료적 개입을 중시하고 공감을 강조하는 시스템에서는 부당함을 가장 먼저, 그리고 가장 크게 외치는 사람이 학교 측의 전적인 지원을 받을 수 있고, 학교의 처벌 시스템을 자신에게 유리하게 이용할 수 있다. 그러니 아이들의 정서를 무엇보다 중시하는 우리의 학교들이 윤리적 아수라장으로 변한다 해도 놀랄 일이 아니다.

서로를 고발하는 아이들

치료적 접근법을 취하는 교육 시스템은 학생들에게 이런 메시지를 전달한다. "너는 지금 겪는 갈등 상황을 관리할 수 없어. 너의 내면은 트라우마에 짓눌려 있어서 '트라우마 기반의 돌봄'이 필요해. 너는 늘 자살이나 자해를 생각해. 너는 고장 나고 있거나 이미 고장 났어. 너는 나쁜 성적이나 정해진 과제를 마감할 수 없어." 성적이나 과제 마감은 지구에 학교가 존재한 이래로 아이들이 늘 겪어온 도전인데도 말이다.

전체주의국가에서 삶에 대한 통제권 없이 살아가는 무력한 민중처럼, 아이들은 도구 상자에 남아 있는 마지막 도구로 손을 뻗는다. 고자질 말이다. 내가 만나본 학부모 중 거의 모두가 자녀의 학교에서 아이들이 선생님에게 친구를 고자질하는 일이 비일비재하다고 걱정스럽게 말했다. 심지어 고등학교에서도 흔했다.

사립학교 학부모에게 컨설팅을 제공하는 엘런은 요즘 청소년들 사이에 유행하는 기이하고 섬뜩한 행동을 말해주었다. '만약을 위해서' 많은 청소년이 친구가 잘못한 일의 증거가 될 수 있는 것을 캡처해 저장해둔다는 것이었다. 고발자에게 복수해야 할 상황이 올 경우를 대비하기 위해서다.

엘런이 운영하는 컨설팅 회사의 주요 업무는 다른 학생에게 고발당한 아이의 가족에게 조언을 해주는 것이다. 그런데 그런 아이의 부모가 엘런에게 도움을 청하러 연락할 때, 대개 그 부모 역시 고발 대상인 학생에 대해 폭로할 만한 정보를 보여준다고 한다. 처음에 엘런은 깜짝 놀라서 물었다. "이 오래된 사진을 어떻게 구하셨어요?" 학부모의 대답은 항상 같았다. "아, 대화창에서 친구들이 인종차별적 발언을 하거나 부적절한 이야기를 했을 때 우리 애가 캡처해서 저장해놨어요. 혹시 몰라서요."

그것은 일종의 보험이다. 한편으론 협박 도구가 될 수도 있다. 내가 보기에 완전히 미친 짓이다.

"소년법에서 18세 이전 범죄 기록을 봉인하도록 허용하는 이유는, 실수를 저지른 어린 청소년이 깨끗한 기록으로 새롭게 출발하는 것이 중요하다는 사실을 사회가 인정하기 때문입니다."

엘런의 말이다. 하지만 누군가가 인종차별을 했다거나 특정 그룹 사람에게 혐오 발언을 했다는 청소년의 주장은 진위가 입증되지 않아도 실재적 피해를 야기한다. 또 그런 주장은 법정에서 이뤄지는 것이 아니므로 봉인되지도 않는다. 그 정보는 아이들의 전화기 안에 존재한다. 최악의 경우 수십 년 동안, 어쩌면 남은 평생 동안 고발당한 아이를 꼬리표처럼 따라다닐 수도 있다.

나는 엘런의 이야기를 들으면서 이것이 특정 지역의 현상인지 궁금해졌다. 결과적으로는 아니었다. 2020년 7월 《뉴욕 타임스》는 대학이 인종차별이나 기타 부적절한 내용이 담긴 스냅챗 커뮤니케이션, 인스타그램 게시물, 또는 문자메시지 캡처 파일을 받은 후 학생의 입학을 취소한 사례 수십 건에 대해 보도했다. 이들 자료는 다른 학생들이 대학에 보내준 것이었다.[13] 일부 동영상과 캡처 파일은 수년 전에 일어난 일과 관련된 것이었다. 즉 학생들이 그것을 수년 동안 보관하고 있었다는 뜻이다.

이것은 우리가 아이들에게 만들어준 삶이 가져온 결과다. 유아용 침대에 누운 아기처럼 감시받고 정신 병동에 있는 환자처럼 취급받는 그들은 서로를 신뢰할 수 있다고 또는 갈등을 스스로 해결할 수 있다고 믿지 않는다. 그들은 점점 '원한을 품은 밀고자'처럼 행동한다. 스탈린이 다스린 옛 소련이나 마오쩌둥이 통치한 중국에서 이웃을 감시하고 밀고하던 딱한 국민이 연상된다. 친구와 겪는 평범한 갈등을 해결하는 것은 그들 권한 밖의 일처럼 느껴진다. 선생님이나 학교 관리자에게 알리는 편이 더 낫다. 그들의 행동은 훌륭한 사회의 일원이 보이는 행동이 아니다. 그들은 모든 질서가 붕괴된 사회의 생존자처럼 행동한다.

나중에 친구를 공격하기 위해 캡처 파일을 몰래 저장하는 것이 얼마나 심각한 비도덕적 행동인지 생각해보라. 그것은 비윤리적인 행동을 습관적으로 아무렇지 않게 하는 것과 같다. 요즘 청년들은 문제적 표현, 예를 들어 특정 그룹에 모욕적이거나 정치적 올바름이 결여됐다고 여겨지는 표현을 대체하는 새로운 용어(그런 용어는 계속 늘어난다)를 사용하지 않았다는 이유로 교수를 학교 측에 신고한다. 그들은 복수심을 품은 검사처럼 저돌적인 태도로 인사 팀에 불만스러운 상사의 태도에 대해 신고한다. 그들은 수줍음이나 어색함도 없고 자기 성찰도 없다.

우리가 다음으로 당연히 던지게 되는 질문은 이것이다. 누가 이 아이들을 키웠는가?

9장

권위 잃은 부모,
무너지는 아이들

나와 남동생은 흔히 말하는 '열쇠 아동'이었다. 부모님이 맞벌이를 해서 방과 후에 스스로 열쇠로 문을 열고 집에 들어갔다는 이야기다. 매일 오후 3시 45분에 스쿨버스가 메릴랜드주 교외에 있는 집에서 한 블록 떨어진 곳에 우리를 내려주었다. 그러면 우리는 늦은 오후의 조용하고 어둑한 빈집에 들어가 친구가 되어줄 텔레비전을 켰다. 오후 4시에는 만화 〈배트맨Batman: The Animated Series〉을 보고 그다음에는 시트콤 〈베이사이드 얄개들Saved by the Bell〉을 봤다. 배가 고프면 헬시 초이스Healthy Choice 냉동식품을 전자레인지에 돌리거나 캔에 담긴 셰프 보야디Chef Boyardee 라비올리를 데워 먹었다. 가끔은 학교 숙제도 했다. 물론 안 할 때가 더 많았지만 말이다(아무도 확인하는 사람이 없었다).

이웃 사람이나 친구들 중 누구도 우리가 방치되고 있다고 여기지 않았다. 우리 부모님은 두 분 다 변호사였다. 엄마는 적어도 5시까지는 직장에 묶여 있었고 훨씬 더 늦게 퇴근하는 날도 가끔 있었다. 집에는 비상시에 연락할 수 있는 전화기가 있었다. 외로움과 따분함이 우리의 마음과 머리를 뒤흔들었다. 우리 동네에 사는 아이들 대부분이 비슷했다. 그중 몇몇은 말썽을 일으켰다. 이성과 성적인 모험을 즐기고, 담배를 피우고, 공사 중인 집의 단열재 벽에 구멍을 냈다(맞다, 마지막 것은 나도 했다).

내 세대 부모들은 당시 미국 역사상 이혼율이 가장 높은 세대였다.[1] 그때 어른들은 이혼이 모두를 위한 최선의 선택인 것처럼 행동하곤 했다. 그들은 부모님이 새로운 사람을 만나서 행복해하는 모습을 보면 아이들도 행복해진다고 말했다. 하지만 수학 교과서를 아빠 집에 깜빡하고 놔두고 왔는데 주말이 돼야만 아빠를 다시 볼 수 있어서 어쩔 수 없이 교과서 없이 학교에 온 아이들은, 아빠가 더 행복한 삶을 시작했다고 해서 딱히 더 행복해 보이지 않았다. 그 애들은 그저 수학 교과서가 없는 아이일 뿐이었다.

내 세대에 속하는 많은 이들에게 청소년기는 시련의 시기였다. 성인이 된 후 그중 많은 이들이 심리 치료를 받았다.[2] 우리는 자식을 낳았고, 대개는 심리 전문가나 정신과 의사가 쓴 양육서를 열심히 찾아 읽으며, 우리의 어린 시절을 재평가했다.

달콤한 설탕 가루 속에서는 꽃이 피지 않는다

우리 세대는 다들 어릴 때 이따금 부모님한테 엉덩이를 맞았다.

그런데 갑자기 그것이 수치스럽게 느껴졌다. 학대처럼 보이기 시작한 것이다. 우리는 부모님한테 말대꾸를 하거나 버릇없이 굴면 큰 소리로 혼나거나 벌을 받곤 했다. 그래서 우리는 자녀에게 그런 행동을 해서는 절대 안 된다고 느꼈다. 우리 세대의 대부분은 학교가 끝나고 오면 부모님이 집에 없었다. 뒤돌아보니 그런 방치는 아동보호 서비스 기관에 신고당할 사유처럼 보였다. 우리 세대의 부모님은 자녀의 축구 경기를 보러 오는 일이 드물었다. 하지만 우리는 연습 경기에만 못 가도 마치 아이를 대도시의 버스 터미널 한복판에 버리고 온 것 같은 기분이 들었다.

우리 세대 중 대다수가 꽤 괜찮은 성인이 됐다는 사실이 뜻밖의 행운처럼 느껴졌다. 결혼을 하고, 친구를 사귀고, 직장을 착실히 다니고, 때론 남들이 의지할 수 있는 사람이 됐다는 사실이 말이다. 우리는 부모님의 형편없는 양육 방식에도 '불구하고' 정상적이고 쓸 만한 성인이 됐다고 여겼다. 만일 더 부드럽고 정서적으로 더 세심하게 챙기는 부모님 밑에서 자랐다면 훨씬 훌륭한 사람이 됐을 것이라고 생각했다.

우리는 부드러운 목소리로 말하고, 아이와 눈높이를 맞추고, 늘 아이의 기분과 감정에 대해 물었다. 당연히 그렇게 해야 할 것 같았다. 온화하고 평온한 아이로 키우고 싶다면? 온화하고 평온한 양육 방식을 택해야 한다. 우리는 아이를 위해 어떤 결정을 내릴 때마다 아이의 의견을 물었다. 아이에게 '우리'가 하는 일에 대한 피드백을 요청하기도 했다.

오늘날 양육에 동반되는 지나친 불안감을 나 자신에게 처음 목격한 것은 네 살짜리 쌍둥이 아들들의 피아노 레슨을 시작했을 때다. 금욕주의를 풍기고 비싼 향수 냄새도 풍기는 러시아 출신의 유대인 이민자인 피아노 선생님이 일주일에 한 번 웨스트 로스앤젤레스에 있는 우리 집을 방문했다. 그녀는 레슨 시간 30분 동안 쌍둥이에게 피아노 앞에 똑바로 앉는 법과 건반에서 '가운데 도'를 찾는 법을 가르쳤다.

아이들은 큰 보표를 확대해 그린 종이 위에서 손가락으로 오선과 선 사이의 공간을 짚어가며 "Every Good Boy Does Fine"과 "All Cows Eat Grass"를 반복했다(앞의 것은 높은음자리표의 다섯 개 선 위의 음, 즉 미(E), 솔(G), 시(B), 레(D), 파(F)를 쉽게 외우기 위해, 뒤의 것은 낮은음자리표의 오선 사이사이 공간에 있는 음, 즉 라(A), 도(C), 미(E), 솔(G)을 외우기 위해 사용하는 문장이다.—옮긴이). 시간이 흐르자 아이들은 아주 간단한 곡을 뚱땅거리며 제법 그럴듯하게 연주하기 시작했다. 선생님은 흐뭇해했지만 나는 그렇지 못했다.

"아이들이 피아노를 배우기 시작한 게 '당신'의 결정이었나요, 아니면 '아이들'의 결정이었나요?" 다른 엄마들이 이렇게 물을 때면 나는 "둘 다예요"라고 했지만 거짓말이었다.

그 질문 때문에 피아노 레슨을 중단하지는 않았지만, 그 질문은 나를 당황하고 불안하게 했다. 나는 아이들이 '여전히 피아노 치는 걸 재미있어하는지' 자꾸 확인했다. 그리고 아이들이 선생님한테 배우는 걸 좋아한다고 말하면서 피아노 선생님을 안심시켰다.

그러던 어느 날 선생님이 솔직한 생각을 말했다. "어머님, 자꾸 확인하지 마세요. 아이들은 피아노를 치고 싶은 날도 있고 치기 싫은 날도 있는 법이에요. 애들은 원래 그래요. 그게 정상이에요. 그러니 그만 물어보세요."

나는 어쩌다가 우리 아이들이 삶의 모든 순간에 즐거움을 느껴야 한다고 생각하게 됐을까? 왜 그렇게 불안했을까? 나는 어렸을 때 여러 종류의 레슨과 스포츠를 하기 싫어도 억지로 참으며 했다. 그중 몇 가지는 꾸준히 했지만 대부분은 중간에 그만두었다. 우리 부모님은 내게 몇 살부터 탭댄스를 가르치는 게 가장 좋은지 고민하느라 밤잠을 설치지 않았다. 아무도 제2의 보쟁글스Bojangles(미국의 유명한 탭 댄서 빌 로빈슨Bill Robinson의 별명—옮긴이)가 되고 싶은 내 꿈을 관리하고 감독하지 않았다.

부모가 된 우리는 엄격하거나 무심한 것, 심지어 자연스러운 본능에 따라 양육하는 것도 바람직하지 않다고 생각했다. 이상적인 부모가 되려면 끊임없는 노력과 훈련이 필요했다. 모든 부모가 아마추어 심리 치료사가 되었고, 모든 심리 치료사(자녀가 없는 사람도)는 양육 전문가로서 도움을 주었다. 우리는 아이에게 전통적인 부모처럼 말하지 않고 심리 치료사처럼 말했다. "새미, 기분이 안 좋은가 보구나. 동생을 괴롭히는 것 말고 다른 방법으로 너의 답답한 감정을 표현해보면 어떨까?"

우리는 '무조건 긍정적으로 존중'하고 공감하며 열심히 들어주는 것이 일주일에 한 번 50분간 내담자와 마주하는 심리 치료사에게는 가능하지만, 긴 세월 동안 자녀와 수없이 많은 시간을 보내며 온갖 상황을 겪어야 하는 부모에게는 현실적으로 더 힘든 일이라는 사실을 떠올리지 못했다.

우리는 지치고 피곤했지만 강도 높은 피로감이 우리가 좋은 부모라는 증거라고 생각했다. 엄마들은 1960년대 부모보다 50퍼센트 더 많은 시간을, 아빠들은 2배 더 많은 시간을 자녀에게 쏟고 있었다.[3] 우리는 '분명히' 더 좋은 부모 역할을 하고 있다고 믿었다.

하지만 객관적 지표에 따르면 아니었다. 우리는 일단의 문제를 또 다른 문제로 대체했을 뿐이었다. 우리가 하는 모든 행동은 훌륭하고 바람직하게 느껴졌다. 그런데도 결과물은 엉망처럼 보였다.

우리 아이들은 기분을 물으면 우울하다고 대답했다. 방에서 잘 나오지 않았다. 데이트를 하지 않았다. 그들은 부모님 집으로 돌아와 함께 살았다. 결혼하거나 아이 낳는 것도 원하지 않았다.[4] 그들은 4~6종류의 정신과 약물을 복용했다. 그럼에도 우울이나 불안에서 벗어나지 못하는 것 같았다. 때로는 모든 감각이 둔해진 것처럼 보였다.

우리는 온화하고 부드럽게 양육하면 아이들이 잘 자랄 것이라 믿어 의심치 않았다(아무 증거도 없이 말이다). 꽃이 달콤한 설탕 가루 속에서 핀다고 생각했다.

그러나 아니었다. 꽃은 흙에서 가장 잘 자란다.

'그만해, 털어버려' 양육법

한때 미국에는 더 남성적인 양육 스타일이 존재했다. 전통적으로 아빠가 사용한 방식이다(하지만 이것을 훌륭하게 활용하는 엄마들도 물론 있었다). 나는 이것을 '그만해, 털어버려' 양육법이라고 부른다.[5] 이 양육법에서는 아이가 친구들과 다투면 '스스로 해결하게' 하고, 아이가 불행한 일을 만났을 때 '그런다고 안 죽는다, 별일 아니다'라고 말했다. 아이에게 다시 도전해 앞으로 나아가라고 하는, 사랑을 담고 있으면서도 단호한 말이었다.

'그만해'라는 단호한 꾸짖음으로 모든 종류의 잘못을 다스릴 수는 없었다. 하지만 이 말은 아이가 자신의 행동이 왜 잘못됐는지 생각하도록 하고 그 행동을 그만둬야 할 책임을 부여했다. 부모는 장황한 설명을 달지 않았다. 아이에게 상식적인 판단력이 있다고 믿거나, 그런 판단력을 기르도록 이끌었다. 부모가 정해둔 규칙에는 예외와 제2의 대안이 있었지만, '그만해'라는 말은 부모가 아이 일에 지나치게 관여하고 싶은 생각이 없다는 신호를 전달했다. 단순하고 명확한 규칙을 알아서 잘 지키도록 키우는 양육법은 자녀가 훗날 수십 번씩 질문해야 업무를 완료하는 골칫거리 직원이 아니라 규칙과 지시를 스스로 이해하며 직장 생활을 잘하는 성인이 되도록 했다. '그만해' 양육법은 '넌 똑똑한 아이니까 알아서 해봐'라는 의미였다. 하지만 '넌 할 수 있어'라는 뜻이기도 했다.

'털어버려'라는 말은 물론 심각한 상처를 해결해주진 못했다. 그러나 그것이 이 말의 목적은 아니었다(잔혹함을 즐기는 인간이 아니고서야 어떤 부모도 아이가 다리가 부러진 채로 달릴 수 있다고 생각하지는 않았다). 그리고 대개는 부모 중 다른 한 사람, 즉 더 부드러운 쪽이 '털어버려'라는 말에서 느껴지는 매정함을 상쇄해주는 역할을 했다. 하지만 '털어버려'라는 말은 아이의 가벼운 두통과 부상에 대해 응급실 초진 간호사 같은 역할을 했다. 그 말은 아이에게 상처나 두려움, 실패 가능성 따위에 짓눌릴 필요 없다는 확신을 심어주었다. 아이에게 엄한 사랑과 정서적 지원을 보내는 나름의 방식이었다. 그에 따라 아이들에게 잠재적 위험과 장애물을 무시한 채 낙관적 태도로 세상 속으로 용감하게 들어가라고 가르쳤다. 냉소적인 누군가는 너무 순진한 관점이라고 할지 모르지만, 다른 이들은 그것을 용기라고 부른다.[6]

지난 20~30년 사이 엄한 사랑과 규칙 기반의 양육법은 흔적조차 없이 사라지고 그 자리에 공감을 더 중시하는 양육법이, 즉 과거에 '엄마' 스타일로 여겨진 양육법이 들어섰다. 대부분의 아빠는 그들의 아버지가 취했던 접근법이 틀렸고 자연스러운 본능에 기대 양육하는 것은 부적절하다는 말을 듣거나 그렇게 느껴왔다.

하지만 오늘날은 그렇다고 엄마가 양육을 전담하는 것도 아니다. 엄마로서 역량을 키우기 위해 수많은 책을 읽어야 한다는 사실을 생각해보라. 엄마들은 남편의 양육법을 믿지 못하기도 하지만, 자신의 능력이 그보다 아주 조금 나은 수준일 뿐이라고 생각한다. 그렇다면 엄마의 부모들이 사용한 방식은? 그것은 두꺼운 업종별 전화번호부만큼이나 시대에 뒤떨어진 방식이다. 대부분의 정신 건강 전문가와 달리, 엄마의 부모 세대는 자녀를 자립적이고 능력 있으며 다른 사람이 의지할 수 있는 괜찮은 시민으로 키워냈다. 하지만 그들은 자녀 양육에서 징계와 벌이라는 방식을 애용했다. 따라서 엄마들은 자신의 부모 세대의 양육법을 주저 없이 버린다. 대신 심리 치료 전문가에게 배운 표현을 사용한다("하퍼, 우리 함께 숨을 크게 들이마셔볼까?").

엄마들의 심리 치료사는 안정적인 결혼 생활을 해본 경험이 없을지도 모르고 자식을 한 명 이상 키워본 적도 없을지 모른다(게다가 그가 자녀를 얼마나 잘 키웠는지는 아무도 모른다). 하지만 심리 치료사는 정신 건강에 대한 모든 것을 아는 전문가다. 따라서 틀림없이 양육에도 해박한 지식을 갖추었을 것이다. 심지어 실제로 아이를 키운 사람보다 더 잘 알 것이다. 이는 섹스하는 방법에 대해 생물학자에게 조언을 구하는 것과 비슷하다.

적어도 지난 20~30년 동안 엄마들은 자녀를 웰니스 문화에 만연한 엉터리 치료에서 지키지 못했다. 오히려 '대리' 심리 치료사가 되어 자녀에게 나쁜 치료를 하고 있다. 아이의 감정은 점점 더 다루기 힘들고, 엄마의 인위적인 질문 전술에도 행동을 통제하기 어렵다. 엄마는 인내심이 바닥나면 자녀를 날카로운 눈으로 쳐다보면서 자녀에 대한 평가를 하향 조정한다. '매디에게 심각한 문제가 있으니 전문가 선생님한테 본격적으로 도움을 받아야겠어.'

"엄마 얼굴을 주먹으로 한 대 치고 싶어요"

2021년 9월 어느 날 나는 부부 다섯 쌍이 모이는 저녁 식사 자리에 참석했다. 다들 중·상류층에 속하는 젊은 부부로 웨스트 로스앤젤레스의 부촌에 살았다. 한 아버지('앨런'이라고 부르겠다)가 상기된 목소리로 아내가 아이를 잘못 키운 엄마를 놀이터에서 보았다고 했다. 젊고 부유한 엄마가 고집을 피우며 반항하는 여섯 살짜리 아들과 낑낑대며 씨름하고 있었다. 엄마는 아들에게 이렇게 말했다. "5분만 얌전히 있으면 이따가 집에 가서 네가 원하는 걸 뭐든지 들어줄게. 뭘 하고 싶니?"

그러자 아이는 엄마 얼굴을 똑바로 쳐다보며 대답했다. "엄마 얼굴을 주먹으로 한 대 치고 싶어요."

우리는 일제히 웃음을 터뜨렸다. 그 웃음에는 우리 역시 어린 폴 포트Pol Pot(캄보디아의 악명 높은 독재자—옮긴이)를 키우고 있으면 어쩌나 하는 불안감이 담겨 있었다. 그런데 그때 앨런이 말했다. "나는 얼마나 많은 전문가 상담이 필요하든, 얼마나 많은 돈이 들어가든 기꺼이 하겠어요. '그 지경'에 이르지 않을 수만 있다면 말이에요."

오늘날의 부모들이 빠져 있는 끔찍한 함정을 뚜렷하게 보여주는 순간이었다. 아마도 자신의 부모보다 더 온화하게 자녀를 기르려 안간힘을 썼을 놀이터의 젊은 엄마는 아들의 멸시를 마주했다. 그리고 앨런은 전문가의 도움을 받으면 틀림없이 자녀를 통제하는 데 필요한 부모의 권위를 확고히 할 수 있다고 믿었다.

놀이터의 여성과 같은 엄마들은 우리 주변 곳곳에 있다. 그들은 긍정적 유인을 활용하는 전문가 기법을 실천하고, 행동에 상응하는 적절한 결과를 생각해내며 얌전하게 굴라고 아이에게 애원하고, 자신이 키우는 아이를 두려워한다.

꾸짖지 않는 부모들

내 지인의 아내는 육아 코치다. 그녀는 온라인에 올린 인기 동영상에서 이렇게 말한다. "자녀가 당신을 때리거나 발로 차거나 물거나 할퀼 때 어떻게 해야 좋을지 몰라 당황한 적이 있나요? 만일 그렇다면 이런 방법을 써보세요!"

당신은 당신의 부모님이 그런 상황에서 어쩔 줄 몰라 하는 모습이 상상되는가? 네다섯 살쯤 된 당신이 부모님을 발로 차거나 때리거나 무는 것을 상상할 수 있는가?

당신은 이런 생각을 할지 모른다. '우리 부모님 같았으면 회초리를 들었지.' 또는 이런 생각도 할지 모른다. '하지만 나는 부모님이 무서웠어. 나는 아이들이 나를 무서워하는 걸 원치 않아.' 걱정할 필요 없다. 요즘 아이들은 절대로 부모를 무서워하지 않는다. 그들은 자기 부모가 착한 사람이라고 생각한다. 그리고 자주 부모를 얕잡아본다.

위에 말한 육아 코치는 자녀에게 이렇게 말하라고 권한다. "엄마가 초록색 컵이 아니라 파란색 컵을 줘서(또는 애써 만든 요새를 이제 그만 치우라고 말해서) 네가 화났다는 것 알아. 하지만 다음번에 네가 또 화가 날 때는 주먹을 꽉 움켜쥐거나 바닥에 발을 쿵쿵 굴러보자. 아니면 뭐가 문제인지 엄마한테 이야기하렴. 그러면 엄마가 도와줄게."

이것은 『아이 문제 99%는 부모의 말에서 시작된다』와 『유별난 내 아이 특별하게 조금 다르게』를 비롯해 치료적 접근법을 취하는 많은 육아서에서 제시하는 각본이다. 아이가 잘못된 행동을 할 때는 항상 '치료적' 접근법이 권고된다. 부모의 잣대로 아이를 판단하지 말라는 뜻이다. 부모에게는 아이의 불만을 이해할 의무가 있지만, 아이에게는 충동을 통제하는 법을 익힐 의무가 없다.

보통 그런 부모는 벌주는 것을 무조건 피한다. 기껏해야 아이가 자신이 한 행동의 결과를 감수하게 하는 정도다. 아이가 장난감을 벽에 던져서 부서지면 부모는 "장난감이 부서졌으니 슬프지 않니?"라고 말한다. 아이가 벽에 낙서하면 "엄마는 누군가 벽에 낙서하면 기분이 좋지 않아. 벽을 새로 칠하는 걸 도와줄래?"라고 말한다. 이렇게 아이가 한 행동의 '결과'를 설명해준다.

그런데 '결과'가 실제로는 결과가 아닐 때 애매한 혼란이 발생한다. 사실 따지고 보면 벌을 주는 것인데 부모가 '행동의 결과'인 것처럼 설명하는 경우가 그렇다. "네가 음식을 바닥에 던졌기 때문에 나는 너를 공원에 데려갈 수 없게 됐어. 나는 음식을 던지는 사람은 공원에 데려갈 수 없단다. 왜냐하면 공원에 가는 대신 그 시간 동안 바닥을 청소해야 하기 때문이야. 너도 엄마가 청소하는 걸 도와주겠니?"

이런 말은 아이에게 혼나거나 벌 받는다는 기분을 주지 않는다. 부모가 권위 있는 태도를 보이지 않았기 때문이다. 부모는 그저 일어난 상황을 '설명'하고, 권위적인 태도 없이 새로운 일(청소)을 '함께' 하자고 권유한다. 그리고 "이건 내가 만든 규칙이 아니야. 그저 있던 규칙을 따르는 것뿐이야"라는 듯한 태도로 한발 물러선다.

하지만 이것은 말도 안 되는 소리다. 부모는 바닥에 음식을 던진 아이를 공원에 '데려갈 수 있다.' 그저 부모가 데려가지 않기로 했을 뿐이다. 공원에 가지 않는 것은 아이가 한 행동의 불가피한 결과가 아니라 부모가 한 선택이다. 그리고 규칙을 만든 것은, 또는 적어도 육아 전문가가 권고한 규칙을 사용하기로 선택한 것은 '부모 자신'이다. 하지만 부모는 심리 치료사처럼 행동하려 애쓰고, 도덕적 판단을 하지 않으며, 잘못된 행동을 한 자녀를 꾸짖지 않고, 상황에 대한 통제권이 없는 사람처럼 군다.

훈육은 '취향'의 문제가 아니다

인간의 번식 욕구를 없애고 싶다면, 그래서 마침내 환경 운동가들이 말하는 '인구 증가 억제'를 달성하고 싶다면 사람들에게 〈슬레이트Slate〉의 육아 페이스북 그룹에 가입하라고 권하는 일부터 시작하면 좋을 것 같다.

교육 수준이 높고 성실한 진보 성향의 독자 1만 8,000명이 정회원으로 활동하는 〈슬레이트〉 육아 페이스북 그룹에 들어가면, 심리치료사에게 의지하는 부모들이 고민을 털어놓고 마찬가지로 혼란에 빠진 다른 부모들에게 조언을 구하는 모습을 볼 수 있다. 사회경제적 지위가 높은 편인 이 부모들은 다양한 육아서를 찾아 읽고 육아 관련 팟캐스트도 열심히 듣는다. 그중 다수가 부모는 자녀에게 명령이 아니라 선택권을 줘야 한다고 말하는 심리 치료 기반 모델인 '온화한 양육'을 충실하게 실천한다[7](부모가 따라야 하는 지시는 많지만 자녀가 받는 지시는 없다).

이들 부모는 모든 행동을 '의도를 갖고' 한다. 심지어 아이를 낳기 전부터 특정한 육아 철학을 선택했다. 그렇다면 그것이 효과가 있을까? 없다. 단순히 없다는 말로는 부족할 만큼 '전혀' 효과가 없다.

그들은 자녀가 '감각 발달'에 문제가 있는 것 같으면 구름처럼 최대한 부드럽고 편안한 소재로 만든 옷을 찾아다니고 모든 속옷의 상표 라벨을 잘라낸다. 아이가 화장실 변기 소리를 청각적으로 불편해하면 부모는 변기 물 내려가는 소리가 조용한 학교를 찾는다. 아이가 머리에 물이 쏟아지는 걸 싫어하면 아이의 머리를 가급적 감기지 않는다. 그리고 그런 아이는 목욕을 갈수록 더 완강하게 거부한다.

이 페이스북 그룹에서 에이린이라는 회원이 답답함을 토로하며 이런 글을 올린다. "세 살배기가 자기 행동의 결과를 받아들이게 가르칠 방법을 조언해주실 분 없나요? 저를 때리거나 발로 차거나 소리를 지르는(딱히 자극하지 않았는데도 그래요) 아이를 진정시키려면 어떻게 해야 하나요? 아이의 화를 해결해주려 노력해보고 타임아웃도 해봤어요. 그런데 타임아웃을 하면 아이가 굉장히 폭력적으로 변해요(손에 닿는 물건을 있는 대로 집어 던져요). 제가 있으면 저를 공격하고요."

그러자 다른 누군가가 이런 답변을 해준다. "우리 집에는 다양한 감정 어휘가 적힌 포스터 및 카드와 쿠션을 갖춰놓은 '감정 조절 장소'를 아이 방과 거실에 마련해놓았어요." 또 다른 엄마는 "아이로 하여금 사과를 담은 특정한 행동을 하게 하세요"라고 조언한다. 그러면 폭력적인 아이가 "격리되거나 억지로 가만히 있어야 하는" 고통을 겪지 않아도 된다는 것이다.

'리코'라는 회원은 이렇게 제안한다. "우리는 애들한테 '아빠는 네가 아빠를 때리는 게 싫어. 그러니까 지금 이 상황에서 빠지고 너랑 놀아주지 않을 거야'라고 말해요."

부모들은 자녀에게 "안 돼"라는 말을 절대 하지 않는 것을 자랑스럽게 생각한다. 그들은 타임아웃이 잔인한 벌이고 '강한 부정적 감정을 자극한다'고 여긴다. 아이를 방 안에 혼자 격리한다니? 그건 정서를 망가뜨리는 짓이고 말도 안 되는 벌이다.

심지어 폭력성을 보이는 아이에게도 벌을 주지 않고 도덕적 판단도 하지 않는다. 대신 "아빠는 네가 아빠를 때리는 게 싫어"라고 자신의 취향을 선언한다. 훈육이 마치 개인적 취향 문제인 것처럼 말이다. '취향에 대해서는 논쟁이 있을 수 없다De gustibus non est disputandum'라는 라틴어 문구가 떠오른다. 이 부모는 '나는 맞는 게 싫단다. 남들은 다를 수도 있지만 말이야'라고 말하는 셈이다.

그런데 이런 종류의 선언이 아이의 파괴적 행동을 중단시킬까? "아이는 바닥에 드러누워서 요란하게 울어젖히곤 해요. 하지만 그것도 학습 과정의 일부죠"라고 리코는 말한다.

나는 시베리아 호랑이와 벵골 호랑이 교배종을 뉴욕 할렘의 아파트에서 키운 남자를 직접 만나 이야기를 나눠본 적이 없다.[8] 하지만 이 부모들을 보니 그 남자가 어떤 기분이었을지 상상이 갔다. 이미 오래전에 통제할 수 없게 되어버린 야생동물의 심기를 건드리지 않으려고 생닭을 장대에 꽂아 열린 창문으로 넣어주던 남자 말이다.

"아이의 감정을 조절하기 위해 무게감 있는 동물 인형이나 담요 같은 감각 발달 도구를 사용해본 분이 있나요?"라고 어느 회원이 묻자 다른 회원이 대답한다. "저는 다른 방법을 썼어요. 아이를 부드럽게 방으로 데리고 들어간 뒤 아이의 화가 가라앉을 때까지 꼭 안고 있었어요." 그것 참 쉬운 방법이다. 그저 성질부리는 아이를 방에 데리고 들어가 약 20분 동안 꼭 안고서 진정시키기만 하면 되니까 말이다(당신이 이 방법을 시도할 때 가스레인지에 올려둔 냄비가 없기를, 그리고 이 방법이 필요한 또 다른 자녀가 없기를 기도하겠다!).

〈슬레이트〉 육아 페이스북 그룹 부모들에게는 유치원에서 자기가 원하는 장난감을 다른 아이가 가져가면 사납게 화를 내며 성질을 부리는 자녀가 많다. 또는 아무 이유 없이 그러기도 한다. "우리 애는 세 살 반이에요. 자신이 한 행동에 어떤 결과가 따르든 상관하지 않는 것 같은데, 어떻게 하면 좋을까요? 굉장히 똑똑하고 감각 처리 문제가 약간 있어요. 저는 온화한 부모가 되려고 늘 노력해요(신체적인 벌은 절대로 주지 않죠). 애한테 너무 자주 소리를 지르는 것 같긴 하지만요."

'홀리'라는 엄마가 약간 절망적인 어조로 하소연한다. "조그만 게 힘은 또 얼마나 센지 몰라요. 타임아웃을 시도했는데 제가 내내 붙잡고 있어야 했어요. 그리고 대개 아이 주먹에 얼굴을 맞고 말아요(대부분 애랑 씨름하다가 우연히 맞는 거예요)." 그녀는 자신이 학대받는 엄마 증후군의 주인공이라는 사실을 모른다.

"아이에게 허락하는 전자 기기 사용 시간을 줄였는데, 그래도 효과가 없는 것 같아요. 소파에 올라가서 마구 뛴다니까요. 너무 위험한데 말이에요. 또 화가 나면 여동생한테 조그만 장난감 자동차를 집어 던져요. 우리 애가 혹시 소시오패스일까요? 도와주세요!"

이 엄마는 나름 유머를 가미하려고 소시오패스라는 단어를 언급한다. 머리에 금속 장난감 자동차를 맞은 아이는 과연 그 상황이 재미있을까? 장난감 자동차는 싸울 때 손에 드는 무기로도 훌륭하지만 상대에게 던지면 훨씬 더 훌륭한 무기가 된다. 하지만 이 엄마는 장난감 자동차를 빼앗거나 아들을 방에 격리하지 않는다. 기껏해야 비싼 게임기 사용 시간을 줄일 뿐이다.

게다가 아들의 잘못된 행동을 제지하는 유일한 이유는 그것이 괴물 자신에게 '위험하기' 때문이다. 그녀는 "가구에 올라가서 뛰지 마. 그러다 부서져", "네 것이 아닌 물건 위에 올라가서 뛰면 안 돼"라고 말할 줄 모른다. 언젠가 이 아이가 남의 집 소파를 망가뜨려놓고 죄책감을 느끼지 않는다고 해도 이상하지 않을 것 같다. 아이는 그것이 잘못된 행동이라는 말을 들은 적이 없고, 파괴적 충동을 억누를 수 있으며 마땅히 그래야 한다고 배운 적도 없으니까 말이다.

이 엄마는 전문가의 도움을 받으면 좋지 않을까? 그녀는 이미 전문가를 만나봤지만 효과가 없었다. "사실 이 문제 때문에 작업 치료사의 도움도 받아봤어요. 제 아들은 잘 때 압박 침구(몸에 쫙 붙어 압박해주는 침구—옮긴이)를 사용해요. 감각 처리 문제에 도움이 되는 여러 가지 활동도 함께 하고요. 팬데믹 격리로 아이의 일상이 완전히 달라져서 문제가 생긴 건 아니에요. 문제는 그 전부터 있었어요. 아이가 제 말에 귀를 기울이게 할 방법, 제가 진심으로 노력하고 있다는 걸 아이가 알 수 있게 할 방법을 알려주세요." 제발 아이가 여동생을 장애인으로 만들기 전에 그 방법을 찾길 바란다.

이 과정에서 아이의 형제나 그 밖의 사람들을 고려하는 경우는 거의 없다. 그들이 행복할 권리는 시야에서 사라진다. 엄마의 공감은 철저히 한 사람에게만 향하며, 나머지 모든 사람(여동생, 할머니, 학교 친구들)은 중요하지 않다. 아이의 못된 행동은 내면의 감정적 고통이 밖으로 표출되는 방식이다!

"어린아이의 분노는 내면에 품은 불안이나 수치심의 표출일 수 있다"고 어떤 엄마가 의견을 낸다. 트라우마가 있다고 추정되는 아이에게 벌을 줘서는 안 된다. 그리고 만약 아이를 (장난감으로 채운) 방 안에 혼자 있도록 격리한다면? 그것만으로도 아이에게 트라우마를 안길지 모른다.

가보 마테는 조 로건Joe Rogan의 팟캐스트에 출연해 그런 주장을 분명하게 펼쳤다. 부모가 화내는 아이를 강제로 혼자 앉혀놓고 진정될 때까지 놔두는 것을 끔찍한 양육법이라고 믿는 그는 다음과 같이 말하는데, 이는 치료적 육아에서 벌을 보는 관점을 단적으로 보여준다. "아이의 화가 가라앉을 때까지 놔두는 방식에는 이런 전제가 있다. 아이의 분노는 비정상적이며 용인할 수 없다는 것이다. 아이가 존재 그 자체로서가 아니라 어떻게 행동하느냐에 따라 받아들여진다. 문제는 이것이다. 부모가 행동 교정 게임에서 이기면 아이는 진다. 만일 감정을 드러내면 부모에게 거부당할지 모른다는 불안감을 아이에게 심어주게 된다."[9]

그리고 그런 약한 벌조차 아이에게 끔찍한 결과를 초래할 수 있다고 말한다. "육아 전문가가 화내는 아이는 격리해야 한다고 부모에게 말했기 때문에 아이가 화를 억누르는 게 습관이 돼서 건강한 분노를 억누르면 아이는 평생 동안 분노를 억누르게 된다. 이는 면역 체계의 활동을 억누른다. 그러면 면역 체계가 제대로 작동하지 않거나 악성종양과 싸울 힘을 잃는다."[10] 고작 아이를 방에 혼자 앉혀뒀을 뿐인데 면역 체계가 평생 망가진다는 이야기다.

〈슬레이트〉 육아 페이스북 그룹의 엄마 리즈는 다섯 살짜리 딸이 팔이 부러진 뒤로 심한 감정 기복을 보이다가 툭하면 바닥에 드러누워서 악을 쓰며 운다고 고충을 토로한다. 그러자 부모들이 너도나도 달려들어 진단한다. 브라이언이라는 회원은 이런 의견을 낸다. "아무래도 트라우마 반응인 것 같아요. 외상 후 스트레스는 비정상적 트라우마성 사건에 대한 정상적인 반응이라는 걸 명심하세요."

(아니다. 그렇지 않다. '회복'이 정상적인 반응이다.)

매기는 이렇게 말한다. "아이에게 감각 문제가 있을지도 몰라요. 게다가 감정 조절 능력 부족까지 겹친 거죠." 그녀는 "ADHD 또는 다른 종류의 신경발달장애"가 원인일 가능성이 있다고 말한다. 단순히 팔 골절 때문이 아니라 심리적 문제가 있는 것이라고 부모들은 확신한다. 단지 보험 적용을 받는 데 필요한 진단 코드를 아직 모를 뿐이다.

치료적 접근법이 문제의 일부일 수 있다는 사실을 깨닫는 부모도 가끔 있다. 자칭 '온화한 엄마'인 헤더는 매일 아침 여섯 살짜리 딸아이가 재질이 너무 까칠하다면서 옷 입기를 거부한다고 토로한다. 그런데 이런 경험을 한다. "지난주에 제가 다른 지역에 가 있었는데, 아이가 아빠랑 등교 준비할 때는 옷 문제로 속을 썩이지 않았어요. 아마도 제가 문제였나 봐요."

아빠는 아이에게 직접적으로 분명한 지시를 내리고 아이가 그걸 따르기를 기대했다. 그리고 아이는 실제로 잘 따랐다. 엄마가 골머리를 앓던 문제의 해결책이 의외로 가까운 곳에 있었던 것이다.

결국 헤더는 딸과 함께 있는 것이 싫어졌다. "매일 아침 아이를 챙기는 시간이 너무 싫어요"라고 그녀는 솔직한 속마음을 표현했다.

당연한 일 아닐까? 육아 때문에 진이 빠진다고 끊임없이 말하는 부모들은 자신이 키우는 아이와 함께 보내는 시간을 별로 즐거워하지 않는다. 그리고 이런 말이 별로 위안이 되진 않겠지만, 요즘 젊은 세대의 고용주와 직장 동료 역시 그들을 별로 좋아하지 않는다.

온화한 아빠의 안쓰러운 육아 일기

전문가의 조언을 따르는 부모가 겪는 딱한 곤경을 생생히 보여주는 흥미롭고 솔직한 책이 있다. 키스 게센Keith Gessen이 쓴 『라피 키우기Raising Raffi』다. 하버드대학교 출신의 작가이자 편집자 게센은 200쪽이 넘는 책에서 내내 머리를 쥐어뜯고 어린 아들 라피를 달래 말을 듣게 할 방법을 알고 싶어 온갖 육아 서적을 찾아 읽는다.

'게센의 아들 키우기'라는 프로젝트는 두려움과 불운과 사과로 점철돼 있다. 그는 마치 이케아에서 산 판지와 수납장용 못 한 움큼을 가지고 바다에서 탈 카누를 만드는 사람처럼 보인다. 그는 "나는 절망적인 심정으로 이 책을 썼다"라고 말한다.

게센은 최고 수준의 교육을 받았고, 헌신적인 아내이자 육아 파트너가 곁에 있으며, 늘 기꺼이 도와주는 부모님과 장인어른, 장모님이 있고, 마음 넓은 친구도 많다. 하지만 그의 책은 자신이 부모로서 저지르고 있다고 생각하는 치명적 실수 탓에 느끼는 괴로움으로 가득하다. 그는 실수했다고 느낄 때마다 우울함과 자책감에 휩싸여 육아서를 다시 들춰본다. 세 살배기 아들은 그를 발로 차고 주먹으로 때리고 머리로 들이받을 뿐 아니라 그의 얼굴에 플라스틱 컵을 집어던진다.

화가 난 게센은 소리를 지르며 아들을 꾸짖는다. 아들의 못된 행동을 더는 참을 수 없는 것이다. 그럴 때마다 게센은 과거 세대 부모들처럼 행동하는 자기 자신이 꼴 보기 싫다. 자신의 부모 세대 같은 부모가 절대로 되고 싶지 않기 때문이다. 그들은 자녀에게 소리 지르고 벌을 주고 엄격한 규칙을 정해놓는, 옳지 않은 부모였다.

게센은 라피가 아빠 말을 이해하도록 끊임없이 설득하면서 무한한 인내심을 베풀고 아이를 한없이 부드럽게 대해야 한다고 생각한다. 하지만 라피가 갓 태어난 남동생한테 위험한 행동을 하는 걸 볼 때면 너무 괴롭고 힘들다. 라피는 아기 머리가 병뚜껑이라도 되는 양 힘껏 비튼다. 게센은 라피가 던진 플라스틱 컵에 코를 정통으로 맞아 아프다. 아이의 발길질에 고환을 맞으면 눈물이 핑 돈다.

부모와 친구들을 때리고 음식을 바닥에 던지는 라피의 행동에 지칠 대로 지친 게센 부부는 '스티커 차트'를 만든다. 라피가 다른 사람을 '때리지 않을' 때마다 스티커를 하나씩 붙이고 보상을 해주기로 한다. 하지만 이 꼬마는 쉽사리 넘어가지 않는다. 라피는 아빠와 엄마에게도 스티커 차트가 있어야 한다고 주장하고, 부부는 어린 아들의 말을 따른다. 결국 세 사람 각자의 스티커 차트를 냉장고에 붙인다. 누가 보면 이 집에 말썽쟁이 자녀가 셋 있는 줄 알 것이다. 친구들을 때리는 라피의 폭력적인 행동은 줄어들지 않는다.

"우리 부부는 모든 것을 제대로 했고 일관성 있게 행동했다. 하지만 그것은 중요하지 않았다."[11] 게센은 좌절감을 느낀다.

딱 한 번 게센이 손찌검을 한다. 라피가 그만하라는 게센의 명령을 무시하고 갓난아기인 남동생의 머리를 비틀자 그가 라피의 손을 세게 찰싹 때린 것이다. 이후 게센은 엄청난 죄책감과 자기 회의에 빠진다. 똑똑한 사내아이는 곧장 엄마에게 달려간다. 엄마는 아들을 변호하면서 게센에게 정말로 아이를 때렸느냐고 다그치듯 묻는다. 라피는 "아빠는 나쁜 사람이야"라고 말한다.

게센은 책에서 이렇게 말한다. "그 말이 가슴에 비수처럼 꽂혔다. 내가 무엇보다 바란 것은 좋은 아빠가 되는 것이었기 때문이다. 아들이 나를 자신의 인생을 따뜻하게 만들어주는 사람이라고 느끼기를 바랐다."[12]

딱하게도 게센은 어린 아들에게 사과한다. 아들은 아빠를 원망한다. 게센의 아내는 아들에게 아빠를 용서해주라고 애원한다. 하지만 어림없다. 라피가 잠이 안 온다고 하자 게센은 침대에 올라가 아들 옆에 눕는다. 라피는 아빠가 살짝 잠이 들자마자 복수의 의미로 아빠를 꼬집고 발길질을 한다. 게센은 아프다며 하지 말라고 소리를 지른다. 그러고는 이제는 익숙해진, 미안함과 자책으로 가득한 마음의 감옥에 갇힌다.

"아빠는 나쁜 아빠야. 그러니까 다시는 아빠 말 안 들을 거야!" 라피가 이렇게 말하자 게센은 절망한다. "라피의 말이 맞는 것 같았다. 나는 좋은 아빠가 아니었다. 하지만 어떻게 해야 할지 알 수 없었다."

게센의 양쪽 어깨를 잡고 흔들면서 어떤 육아서도 해주지 않는 말을 해주고 싶다. 라피에게는 주도권을 갖고 이끌어줄 누군가가 필요하다고 말이다. 아이는 자기 아빠가 온갖 치료적 육아 기법을 활용하고 온화한 부모가 되겠다는 고결한 목표를 추구하지만 결국 혼란에 빠지면서 자신의 권위를 스스로 떨어뜨리는 것을 보고 화가 나는 것이다. 그렇기 때문에 아빠 얼굴에 주먹을 날리는 것이다. 왜냐하면 이 꼬마에게는 아버지가 필요하기 때문이다. 무엇보다도 아이 자신을 위해서, 그리고 놀이터에서 그 아이에게 맞는 친구들을 위해서도 말이다.

게센 같은 부모들은 육아에 실패했고 행복하지 않다. 입대를 취소할 수 없으므로 전쟁을 끝까지 견디는 군인처럼, 그들은 자신이 택한 육아법을 끈덕지게 고수한다. 객관적으로 볼 때 그들의 삶은 몹시 불행하게 느껴진다.

그들은 과거 세대 부모를 정서적으로 교감할 줄 모르는 엄격한 부모였다고 비난한다. 하지만 제멋대로 구는 아이를 통제하지 못해 툭하면 대인관계 문제를 겪는 사람으로 키우는 것이 '덜' 잔인한 일일까? 어른을 때리길 좋아하는 아이를 학생들의 정신 건강에 온갖 간섭을 하는 학교에 보내는 것이 더 사려 깊은 행동일까? 그런 아이는 곧장 정신 건강 전문가에게 불려가 정신과 약물 복용을 권유받을 가능성이 높은데 말이다.

"우리 애는 너무 예민해요!"

치료적 접근법을 '배운' 부모들은 어김없이 자신의 자녀가 '예민한 아이'라고 결론 내린다. 내가 읽은 대부분의 최신 육아서는 독자에게 그런 생각을 심어주었다.

게센은 아들에 대해 이렇게 말한다. "라피는 아기 때도 예민했고 걸음마를 시작한 후에도 예민했으며 꼬마가 된 지금도 예민하다. 이 아이에게 세상은 그냥 무시할 수 있는 무언가가 아니다. 세상은 아이의 삶에 계속 침범하듯 영향을 미친다. 아이는 무언가를 보거나 듣거나 느낄 때 매우 민감하게 경험한다."[13] 세상으로부터 끊임없이 '침범하듯 영향을 받는' 아이에게 어떻게 벌을 주겠는가?

절대 못 준다. 아이를 애지중지하고, 용서하고, 부탁하듯 말해야 한다. 부모들은 '실제로' 장애가 있는 아이를 대하듯 자녀를 대한다. 하지만 대부분 그 아이들에게는 장애가 없다. 마치 그런 아이처럼 다뤄지는 것일 뿐이다.

'예민한 자녀'를 두었다는 결론은 부모를 으쓱하게 만든다. 그 사실을 알아챌 만큼 충분히 예민하고 세심한 부모라는 의미이기 때문이다. 신경심리학자 리타 아이켄스타인의 설명에 따르면, 아이가 예민하게 느끼는 것에 늘 신경 쓰고 불편해할 만한 것을 늘 없애주는 부모는 결국 자신도 모르게 자녀를 예민한 아이로 만들곤 한다. 부모가 모든 것을 아이의 마음에 들도록 조정하고 아이가 싫어하거나 불편해하는 것을 없애준다면, 그 아이는 인생을 살면서 당연히 만나게 되는 예상치 못한 상황과 싫은 일에 대처하는 능력을 키울 수 없다. 그리고 예민한 아이는 결국 주변 사람들도 힘들게 한다.

권리 의식에 빠진 아이들

아이의 친구들이 우리 집에 놀러 와서 나에게 자기 부모한테 하는 식으로 이래라저래라 명령을 내렸다. "이 닭고기는 맛없어요. 면요리 먹을래요!", "이 쿠키는 똥같이 생겼잖아요. 다른 거 주세요(이 아이는 여섯 살이었고 쿠키는 초콜릿 쿠키였다)." 그 아이들은 아주 당당하게 명령을 내린다. 영화 〈찰리와 초콜릿 공장〉에서 자기 말에 복종하는 아버지를 둔 딸처럼 말이다. 그들은 뭔가 잘못하고 있다는 생각을 전혀 하지 않는다.

육아 코치 리베카 프릴링Rebecah Freeling은 자신의 욕구가 당연히 충족돼야 한다는 권리 의식이 아이에게 심어지면 세 살 때는 아무렇지 않았던 것이 일곱 살, 여덟 살, 또는 아홉 살이 되면 참을 수 없는 것으로 변한다고 설명했다. "그리고 그런 권리 의식을 지닌 10대는 꽤 위험합니다."

나는 그녀의 분별력 있는 조언을 극찬하면서 그녀의 지혜에서 큰 도움을 받았다고 입을 모으는 부모들의 소개로 프릴링에게 연락한 터였다. 그녀가 강조하는 것 중 하나는 부모가 '물러서지 않는 태도'를 보일 필요성이다. 부모가 정해놓은 규칙과 벌을 반드시 지키고 자녀의 뜻을 한없이 받아주지 말아야 한다는 것이다.

나는 프릴링에게 부모들이 자녀에게 심어주는 권리 의식의 예를 설명해달라고 했다. "아이가 '나는 마카로니 앤드 치즈 싫어. 그릴드 치즈 샌드위치 만들어줘!'라고 하면 부모가 그릴드 치즈 샌드위치를 만들어주죠. 그러면 '그릴드 치즈 샌드위치도 싫어! 치킨 너깃 만들어줘' 하는 식이에요. 그리고 이렇게 말하는 아이도 권리 의식을 보여주죠. '엄마, 물 줘. 지금 당장! 엄마, 소금을 빼놨잖아! 엄마가 내 간식을 안 챙겼어. 그러니 집에 가는 내내 소리 지르며 울 거야.'"

권위와 책임, 외주화되다

부모인 우리는 자녀 양육에서 학교의 '파트너'로 불리는 데 너무 익숙해진 나머지 그것이 지위 강등임을 좀처럼 알아채지 못한다. 의사들은 자녀가 우리에게서 (의학적 차원의 돌봄뿐 아니라) 어떤 정서적 지원을 받아야 하는지 '우리에게 알려준다'. 학교 심리학자들은 힘든 주제에 대해 자녀와 대화하는 법을 '우리에게 가르쳐주거나' 중요한 '사회적, 정서적 대화'를 시작하는 방법에 대한 지침을 보내준다. 어느 누구도 부모에게 조언을 구하지 않는다. 우리의 조언은 전문가의 것이 아니기에 별 가치가 없다고 여겨지기 때문이다.

소아정신과 의사이자 양육 전문가 대니얼 J. 시겔Daniel J. Siegel은 베스트셀러 『아직도 내 아이를 모른다The Whole-Brain Child』에서 이렇게 인정한다. "부모들은 대체로 자녀의 몸에 대해서 전문가다. 아이의 체온이 섭씨 37도 이상이면 열이 나고 있음을 알며, 아이에게 상처가 나면 감염되지 않도록 소독한다. 그들은 아이가 잠자리에 들기 전에 어떤 음식을 먹으면 수면을 방해하는지도 안다."¹⁴

좋은 일 아닌가? 부모가 자기 아이에 대해 뭔가 알고 있으니까. 시겔의 평가에 따르면, 그 정도는 중학생 베이비시터도 알 만한 것들이다.

시겔의 말에 따르면 부모들의 문제는 신경 과학을 잘 모른다는 점이다. "아무리 다정하고 최고의 교육을 받은 부모라 해도 자녀의 뇌에 대해서는 기본 지식조차 없는 경우가 많다."¹⁵

여기서 한 가지 재미있는 정보를 알려주겠다. 아이의 뇌에 대해 "기본 지식"이 없는 또 다른 사람이 누구인지 아는가? 신경 과학자이다. 내가 인터뷰한 모든 신경 과학자와 정신과 의사는 뇌에 대해, 즉 신경학적 프로세스와 인간의 감정 및 행동의 관계에 대해 우리가 아는 것이 너무나 적다고 강조했다. 뇌는 상상할 수 없을 만큼 복잡하다고 그들은 입을 모았다. 뇌를 가득 채운 피드백 메커니즘에 대해 우리가 제대로 아는 것은 거의 없다.

　아이의 뇌에서 일어나는 일을 아는 것은 사실상 불가능하다. 그리고 다행히 필요하지도 않다. 이 점을 생각해보라. 인류는 아주 최근까지도 시겔 같은 소아정신과 의사 없이도 잘 살아왔다. 그럼에도 수천 년 동안 부모들은 자녀를 착하고 올바르게, 심지어 탁월하게 키웠다. 하지만 부모의 권위는 자녀의 행복을 위해 없어서는 안 될 요소다. 역사적으로 부모의 권위는 "옛날 성서 시대부터 최근까지 모든 사회에서 중요하게 여기는 유일한 권위였다"라고 영국의 저명한 사회학자 프랭크 푸레디Frank Furedi는 내게 설명했다.

　육아에 치료적 접근법이 도입되기 전 수천 년 동안 모든 사회에서 당연히 부모의 주요 임무는 자신의 가치관을 자녀에게 전달하는 것이라고 여겼다. 물론 부모는 자신의 가치관에 대한 최종 전문가였다. 하지만 부모들이 정서적 건강을 양육 목표로 삼고 난 뒤에는 실제적 권위를 가진 사람이 심리 치료사들이라고 생각했다.

　"부모들은 '아이한테 잔소리는 내가 하겠어, 우리 아이는 내가 지도할 거야, 아이를 이해하려 노력해볼 거야, 내가 아이의 도덕적, 지적 발달을 책임지고 돌볼 거야'라고 말하는 대신, 상황을 더 악화시키는 형편없는 최신 이론으로 무장한 멍청이들에게 부모의 권위를 넘겨줍니다."

　푸레디의 말이다. 전문가들은 아이에게 실제로 효과가 있다고 입증된 방법을 완전히 무시한다. 그 방법을 인정하면 그들이 열망하는 주도권을 쥘 수 없기 때문이다.

허용적 부모 vs 권위주의적 부모 vs 권위 있는 부모

1960년대의 뛰어난 심리학자 다이애나 바움린드Diana Baumrind는 '양육 스타일'을 연구했다. 바움린드는 부모가 자녀의 행동을 통제하는 방식을 관찰한 뒤 일반적인 양육 스타일 세 가지를 제시했다. 허용적permissive 부모, 권위주의적authoritarian 부모, 권위 있는authoritative 부모다.[16]

'허용적 부모'는 자녀에 대한 처벌을 가급적 피한다. 자녀의 충동과 욕구, 행동을 인정하고 받아주며 가족 내 결정을 내릴 때 자녀의 의견을 묻는다. 책임감이나 예의 바른 행동과 관련해 자녀에게 요구하는 사항이 별로 없다. "이 유형의 부모는 자녀가 닮고 싶은 이상형 또는 자녀의 미래 행동에 영향을 미치거나 변화시킬 책임이 있는 적극적 주체가 아니라, 자녀가 원하는 대로 사용할 수 있는 자원이 된다"라고 바움린드는 설명한다.[17]

'권위주의적 부모'는 자녀의 복종을 중시하고, 자녀의 행동에 절대적 기준을 적용하며, 엄격한 경계를 정해놓고 자녀를 통제한다. 또 자녀의 자율성을 제한하고, 자신이 정한 규칙에 대해 자녀의 의견을 듣지 않는다.[18] 허용적 부모와 권위주의적 부모 모두 자녀를 행복도나 성취도 높은 성인으로 키우지 못한다.

반면 '권위 있는 부모'는 사랑과 규칙을 양육의 토대로 삼는다. 합리적 방식으로 자녀의 활동을 지도하고 대화를 통해 자녀와 의견을 교환하지만, "부모와 자녀의 의견이 크게 다를 때는 확실한 통제력을 행사"한다. 집에서 지켜야 하는 규칙과 관련해 부모와 자녀의 견해가 충돌하면 부모가 이긴다. 이 부모는 자녀의 행동에 대한 높은 기준을 유지하고 "집단적 합의나 자녀의 개인적 욕구를 토대로 결정을 내리지 않는다."[19]

심리 치료사들은 못마땅하겠지만, 바움린드는 권위 있는 부모 밑에서 자란 아이들이 성취도가 높고 자립심이 강하며 정서 조절 능력이 뛰어나다는 사실을 발견했다. 또 이 아이들은 행복도가 높았으며 불안이나 우울증을 겪는 경우가 더 적었다.[20]

이것은 매우 확실한 연구 결과다. 부모가 충분한 사랑을 주되 자녀의 행동에 높은 기준을 설정하고 자녀가 가족에게 의미 있는 기여를 하리라 기대하며 잘못된 행동에는 '주저 없이 벌을 줄 때' 자녀가 가장 행복한 아이로 자라난다. 그리고 이는 요즘 심리 치료사와 육아서들이 열심히 권하는 대부분의 방법과 배치된다.

오늘날은 일관된 규칙이나 진지한 태도로 자녀에게 벌을 주는 부모가 거의 없다. 스스로 '권위 있는' 부모라고 믿는 이들도 그렇다. 그들은 '권위 있는 육아'를 한다고 주장할지 모르지만 실제로 그들의 행동이나 자녀와 대화하는 모습을 보면 부모로서의 권위는 도저히 찾아볼 수 없다. 오히려 그들의 방식은 바움린드가 불행한 결과를 초래한다고 밝힌 허용적 부모 스타일과 공통점이 많다.

하지만 전문가에게 의지하는 오늘날의 부모들은 단순히 '허용적'이기만 한 것이 아니다. 실은 그보다 훨씬 더 나쁘다. 요즘 부모의 양육법은 자녀의 욕구를 인정해주고 벌과 징계를 삼가는 과거의 '허용적 부모' 방식과 비슷할 뿐 아니라, 그들의 유일한 장점을 적용하지 못하고 있기 때문이다. 바로 자녀에게 넓은 범위의 자율성과 독립성을 허락하는 것이다. 치료적 접근법에 물든 부모들은 허용적 부모인 동시에 자녀를 질식시키고 세세하게 간섭하는 부모다.

권위주의적 부모라고 해서 더 나을 것은 없지만 요즘 그 유형에 해당하는 부모는 찾아보기 힘들다. 오늘날 서구 사회에서 자녀에게 복종을 중요한 가치라고 가르치는 부모는 거의 없다. '권위주의적' 양육을 강하게 비난하는 심리 치료사들은 종종 미묘한 속임수 기법을 쓴다. '권위주의적' 양육뿐 아니라 '권위 있는' 양육도 나쁜 방법인 듯이 말하는 것이다.

미국에서 태어난 부모 가운데 바움린드가 말하는 '권위 있는' 육아법을 택하는 사람을 찾아보기 힘들다. 스스로 '권위 있는' 부모라고 믿는 이들조차 아이를 회유하고 아이에게 애원하고 설명한다. 그들은 강아지가 보였다면 절대 참아주지 않았을 폭력성을 초등학교 1학년 학생에게는 참아준다.

이와 같은 주제를 명쾌하게 펼쳐 보이는 흥미로운 책이 있다. 마이클렌 다우클레프Michaeleen Doucleff가 쓴 『아, 육아란 원래 이런 거구나!』다. 다우클레프는 서구의 부모들이 자신이 어떤 실수를 저지르고 있는지 모른다고 말한다.

온화한 육아법으로 실패를 맛본 다우클레프는 나름대로 '권위 있는' 부모가 되려고 노력하지만 그 방법 역시 실패한다. 그런데 그녀가 사용한 '권위 있는' 양육 스타일에서는 어쩐 일인지 세 살배기 딸 로지가 휘두르는 폭력을 말없이 견딘다. "결국 아이의 짜증은 핵폭탄으로 변했다. 아이는 나를 깨물고 팔을 마구 흔들고, 집 안을 뛰어다니면서 가구를 쓰러뜨리기 시작했다."[21] 다우클레프는 이렇게 덧붙였다. "성질부리는 로지를 안아 올리려고 하면 아이가 내 얼굴을 때리곤 했다. 어떤 날은 뺨에 벌건 손자국이 난 채로 출근했다."

다우클레프는 자신이 수년간 그토록 애써서 낳은 딸과 함께 있는 시간을 두려워한다는 사실을 깨닫고 절망에 빠진다. "나는 로지와 내가 적이 되어가고 있는 것이 두려웠다."

다우클레프는 행복한 부모와 정서적으로 안정되고 예의 바른 아이들을 찾아 낯선 문화권을 방문한다. 유카탄반도의 마야족, 북부 캐나다의 이누이트족, 탄자니아의 수렵 채집인이다. 이곳의 부모들은 자녀가 어릴 때부터 집안일을 돕게 하고 아이를 과도하게 칭찬하지 않으며, 차분하고 한결같은 권위를 행사한다. 또 위험을 감수하고 실패하게 놔둠으로써 강한 아이로 키운다. 다우클레프는 전 세계의 거의 모든 문화권에서 부모가 아이가 잘못된 행동을 하면 체벌한다는 사실을 마지못해 인정한다.[22] 그리고 자신이 방문한 세 지역의 문화를 부러운 눈으로 바라본다. 이들 부모는 자녀와 끈끈하고 친밀하며 아이들은 행복하고 인정이 많다. 맡은 역할을 능숙하게 해내고, 어른들이 힘든 일을 할 때 기꺼이 돕는다. 그녀는 '미국에도 이런 양육 전통이 있으면 얼마나 좋을까' 하고 생각한다. 아주 최근까지 미국의 부모들 역시 그랬다는 사실을 모르는 것 같다.

이것이 오늘날의 부모들이 실천하지 못하는 '권위 있는' 양육법이다. 하지만 인정할 건 인정해야 한다고 생각한다. 우리가 양육의 적정 궤도에서 심각하게 이탈한 것이 '오로지' 정신 건강 전문가들의 잘못만은 아니다. 물론 그들은 상황을 이용했다. 그러나 부모가 된 우리 세대가 그들의 조언에 쉽게 넘어가는 만만한 상대였던 것도 사실이다.

우리는 친구를 만나는 것과 성인으로서의 개인적 생활을 포기하고 아이의 축구 경기에 빠지지 않고 참석하면서 그 보상으로 작은 것을 바랐다. 그저 아이가 우리에게 모든 것을 이야기하고 우리를 가장 가까운 친구로 여겨주기를 바랐다. 아이에게 벌을 주면 아이는 우리를 그렇게 여기지 않을 것이었다. 우리는 실제적인 권위자처럼 행동하면 아이의 사랑을 잃을까 봐, 아이의 머리와 마음속에서 일어나는 모든 일을 알 수 없게 될까 봐 불안해했다.

만일 아이의 휴대전화를 빼앗는다면? 그건 상상조차 못할 일이었다. 휴대전화가 없으면 아이도 견딜 수 없겠지만 그건 우리도 마찬가지다. 아이의 수학 시험이 끝나자마자 시험을 잘 봤는지 확인해야 하는데, 휴대전화가 없으면 어떻게 알아본단 말인가? 우리는 학교가 끝날 때까지 도저히 기다리지 못했다.

하지만 어느 누구도 애정에 굶주린 친구는 존경하지 않는다. 그런 친구는 참아줄 수 있을지는 몰라도 짜증 나게 한다. 우리의 지원과 인정이 무조건적이고 절대 사라지지 않는다고 확신하는 순간, 아이들은 우리에게서 마르지 않는 애정과 존중을 받기 위해 아무것도 할 필요가 없음을 깨닫는다.

무엇보다 가장 슬픈 점은 아이들을 바르게 행동하도록 이끌기가 힘들 뿐 아니라, 많은 경우 아이들이 우리를 별로 좋아하지 않는다는 사실이다. 오늘날은 과거 세대에 비해 부모와의 관계 단절이 '더 많이' 일어나고 있다. 그리고 부모와 연락을 끊는 수많은 젊은이 중에는 자녀의 응석을 다 받아주고 헌신하는 부모 밑에서 자란 경우가 많다.

질식할 만큼 넘치는 사랑 앞에서

나는 임상심리학자이자 가족 단절 현상 전문가인 조슈아 콜먼에게 부모와 연락을 끊는 성인 자녀가 최근 증가한 것에 대해 물었다. 이 부모들은 과거에 자녀를 학대했는가?

"그들이 부모와 연락을 끊는 것은 대개 부모가 자신에게 제공하지 못한 독립성과 강인함을 키우고 싶어서입니다"라고 말했다. 대부분의 경우 문제는 사랑을 못 받고 자란 것이 아니라 너무 많은 사랑을 받은 것이다. 질식할 만큼 넘치는 사랑 말이다.

부모와 연락을 끊는 성인 자녀는 부모의 감정이 무너지지 않게 지지해주는 버팀목 역할을 해야 한다는 부담에 짓눌린 기분이라고 말하곤 한다. 이들은 호랑이 엄마의 높은 기대치 때문에 스트레스를 받는 것이 아니다. 호랑이 엄마는 아이가 높은 성적을 내도록 엄격하게 몰아붙이며 관리하지만 결국 성공해서 얻는 결과물은 아이 자신이 누린다. 오늘날 미국 부모들은 자녀에게 정서적으로 의존하며 집착하는 애처로운 존재다. "즐거운 시간을 보내고 있는지 엄마한테 문자로 알려주렴. 엄마가 걱정돼서 그래." 성인 자녀는 자신에게 정서적으로 의존하는 엄마의 불안한 목소리를 머릿속에서 지울 수 없을 때 자기 삶에서 아예 엄마를 없애야겠다고 느낄 수도 있다.

그런데 한 가지 의문이 생겼다. 나는 아버지 목소리가 머릿속에 맴돌지만 지금도 여전히 아버지와 가깝게 지낸다. 아버지와 연락을 끊어버리는 것을 상상도 할 수 없었다. 또 요즘 많은 젊은이가 심리치료사의 부추김에 이끌려 말하듯 아버지한테 문제가 있으니 고치라고 이야기할 필요성도 느끼지 못했다.

나는 콜먼에게 이런 경험을 들려주었다. 10여 년 전 독일에 갔을 때 높은 빌딩에서 번지점프를 하는 남자들을 봤다. 그때(그리고 정신 나간 짓처럼 느껴지는 행동을 하려고 할 때면 언제나) 머릿속에서 아버지 목소리가 아침 햇살만큼이나 선명하게 들려왔다. "우리 딸이 '뭘 하다가' 죽었다고?" 나는 20대 때 그런 상황이 생길 때면 결국 이렇게 결정했다. '하면 안 돼. 이건 말도 안 되는 바보짓이야.'

하지만 그건 다르다고 콜먼은 설명했다. 내가 반사적으로 떠올린 아버지 목소리에는 나를 독립적 인간으로 인정하는 관점이 담겨 있었다. 그 목소리는 사실상 이렇게 말하는 것과 같았다. "만일 네가 바보 같은 짓을 해서 뭔가 잘못되면 그건 네 책임이야." 반면 요즘 부모들은 자녀에게 이런 메시지를 전달한다. "아, 저런, 하지 마. 만일 네가 그걸 하면 엄마는 슬퍼서 무너질 테니까." 콜먼은 "이건 전혀 다른 종류의 메시지예요"라고 말했다.

우리는 아이와 좋은 관계를 맺기 위해 노력하면서 오히려 아이를 끔찍하게 망치고 있다. 아이를 자기만 알고 버릇없으며 호감 가지 않는 사람으로 키우고 있다. 그리고 무엇보다 우울한 결과는 아무리 아이의 비위를 맞춰준다 해도 좋은 부모 자식 관계가 된다는 보장이 없다는 것이다. 그들은 경제적으로 의지하는 동안에는 우리를 참아주겠지만, 그 이후엔 우리를 차가운 눈으로 바라보곤 한다.

통제력을 잃은 부모, 불안한 아이

　TV 프로그램 제작 팀에서 일하는 앤절라를 기억하는가? 그녀의 똑똑한 아들 제이든은 504조항(장애 학생이 배려받을 수 있는 권리)에 따라 고등학교에 다니는 동안 시간제한 없이 시험을 치를 수 있었다. 이후 제이든은 학교를 졸업했지만 앤절라와 남편이 아무리 애써도 대학 지원 서류 작성을 완료하지도, 일자리를 찾지도 않았다. 좀처럼 집 밖으로 나가지도 않았다. 앤절라는 제이든이 불안과 우울을 극복하도록 도와줄 심리 치료사를 고용했다.

　나는 석 달 동안 심리 상담을 받은 뒤 아들의 상태가 좋아졌느냐고 물었다. "아이 말로는 기분이 많이 나아졌대요. 상담이 큰 도움이 된대요. 그게 정확히 무슨 뜻인지는 모르겠지만요." 심리 치료사는 앤절라에게 "시간이 조금 걸리겠지만" 상담 치료가 효과를 낼 것이라고 장담했다.

　한때 주 대회에서 우승할 만큼 뛰어난 운동선수였던 제이든은 10학년 때 학교 상담 교사의 도움을 받아 자신의 성 정체성이 여자라고 판단 내렸다. 그 이후 호르몬 치료를 시작하겠다고 입버릇처럼 말했다. 이제 열여덟 살인 그는 의학적 성전환 수술을 하는 데 부모의 동의를 받지 않아도 된다. 수술 비용은 건강보험을 적용받을 수 있다. 원하면 언제든 법적 이름도 바꿀 수 있다. 하지만 그 어느 것도 실천하지 않았다.

　앤절라는 심리 치료사의 도움으로 아들이 미래를 향해 발을 내디디길 바랐다. 치료사는 앤절라에게 "제이든이 불안이 너무 심하다"고 알려주었다. 그러면서 인내심을 가지라고, 아이를 재촉하거나 스트레스를 주지 말라고, 희망을 갖고 낙관적으로 지켜보자고 조언했다. 또 그녀는 아이가 목표를 이루는 데 필요한 계획을 실천하고 의미 있는 삶을 사는 사람이 되도록 돕겠다고 말했다. "치료사 선생님이 그러는데 만일 자폐스팩트럼장애 진단을 받으면 여러모로 도움이 될 수 있대요"라고 앤절라는 말했다. 순간 나는 잘못 들은 줄 알았다. 자폐라고?

제이든은 초등학교 3학년 때부터 정신 건강 치료를 받았는데, 당시 신경심리학 검사에서 '감각처리장애'라는 진단을 받았다(정신의학의 주요 진단 매뉴얼에서 인정하는 질환은 아니다). 제이든의 고등학교 상담 교사도 그가 자폐스팩트럼장애라고는 생각하지 않았다. 만일 제이든이 그 진단 기준 중 '일부'만 충족시킨다면 자폐스팩트럼장애라 단언할 수는 없지 않을까? 심리 치료사는 가능성 있는 여러 진단명을 생각하고 있었다.

앤절라는 상담 치료가 효과 있을 것이라고 굳게 믿었다. 그녀는 "치료사 선생님을 전적으로 믿는다"고 말했다. 제이든도 그녀에게 "기분이 많이 나아졌다"고 했다(어쩌면 에너지 음료와 게임기를 끼고 사는 일상은 여전할지 모른다).

몇 달간의 상담 치료 후 앤절라와 제이든의 관계는 나아졌을까? "일주일 전에 제이든이 말하길 우리가 자아도취적이고 학대적인 부모래요. 그리고 독립해서 집을 나가면 다시는 우리를 안 볼 거랬어요." 그렇다면 관계가 나아지지 않은 게 확실하다. 하지만 앤절라의 친구들은 "그건 10대의 정상적인 행동이다, 사춘기에는 원래 부모한테 툭하면 화를 낸다"고 말했다. 앤절라는 그 말에 위안을 얻는다.

우리는 아이가 항상 우리의 사랑을 느끼기를 간절히 바라며 벌 주는 것을 잔인한 일이라고 믿게 됐다. 게다가 전문가도 벌이 효과가 없다고 단언했다.『아이 문제 99%는 부모의 말에서 시작된다』의 저자들은 아동심리학자 하임 기노트Haim Ginott의 말을 인용해 이렇게 썼다. "아이는 자신의 행동을 후회하고 자기 잘못에 대해 보상할 방법을 생각하는 대신, 복수하는 상상에 사로잡힌다. 다시 말해 벌을 주면 아이에게서 자신의 잘못을 마주하는 중요한 내적 프로세스를 빼앗게 된다."[23]

방에 혼자 앉아 있는 벌을 받은 아이가 자기 성찰을 하지 않는 경우가 많다는 기노트의 말은 맞을 것이다. 하지만 부모들이 벌을 주는 것은 자기 성찰을 위해서가 아니었다. 자기 성찰은 치료적 접근법의 목표일 뿐이다.

부모들이 벌을 주는 목적은 다음 네 가지였다. 우리는 아이가 다른 사람을 학대하거나 다른 사람의 소유물에 피해 끼치는 행동을 멈추기를 바랐다. 또 통제권을 가진 사람이 아이가 아니라 우리라는 사실을 아이에게 인지시키고 싶었다. 세 번째로 아이가 선을 넘는 행동을 했음을 후회하고 그 경계선을 확실히 마음에 새기기를 바랐다. 마지막으로 머리에 장난감을 맞은 불쌍한 여동생에게 약간의 공정함을 제공하고 싶었다.

방에 혼자 앉아 있는 아이는 그 시간에 자기반성을 할 수도 있지만 하지 않을 수도 있다. 그리고 선을 넘는 행동을 또 할지도 모른다. 그러나 적어도 '넘지 말아야 할 선이 존재한다는 사실을 인식하게' 된다. 아이는 자신의 감정과 별개로 지켜야 하는 규칙이 있음을, 다른 사람을 존중해야 함을 알게 된다. 자신의 기분이 어떻든 상관없이, 용인할 수 있는 행동의 범위를 벗어나지 말아야 한다는 사실을 인지한다. 부모가 아이를 방에 혼자 앉혀둔 것은 아이가 자신을 통제하는 법을 익힐 수 있을 거라 믿기 때문이다.

바움린드에 따르면 인도적이고 강도 낮은 벌마저 '효과가 없다'고 생각하는 것은 '근거 없는 믿음'이다. 또 그녀는 깔끔하고 정돈된 생활 습관을 요구하는 부모 밑에서 자란 아이가 적대적으로 행동하거나 비행을 저지를 가능성이 더 '적다'는 사실을, 그리고 부모가 높은 기준을 설정하면 자녀가 수동 공격적 반항을 보이리라 가정하는 것이 옳지 않다는 사실을 발견했다.[24]

그리고 바움린드는 체벌을 옹호하지 않지만 연구를 통해 "가끔 약한 체벌을 하는 것"아 아이에게 트라우마를 안기지 않는다는 사실을 보여주었다.[25] 이 말을 듣고 오늘날의 정신 건강 전문가들은 격분할지 모른다. 하지만 사실이다. 여러 연구가 체벌과 외현화장애에 연관 관계가 있다는 주장을 입증하지 못했다.[26]

무엇이 자녀를 못되고 형편없는 아이로 만들까? 그들에게 주도권과 통제권을 주는 것이다. 아이의 행동에 높은 기준을 적용하지 않는 것, 아이가 고의적으로 그 기준에 못 미치는 잘못된 행동을 할 때 벌을 주지 않는 것이다. 그리고 바움린드에 따르면, 불행한 자녀를 만드는 것은 무엇일까? "자녀의 충동과 욕구, 행동을 늘 인정하고 용인하는" 부모다.[27]

요즘 젊은 세대가 자식을 낳지 않으려고 하는 이유가 무엇일까?

우리가 아이를 키우는 일이 끔찍하게 힘들고 고통스러운 일이라는 인상을 심어줬기 때문이다. 온갖 전문가의 말에 귀를 기울이면서 수십 년간 쌓인 인생 경험과 판단, 지식 또는 우리 부모 세대의 방식에 의지할 수 없다고, 그리고 스스로는 잘해나갈 수 없다고 확신했기 때문이다. 마흔 살 먹은 부모들이—능력 있고, 똑똑하고, 배우자도 곁에 둔 그들이—자녀 키우는 일을 마치 누군가가 한밤중에 머리에 총을 들이대고 "당장 풀지 않으면 방아쇠를 당길 거야"라고 말하며 던져놓은 미적분 문제처럼 대했기 때문이다.

우리는 아이를 위해 치료적 접근법을 취하는 부모 역할을 했다. 아이가 음식을 바닥에 던지고 발길질을 하게 놔두었다. 그럴 때마다 아이를 더 이해하려고 애썼다. 우리는 아이에게 끝없는 선택권을 주었고 부모로서의 권위는 완전히 포기했다.

그리고 이는 아이에게 두려움을 안겨주었다. 아이는 집에 권위를 갖고 통제하는 사람이 아무도 없다고 느낀다. 그들은 자신이 우리가 준 엄청난 권력을 행사하기에는 너무 어리다는 사실을 안다. 그들은 자신이 성공한 40대 남자인 키 큰 아버지를 복종시킨다면 뭔가 단단히 잘못된 것이라는 사실을 직감적으로 안다.

우리가 아이의 부정적 감정에 극도로 심각하게 반응하면 아이는 정말로 심각한 상황이라 믿었다. 그것은 아빠의 경제적인 걱정보다 더 중요하고 할머니의 건강이 나쁜 것보다 더 심각한 문제였다. 우리가 아이의 감정과 불안이 세상에서 가장 중요한 문제인 것처럼 행동하면 아이도 그렇게 믿는다. 아이들은 자신과 부모의 감정의 무게에 짓눌려 무너지고 있다.

무엇보다 슬픈 것은 아이들이 우리가 그들을 도울 수 없다고 생각한다는 사실이다. 우리는 아이들에게 안정감을 주지 못한다. 끊임없이 여러 방식으로 그들에게 두려워서 미칠 것 같다는, 우리에게는 주도권이 없다는 메시지를 전달하기 때문이다. 우리는 그저 소아과 의사나 심리 치료사, 교사, 학교 상담사, 또는 작업 치료사가 하라는 대로 따를 뿐이다. 그들에게 통제권이 있고 아이들에게도 통제권이 있지만 부모인 '우리'에게는 없다.

'나는 힘이 없어'라고 말하는 부모가 아이에게 안정감과 위안을 줄 수 있을까? 줄 수 없다. 그러니 아이들은 불안할 수밖에 없다.

아이에게는 어른의 권위가 필요하다

인정하건대 결코 쉽지 않은 일이다. TV 프로그램에서 부모는 늘 얼간이나 바보 같은 존재, 편협한 고집불통으로 묘사된다. 눈 돌리는 곳마다 부모의 권위를 떨어뜨리는 사회에서 자녀를 제대로 키우는 일은 불가능에 가깝다. 소아과 의사이자 작가 레너드 색스Leonard Sax는 내게 그렇게 강조했다. 그리고 나는 한 육아 코치에게 인도계 미국인 고객('탄비'라고 부르겠다)의 이야기를 듣고 나서 더욱 확실히 실감했다.

미국에 사는 탄비는 버릇없이 행동하는 딸 때문에 자주 놀라고 당황했다. 딸아이는 탄비가 과거 인도에 살 때 자신의 부모에게 했던 것보다 훨씬 더 무례하게 굴었다. "우리 아이는 사람 많은 데서 저한테 시끄럽게 투덜대면서 징징거려요." 탄비는 속상하고 혼란스러운 마음을 육아 코치에게 털어놓았다.

마침내 탄비는 그 이유를 깨달았다. "인도에서는 아이가 사람 많은 데서 부모에게 큰 소리로 징징대면 주변에 있는 모든 어른이 아이를 쏘아봐요. 하지만 미국에서는 똑같은 상황이 생기면 모든 어른이 '부모'를 쏘아보죠."

인도 문화에서는 아이가 부모에게 예의 바르게 행동해야 한다는 생각이 지배적이다. 그래서 다른 부모들도 아이에게 눈총을 주며 지금 하는 행동이 옳지 않다는 걸 느끼게 한다. 반면 미국에서는 책임이 전적으로 부모에게 돌아간다. 우리는 이렇게 생각한다. '대체 뭘 잘못했기에 아이한테 저런 질책을 당하는 거야?'

나는 자녀를 건강하고 능력 있는 성인으로 키워낸 부모들을 만나보기로 했다. 인터뷰에서 자신의 양육 경험을 가감 없이 솔직하게 이야기해준 부모 중 다수는 이민자였다.

그 중 줄리아는 여자라면 누구나 부러워할 만한 여성이다. 하버드 출신의 경제학자이자 해군 예비군인 그녀는 사랑하는 남자와 결혼해 예쁜 세 아이를 키우고 있다. 그녀는 직업만 훌륭한 것이 아니라 친구가 바쁘면 친구 아이를 기꺼이 픽업해주고, 아이의 생일 파티에 찾아가 요리를 도우며, 적극적으로 나서서 아이들을 즐겁게 해주고, 친구 어머니와도 즐겁게 수다를 떠는 사람이다. 워킹맘의 여러 임무를 동시에 해내면서도 녹초가 되거나 푸념을 늘어놓는 일이 없고 스트레스로 머리를 쥐어뜯지도 않는다. 다시 말해 그녀는 어떤 부모든 자랑스러운 자식으로 여길 만한 성인이다.

그러니 당연히 나는 그녀의 어머니를 만나보고 싶었다. 그녀의 어머니 로다는 '싱글맘'이었다. 로다(작년에 암으로 세상을 떠났다)는 활달하고 매력적인 여성이었다. 사색적이고 독서량이 엄청난 적극적인 페미니스트이기도 했다. 또 유머 감각이 풍부하고 날카로운 통찰력이 가득했고, 거침없는 말투로 자신을 솔직하게 드러내는 성격이었다. 나는 만나자마자 그녀에게 반했다.

2년 전 내가 쓴 글에 대해 이야기를 나누고 싶다며 갑자기 로다에게서 연락이 왔을 때, 나는 평소 궁금했던 것을 물어보았다. '혼자서' 줄리아를 어떻게 그렇게 멋진 성인으로 키우셨나요?

남아프리카공화국 출신의 흑인 로다는 독일 출신 백인 남자와 결혼해 줄리아를 낳았지만, 남편은 줄리아가 아기일 때 로다에게 폭력을 휘두르곤 했다.[28] 로다는 남편과 이혼한 뒤 학자이자 인권 운동가로서 성공적인 경력을 쌓았다. 그녀는 가는 곳마다 뜻을 함께하는 사람들을 모아 공동체를 만들었고, 딸의 첼로 교육에 돈을 아낌없이 썼다. 그녀는 체벌에는 찬성하지 않지만 줄리아가 지켜야 할 분명한 규칙을 정해두었다고 한다. 줄리아는 지금까지 만나본 사람 가운데 가장 예의 바르고 소신 있으며 매력적인 여성이라 해도 과언이 아니다.

나는 로다에게 우리 미국인 부모들이 뭘 잘못하고 있느냐고 물었다. "제3세계 국가에서는 육아 방식이 매우 권위주의적이에요. 그곳 지도자들이 권위주의적이기 때문이죠. 미국은 반대예요. 지켜야 할 규율을 보여주는 경계선과 부모의 권위가 너무 없어요." 우리에게는 그 중간 정도가 필요했다.

다른 이민자 부모들에게서도 비슷한 이야기를 들었다. 그들은 미국 부모들의 문제는 자식에게 권위를 보이지 않는 것이라고 했다.

우리는 '우리의' 가치관을 자녀에게 가르치는 것을 중요하게 여기지 않는다. 사회가 그 일을 대신 해주기를 기대하는 것 같다. 어느 정도 자녀와 의견을 교환하는 것은 괜찮지만, 결국 최종 판단과 결정권은 '우리'에게 있어야 한다.

아이들에게는 어른의 권위가 필요하며 아이들도 그걸 안다고 로다는 강조했다. 그러고는 나를 어리둥절하게 하는 말을 했다. "그래서 아이들이 뛰쳐나가 '흑인의 생명도 소중하다Black Lives Matter' 같은 사회운동 단체에 가입하는 거예요. 그들에게는 권위 있는 아버지가 필요하거든요."

요즘 젊은 세대가 과거 세대보다 정치적으로 더 급진적인 것은 사실이다. 그들은 특히 극좌파 정치 운동에 끌리곤 한다. 하지만 나는 이런 현상이 그들이 성장기에 겪은 양육 방식과 관계 있을 가능성에 대해 생각해본 적이 전혀 없었다.[29] 로다의 말이 맞을까? 젊은이들이 권위를 너무나 갈망한 나머지, 마치 굶주린 아이가 벽에서 떨어진 페인트 조각이라도 필사적으로 주워 먹듯, 권위를 자신의 부모가 아닌 다른 성인에게서 찾으려 하는 걸까?

극단주의 단체가 성행하는 이유

미리엄 나드리처칠Myrieme Nadri-Churchill은 심리 치료사이자 보스턴에 있는 비영리단체 '평화를 위한 부모들Parents for Peace' 대표다. 이 단체는 가족들이 성인 자녀를 극단주의 단체의 손아귀에서 빼낼 수 있게 돕는다. 네오나치 집단, 프라우드 보이스Proud Boys(도널드 트럼프 대통령을 지지하는 백인·남성 우월주의 극우 단체―옮긴이), 탈레반 등이다. 모로코 카사블랑카에서 흑인 무슬림 아버지와 백인 기독교도 어머니 사이에서 태어난 나드리처칠은 1970년대에 학교에서 자신을 괴롭히는 아이들이 던지는 돌멩이를 맞으면서 극단주의를 처음 경험했다.

나드리처칠은 지혜와 통찰력이 넘치는 여성이다. 하지만 툭하면 그녀의 말을 왜곡하는 미국 언론인에 대한 불신이 깊었다. 나는 온라인 인터뷰가 아니라 그녀를 직접 만나야 한다는 생각이 들었다. 보스턴으로 날아가 우리 둘 다 아는 친구의 집에서 그녀를 마주했다.

중년에 이른 나드리처칠은 자연스러운 리더십을 눈에 보이지 않는 견장처럼 달고 있었다. 풍성하고 검은 곱슬머리가 어깨까지 내려왔고 말하는 목소리에 에너지가 가득했다. 영어가 제3의 언어라서 자기 생각을 충분히 표현하는 데 한계를 느꼈고 상대가 자신의 말을 제대로 이해하지 못할까 봐 걱정했다.

나드리처칠은 그동안 수많은 미국 가족의 젊은 성인 자녀를 극단주의 집단에서 되찾을 수 있게 도왔다. 미국 정부 기관과 협력해 구조 작전을 펼친 경우도 많다. 그녀의 이야기를 들어보니 로다의 말이 맞았다. "극단적 우월주의에 빨려 들어가는 젊은이 대다수는 진보 성향 가정에서 자란 이들입니다. 대단히 놀랍게도 백인 우월주의나 네오나치, 반反파시즘, 이슬람주의에 빠지는 젊은이 중 상당수가 진보 성향의 온화한 가정 출신이에요."

그녀는 오늘날 미국의 많은 진보 가정에서 부모가 권위를 포기하고 자녀에게 끝없는 선택권을 주며 중요한 인생 결정에 대해 늘 자녀의 의견을 구한다고 말했다. 그러나 행동 범위를 정해주는 가이드라인과 권위에 대한 갈망은 아이의 자아감 및 행복과 깊이 연결돼 있다. 그 갈망은 부모가 채워주지 않았다고 해서 그냥 사라지지 않는다.

"극단주의 단체는 젊은이들에게 그대로 따라야 할 대본을 줍니다. 그들은 방향감각을 제공하죠. 이걸 먹어라, 저건 먹지 마라, 이 방향으로 가라, 이걸 해라, 하고 말해요. 대본을 제공하는 거예요." 그녀는 '대본'이라는 단어를 거듭 사용했다. "극단주의 단체가 부모 역할을 대체하는 셈이지요."

1970년대에 미국의 언론인이자 작가인 미지 덱터Midge Decter도 그런 주장을 했다. 그녀는 자식을 애지중지하는 부모 밑에서 엄청난 자유를 누리며 자란 아이들이 많은 경우 성인이 되어 극단주의 운동에 동조하는 이유를 분석했다.

덱터는 자신의 세대에 속하는 부모들에게 잘못이 있다고 지적했다. 그들은 자녀를 후하게 칭찬하고 자녀가 가정에 기여하는 것을 별로 기대하지 않았다. 자녀의 버릇없는 행동을 눈감아주고 기분을 맞춰주었다. 그녀는 저서에 이렇게 썼다. "우리는 한편으로는 이념적 이유 때문에, 또 한편으로는 미학적 이유 때문에 부모의 중요한 의무를 외면했다. 바람직한 일과 나쁜 일, 옳은 일과 옳지 않은 일을 판단하는 최종 권위자가 되는 것, 그리고 평생에 걸친 전투가 될지 모를 과정의 결과에 책임을 지는 것 말이다."

전례 없이 많은 시간을 자녀에게 쏟았음에도 자신의 세대는 근본적으로 부모의 의무에 태만했다고 덱터는 말했다.[30] "힘든 상황을 해결하는 과정이 아이에게 강인함을 길러주는데도 우리는 아이와의 충돌이나 갈등을 피하기 위해 여전히 약한 아이에게 강하다고 말해주었다. 우리는 인내가 필요한, 기나긴 시간 동안 이어질 힘든 양육을 피하고 싶어서 어리석게 행동하는 아이에게 옳다고 말해주었다. 오직 그 시간을 통해서만 아이의 정신과 마음이 진정으로 성숙할 수 있는데도 말이다."**31**

덱터 세대의 허용적 부모들이 했던 방식을 이제 우리가 이어받았다. 우리는 아이들에게 사소한 온갖 사안에서 자유와 선택권을 주었고("머리를 어떤 색으로 염색하고 싶니? 그 색깔 너무 예쁘구나!") 중학생 자녀를 가족 가치관의 공동 결정권자로 임명했다. 어느 고등학교에 갈지, 교회나 유대교 회당에 갈지 말지, 심지어 나이 많은 친척을 만나 인사할 때 가볍게 포옹하는 것이나 할머니에게 안부 전화를 하는 것에 대해서도 아이의 의견을 물었다. 우리는 부적절한 행동을 심리적 상태의 문제로 설명하고 넘어갔다("에이든은 네가 준 선물을 좋아했어! 그 애가 '고마워'라는 말을 하지 않은 건 좀 위축돼 있었기 때문이란다."). 우리는 아이 삶의 모든 상황을 속속들이 통제하고 감시하면 아이에게 자신을 다스리라고 말할 필요가 없을 것이라고 생각했다.

권위 없는 부모가 맞이하는 결과

많은 육아 코치와 소아과 의사가 내게 말했듯 요즘 아이들은 "안 돼"라는 말을 들어본 적이 없는 상태로 학교에 간다. 그들은 선생님이 정해놓은 기준을 따르는 법을 모른다. 연습해본 적이 없는 탓이다. 아무도 그들에게 저녁 식사가 다 끝날 때까지 식탁에 앉아 있으라고, 기본적인 식사 예절을 지키라고 말하지 않았다. 아무도 그들이 간식을 기다리도록, '지금 당장' 뭔가를 하고 싶어도 참을 수 있도록 교육하지 않았다. 아무도 그들에게 형제나 부모의 말이 끝날 때까지 기다렸다가 자신이 원하는 바를 말하라고 가르치지 않았다.

반 전체 아이들에게 읽기 수업을 해야 하는 교사는 당혹스럽다. 1학년 학생 20명에게 뺄셈도 가르쳐야 한다. 그녀는 수업 중에 돌아다니고, 선생님 지시를 따르지 않고, 수업 진행에 방해가 되는 아이를 제대로 통제할 수 없다.

심리학자의 지시와 교장의 권고에 따라 교사는 학부모에게 최후통첩을 보낸다. "아이가 계속 이 수업을 듣게 하려면 검사를 받아 보는 게 좋겠어요. 확인 차원에서요." 그 말은 곧 이 말과 같다. "아이에게 약을 먹이면 모두가 행복해질 거예요."

10장

훈육을 아끼고 약을 먹여라

"마얀이 좀처럼 가만히 앉아 있지를 않아요." 마얀의 유치원 선생님이 말했다. 아이가 학습 분위기에 지장을 주고 산만하며 호기심이 많고 한편으론 공상에 자주 빠진다고 했다. 선생님의 끈질긴 권유에 따라 마얀의 부모는 아이를 의사에게 데려갔다. 의사는 마얀이 '심각한' ADHD라고 진단했다.

"마얀은 태어날 때부터 평범하지 않았어요. 마치 대포에서 발사된 포탄처럼 세상에 나왔죠." 마얀의 아버지 야콥 오피르Yaakov Ophir의 말이다. 지나치게 활발해서 계속 움직이고, 수업에 집중하지 못하고, 멍하니 딴생각을 하고, 주어진 일을 체계적으로 수행하지 못하고, 산만하고, 물건을 자주 잃어버리는 마얀은 ADHD의 진단 기준을 모두 충족했다. 의사는 이 네 살배기 꼬마가 당장 ADHD 치료제인 리탈린을 복용해야 한다고 말했다.

그것은 오피르가 과거에 예루살렘 외곽에서 임상 치료소를 운영할 때 부모들에게 해주던 조언이었다. 그는 한 엄마에게 이렇게 말한 일을 떠올린다. "아드님이 멍하니 딴생각을 하는 증상을 리탈린이 줄여줄 겁니다. 아이의 자존감이 계속 위협받고 있어요. 적절한 약물 치료를 하지 않으면 자신의 잘못된 행동 때문에 과도한 죄책감을 느끼게 될 거예요."[1] 당시에 오피르는 이것이 적절한 조언이라 믿었다.

하지만 막상 자신의 아이에게 약을 먹여야 한다는 이야기를 듣자 갑자기 의심이 폭풍처럼 일었다. ADHD가 대체 뭘까? 그는 자신이 그 답을 정확히 모른다는 사실을 깨달았다.

이스라엘에 있는 최고 수준의 연구 대학 테크니온Technion에 몸담고 있던 심리학자 오피르는 관련 서적과 자료를 파고들었다. 미국 남자아이들의 '15퍼센트 이상'이 겪는 이 장애의 실체를 알고 싶었다.[2] 아들에게 약을 먹이기가 조심스러워 시작한 공부에 그는 어느새 완전히 빠져들었다. 그리고 자료를 읽으면 읽을수록 두 가지를 확신하게 됐다. 자극에 대한 과잉 반응과 주의 산만성을 특징으로 하는 ADHD가 '장애'의 표준 정의를 충족하지 않는다는 것, 그리고 리탈린이 해결책이 아니라는 사실이었다.

이상심리를 판별하는 기준은 흔히 '4D'라고 불리는 일탈deviance과 괴로움distress, 기능장애dysfunction, 위험danger이다. ADHD는 그중 어떤 것에도 해당하지 않았다. 미국 아동 및 청소년의 10퍼센트 이상, 이스라엘 아동 및 청소년의 무려 20퍼센트에서 발생하는[3] ADHD는 드물거나 '기이하게 일탈된' 현상이 아니다.[4]

또 ADHD는 아이에게 심리적 고통과 괴로움을 일으키지 않는다. 이 아이들은 위협적 존재도 아니다. 즉 자신이나 다른 사람을 위험에 빠지게 하지 않는다. 기능장애에 대해 오피르는 이렇게 말했다. "물론 ADHD에 해당하는 특징을 보이는 아이는 아마 학교생활이 힘들 겁니다. 학교에서 적응 능력이 떨어지죠. 적어도 교실에 오랜 시간 앉아서 때때로 지루한 수업을 들어야 하는 오늘날의 학교 시스템에서는요. 이건 어떤 아이에게도 맞지 않는 방식일 겁니다. 더 활동적이고 집중력이 약한 아이에게는 더 그렇고요."

진짜 장애는 평범한 일상생활을 영위하지 못하게 방해한다고 오피르는 말했다. 하지만 장시간 가만히 앉아 한 가지에 집중하기 힘든 것은? 생각해보라. 세상에는 주변에서 일어나는 다양한 일에 관심을 쏟으며 기회와 위험을 알아채는 능력이 꼭 필요한 직업도 많다. 예를 들면 벤처캐피털 회사나 군대가 그렇다.[5]

"ADHD 아동이 혼자 옷을 입을 수 있을까요? 샤워를 할 줄 알까요? 일상의 기본적인 일을 수행할 수 있을까요? 당연히 할 수 있습니다. 예를 들어 우울증 환자는 침대 밖으로 나오지 않기도 합니다. 침대에서 나오는 것조차 힘들어서 어떤 사람은 일도 못해요. 이건 분명한 기능장애죠. ADHD의 경우는 그렇지 않아요." 각성제는 혈액-뇌 장벽을 통과하는 강력한 향정신성 약물이라고 오피르는 설명했다. 그러면서 리탈린과 애더럴, 콘서타Concerta, 스트라테라Strattera 등이 그런 약물에 속한다고 했다. 여러 연구에 따르면 각성제는 의존 및 중독 위험이 높다.[6] 또 시간이 흐를수록 효과가 떨어질 수 있다. 다시 말해 아이가 처음과 똑같은 효과를 얻으려면 나중에는 복용량을 늘려야 할 수도 있다는 의미다.

무엇보다 행동을 수정하는 기법과 달리, 이런 약물은 복용을 중단하면 아이가 처음 상태로 되돌아가며 금단증상까지 나타날 수 있다. 오피르는 자신이 연구한 내용을 토대로 이스라엘의 좌파 성향 신문 《하아레츠Haaretz》에 「ADHD는 질환이 아니며 리탈린은 치료제가 아니다ADHD Is Not an Illness and Ritalin Is Not a Cure」라는 제목의 칼럼을 실었다. 오피르의 말에 따르면, 이스라엘의 한 권위 있는 ADHD 전문가는 이스라엘 보건부에 편지를 보내 오피르의 전문가 자격을 박탈해야 한다고 주장했다.

하지만 오피르는 후퇴하지 않았다. 그는 미국 심리학자 토머스 암스트롱Thomas Armstrong의 책을 발견했다. 아동에 대한 각성제 처방에 회의적이었던 암스트롱은 약물의 도움 없이 아동의 과잉 행동을 관리할 수 있는 방법을 개발했다.[7] 2022년 오피르는 논란을 일으킨 자신의 칼럼과 같은 제목의 책을 출간했다.

그 무렵 마얀은 열 살이 되어 있었다. 오피르와 아내는 마얀에게 평소 해야 할 특정한 일을 정해주고 규율과 틀을 만드는 등 일련의 행동 수정 기법으로 ADHD를 치료하는 데 성공했다. 덕분에 마얀이 큰 문제 없이 잘 자랐다고 한다. 마얀은 날마다 점심 도시락을 직접 싸고, 매번 식기세척기에서 그릇을 빼서 정리하고, 여동생을 스쿨버스 타는 곳까지 데려다준다. 오피르는 마얀이 다른 평범한 아이들과 똑같아지지는 않을 거라고 말한다. 여전히 에너지 넘치고 산만하며 혼자만의 공상에 빠질지도 모른다. 그래도 오피르 부부는 만족스러워했다.

자기만의 기회를 빼앗기는 아이들

오피르는 행동 교정 프로그램을 택함으로써 아들의 ADHD를 약물로 치료하는 것을 피했다. 그렇다면 불안과 우울의 경우는 어떨까? 그것을 없애기 위해 약을 먹는 것을 피해야 할 이유가 있을까?

나는 노터데임대학교의 심리학 교수이자 우울장애 전문가 스콧 먼로Scott Monroe에게 청소년이 항우울제를 복용하는 것에 대해 어떻게 생각하는지 물었다. 그는 대답했다. "나라면 처방을 굉장히 주저할 겁니다."

이유를 묻자 그는 이렇게 말했다. "항우울제는 강력한 약물이기 때문입니다. 청소년의 뇌는 완성되지 않은 상태예요. 남성의 앞뇌는 대략 20대 중반이 돼야 완전히 발달해요. 개인마다 차이도 있고요. 저는 생물학자는 아니라서 그런 약이 뇌 발달을 얼마나 심각하게 방해하는지 정확히는 모릅니다. 하지만 청소년기는 한창 뇌가 발달하고 재편되는 시기예요. 저라면 약부터 먹이기 전에 다른 대안을 찾아보겠어요."

항불안제는 어떨까? 항불안제는 효과가 있을까? 이에 대해서는 밴더빌트대학교의 심리학 교수이며 우울증 치료 전문가인 스티브 홀런에게 의견을 물었다. "항불안제는 알코올과 비슷한 정도의 효과가 있고 알코올보다 중독성이 약간 더 강합니다." 약물은 고통에 무뎌지게 하지만 궁극적 해결책은 되지 못한다. 만일 복용하다가 중단한다면 특히 조심해야 한다.

향정신성 약물 치료를 시작하는 성인과 달리, 약물을 복용하는 청소년은 자신이 문제를 최선을 다해 해결할 수 있을지 판단할 기회를 박탈당한다. 10대에게 인생의 고난과 시련을 마주할 기회를 허락하지 않으면 그들은 그것을 헤쳐나가는 법을 배우지 못할 것이다. 그들은 정신 건강 위기 속에서 신경쇠약에 이르기 직전인 요즘 대학생들과 비슷한 젊은이로 자라날지 모른다.

나는 항우울제를 먹는 청소년은 충분한 사회성을 기를 기회도 잃는 게 아닐까 하는 생각이 들었다. 또래와 여러 스펙트럼의 관계를 형성하고, 다른 사람의 애정을 얻고 그 관계의 깊이와 경계선을 깨닫고, 상처를 받은 뒤 이겨내는 등의 과정 말이다. 정신적 하드웨어가 약물의 지시대로 움직인다면 그 시기에는 결국 온전히 자기 인생을 살았다고 말할 수 없는 것 아닐까? 그렇다면 많은 경우 나이에 비해 덜 성숙한 사람이 되지 않을까?

나는 우울한 청소년에게 항우울제를, 불안해하는 청소년에게 항불안제를 무분별하게 처방하는 것이 어떤 결과를 낳으리라 생각하느냐고 홀런에게 물었다. 그는 이렇게 답했다. "힘든 상황이나 스트레스 요인에 대처할 줄 모르는 사람이 될 겁니다."

불안과 우울, 무조건 나쁜 것이 아니다

불안과 우울을 약물로 없애는 데는 대가가 따른다. 약의 부작용을 겪는 것, 또는 사회성을 기를 기회를 잃고 사회적 스트레스 요인에 대처하는 능력을 키우지 못하는 것 말고 다른 대가도 있다. 불안과 우울이 주는 '이로움'을 놓친다는 것이다. 불안과 우울이 존재하는 데는 이유가 있다. 불안은 예기적 두려움이다. 즉 아직 일어나지 않은 위험에 대한 걱정이다. 내가 만나본 모든 불안 전문가는 불안이 무조건 나쁜 것은 아니라고 말했다.

진화심리학자들은 수풀 뒤에 호랑이가 숨어 있을지도 모르는 상황 같은 여러 위험을 인간이 더 바짝 경계하도록 하기 위해 생겨난 방어기제가 불안이라고 말한다. 진화정신의학자 랜돌프 M. 네스Randolph M. Nesse는 저서 『이기적 감정』에서 "위험 앞에서 일어나는 각성 반응은 도망칠 가능성을 높이며 이는 분명히 우리에게 자연선택의 유리함을 준다"라고 말했다.[8] 위험을 예상하면 시간을 벌게 되고 피해를 막기 위한 추가 조치를 구상할 수 있다.

우울 역시 그렇게 나쁘기만 한 것이 아니며 여기에도 목적이 존재한다. 즉 우리가 큰 실패나 부정적 경험을 한 뒤 뇌가 우리를 보호하기 위해 시스템 가동을 중단함으로써 상황을 재정비하고 다른 접근법을 생각할 시간을 주는 것이다. 우리를 힘들게 했거나 해를 입힌 대상에서 잠시 뒤로 물러나 자신과 상황을 찬찬히 검토할 수 있도록 말이다.[9]

중요한 실패를 겪은 뒤 찾아오는 우울은 성급하게 경솔한 행동을 하려는 욕구를 억눌러준다. 예를 들어 자신을 차버린 연인에게 매달리는 것, 해고당한 뒤 상사에게 소리 지르는 것, 큰돈을 날리게 만든 대상에 돈을 더 투자하는 것, 누군가에게 거절당하고 나서 분노를 주체하지 못해 도를 넘는 행동을 하는 것 등이다. 먼로의 설명에 따르면 진화심리학자들은 "우울 삽화가 이른바 '비호의적 사건'과 거리를 두는 방법 중 하나"라고 말하곤 한다. 실패나 상실을 경험했을 때 조용히 앉아 상처를 회복하는 시간을 보내는 것이 최선이다.

실패를 두려워하는 마음이 없다면 과연 최고의 성과를 낼 수 있을까? 불안은 창의성과 지능, 그리고 나쁜 상황에서 빨리 벗어나는 능력과 연결돼 있다. 또 불안은 더 선명한 기억을 만들어내기도 한다. 크리스마스를 앞두고 느끼는 초조한 흥분감은 크리스마스의 기억을 오래도록 선명하게 유지하는 데 기여한다.[10] 첫 키스의 기억이 영원히 마음에 남는 것은 키스를 하기 전에 느낀 걱정과 불안감 때문이다.

서로 밀접하게 연관된, 위험에 대한 두 정서적 반응 중 어느 하나가 과도해지면(즉 불안이나 우울이 정상적인 일상생활을 방해한다면) 장애 수준에 이를 수 있다. 네스의 표현대로 불이 나지 않았는데도 내면의 "화재경보기"가 계속 울려대는 것은 아무 도움이 되지 않는다. 그것은 "정상적 방어기제의 조절장애"라고 네스는 말한다.

그러나 대체로 불안과 우울은 삶에서 맞닥뜨리는 위협과 실패에 대한 자연스러운 반응이다. 그것은 심리적 불편을 초래할 수 있고, 만일 정상적 생활을 불가능하게 한다면 장애라고 할 수도 있다. 하지만 불안이나 우울 자체가 기능장애는 아니다. '다른 방법으로는 해결할 길이 없는' 만성 불안이나 우울증을 겪을 때만 약물을 통한 개입을 고려해야 한다.

인간관계 실패나 괴로운 직장 생활, 연인과의 이별, 또는 사랑하는 누군가의 죽음 때문에 느끼는 우울한 감정이 '우울증' 진단 기준에 들어맞을 수도 있지만, 그렇다고 해서 그것이 꼭 의학적 관점의 질환은 아니다. 슬픔과 싸우기 위해 약을 먹는 것은 삶의 방향을 다시 설정하고 앞으로 나아가는 능력을 방해할 수 있다. 또 시련을 묵묵히 극복하고 회복하는 데 도움이 되는 일을 하려는 의지를 꺾을 수 있다. 항우울제를 먹으면 힘들고 슬픈 상황에서 당장 정서적 안정은 얻겠지만 문제를 진정으로 해결할 수 있는 가능성은 낮아질지도 모른다.

《뉴욕 타임스》에 소개된 버지니아대학교 정신의학자 앤더슨 톰슨Anderson Thomson의 일화는 이를 잘 보여준다. 그가 환자를 치료하면서 겪은 일이다. "어느 날 환자가 약 복용량을 줄여달라고 말했다. 나는 그녀에게 항우울제가 효과가 있느냐고 물었다. 그때 돌아온 대답을 평생 잊지 못할 것 같다." 톰슨의 말에 따르면 환자는 이렇게 답했다. "그럼요, 효과가 아주 좋아요. 기분이 훨씬 나아졌어요. 하지만 여전히 지독한 알코올의존증 남편과 살고 있죠. 항우울제 덕분에 이제는 그 개자식을 참을 만해요."[11]

다시 말해 때로 항우울제는 단기적인 극심한 고통을 강도 낮은 만성적 고통으로 바꿔놓는다. "청소년에게 항불안제나 항우울제를 먹이면 일시적으로 증상이 완화되겠지요. 하지만 오랜 세월 진화해 온 인간의 자연적 적응 능력을 방해하게 됩니다." 먼로의 말이다.

모든 불안이 장애는 아니며 모든 우울 증상 또한 장애는 아니다. 괴롭기는 하겠지만 어느 정도의 불안이나 우울은 이로울 수 있다. 더 민첩하게 반응하거나, 뭔가를 더 선명하게 기억하거나, 인생의 문제를 더 깊이 생각하도록 도울 수 있다는 이야기다.

톰슨과 진화심리학자 폴 앤드루스Paul Andrews가 제시한 가설은 논란을 일으켰지만 대단히 흥미로운 관점을 보여준다. 이들은 우울증이 '제2형 사고Type 2 thinking'라 불리는 깊은 분석적 사고를 자극할 수 있다고 주장한다. 사회 활동에 참여하지 않고 혼자 있으려는 우울증의 전형적 증상은 주의를 산만하게 하는 요소를 차단해 외부의 방해 없이 자신의 중요한 문제를 골똘히 생각할 수 있게 하려는 뇌의 진화적 전략일 수 있다는 것이다.[12] 처칠과 링컨이 우울증을 겪으며 깊은 도덕적 통찰력을 발휘한 것은 우연이 아니라고 앤드루스는 설명했다. "우울한 기분의 목적은 제2형 사고를 가동해 문제를 분석하고 해결하도록 돕는 것입니다."

젊은이들이 자신의 우울이나 불안을 병이라고 믿으면 정서적 안정을 얻으려고 약물로 눈을 돌릴 것이라고 네스는 말했다. 하지만 그런 감정을 특정한 경험이 가져오는 자연스러운 결과물이라고 여긴다면 스스로 변화를 꾀하기가 더 쉬울 것이다. 그들은 해로운 인간관계를 정리하고 나서 또는 불만스러운 현재 직장 대신 다른 일자리를 구하기 위해 노력하면서, 정서적 안정뿐 아니라 정당한 자부심도 느낄 것이다. 그리고 다음번에 다른 실패를 경험하면 그때도 역시 문제를 해결할 수 있다는 믿음이 생길 것이다.

항우울제를 먹는 열한 살 아이의 이야기

멜라니는 "지나치게 예민한" 아들 딜런 때문에 걱정이 깊었다. 그녀는 같은 유치원에 다니는 다른 아이들과 딜런을 함께 공원에 데려가는 걸 좋아했지만, 딜런이 짜증을 부리면서 안 가겠다고 떼를 쓰는 통에 공원 가는 것을 그만두었다. 딜런이 같은 반 남자애들이 너무 거칠다고 불평하자 그녀는 아들이 더 얌전한 아이들과 같이 있을 수 있게 조치를 취했다. 딜런이 자동차를 타고 친척 집에 가는 길이 너무 멀다고 투덜댄 이후로는 친척 집에 더 이상 가지 않았다.

멜라니는 딜런이 학교를 싫어하는 이유를 알고 싶어서 아들을 심리 치료사에게 데려갔다. 치료사는 딜런에게 특별한 문제가 없다고 했지만 의료보험이 적용되는 동안은 일단 상담을 계속하자고 했다. 딜런은 자신의 말을 들어주는 사람이 한 명 더 생긴 것을 좋아했다.

딜런은 심한 변덕을 부려 멜라니를 힘들게 했다. 갑자기 어떤 스포츠에 푹 빠졌다가 금세 흥미를 잃고 얼마 뒤에 다시 관심을 갖곤 했다. "기분 좋을 때는 얼마나 에너지가 넘치는지 몰라요. 아이 뇌에 화학물질 불균형 같은 게 생긴 건 아닌가 싶어요. 우울증처럼 말이에요.[13] 어떤 날은 굉장히 기분이 좋고 활달해서 뭐든 적극적으로 하는데, 어떤 날은 '싫어, 안 해, 무조건 안 할 거야' 하는 식이거든요."

딜런이 수업 중 선생님이 자기 이름을 불러 뭔가 시키면 긴장된다고 불평하자, 멜라니는 선생님에게 딜런 이름을 부르지 말아달라고 부탁했다. 선생님도 그러겠다고 답했다.

딜런은 4학년 때 학교에서 공황 발작을 보였다. 수학 문제가 잘 안 풀리면 울음을 터뜨렸다. "자기가 잘하는 일이 아니면 굉장히 하기 싫어해요. 스스로 뭔가를 잘하지 못했거나 실패했다는 기분이 들면 참을 수 없나 봐요. 딜런이 잘했는지 못했는지 아무도 신경 쓰지 않을 때도 그래요."

2021년 추수감사절에 열한 살인 딜런이 배가 심하게 아프다고 죽을 것처럼 비명을 질러 엄마 아빠를 깨웠다. "세상에, 얼마나 고통스러웠는지 애 얼굴이 말이 아니었어요. 설사랑 구토도 해서 우리 부부는 완전히 기겁했어요." 그들은 넉 달 동안 아이를 데리고 병원 여러 곳을 가보았다. 멜라니는 그날 추수감사절 가족 모임을 취소한 건 물론이고, 이후에는 딜런을 절대로 혼자 두지 않았다. 가끔 남편과 데이트하는 것도 중단했다.

하지만 위장병 전문의들은 하나같이 딜런에게 특별한 문제가 없다고 했다. 뾰족한 해결책을 찾지 못하자 마침내 의사 중 한 명이 딜런에게 항우울제인 렉사프로를 처방했다. 이게 과연 도움이 될까? 멜라니도 알 수 없었다.

멜라니는 "아이 키우는 일이 이렇게 힘들 줄 정말 몰랐어요"라고 말했다. 이것은 내가 부모들에게 흔히 듣는 스토리였다. 자녀가 학교 수업에 집중하지 못하거나, 좀처럼 가만히 있지 못하고 산만하거나, 말을 잘 안 듣고 반항하거나, 전반적으로 우울한 정서를 보인다. 먼저 부모가 아이를 신경심리학자에게 데리고 가면 아이가 "정상 범위에 속한다"는 진단을 듣는다. 신경심리학자는 아이의 증상을 검토하고, 아이를 관찰하고, 다양한 진단 도구로 검사한 뒤 장애라고 볼 수 없다는 판단을 내린다.

하지만 이후 아이가 학교에서 친구와 싸움을 한다. 또는 아이가 수업 시간에 산만하거나 시키는 과제와 활동을 제대로 하지 않는다고 선생님이 부모에게 알려온다. 대체 왜 그러는 걸까? '뭐가' 문제인 걸까? 여전히 알 수 없다. 결국 의사가 정신과 약물을 처방하는 것으로 결론이 난다.

그 부모들은 마치 앞 유리가 없는 자동차를 몰고 고속도로를 달리면서 온갖 먼지와 자갈을 얼굴에 맞는 사람 같았다. 새로운 진단, 새로운 설명, 새로운 약물, 새로운 심리 치료가 계속 그들 앞에 나타났다. 그들은 아이에게 정신과 약물을 먹이기 전에도 괴로웠지만 그 이후에도 역시 괴로웠다. 아이를 키우면서 두려움과 스트레스를 느꼈다. 불면증, 커다란 감정 기복, 체중 증가, 감정 없는 포옹 등 약의 부작용에 대한 불안감이 계속 밀려왔다.

잠자리에 들지 않겠다고 버티며 속을 썩이는 아이처럼, 밤마다 찾아오는 질문이 그들을 잠들지 못하게 괴롭혔다. "대체 왜 어느 누구도 우리 애의 문제를 해결해주지 못할까?"

가장 손쉬운 방법을 택한 어른들

우리는 아이에게 약물이라는 화학적 구속복을 입히고 싶지 않았다. 우리는 아이가 실수나 실패를 했을 때 대신 나서서 해결해줄 편법을 궁리하게 될 줄 몰랐다. 우리는 교사에게 이메일을 보내 아이가 과제물을 제출하지 않은 것을 봐달라고 간청했고, 아이를 탈락한 스포츠 팀에 들여보내달라고 감독에게 간곡히 부탁했으며, 감독이 즉시 아이를 팀에 받아주지 않으면 교장에게 법적 조치를 취할 가능성을 암시하는 이메일을 보냈다. 아이 가방에 위치 추적 기기를 몰래 넣어놓거나 휴대전화에 깐 앱으로 아이의 동선을 확인한 것이 자랑스러운 일은 아니다. 하지만 우리가 키운 아이의 판단력을 믿을 수 없었다. 우리는 어느 정도 자율성이 주어질 때 아이가 가장 잘한다는 사실을 '알지만', 아이를 믿고 자율성을 허용할 수 없었다. 아이를 언제나 무조건 존중했기에 아이에게 행동을 개선할 의지를 키워주지 못했다.

치료적 접근법은 육아를 하는 순간에는 더 부드러워 보였고 아이에게 해가 없는 방법 같았다. 그러나 한 걸음 뒤로 물러나서 바라보자 다른 그림이 보였다. 친구를 때리고도 벌을 받지 않는 아이가 보였다. 그 행동을 바로잡지 못한 아이는 결국 약을 먹기 시작했다. 또 오전 내내 스마트폰만 들여다보느라 수업에 집중하지 못하는 아이가 보였다. 아이는 다른 학생들에게도 방해가 되었다. 우리는 그 아이에게도 약을 먹였다.

'안심'은 온화한 부모들이 의사에게 마침내 아이의 진단명을 듣고 처방을 받을 때 가장 자주 쓰는 단어다. "문제의 원인이 뭔지 알게 돼서 얼마나 안심이 됐는지 몰라요." 많은 부모가 그렇게 말했다.

하지만 약물을 조절해야 했다. 예상치 못한 부작용이 나타났기 때문이다. 두 번째 약을 추가하자 첫 번째 약의 부작용이 줄어들었다. 어느새 우리 아이들은 두 가지, 네 가지, 심지어 '열 가지' 정신과 약을 먹고 있었다.[14]

당신의 아이는 당신이 가장 잘 안다

줌으로 오피르와 긴 시간 인터뷰를 하는 동안 문득 내 눈에 뭔가가 보였다. 웃는 얼굴이었다. 마얀이 했던 말이나 아이가 보인 ADHD 증상 같은 행동을 회상할 때마다 그의 얼굴에 미소가 번졌다. 그의 미소가 날개를 팔랑거리는 예쁜 나비처럼 내 컴퓨터 모니터

안에서 반짝이곤 했다.

오피르는 마얀의 이런저런 특이한 행동에 대해 들려주었다. 아이스크림에 치즈를 섞어 먹는다든지, 식기세척기에 접시를 거칠게 집어넣는다든지 하는 것들이었다. 오피르는 창의적이거나 별나거나 귀여운 마얀의 모습을 찍은 동영상을 내게 보여주고 싶어 안달이었다. 누가 봐도 아들 때문에 '즐거움과 행복을' 느끼는 아빠였다. 그때 나는 깨달았다. 내가 인터뷰한 부모들, 즉 다양한 진단을 받고 약을 먹는 자녀를 둔 미국 부모들에게서는 그런 모습을 한 번도 보지 못했다는 사실을 말이다. 그런 미소를 짓는 부모는 '단 한 명'도 없었다.

그들은 며칠 동안 잠을 못 잔 사람처럼 괴롭고 지쳐 보였다. 그들은 아이를 사랑한다고 누누이 말했지만, 그것은 힘들고 피곤함에 절어 있는 사랑이었다. 그들에게는 온기 없는 의무적인 포옹과 무기력한 대화가 일상이었다. 끊임없이 약물을 조절하고 새로운 부작용이 나타날까 봐 마음을 졸여야 했다. 그들의 목소리에는 생기가 없었다. 만일 누군가가 눈을 감고 그들의 목소리만 듣는다면 가장 뚜렷하게 느낄 감정은 패배감일 것이다.

오피르는 그들과 너무나 대조적이었다. 그는 자신이 속한 분야의 전문가들이 하는 조언을 무시했고, 아들을 있는 모습 그대로 사랑했다. 오늘날 많은 전문가가 권장하는 것보다 '훨씬 더 많은' 규칙과 틀을 아들에게 정해주었고 집안일까지 시켰다!

오피르와 아내는 마얀의 부주의한 행동 습관을 교정하는 방법 중 하나로 빨래나 정원 관리 같은 집안일을 아이에게 할당했다. 마얀이 정리정돈과는 거리가 멀다고 오피르는 말했다. "자신과 주변을 잘 정리하고 체계적으로 행동하는 걸 잘 못해요. 지난주만 해도 새로 사준 샌들을 잃어버렸지 뭐예요. 그동안 잃어버린 셔츠와 샌들이 몇 개나 되는지 아세요? 마얀 같은 애를 키우려면 돈이 참 많이 들어요."

그 말을 들으니 우리 애들이 생각났다. 마얀과 동갑인 내 쌍둥이 아들들은 학교에서 스웨트셔츠 여덟 벌을 잃어버렸다. 무려 '여덟 벌'이다. 게다가 그때는 코로나19가 한창이던 2021년이라 모든 어른이 바이러스 보균자일 가능성이 있어, 학교에 찾아가 분실물 보관소를 뒤져볼 수도 없었다.

오피르는 분명히 마얀에게 개선할 점이 많다고 생각하지만 아들이 장애라고 여기지 않았다. 아들에게 제시하는 규칙의 기준을 낮출 생각도 없었다. 그는 이렇게 말했다. "여기는 날씨가 굉장히 덥지만 마얀은 샌들 대신 다른 신발을 신고 다녀요. 이번에 잃어버린 걸 찾을 때까지 새 샌들을 사주지 않을 거예요."

나는 문득 이런 생각이 들었다. 자녀의 인생을 정신과 의사에게 맡겨버린 많은 부모는 이제 아이와 함께 보내는 시간을 즐거워하지 않는 것 같았다. 오피르는 아들을 사랑하는 것은 물론이거니와 아들과 함께 있는 시간을 '정말로' 좋아했다. 그는 마얀의 학교 선생님들이 하는 말에 신경 쓰지 않았다(대체 왜 그래야 한단 말인가?). 마얀은 '그의 아들'이고, 오피르는 아들을 있는 모습 그대로 사랑하기 때문이다.

우리는 언젠가부터 우리가 키우는 아이가 '우리의' 아이라는 생각을 잊어버렸다. 아이를 키우는 것은 책임이자 특권이다. 우리는 학교 심리학자나 소아과 의사, 교사의 부하가 아니다. 우리는 아이에게 그들 모두를 합친 것보다 더 중요한 존재다. 우리가 그 아이들을 낳았고 키웠다. 부모는 아이의 성공이나 실패, 행복, 고통에서 누구보다 가장 직접적으로 정서적 영향을 받는 존재다. 이제 아이의 삶에서 중요한 사람이라는 위치에 걸맞게 행동해야 할 때다.

나는 당신의 자녀를 어떻게 키워야 할지 모른다. 당신이 어떤 가치관을 갖고 있는지도 모른다. 그리고 나는 그것을 안다고 주장하는 이들을 본능적으로 믿지 않는다. 나는 어떤 정신 건강 전문가도 그것을 '모른다'고 확신한다. 그들은 양육이라는 중요한 문제를 심각하게 망쳐놓았다.

정신 건강 전문가들이 아이를 훌륭하게 키우는 방법을 아는지에 대해 상당한 회의론이 일고 있다. 그들은 가장 끔찍한 실수조차 좀처럼 인정하지 않기로 유명하다.[15] 적어도 지난 20여 년의 시간은 오늘날 정신 건강 전문가들이 자신의 조언을 철저히 되돌아보고 그중 많은 것이 완전히 틀렸을 가능성을 고려해봐야 한다는 사실을 말해준다.

그들은 재앙을 불러온 장본인이다. 전문가들은 아이에게 모든 것을 주고 싶어 하고 과거 어느 세대보다 많은 시간과 에너지를 아이에게 쏟는 부모 세대를 설득해 그들이 양육법을 제대로 모른다고 믿게 만들었다. 전문가들은 육아에 기술과 전문 지식이 필요하다는 것을, 따라서 전문가가 필요하다는 것을 우리에게 납득시켰다.

그러나 육아는 기술 문제가 아니라 관계 문제다. 적어도 과거에는 그랬다. 전문가들이 육아를 전문성이 요구되는 영역으로 변화시키기 전에, 아이와 함께 있는 것을 힘들고 괴로운 일로 만들어놓기 전에는 말이다. 우리는 그들이 알려주는 부자연스러운 대화법을 흉내 냈고, 자신의 본능적 판단을 믿지 않았으며, 과거 세대 부모들의 지혜와 경험을 무시했고, 결국 여기에 이르렀다. 우리는 우울한 아이의 기분이 나아지기를 기도하고 제멋대로 구는 아이에게 제발 착하게 행동하라고 애원한다. 자녀를 간절히 원했고 꼭 좋은 부모가 되고 싶었던 이들에게는 잔인하고 부당한 일이 아닐 수 없다. 아이들이 자신을 힘든 짐으로 여기는 부모를 바라봐야 하는 것은 더 잔인한 일이다.

전문가들은 우리에게 그들처럼 아이를 바라보라고, 즉 객관적인 눈으로 보라고 강조했다. 우리는 집중력이나 사회적 적합성, 선생님 말을 따르는 순응성 등의 측면에서 전문가가 설정한 이상적 기준에 맞춰 아이를 측정하고 평가했다. 선생님 말을 잘 따르는 것이 아이를 판단하는 가장 중요한 척도라도 되는 듯이 말이다.

나는 당신의 자녀를 어떻게 키워야 할지 모른다. 그러나 당신은 안다.

3부

우리가 답을 찾아야 할 곳은 상담실이 아니다

그러나 의미 없는 삶은
불안함과 모호한 욕망의 고문이다.
그것은 바다를 갈망하지만
두려워하는 배다.

―에드거 리 매스터스 Edgar Lee Masters(미국 시인)

11장

아이의 삶에서
한발 물러날 용기

우리 아버지가 자신의 어머니에 대해 이따금 들려주는 이야기가 있다. 할머니는 똑똑하고 고압적이고 화법이 직설적인 독일계 유대인이었다. 항상 손톱이 완벽하게 정리돼 있었고 머리도 단정했다. 할머니는 브리지부터 블랙잭까지 모든 카드 게임 실력이 뛰어났으며, 손에 펜을 들고 《뉴욕 타임스》 십자말풀이를 누구보다도 빨리 완성했다.

할머니는 쓸데없이 지껄이는 것보다 입을 닫고 조용히 있는 편을 더 좋아했다. 고상한 척 내숭 떠는 사람을 질색했고 차라리 가식 없이 야한 농담을 하는 사람이 더 낫다고 여겼다. 할머니에게 가족은 가장 진실한 종교였다. 하지만 네 자녀를 애지중지하거나 껴안아주는 일은 거의 없었다. 1960년대 기준으로 보더라도 할머니는 차가운 엄마였다.

그렇지만 할머니는 엄마라는 역할을 성실하고 야무지게 수행했다. 아버지가 여섯 살 때 그림에 소질을 보이자 공상을 즐기는 둘째 아들을 제도 수업에 등록시켰다. 어느 날 할머니가 수업을 마친 아들을 데리러 갔는데 선생님이 잠깐 할 이야기가 있다며 부르더니 이렇게 말했다.

"아드님이 창밖을 멍하니 보고 있을 때가 많아요. 아드님한테 문제가 있는 것 같아요."

할머니는 그 말을 듣자마자 선생님이 바보 같은 인간이라고 결론 내렸다. "저는 우리 아들한테 제도를 가르치라고 강습료를 내는 거지, 아들의 정신분석을 해달라고 돈을 내는 게 아닙니다." 할머니의 목소리에는 딸깍 하고 닫히는 핸드백의 잠금장치 같은 단호함이 묻어 있었다.

아버지에게 그 기억은 엄마가 칭찬이나 포옹을 해준 적은 거의 없을지라도 자신을 깊이 사랑하고 있음을 보여주는 증거였다. 하지만 요즘 부모들은 할머니의 행동을 시대착오적으로 느낄 것이 분명하다.

요즘이라면 다른 방향으로 전개될 것이다. 아이 엄마는 걱정돼서 어쩔 줄 몰라 하며 제도 선생님에게 아이의 행동에 대해 더 알려달라고 할 것이다. 이후 상황은 보나마나 눈덩이처럼 커진다. 부모는 전문가 군단에게 도움을 청하고, 그들은 부모와 아이 사이에 단단히 자리 잡는다. 심리 치료사, 교사, 교육 및 양육 전문가, 정신과 의사, 교육 운동가 등이다. 그들은 만난 지 얼마 안 된, 그리고 자신이 사랑하지도 책임감을 느끼지도 않는 아이에 대해 의견을 낸다. 그들은 자신이 건넨 잘못된 조언의 결과에 대해 조금도 책임질 필요가 없다.

'관계'는 전문가가 규정하는 것이 아니다

"영미권 문화에서 안타까운 점은 사람들이 남녀 사이나 어른과 아이 사이를 막론하고 '비공식적 인간관계'를 지나치게 경계하게 되었다는 사실입니다"라고 사회학자 프랭크 푸레디는 내게 말했다.

우리는 자연스럽게 형성되고 조정을 거치지 않은 인간관계를 불신한다. 그런 관계는 뜻밖의 리스크로 가득하고 위험하다고 여기기 때문이다(무심코 다른 사람의 감정을 해치거나, 수치 또는 거절을 경험하거나, 부당한 권력을 행사하는 일 등이 생길 수 있다). 따라서 우리는 '교육'과 개입을 통해 인간관계를 조절하고 문제가 생길 가능성과 부정적 요소를 없앤다.

하지만 한 저명한 심리학자가 말했듯이[1] 이처럼 인간관계를 조절하고 살균하면 사람과 사람 사이의 상호작용에서 자연스럽게 생기는 에너지와 의미가 소실되고, 따라서 관계 맺는 일이 즐겁지 않거나 어색하고 불편한 뭔가가 된다. 그러면 우리는 훨씬 더 많이 개입한다. 학부모를 위한 교육 워크숍을 더 개최하고, 4학년 학생들에게 '좋은 친구가 되는 법'을 더 열심히 알려준다. 이 과정에는 끝이 없다. 이른바 전문가가 이렇게 말하는 경우는 좀처럼 없다. "이 영역은 간섭하지 말아야 해. 친한 여자애들끼리의 비밀스러운 세계니까. 이 아이들은 내버려두자."

위대한 아프리카계 미국인 시인 로버트 헤이든Robert Hayden은 아버지의 말을 통해서가 아니라 끊임없이 희생하는 모습을 보며 아버지의 사랑과 헌신을 가슴 깊이 느꼈다. 그의 아버지는 자식을 위해 헌신하는 것을 자랑하는 스타일이 아니었다. 헤이든은 이런 시를 썼다.² "일요일에도 아버지는 일찍 일어나 / 짙은 남빛 추위 속에서 옷을 챙겨 입고 / 평일의 노동으로 아프고 갈라진 손으로 / 땔감을 쌓아 불을 지폈다. / 아무도 아버지에게 고맙다고 말하지 않았다." 불의 온기와 아버지의 한없는 사랑을 느끼면서 헤이든은 묻는다. "내가 뭘 알았겠는가? / 사랑이 하는 엄격하고 외로운 일에 대해서."

헤이든의 아버지가 사랑을 표현하는 방식은 완벽하지 않았을지 모른다. 그러나 인내심 강하고 과묵하게 느껴지는 그의 성격을 감안할 때 그것이 사랑을 표현하는 최선의 방법이었으리라. 그런 남자가 다른 식으로 사랑을 표현했다면 거짓되게 느껴졌을 것이다.

그동안 치료 전문가들은 마치 다림질로 옷의 구김을 없애듯이 부모-자식 관계에 나타나는 독특한 특성을 없애려고 시도했다. 그리고 지난 20년 사이에 성공에 가까운 성과를 냈다. 그들은 부모-자식 관계에 모종의 이데올로기와 비현실적 완벽주의를 주입했고, 부모-자식 관계의 모든 측면에 대해 전문가의 검사와 평가를 받게 했다.

부모와 자녀의 관계는 가치관이나 가족 문화, 개인의 성격에 따라 매우 다양한 형태를 띠기 마련이다. 부부 관계, 친구·형제자매·부모와의 관계는 전문가가 인정하는 패턴에 들어맞기 때문에 소중한 것이 아니다. 그것은 '우리만의' 관계이기 때문에 소중한 것이다.

지금 당장 3분의 1을 제거하라

전문가만 아이의 정상적인 성숙을 방해하는 것이 아니다. 부모가 아이의 삶에 지나치게 간섭하는 것이 유행병처럼 퍼진 것도 문제다. 부모들은 초등학생 자녀를 자신이 선택한 아이 옆에 앉혀달라고 교사에게 부탁하고, 자녀에게 감히 나쁜 성적을 준 고등학교 교사 또는 대학교수와 이야기를 해보겠다고 나서고, 자녀가 다니는 직장의 상사와 자녀 사이의 일에도 끼어든다(인터뷰한 부모들에게 직접 들은 이야기다).

왓츠앱(무료 메시지 및 영상통화 앱—옮긴이) 단체 채팅방에는 부모들의 걱정과 불안이 쏟아진다. "내일 사회 과목 시험에 무슨 문제가 나오는지 혹시 아는 분 없나요?", "타일러 선생님이 과학 숙제를 내줬나요?" 이것은 열네 살짜리 아이를 둔 부모들이 나누는 대화다.

그러나 아이에게는 어른의 감독과 관리가 없는 그들만의 시간과 공간이 필요하다. 최고의 심리학 연구가 이를 보여주는 것은 물론이고 오랜 세월 부모들이 발휘해온 지혜를 봐도 그렇다. 아이는 어느 정도 독립성이 있을 때, 일정 수준의 책임감과 자주성을 기르고 당연히 실패를 겪을 때 훌륭하게 자란다. 부모가 모든 걸 해주면 아이는 절대 스스로 하는 법을 익히지 못한다. 위험한 놀이를 하면서, 예를 들어 친구와 뒹굴며 몸싸움을 하거나 높은 곳에 올라가거나 날카로운 물건을 갖고 놀면서 즐거움을 느끼고 사회적 능력을 기를 뿐 아니라, 두려움이 줄어들고 앞으로 만날 위험을 판단하고 대응하는 능력도 키울 수 있다.[3] 작은 실패와 부상의 경험은 아이에게 해롭지 않고 오히려 '유익'하다.

그런데 "아이에게 자율성을 줘라" 또는 "독립심을 기르는 과제를 내줘라" 같은 조언은 역효과를 낼 수도 있다. 독립심을 기르는 활동에 지나치게 집중하는 것도 과도한 개입으로 아이를 망치는 길이 될 수 있다는 말이다. '나는 아이에게 독립심을 길러주고 있다'고 생각하며 좋은 부모가 되었다는 뿌듯함을 느끼는 것과 실제로 아이가 독립심을 기르는 것은 다른 문제다. 부모가 아이에게 자신감을 '주면' 그 순간부터 즉시 자신감이 생기는 것이 아니듯이 독립심도 마찬가지다. 대부분의 경우 부모가 아이에게서 물러나 간섭을 멈춰야 독립심이 자연스럽게 길러진다.

온갖 사소한 참견과 무의미한 경고로 혼잡한 우리의 현재 삶에서 더 평온하고 건강한 삶으로 가기 위해서는 '제거'부터 시작해야 한다.[4] 당신이 현재 자녀에게 해주는 모든 것(아이에게 제공하는 전자 기기와 오락물, 아이에게 시키는 이런저런 활동 등) 중에서 약 3분의 1을 제거하라. 아이들은 지금보다 뭔가가 더 적었을 때 훨씬 더 잘 컸다. 주의를 빼앗는 콘텐츠와 자극이 더 적었을 때, 관리와 개입이 더 적었을 때, 간섭을 덜 받았을 때, 교육적 배려를 덜 받았을 때, 부모의 시선을 덜 받았을 때 말이다. 심리학 연구는 아이에게 가장 필요한 것이 부모의 간섭과 감시와 조정, 즉 아이를 성장이라는 자연스러운 기적에서 멀어지게 하는 행동을 멈추는 일임을 보여준다.

아이들은 약하지 않다, 당신이 그렇게 만들 뿐이다

당신의 아이가 당장 간식을 먹지 못하면 죽기라도 할 것처럼 굴지 마라. 아이가 학교에서 싫은 아이 옆에 앉게 되었다고 해서 큰일이라도 난 것처럼 호들갑 떨지 마라. 아이가 친한 친구들과 같은 독서 그룹에 들어가지 못했을 때 학교 선생님한테 연락해 "우리 애는 꼭 케네디 옆에 앉아야만 독서 토론을 제대로 할 수 있다"면서 그룹을 다시 배정해달라고 요청하지 마라.

당신의 과도한 걱정을 아이 머릿속에 자꾸 주입하는 것을 멈춰라. 어떤 여자애가 당신 딸에게 기분 나쁜 말을 했다고 해서 무조건 '괴롭힘'이라고 단정하지 마라. 당신 딸은 살면서 그런 불쾌한 일을 반드시 또 겪을 것이므로 그런 일에 혼자 대처할 줄도 알아야 한다. 아이의 모든 행동을 감시하고 평가하는 것을 그만둬라. 아이가 별로 어렵지도 않은 일을 해낸 것에 대해 과도하게 칭찬하지 마라. 그러면 당신의 자녀는 어른이 되지 못한다. 언제까지나 자신을 어린애라고 여기게 된다.

말로든 행동으로든 아이에게 "너는 약해"라는 메시지를 보내지 마라. 당신이 그 나이 때 할 수 있었던 일이라면 아이에게도 한번 해 보게 하라. 아이들은 약하지 않다. 당신이 그렇게 만들 뿐이다. 그들은 본래 매우 강하다.

언제부터인가 우리는 이 모든 사실을 잊어버렸다. 부모의 권위를 포기하고 균형 잡힌 시각을 잃었다. 정신 건강과 관련한 '증상'이 조금이라도 나타나면 즉시 아이를 전문가의 손에 넘겨주었다. 우리는 청소년기에 나타나는 현상 중 몇몇은 성인으로 넘어가면서 으레 거치는 단계라는 사실을 잊었다. 청소년기에 겪는 우울감은 대개 저절로 사라지기 마련이다.

인지행동 심리학자 로저 맥필린Roger McFillin은 몸에 작은 상처를 내는 행동도 반드시 심각한 정신적 문제가 있음을 뜻하는 것은 아니라면서 이렇게 말했다. "청소년이 보살핌이나 관심을 얻으려고 또는 책임을 회피하려고 자해를 할 때 어른이 그 목적을 이뤄주면 자해 행동이 강화됩니다. 안타깝게도 일부 청소년은 자해를 일종의 무기로 이용하곤 합니다."

그는 부모들에게 자해를 시도한 자녀를 곧장 정신 건강 전문가에게 보내지 말라고 한다. 그러면 그는 경미한 자해에 어떻게 반응하라고 조언할까? 때로는 부모가 그냥 무시하는 편이 낫다.[5] 다시 말해 당신의 10대 자녀가 말썽을 피우거나 반항한다면 침착하고 냉정하게 행동하고 주도권을 넘겨주지 마라. 아이를 당장 정신 건강 전문가에게 데리고 가지 마라. 아이에게 정말 심각한 문제가 있는지 아닌지 부모인 '당신'이 판단하라.

나는 완벽한 엄마가 아니다. 아이들한테 별것 아닌 일로 자주 소리 지르고, 쓸데없이 나무라고, 사소한 일 때문에 필요 이상으로 화를 낸다. 보통 밤늦게까지 글을 쓰느라 아침이면 피곤과 짜증이 뒤섞인 채 등교 준비를 시키기 때문에, 한번은 아들에게 빈 도시락통을 들려서 학교에 보낸 적도 있다. 현장학습 동의서 작성하는 것을 종종 잊어버리고, 제일 잘 가르치는 선생님이나 좋은 스포츠 팀에 대해 학부모들이 공유하는 정보를 훤히 꿰고 있지도 않다. 시간 낭비라고 느껴져서 학교의 온갖 학부모 활동에도 참여하지 않는다.

하지만 이 책을 쓰기 위해 자료 조사를 시작한 후 완벽한 엄마는 못 될지라도 좋은 엄마가 되기 위해 몇 가지를 바꿨다. 먼저 우리 아이들에게 앞으로는 학교에서 매일 오는 숙제 알림 이메일을 읽지 않을 거라고 말했다. 숙제나 시험에 관련된 모든 사항을 알아야 할 책임은 내가 아니라 아이들에게 있다고 분명히 못 박았다. 만일 그래서 아이들이 숙제를 빼먹는다고 해도, 학업적으로 타격이 별로 크지 않은 초등학생이나 중학생 때 그런 일이 생기는 편이 차라리 나았다. 나는 아이들이 할 일을 스스로 못 챙기는 의존적인 고등학생으로 크는 것을 원치 않았다.

아홉 살짜리 딸이 버스 정류장에서 집까지 혼자 걸어오게 해달라고 졸랐을 때는 그렇게 하라고 허락했다. '내가' 마음의 준비가 되어서 허락한 것은 아니다(절대 아니었다. 자동차는 너무 크고 우리 딸은 너무 작았으니까). 딸아이가 버스에서 내릴 것으로 예상되는 때부터 집에 도착하는 순간까지 나는 걱정에 휩싸여 있었다. 현관문을 몇 번이나 열고 딸이 오는지 내다보았다. 딸은 걷는 시간을 좋아했지만, 나는 그 시간이 끔찍이 싫었다.

그럼에도 딸에게 그것을 허락한 이유는 부모들을 만나 이야기 나누면서 깨달은 점이 있었기 때문이다. 아이는 독립성을 경험할 '기회'를, 즉 위험을 무릅쓰고 과감히 뭔가 해보거나 혼자서 새로운 일을 시도할 기회를 놓치면 이후에는 그것을 요구하지 않는다. 나는 자녀가 어릴 때 혼자 동네를 돌아다니는 것을 금지했다는 엄마들을 많이 봤다. 그 자녀들이 열세 살쯤 됐을 때는 부모가 집에서 억지로 내보내려 해도 그럴 수가 없었다.

혼자서 집까지 걸어온 아홉 살 아이는 잔뜩 의기양양해져서 현관에 들어선다. 열두 살 아이는 똑같은 일을 해내도 별다른 감정을 느끼지 못한다. 혼자 집에 걸어오는 것이 대단한 일이 아니라고 생각한다. 어릴 때 그런 시도를 해보지 않은 아이는 좁은 우리 안의 삶을 받아들이는 데 익숙해져 문이 활짝 열려도(예를 들어 운전면허를 딸 수 있는 나이가 돼도) 갇힌 삶에 몸을 맡긴 채 밖으로 나가지 않으려 할지도 모른다.

나는 야콥 오피르와 대화를 나눈 이후 아들들에게 집안일 심부름을 시키기 시작했다. 안식일을 앞둔 금요일마다 킥보드를 타고 슈퍼마켓에 가게 했다. 빈 배낭을 메고 살 물건 목록과 신용카드를 챙겨 나갔던 아이들이 무사히 집에 돌아올 때마다 나는 안도의 한숨을 내쉬었다.

예전에는 아무리 애원하거나 호통을 쳐도 아이들이 혼자서 낯선 어른에게 말을 걸거나, 소지품을 꼼꼼히 챙기거나, 필요할 때 뭔가를 메모하게 만들기가 힘들었다. 하지만 장보기 심부름이라는 임무가 주어지자 아이들은 길을 건너기 전에 차가 오는지 살피고, 신용카드를 잃어버리지 않게 챙기고, 적어준 목록을 꼼꼼히 확인하고, 슈퍼마켓 점원에게 이스트가 어디에 있는지 물었다(만일 빼먹은 물건이 있으면 다시 슈퍼마켓으로 보냈다).

둘 중 한 녀석(꼼꼼함과는 거리가 먼 아이다)은 태어나 처음으로 내게 레시피를 다시 훑어보고 목록에 필요한 걸 빠짐없이 적었는지 '확인하라'고 간청했다. 실행 기능executive function(주도적으로 행동하고 계획을 세우고 주의력을 조절하는 인지능력—옮긴이)이나 체계적 조직 기술을 배웠기 때문이 아니었다. 심부름을 완수해야 한다는 긴급함이 아이를 그렇게 만든 것이다. 슈퍼마켓에 '또' 가는 게 끔찍이 싫은 마음도 한몫했을 것이다.

아이들은 슈퍼마켓 직원들과 말을 트고 인사를 나누는 사이가 됐고 동네 지리를 훤히 알게 됐다. 그러면서 처음으로 주변 환경을 유심히 보기 시작했다. 내가 주의를 기울이라고 호통을 쳤기 때문이 아니라, '아이들에게서 물러나' 스스로 하게 내버려뒀기 때문이다.

아이들에게 무엇보다 유익했던 것은 자연 속에서 먹고 자며 생활하는 여름 캠프였다. 캠프는 아이들의 활기, 성숙, 책임감, 자아감 등 여러 면에서 도움이 됐다. 자기가 어질러놓은 것은 스스로 치우라고 아무리 잔소리해도 꿈쩍하지 않던 아이들이었지만, 고등학생 나이의 캠프 강사가 시키자 행동이 달라졌다. 잊지 말고 화장실 물을 내리라고 또는 양변기 시트를 올리고 소변을 누라고 아무리 애원해도 소용없었지만, 아이들이 야영지의 임시 변소를 관리하는 임무를 맡은 뒤에는 달라졌다.

내가 한 일이라고는 아이 주위를 맴돌며 불안해하고 집착하는 엄마를 제거하고 젊은 캠프 강사들과 함께 생활하게 놔둔 것뿐이었다. 자녀를 전자 기기 없이 자연에서 생활하는 캠프에 보낼 경제적 여유가 된다면 주저 없이 보내라. 아이 삶에서 부모의 간섭을 제거하고 독립심과 모험심, 자율성, 친구들과의 우정을 자연스럽게 길러주는 데 그보다 더 쉽고 효과적인 방법은 없다.

일본의 세 살배기에게 배워야 할 것

세 살이 조금 안 된 히로키는 들뜬 마음으로 난생처음 심부름을 간다. 사 와야 할 물건은 세 가지다. 돈이 든 작은 비닐 가방을 메고

뻑뻑 소리가 나는 신발을 신은 히로키는 노란색 깃발을 손에 쥔 채 가고시마현에 있는 집에서 800미터쯤 떨어진 슈퍼마켓으로 출발한다. 찻길을 건널 때는 운전자 눈에 잘 띄도록 노란색 깃발을 높이 치켜든다.

슈퍼마켓에 도착해 고기와 어묵, 꽃을 산 뒤 힘겹게 들고 집으로 돌아간다. 집에 의기양양하게 도착하니 엄마가 두 팔 벌려 안아주며 칭찬해준다. 이것은 넷플릭스 리얼리티 쇼 〈나의 첫 심부름 Old Enough!〉의 한 장면이다. 이 프로그램은 아주 어릴 때부터 독립심을 적극적으로 길러주는 문화 속에서 일본 아이들이 생애 첫 심부름에 도전하는 모습을 보여준다.

조지타운대학교의 문화정서연구소 소장이며 비교문화심리학자인 율리아 첸초바 더턴은 이 리얼리티 쇼를 본 시청자들이 일본에서 일반적으로 아이가 부모 심부름을 시작하는 나이를 실제보다 훨씬 어리게 생각할지도 모른다고 말한다(실제로는 다섯 살쯤일 가능성이 높다). 하지만 아이의 독립성에 대해서라면 이 쇼가 현실과 아주 동떨어진 상황을 보여주는 것만은 아니다. "일본 아이들은 어려서부터 걸어서 학교에 다니고 동네를 돌아다닙니다. 약 다섯 살 때부터요. 일고여덟 살쯤 되면 혼자서 지하철이나 버스를 타고 학교에 갔다 돌아오기도 해요. 독립심을 기를 기회가 많죠. 또 친구들과 어울려 학교에 가거나 자기가 사는 지역 여기저기를 돌아다니는 경우도 많아요. 그러면서 또래들과 관계 맺는 법도 배우죠."

이것은 그저 우연히 생긴 문화가 아니다. 불안 및 우울장애 발생률이 비교적 낮은 다른 고소득 국가들(이스라엘은 예외다)과 마찬가지로 일본은 아이들에게 스스로 갈등을 해결하고 어른의 감독이나 감시 없이 세상을 경험할 자유를 주는 것을 중요하게 여긴다. 더턴의 설명에 따르면, 일본 유치원의 놀이터에는 아이들이 숨을 수 있는 공간이 마련된 경우가 많다. 어른의 감시에 구애받지 않고 저희끼리 놀 수 있게 일부러 만들어놓은 공간이다.

"일본의 교사들은 어른에게 간섭받지 않고 아이들끼리 보낼 수 있는 시간을 어느 정도 주는 것이 매우 중요하고 발달에도 도움이 된다고 생각합니다." 더턴의 말이다. 놀이터에서는 작은 바위와 개울도 쉽게 볼 수 있다. 일본 교사들은 아이들이 다칠까 봐 걱정되지 않는 걸까? 사실 그게 핵심이다. 그들은 무릎이 까지거나 양말이 젖는 것 같은 작은 사고나 실수를 오히려 환영한다. "그래야 다음번에 '이건 위험할 것 같아'라고 느낄 때 더 조심하고 행동을 조절할 줄 알게 됩니다."

나는 딸아이 학교에서 있었던 일이 떠올라 속으로 민망했다. 언젠가 교감 선생님이 "핸드볼 게임(벽을 향해 던진 공이 튀어나오면 다시 받아치는 놀이—옮긴이)에서 누군가가 아웃당할 때 아이들 사이에 말다툼이 일어나지 않도록" 새로운 규칙을 만들었다고 뿌듯한 표정으로 말했다. 그녀가 만든 새 규칙 덕분에 '아웃당하는' 사람이 아예 생기지 않자 긴장감이 없어졌고 따라서 재미도 없어졌다. 아이들은 더 이상 핸드볼 게임을 하지 않았다. 그리고 갈등을 저희끼리 해결할 기회도 잃고 말았다.

이스라엘에서는 여덟 살이 되면 스스로 등하교하는 것을 자연스럽게 여긴다. 필요한 경우 버스도 타고 말이다. 내가 더턴에게 이

점을 이야기했는데, 그녀는 이미 알고 있었다. 아동의 독립성에 대한 이스라엘의 문화적 태도를 연구했기 때문이다.

미국에서는 아동 발달에 대해 논할 때 삶에 필요한 '기술'을 아이에게 가르치는 문제에 집중하곤 한다. 그것이 훌륭한 골프 스윙처럼 따로 배워서 습득하는 기술인 것처럼 말이다. 그러나 학교가 끝나고 집에 돌아가는 일은 골프 스윙과 다르다. 더턴은 학교 수업을 마치고 집에 가는 이스라엘 아이들을 직접 관찰하면서 이를 깨달았다. "아이들은 같이 걸어가면서 수다를 떨고 장난을 쳐요. 관광객에게 길을 가르쳐주기도 하고 빵집에 들러 간식도 사 먹고요. 그런 과정에서 일종의 유능감이 생깁니다. '나는 이 상황을 헤쳐나갈 수 있어' 하는 믿음 말이에요."

더턴과 다른 여러 연구자들은 미국 대학생에게서 정확히 그 반대의 모습을 본다. 대학생들은 그녀에게 이렇게 말한다. "우리 부모님이 제가 밖에 나가 놀아도 안전하다고 느끼게 됐을 때 저는 열세 살이었어요. 하지만 그때는 밖에 나가 놀고 싶은 마음이 없어진 상태였죠. 저는 그 소중한 시간을 완전히 놓쳐버렸어요."

진짜 선택권 vs 가짜 선택권

『자유방목 아이들』의 저자 리노어 스커네이지Lenore Skenazy는 '알아서 자라게 놔두자'고 외치는 렛 그로Let Grow 운동을 선봉한다. 이 운동의 메시지는 간단하다. 자유와 모험할 기회를 주지 않으면 아이들은 자신이 무엇을 '할 수 있는지' 깨닫지 못한다는 것이다. 뭔가를 해낼 수 있다고 느끼지 못하는 아이는 행복과 멀어지고 두려움으로 위축된다. 스커네이지의 주장을 뒷받침하는 연구 결과도 점점 많아지고 있다.[6]

불안과 우울장애는 환경에 대해 부정적 반응을 과도하게 보이는 성향인 신경성과 밀접히 연관돼 있다. 독립적 활동은 단기적으로는 즐거움을 경험하고 장기적으로는 일상적 스트레스 요인에 익숙해지게 함으로써 아이의 행복도를 높일 수 있다.[7]

미국의 저명한 심리학자이자 비영리단체 렛 그로의 공동 창립자 피터 그레이는 지난 50~60년 동안 아동 및 청소년의 독립적 활동이 줄어든 것이 그들의 정신 건강이 나빠진 '주원인'이라고 생각한다.[8] 그는 방대한 연구 결과를 분석해 발표한 최근 논문에서 이런 결론을 내렸다. 어른의 감독 없이 이루어지는 놀이와 위험 요소를 동반한 놀이, 독립적 활동 등을 하면서 아이가 자신이 속한 집단에 기여할 때 이는 즉각적인 즐거움과 만족을 주고 장기적으로 심리적 회복력을 높여준다.[9] 이러한 이점은 어른의 감독 아래 놀 때는 얻을 수 없으며, 그런 놀이는 심리적 회복력이나 즉각적인 즐거움 면에서 볼 때 '놀이'라고 할 수 없다.

이 주제와 관련한 최근 연구에서 첸초바 더턴과 그녀가 이끄는 팀은 튀르키예와 러시아, 캐나다, 미국의 학생들에게 최근 한 달 동안 경험하거나 목격한 '위험한' 상황을 이야기해달라고 요청했다.[10] 이때 미국 학생들은 일상적인 사건(예를 들어 혼자 외출하기, 우버 차량 타기)의 위험을 과장해서 생각하는 경향이 훨씬 강했으며, 실제와 가상의 위험을 구별하는 능력이 떨어졌다. "튀르키예와 러시아 학생들은 실제로 본 위험한 사건을 언급했다. 대중교통 수단에서 벌어진 폭력적인 싸움, 음주 운전자가 초래한 위험천만한 도로 상황, 거리에서 누군가가 여성을 위협적으로 쫓아간 일 등이다"라고 이 연구를 검토한 저널리스트는 인용했다.[11] 반면 사회적 위험에 대처하는 법을 익힌 적이 없는 미국 학생들은 일상생활의 평범한 사건에서 불안을 느끼는 경향이 더 강했다.

미국 부모들은 이런 연구 결과에 반발할 것이다. 자신이 자녀에게 항상 스스로 선택하게 함으로써 다양한 종류의 독립성을 제공한다고 주장할 것이다. 그러나 첸초바 더턴은 미국 부모가 일반적으로 자녀에게 주는 선택권에는 위험이나 리스크가 동반되는 경우가 없고, 따라서 뭔가를 주체적으로 결정하는 데서 오는 만족감과 성취감을 느낄 여지가 없다고 지적한다. "미국 부모들은 아이에게 대단히 많은 선택권을 주지만 전부 안전한 테두리 안에 있는 선택권이에요. 아이 삶에 큰 영향을 미치는 선택이 전혀 아니죠. '뭘 마실래? 뭘 먹을래? 빨간 셔츠를 입을래, 흰 셔츠를 입을래?' 같은 것이니까요. 그러면서 아이에게 '내가 대장이야, 내가 상황을 지휘하고 있어, 내가 결정자야'라는 생각을 심어주고 있어요." 하지만 이것들은 전부 안전하고 통제돼 있으며 사소한 선택이다.

부모는 이와 같은 질문을 하루에도 수없이 아이에게 던진다. 그리고 치료적 접근법을 강조하는 많은 육아서에서도 선택권 제공을 활용하라고 조언한다. 예를 들면 이런 식이다. "당신이 요구하는 것을 아이가 하기 싫어할 때 아이와 충돌하는 것을 피하려면 이런 식으로 선택권을 주세요. '넌 오늘 꼭 학교에 가야 해. 하지만 가는 동안

차 안에서 우리가 들을 음악은 네가 선택할 수 있어.'" 작년에 우리 아들의 수학 선생님은 항상 문제 20개가 적힌 종이에서 10개를 숙제로 내주었다. 학생들이 풀 문제 10개를 직접 '선택'하도록 한 것이다. 선택과 자유를 누리는 새로운 시대가 왔다는 환호성이라도 내질러야 할까? 나는 아니라고 본다.

더턴의 설명에 따르면 그런 교묘한 조종으로 당장은 아이를 어른 말에 따르게 할 수 있겠지만 그런 속임수는 금세 약발이 떨어진다. 아이들은 선심 쓰는 척하는 어른의 전략을 안다. 더턴은 이렇게 말했다. "아이들은 대학생이나 고등학생이 되면, 또는 더 어릴 때도 그런 것들이 가짜 선택권이었다는 걸 깨달아요. 자기 삶에 큰 영향을 미치는 선택은 해본 적이 없다는 사실을 알게 되죠."

"삶에 큰 영향을 미치는 선택이란 어떤 걸 말하나요?"

"부모의 개입 없이 아이 스스로 어떤 결정을 내리고 그것이 아이에게 실제로 매우 좋거나 나쁜 결과를 가져오는 경우죠."

한때 미국 부모들도 10대 자녀에게 이런 문제에 대한 결정권을 주었다(하지만 이제는 아니다). 대학에 갈지 말지(이제는 고민거리가 아니다. 모두가 대학에 간다), 누구랑 데이트를 할지(무의미한 질문이다. 요즘은 데이트도 잘 안 한다), 어떤 친구를 사귈지(이제는 엄마가 선택한다), 어떤 활동을 할지(역시 엄마가 정해준다), 어떤 길로 학교에 갈지(이제는 엄마가 태워다준다), 어떻게 하면 좋은 친구가 될지(이제는 상담사와 교사가 알려준다) 등등.

심리학 교수이자 인지행동 치료사 카밀로 오르티스 역시 아이들의 독립심을 함양하는 것이 중요하다고 여긴다. 그는 불안 증세가 있는 청소년을 독립심 계발 훈련으로 치료하기 시작했다. "부모가 늘 자녀 주위를 맴돌면서 아이 혼자 세상을 탐험하는 것을 막으면, 아이에게 과학자들이 불안증의 원인이라고 밝힌 많은 행태가 나타나게 됩니다. 독립성(연습 없이는 기를 수 없다)을 연습해보지 않은 아이는 자신감이 약하고 사회적 기술이 떨어지며 불확실성을 받아들이는 능력이 떨어집니다. 또 문제 해결 능력과 회복력도 더 낮죠."[12]

오르티스는 독립심이 요구되는 행동이 그와 전혀 무관한 두려움을 완화하는 데도 도움이 된다고 생각한다. 그는 반은 농담조로 이렇게 말했다. "아이가 어두운 곳을 무서워한다면? 혼자 가게에 가서 소시지 200그램을 사 오라고 시키세요." 그런 종류의 과제를 완수함으로써 자기 효능감을 느끼면 생활의 모든 면에서 더 강해진다고 한다. 더 용감해지고, 불안이 줄고, 어려운 일을 더 기꺼이 시도하고, 육아에 시달리는 부모에게 짐이 되지 않을 수 있다. 오르티스는 아직까지는 자신의 접근법이 긍정적 결과를 내고 있다고 말한다.[13]

진정한 독립성이란 무엇일까

일본과 마찬가지로 이스라엘에서도 아이의 독립심을 길러주는 것을 어른의 중요한 의무로 여긴다. 학부모-교사 면담에 보통 '아이도' 함께 참석시켜 아이가 자신에 대해 어떤 대화가 오가는지 듣게 한다. 새로 이사 온 이민자 부모가 여덟 살짜리 아이를 차에 태워 학교까지 데려다주거나 아이가 직접 해야 할(이스라엘의 사고방식으로는) 일을 대신 해주려고 하면, 다리가 멀쩡한 사람한테 목발을 짚게 하는 것과 마찬가지라면서 교사가 부모를 크게 질책한다.

　나는 이런 이스라엘 문화를 첸초바 더턴뿐만 아니라 올케를 통해서도 알게 됐다. 올케가 최근 가족과 함께 이스라엘로 이주했기 때문이다. 그녀는 열여섯 살짜리 아들을 위해 운전 교습 강사를 고용하려 했을 때 거절당했다. "죄송하지만 아드님이 직접 저를 고용해야 합니다. 그분이 제 고객이니까요"라는 말을 들었다고 한다.

　올케는 다른 부모들을 통해 이런 사실도 알게 됐다. 자신의 아들이 언젠가 군에 입대하면 가장 먼저 받는 질문 중 하나가 "여기까지 어떻게 왔습니까?"일 것이라고 했다. "엄마가 차로 데려다줬습니다"라고 대답한 사람은 정예부대원 심사에서 탈락한다고 했다. 응석받이로 자란 젊은이는 필요 없는 것이다.

　올케 말에 따르면 때로 이스라엘 방위군 측에서는 젊은 신병에게 잘못된 주소를 알려준다. 위기 상황에 대처하는 능력을 시험해보기 위해서다. 군에서는(그리고 이스라엘 사회 전반에서도) 젊은이들이 예상치 못한 상황에 대처하는 능력을 길러줄 책임이 있다고 생각한다. 예상할 수 없는 힘든 난관으로 가득한 인생을 살아가기 위해 꼭 갖춰야 할 능력이라 여기기 때문이다.

　이스라엘에서는 중학생이 학교 연극을 할 때 모든 과정을 아이들이 주도해야 한다. 물론 그렇기 때문에 여러모로 꽤 어설프다. 하지만 학교 연극은 학부모 관객을 위해 만드는 게 아니라 공연하는 아이들을 위한 것이다.

　만일 미국에서도 그렇게 한다면 어떨까? 아이들이 나쁜 성적을 받거나 스포츠 팀 입단에 탈락하게 내버려두고 전적으로 아이들끼리 만든 아마추어 연극을 공연하는 것이다. 그런 경험에서 스스로 배우고 다음번에는 더 잘할 수 있도록 말이다(사실 최근까지는 '우리도' 그랬다. 1940년대에 나온 10대 잡지 《세븐틴》을 보면 모든 활동과 놀이가 전적으로 아이들 주도로 이뤄졌다). 하지만 현실은 반대다. 내가 사는 로스앤젤레스에 있는 한 사립학교의 교내 록 밴드에서는 교장이 보컬을 맡았다. 쯧쯧, 퍽 재미있기도 하겠다.

재미보다 더 중요한 점은 그것이 아이들에게 전혀 이롭지 않다는 사실이다. 나심 니콜라스 탈레브Nassim Nicholas Taleb가 『안티프래질』에 썼듯이 자연은 "작은 실수를 좋아한다." 사실 실수는 인간이 위대한 성과로 가는 길을 닦아준다. 무엇을 배울 때든 실수를 거치기 마련이고, 과학적 탐구와 실험에서도 당연히 오류와 실수를 전제하며, 성장과 진화에도 실수가 꼭 필요하다. 기준이 필요 없다는 의미가 아니다. 실수를 허용한다는 것은 높은 기준을 유지함을 의미한다. 실패를 경험하게 놔두고 성과에 실제 능력을 반영하는 것이다. 적당한 스트레스는 성과를 높인다.[14]

재앙을 초래하는 실수는 말 그대로 재앙을 초래한다. 아이를 강하게 키우겠다고 칼싸움을 시키지는 마라. 소셜 미디어가 아이들에게 해로운 이유도 그 때문일 것이다. 인간의 지위 경쟁이라는 칼싸움이 벌어지는 공간이니 말이다. 소셜 미디어는 우리 누구도 대응할 준비가 안 된 위험을 제기한다. 특히 사회적 관계 면에서 예민한 청소년은 더욱 그렇다. 우리는, 그리고 청소년 역시 친구 15명 또는 반 전체 아이들에게 비웃음을 당하는 작은 사회적 실수는 감당할 수 있다. 하지만 팔로어가 수백만 명인 누군가가 트위터에서 우리 이름을 언급하며 조롱하는 것은 감당하기 버겁다. 자신의 굴욕이 수천 명 또는 수백만 명에게 알려지는 것을 아무렇지 않게 여길 사람은 없다. 우리 누구도 그런 일에는 준비돼 있지 않으며, 그런 스트레스는 파괴력이 너무 크다.[15]

첸초바 더턴은 러시아에서 성장기를 보냈다. 러시아 역시 아이의 독립성을 길러주는 것을 중요하게 여기는 나라다. 더턴의 부모님은 해마다 생일 선물로 그녀가 혼자 돌아다닐 수 있게 허락하는 범위를 조금씩 늘렸다. 해마다 그녀가 위험을 감수할 기회를, 따라서 배우고 성장할 기회를 조금씩 늘려주었다. 어른들 세계의 즐거움을 조금씩 더 엿보게 해준 것이다.

우리는 자기 효능감이 요즘 말하는 웰니스와 밀접히 연결돼 있음을 오래전부터 알고 있었다. 아이에게 스스로 해낼 수 있다는 믿음이 있는데 어떻게 삶의 전반적인 건강함이 향상되지 않을 수 있겠는가?

과거에 우리가 아이들에게 해야 할 집안일을 정해주고, 방과 후 아르바이트를 하게 놔두고, 어른의 감독 없이 친구들과 노는 시간을 허락함으로써 그들을 어른의 세계로 인도했을 때, 아이들은 적극적으로 더 많은 자유와 책임을 원했다. 그러나 오늘날 우리는 그 대신 아이들을 둘러싼 어른 세계를 아이들에게 맞춰 바꾸고 있다.

이를 보여주는 최근 사례를 하나 들자면, 요즘 식품 및 음료 업계는 핑거 푸드처럼 손으로 쉽게 집어 먹을 수 있는 제품을 많이 출시한다. 성인의 취향을 원하지 않고, 밝은 색깔의 단 음료를 선호하며, 여전히 유치원생 같은 소비 취향을 유지하는 세대를 만족시키기 위해서다. "과거 세대는 시간이 흐르면서 자신이 씁쓸한 맥주 맛의 매력을 드디어 알게 됐다는 사실을 자랑스럽게 생각했습니다. 커피나 올리브, 또는 다크 초콜릿에 대한 취향을 기르는 것과 비슷하게 말이죠." 한 기업의 마케팅 책임자는 《월 스트리트 저널》에서 이렇게 말했다. 하지만 요즘 젊은 세대는 그렇지 않다고 한다.[16]

대공황을 이겨낸 사람들의 공통점

어떤 아이들이 대공황을 가장 잘 이겨내고 훌륭하게 컸을까? 가족을 부양할 수 없는 부모에게 버려지기도 했던 빈곤층 아이들이 아니다. 대공황이 준 타격을 상대적으로 덜 받은 부잣집 아이들도 아니다. 캘리포니아주 오클랜드의 초등학생 167명을 장기간 추적 관찰한 인상적인 연구에 따르면[17], 대공황을 가장 잘 이겨낸 것은 진학하는 대신 직장을 구하고, 헌 옷을 입고, 삯일이나 신문 배달을 하고, 돈을 아껴 저축하고, 집안일을 도운 중산층 가정의 아이들이었다.

이 연구는 이렇게 밝혔다. "궁핍한 중산층 가정 출신 사람들의 경우 비교적 질병 증상이 없다고 판단되는 비율이 결핍을 경험하지 않은 이들보다 더 높았다. 또 그들은 자아 강도, 충동적 욕구와 목표 추구 사이에 균형을 맞추는 능력, 개인적 자원을 활용하는 능력, 성장 역량도 더 높았다. 그들은 회복력이 더 강하고 자신감이 더 높았으며 방어적인 태도가 더 적었다."[18]

대공황이라는 힘든 시기에 희생을 감수하며 자란 아이들은 더 훌륭한 직업윤리를 지닌 성인이 되었고 성인의 세계에 더 신속하고 순조롭게 안착했다.[19] 적당한 수준의 결핍과 희생, 역경, 독립성, 그리고 자율성에 동반되는 리스크는 이 아이들의 성장에 매우 중요하고 유익한 밑거름이 되었다.

내 세대에 속한 부모들의 양육 방식은 그와 반대로 배려와 수용을 중시했다. 그들은 소음도 불쾌감도 고통도 없는 온실을 만들어주기 위해 열심히 일했고, 아이들은 온실 밖 세상을 견디지 못하게 되었다.

오스트리아의 위대한 정신의학자이자 홀로코스트 생존자 빅터 프랭클Viktor Frankl은 이렇게 말했다. "인간에게 무엇보다 필요한 것이 마음의 평정, 즉 긴장 없는 상태라고 여기곤 하지만, 나는 이것이 정신 건강과 관련된 위험한 오해라고 생각한다. … 건축가는 낡은 아치를 보강하려 할 때 하중을 늘린다. 그래야 아치를 구성하는 각 부분이 더 튼튼하게 밀착되기 때문이다."[20]

근육을 강하게 만들고 싶으면 힘든 운동을 해야 한다. 아이를 의사에게 데려가 진단받고 교육적 배려를 받게 해달라고 학교에 요청하는 것은 아이를 강하게 만드는 길이 아니다. 무엇보다 중요한 것은, 당신은 아이를 강하게 만들기 위해 아무것도 할 필요가 없다는 사실이다. 강하게 키우겠다고 아이의 감정을 괴롭히고 상처를 줄 필요는 없다. 그저 간섭하는 것을 멈추기만 하면 된다. 그 누구도, 그 무엇도 아이의 기분을 조금이라도 상하게 하는 일을 막기 위해 아이의 인간관계를 세세하게 관리하고 통제하는 짓을 그만둬라. 그런 양육법은 실패하게 되어 있다. 아무리 깨끗하게 살균한 환경에도 병균은 침입하기 마련이다. 청소에 매달리는 것보다 면역력을 기르는 것이 더 현명하다.

웃음을 잃어버린 부모들이 기억해야 할 것

오늘날 부모들이 유머를 잊어버린 것은 그들만의 잘못이 아닐지도 모른다. 요즘 육아서가 형편없는 이유는 한둘이 아니지만 그중에서도 가장 고약한 점은 한결같이 진지하기만 할 뿐 유머가 없다는 사실이다. 이 형편없는 책들은 우리가 아이와 함께하는 모든 순간을 무겁고 심각하게 만들어놓았다. 연습해야 할 육아 기법, 감시해야 할 상황, 알아채야 할 문제를 설명하고 이런 것을 제대로 해내지 못했을 때 부모가 죄책감을 느껴야 한다고 말한다. 부모의 부적절한 행동이 심각한 결과를 가져온다고 경고하고, 육아를 우울과 스트레스가 가득한 세계로 만든다.

하지만 예측 불가능한 이 힘한 세상을 살아갈 자녀에게 인간의 영혼에 주어진 최고의 방어책을 건네주고 싶다면, 긴장을 풀고 아이들과의 관계에서 웃음과 유머를 되살려야 한다.

빅터 프랭클은 아우슈비츠 수용소 생활에 대해 이렇게 썼다. "유머는 자기 보존을 위한 투쟁에 필요한, 인간 영혼의 또 다른 무기였다. 알다시피 인간이 지닌 그 어떤 기질보다 유머는 어떤 상황에도 굴하지 않는 능력과 초연함을 가져다준다."[21]

나는 긍정적 조언을 가급적 하지 않으려 한다. 긍정적 조언은 이미 넘쳐나기 때문이다. "당신의 자녀와 많이 웃어라"도 그런 흔한 조언처럼 들리겠지만, 사실 여기에는 좀 더 깊은 의미가 있다. 유머는 인간의 가장 자연스럽고 본능적인 방어기제에 속한다. 무언가를 검열하고 막는 일에는 통제와 관리가 필요할 것이다. 만일 유머를 없애고 싶다면 그것을 통제하는 규칙을 만들어 시행해야 한다. 그러나 웃음과 유머는 자연스러운 인간 본성의 일부이며 그것을 깨우는 데는 규칙이 필요 없다. 인간은 거의 모든 상황에서 유머를 발견할 줄 아는 존재다.

때로 유머는 뜻밖의 상황을 받아들이는 포용력을 보여준다. 또 우리 인생에 끊임없이 밀려오는 작은 좌절을 웃음과 함께 넘길 수 있게 해주는 최고의 심리적 도구다.

연결된 삶과 안정된 관계망

1년 전쯤 비행기를 탔을 때 내 앞쪽에 미국인 가족이 앉았다. 부모와 어린 딸 둘이었다. 비행 중에 둘 중 여덟 살쯤 돼 보이는 소녀가 시끄럽게 소리를 지르며 성질을 부렸다. 소녀는 계속 소리를 질렀다. 정말이지 고막이 찢어질 것처럼 괴로웠다.

붉은 머리칼에 턱수염을 기른 거구이며 온화한 느낌을 풍기는 아버지는 아이를 달래려 애썼다. 그는 딸에게 뭐가 문제냐고 물었고 옆에 있는 동생한테는 언니가 왜 화가 났느냐고 물었다. 동생한테 언니를 꼬집지 말고 뭔가 다른 것도 하지 말라고 말했다. 그리고 자매에게 얼른 화해하라고 다그쳤다.

그는 비행기 안의 다른 승객들에 대해서는 전혀 언급하지 않았다. 여기서 소리를 지르면 나머지 90명에게 방해가 된다고 말하지 않았다. 우리 모두가 공중에서 기내 공간을 함께 사용하고 있으며 비행이 끝날 때까지 착한 동승객이 되어야 할 의무가 있다고 설명하지 않았다. 딸들이 다른 승객을 떠올리며 미안해하게 만들지 않은 것이다.

나는 첸초바 더턴에게 이 이야기를 들려주며 일본 부모라면 이 일을 어떻게 생각할지 물어보았다. 그녀는 "집단주의 성격이 강한 문화권 사람에겐 상상할 수도 없는 일이에요"라고 말했다.

미국 아이들은 자신의 삶이 다른 사람들의 삶과 연결돼 있다는 것을 모른다. 우리가 그것을 가르치지 않기 때문이다. 우리는 아이들에게 그들 자신이 중요하므로 비행기 안에서 마치 혼자 있는 것처럼 악을 써도 된다고 가르친다. 이는 도덕적 문제를 악화시키는 존재론적 문제를 발생시킨다. 유아론唯我論을 가르치는 것이다. 아이들이 사회와 연결되지 않은 불안정한 분자라는 생각을 심어준다. 모든 게 즐겁고 행복할 때는 아무 상관도 없을지 모른다. 그러나 힘든 일이 닥치면 아이들이 의지할 대상을 찾지 못하게 된다. 아이들은 부모 말고 자신을 진심으로 걱정하고 도와주는 누군가가 있을 거라는 생각을 하지 못한다.

우리는 아이들이 안정된 인간관계망을 확보하도록 허용하지 않는다. 마치 해변에서 예쁜 돌멩이를 고르듯이 우리의 선호도를 토대로 신중하게 엄선한 최고의 친구들을 자녀에게 골라준다. 그러나 첸초바 더턴의 설명에 따르면, 병적 우울증 발생률이 높은 사회는 두 가지 특징이 있다. 개인주의를 매우 중요시한다는 것과 관계 이동성이 높다(즉 삶을 함께하는 사람들이 자주 바뀐다)는 것이다.

오늘날 아이들의 생활을 생각해보라. 동네 친구나 사촌과 어울려 놀지 않고 형제자매가 많지 않으며, 학교 다니는 내내 함께 몰려다니는 무리도 없다. 체스 클럽에서 만나는 친구와 야구팀에서 보는 친구가 다르고 1학년 때와 2학년 때 만나는 친구도 다르다. 그 애들끼리는 서로 모른다. 우리는 아이들이 '새로운' 친구를 사귀는 데 도움이 되리라 생각하며 해마다 반 구성을 바꾼다.

더턴은 말했다. "결국 매우 파편화된 관계만 맺게 됩니다. 통합적이고 안정된 친구 집단을 갖지 못하죠. 서로에 대해 잘 알고, 오랜 기간 연락하며 우정을 유지하고 안정감을 주는 친구들, 어려울 때 힘이 되는 진짜 친구들 말입니다. 따라서 이 아이들이 청소년이 되어 일상의 스트레스 요인을 겪을 때 그들에게는 자신을 지원해주는 안정된 관계망이 없을 겁니다."

미국에 온 멕시코 이민자는 사회·경제적 배경이 비슷한 미국인보다 정신 건강이 훨씬 좋은 편인데, 이들 역시 미국 문화에 동화될수록 건강이 더 나빠진다. 일부 전문가들은 미국 내 라틴아메리카인이 소득 및 교육 수준이 상대적으로 낮음에도 미국인보다 더 건강한 역설적 현상을 그들 고유의 문화와 연관 지어 설명한다. 비교적 안정되고 끈끈한 사회적 관계망을 형성하는 문화가 정신 건강에 기여한다는 것이다.[22]

내가 사는 로스앤젤레스에는 중앙아메리카 출신 이민자가 50만 명 넘게 산다. 예를 들어 엘살바도르나 과테말라에서 온 사람 둘이 처음 만나 인사를 하면 곧장 서로의 가족이 어디에서 왔느냐고 묻는다. 그들은 둘 다 공통으로 아는 사람이 누구인지, 서로가 어느 교회에 다니는지 물어본다. 만일 예전에 한 번이라도 만난 사이라면 상대방 가족의 안부를 서로 묻고 대답을 귀 기울여 듣는다.

그들은 나중에 또 만나면 서로의 근황을 물으며 이야기꽃을 피운다. 그들의 문화에서는 이런 인류애와 예절을 장려한다. 그리고 서로에게 많은 관심을 쏟는다. 만일 당신이 그들을 우연히 본다면 만난 지 얼마 안 된 사이가 아니라 오래된 친구인 줄 알 것이다.

예전에는 우리에게도 가족이나 이웃 사이에 끈끈한 관계와 공동체 의식이 있었다. 우리 아이들에게는 그것이 없다. 아이들에게 관심을 갖고 그들을 제대로 아는 사람들로 구성된 안정된 관계망이 없다. 아이의 고유함과 특별함을 끊임없이 강조하는 우리의 양육법은 아이들이 오로지 자기 자신만 돌봐야 한다는 생각을 강화한다. 아이들은 자신을 공동체에 대한 소속감이 필요 없는 개별적 독립체로 여긴다. 그리고 고립감과 외로움도 커진다.

'혼자가 아니라는 믿음'의 가치

캘리포니아의 소 목장에서 어린 시절을 보낸 나의 시아버지는 보는 이의 머리털을 곤두서게 하는 끔찍한 전통을 고수했다. 이 전통은 당신의 손자들과 관련된 것이다. 손자들이 열여섯 살이 되기 한참 전에, 그러니까 열한 살이나 열두 살쯤 시아버지는 손자를 한적한 장소로 데리고 가서 운전을 가르친다. 쌍둥이 아들들이 아홉 살이 되자 나는 그 애들이 운전대를 잡을 차례가 다가오는 것이 몹시 두려웠다.

나는 아들들을 사랑한다. 그리고 녀석들은 여러 면에서 꽤 믿음직하다. 집에 있는 컴퓨터에 종종 문제가 생기면 멋지게 해결하고, 설명서를 보고 작은 탁자를 조립해줄 누군가가 필요할 때도 보란 듯이 뚝딱 해치운다. 하지만 나는 우리 애들에 대해 너무나도 잘 안다. 녀석들은 용도도 모르면서 버튼을 무작정 눌러버리곤 한다. 지금까지 깨먹은 유리잔이 몇 개인지 모른다. 만일 녀석들이 페달을 본다면 분명 그것을 마구 밟아댈 거라고 생각했다.

아이들이 다칠 수도, 다른 사람을 다치게 할 수도 있으니 리스크가 컸다. 그에 비해 이로움이 있을지는 의심스러웠다. 게다가 그것은 불법적인 행동이었다. 나는 아이들의 안전을 책임져야 하는 사람이었다. 할아버지가 옆에 있다지만 그래도 2톤짜리 자동차를 아이들에게 운전하게 하는 것은 안전과는 정반대되는 일이었다. 녀석들이 운전대를 잡는다는 건 절대 안 될 일이었다.

그런데 이 책을 구상하고 있던 어느 날 문득 이런 생각이 들었다. 이 그림에서 '나'를 뺀다면 어떨까? 나의 걱정과 불안만 생각하는 게 옳지 않다면 어떡하지? 할아버지와 함께하는 활동을 못하게 막으면 내가 아이들에게서 뭔가 중요한 것을 빼앗는 건 아닐까?

나는 하버드대학교의 정신의학자 해럴드 버스타인Harold Bursztajn과 나눈 대화를 떠올렸다. 그의 부모님은 홀로코스트에서 살아남아 하수관에 숨어서 우치 게토를 탈출했다. 버스타인의 말에 따르면 나치가 유대인 대학살을 자행하던 끔찍한 시간 동안 그의 아버지에게 버틸 힘을 준 것은 마음속에 늘 떠오른, 가족과 보낸 행복한 시절에 대한 추억이었다.

버스타인이 진료하는 젊은 환자 중 많은 이들은 자신의 가족에 대해 잘 모른다. 이는 인생의 역경을 헤쳐나가는 힘을 약화시킨다고 그는 말한다. 그는 최근 10년간 보아온 젊은 성인 환자들에 대해 이렇게 말했다. "그들은 '나는 누구인가?'라는 정체성에 대한 불안감이 매우 큽니다. 그 불안감의 상당 부분은 과거와 연결되지 않은 느낌, 연속성 감각의 부재에서 기인합니다. 그들에게 미래는 큰 불확실성의 영역이고 현재는 힘겨운 도전입니다. 그리고 과거는 수수께끼로 남아 있죠."

유타주에는 한 뿌리에서 뻗어 나온 수만 그루 나무가 방대한 지역을 덮고 있는 사시나무 군락인 판도Pando가 있다. 아이들이 할아버지와 대화하거나 함께 뭔가 하는 것을 지나치게 제한하거나 아예 막으면, 그들이 판도의 가장 어린 줄기와 같은 존재라는 사실을 일깨워 줄 수가 없다. 아이들에게 '나는 혼자가 아니야. 나는 먼 과거와 연결돼 있어. 내 조상들은 훨씬 더 힘든 고난을 극복해왔어. 그러니 나도 할 수 있어'라는 자연스러운 감각을 길러줄 수 없다.

아이들이 '나만 특별한 고난을 겪고 있고, 지금 내가 겪는 이 문제가 제일 중요하다'고 여기는 것을 우리가 그대로 인정해주면, 그들의 조부모도 역경을 이겨내고 살았다는 사실을 알려주지 않으면, 아이들은 자신이 처한 상황을 넓은 시각으로 보는 능력을 키울 수 없다. 아이들은 자신의 유전자에 고난을 극복하는 회복력이 내재해 있다는 경험적 증거를 찾지 못한다. 또 인간이 삶의 의미를 발견하는 가장 중요한 원천 중 하나인 가족이라는 관계망과 연결이 끊어진다. 아이들은 자신의 문제를 세상과의 연결 고리 없이 따로 떼어 바라볼 것이고 역경을 혼자서 마주할 것이다.

현재의 감정에 집중하라고 강조하고 과거 세대의 방식을 외면하며 자녀 양육을 전문 지식과 기술이 필요한 일처럼 대하는 접근법이 초래한 최악의 결과 중 하나는 조부모 역할을 폄하하게 된 것이다. 우리는 그들이 시대에 뒤처졌다고, 인종차별적이라고, 섬세하지 못하다고 눈살을 찌푸렸다. 그들은 손자의 응석을 과도하게 받아주거나, 지나치게 엄하거나, 그들 자신의 부모가 썼던 양육법에 너무 의지했다. 우리는 그들과 손자의 관계에 개입해 마음에 들지 않는 부분을 교정하거나, 둘의 만남을 엄격히 제한하거나, 때로는 아예 만나지 못하게 했다.

할아버지와 할머니는 언제나 완벽하지 않은 존재였다. 할아버지는 늘 엉뚱한 말을 했고, 아이들한테 맞지 않는 영화를 보여주었으며, 부적절한 농담을 가르쳤다. 또 위험한 연장이 필요한 일을 시켰으며, 정확하고 세심한 설명 같은 것은 거의 해주지도 않았다. 할머니는 툭하면 아이에게 먹여선 안 될 음식을 먹였고("에이든은 유제품을 먹으면 소화가 안 된다고 말씀드렸잖아요!") 아이의 잘못된 식탁 예절을 고쳐놓겠다면서 지나치게 엄격한 방식으로 가르쳤다.

그럼에도 아이들은 그 모든 것을 '이겨내고' 더 강하게 자랐다. 자신의 엄마가 정해준 규칙을 따르지 않는 어른들과 상호작용하고 그들에게 대응하는 법을 익히면서 말이다. 아이들과 조부모 사이에는 그 모든 사건을 하나하나 떼어놓고 보면 상상하기 힘든 무언가가, 즉 깊은 유대감이 생겨났다.

결국 나는 쌍둥이들이 할아버지와 운전 연습을 하도록 내버려두었다. 그것이 좋은 생각이라고 판단했기 때문이 아니다. 엄밀히 말하면 그 일을 '허락하지는' 않았다. 그냥 내버려뒀을 뿐이다. 덕분에 두 녀석에게는 언젠가 자신들의 곁을 떠날 할아버지와 함께한, 머리털이 곤두설 만큼 재미있는 추억이 생겼다.

아마 쌍둥이들과 사촌들은 이 별난 통과의례의 경험(부모는 절대 안겨주지 못하는 경험이다)을 공유한 덕분에, 불확실한 미래를 향해 나아가는 동안 혼자라는 외로움을 덜 느낄 것이다. 아마도 그렇게 생긴 유대감 덕분에 쌍둥이들은 누군가 대화할 사람이 필요할 때 사촌에게 연락하거나, 반대로 사촌에게 도움이 필요할 때 기꺼이 도와줄 것이다. 정신없는 명절 가족 모임과 떠들썩한 가족 생일 파티에 참석함으로써 아이들은 누군가를 위해 시간을 내 함께하는 것의 중요성을, 터무니없는 것에서 유머를 발견하는 일의 가치를, 주제넘게 참견하는 질문으로 서로에게 상처를 주는 둔감한 친척들 탓에 느끼는 짜증을 참아야 할 필요성을 깨달을 것이다.

어쩌면 아이들은 그 짜증의 에너지를 생산적인 일(예를 들어 친척이 차에 라자냐 싣는 것을 도와드리거나, 할머니의 휠체어를 밀어드리는 등)에 사용하는 법도, 그리고 일상에서 겪는 상황에 대한 현실적 기대치를 더 현명하게 조절하는 법도 익히게 될지 모른다. 그리고 때론 터무니없이 우습고 때론 가슴을 울리는 영화 같은 대가족이라는 공동체는 불가피한 역경이 안겨주는 절망에 대한 집단면역을 키워준다. 그것만으로도 대가족은 견딜 가치가 있다.

하지만 이건 어디까지나 내 견해다. 성인의 건강과 행복에 관한, 세계에서 가장 장기간에 걸친 방대한 연구인 하버드 그랜트 연구Harvard Grant Study에서는 어떤 결론을 내렸을까? 이 연구는 높은 삶의 만족도와 가장 크게 연관된 다섯 가지 특성을 다음과 같이 밝혔다. 이타심(다른 사람을 먼저 생각하기), 유머, 승화(분노와 불만을 생산적 에너지로 활용할 대안 찾기), 예상(미래에 대해 현실적 관점 유지하기), 억제(괴롭거나 불쾌한 생각을 의식적으로 억제하면서 꿋꿋이 버티기).[23] 이 다섯 가지에는 모두 자신의 감정에 덜 집중하는 것이 필요하다. 삼촌과 고모, 사촌, 할아버지, 할머니와 함께하는 삶은 다섯 가지에 모두 도움이 된다.

"행복한 삶의 비결은 오래도록 유지되는 진실하고 친밀한 인간관계에 있다." 예일대학교 정신의학과 교수 찰스 바버Charles Barber는 그랜트 연구를 검토한 뒤 이렇게 요약했다. 다시 말해 행복의 열쇠는 당신이 사랑하고 당신에게 사랑을 주는 사람들을 평생 곁에 두는 것이다.

12장

삶에 대한 면역력을 키워준다는 것

───────

현재 당신이 10대 청소년이라고 상상해보라. 당신은 과거 세대에 비해 친구를 직접 만나 보내는 시간이 훨씬 적다('하루에' 최대 한 시간까지 차이가 난다).[1] 친구의 웃음소리를 직접 듣거나 직접 만나 농담을 하거나 친구의 우는 얼굴을 직접 보는 경우도 더 적다. 신체를 접촉할 기회도 훨씬 적다. 관련 통계가 존재하기 시작한 이래로 그 어떤 세대의 10대보다 키스와 포옹을 더 적게 한다. 누군가를 만나 실수를 하고 미안함을 느끼며 사과하고 성장할 기회도 훨씬 적다. 어렸을 때부터 늘 그래왔다.

당신의 부모는 소셜 미디어에 올라오는 당신의 삶을 빼놓지 않고 관찰하기에 당신이나 친구들에게 무슨 일이 일어나면 곧바로 안다. 그 때문에 당신과 친구들만의 비밀 세계를 좀처럼 만들 수가 없다. 당신의 부모는 왓츠앱으로 늘 다른 어른들과 정보를 공유하기 때문에 어떤 학생이 학교에서 전자 담배를 피우다 걸리면 몇 시간 만에 그 사실을 안다. 부모님은 당신이 누군가와 말다툼을 하거나 선생님과 갈등이 생기거나 친구와 오해가 생겼을 때마다 나서서 상황을 해결해준다. 자연히 당신에게는 부모님이 가장 친한 친구다.

부모님은 당신의 스포츠 경기와 연습을 빠짐없이 참관하고 감독이나 교사와 자주 대화를 나눈다. 온라인 세상 바깥에는 당신이 부모님 모르게 마음 내키는 대로 행동하며 놀거나 뭔가를 시도해볼 여지가 없다. 부모님의 격려와 응원과 피드백이 당신을 늘 따라다닌다.

당신의 조부모님은 먼 곳에 산다. 당신은 그분들을 잘 모르고 그분들과 대화를 나누는 일이 불편하다. 별로 대화해본 적이 없는 탓이다. 부모님은 당신이 다른 어른에게 조언을 듣는 것을 더 선호한다. 부모님이 돈을 주고 고용했으며 부모님에게 당신에 대해 보고하는 어른 말이다.

당신의 일과표는 다양한 방과 후 활동으로 가득하다. 각각을 담당하는 어른들이 그 활동을 지도하고 당신이 얼마나 발전했는지 평가한다. 그들은 당신의 실력이 나아졌는지 아닌지 말해준다. 당신의 상태나 변화를 부모님에게도 알린다. "아이의 공중제비 실력이 좋아졌어요. 하지만 평균대는 좀 더 노력이 필요해요." 당신이 뭘 하든 당신을 걱정하는 어른들의 관찰과 감시를 받는다.

당신은 그 어떤 세대의 10대보다 잠을 적게 잔다. 필요 수면 시간에 훨씬 못 미친다.[2] 어떤 날은 너무 피곤해서 마치 피부의 바깥층이 없는 사람처럼 예민해진다. 걱정과 불안이 더 쉽게 마음을 비집고 들어와 당신을 잠식한다.

당신의 친구 중에는 자기 몸에 상처를 내거나 다른 창의적인 자해를 시도하는 아이들이 많다. 당신도 기분이 울적할 때면 한번 해보고 싶다는 충동이 든다. 그건 일종의 커뮤니케이션 방식이다. '나한테 관심을 좀 가져줘'라는 메시지를 담고 있다. 학교에는 자살 예방 상담 전화번호가 졸업 댄스파티 포스터보다 눈에 더 잘 띄는 곳곳에 붙어 있다. 항상 교내 상담 교사가 폭발물을 탐지하는 독일 셰퍼드처럼 자살 시도 징후가 없는지 아이들에게 코를 들이대며 냄새를 맡는다.

부모와 교사들은 나름대로 그럴 만한 이유가 있기에 당신의 정신 건강을 극도로 걱정한다. 당신 친구들 중 절반이 심리 치료를 받거나 정신과 약물을 복용한다. 둘 다 해당되는 아이도 많다. 부모님은 걱정스러운 나머지 심리 치료사를 고용해 당신을 일주일에 한 번씩 그에게 보낸다. "잘못된 대답이라는 건 없어요." 실내용 분수 장식에서 들려오는 평온한 물소리가 배경으로 깔린 상담실에서 신축성 있는 단정한 검은색 바지에 안경을 쓴 치료사가 당신을 안심시킨다.

하지만 당신의 대답이 대부분 잘못된 것으로 드러난다. 그 대답들은 당신에게 질환이 있음을 증명한다. 당신이 일주일을 즐겁게 보내도 또는 치료사의 조언을 아무리 충실히 따라도 그녀는 절대 "이제 문제가 해결됐어요! 상담실에 다시 안 와도 됩니다"라고 말하지 않는다.

당신은 특정한 진단명을 얻고 1년을 지낸다. 그 진단명이 당신의 이름만큼이나 자신의 일부처럼 느껴진다. 부모님은 당신의 문제가 무엇인지 드디어 알았다는 데서 안도감을 느끼는 것 같다. 친구들 대부분이 진단명을 하나쯤은 갖고 있다. 진단명은 마치 부적 같은 역할을 한다. 그 진단명이 당신과 관련해 가장 중요한 사실인 것 같다는 생각도 든다. 하지만 한편으론 거미줄 모양으로 금이 간 유리잔이 된 기분이다. 영영 복구할 수 없이 망가진 물건이 된 기분이다. 당신은 무거운 하중을 견디는 존재가, 다른 물건을 담을 수 있을 만큼 충분히 강한 존재가 되지 못할 것 같다.

심리 치료사가 약물이 도움을 줄 거라고 제안하고 의사도 기꺼이 당신을 돕는다. 약을 먹으니 기분이 차분해지고 우울함에 압도되는 일이 없어진다. 하지만 때로는 이 보조 바퀴가 없었으면 좋겠다는 생각이 든다. 약을 먹지 않고도 괜찮을지 어떨지 알 수가 없다. 항우울제를 복용한 지 너무 오래됐기 때문이다.

당신은 살이 찐다. 어쩔 수 없다. 약을 먹으니 식욕이 좋아진다. 약은 당신의 성적 욕구도 없앴다. 그게 중요한지도 잘 모르겠다. 소파에서 보내는 시간이 훨씬 많아졌다. 이제는 그래도 별로 죄책감이 들지 않는다. 꼼짝도 하기 싫다.

당신은 뭔가를 기다려야 할 때면, 즉 음식이 나오기를, 공연이 시작되기를, 또는 만나기로 한 친구를 기다릴 때면 좀이 쑤셔 가만있지 못한다. 어렸을 때부터 뭔가를 기다리는 것은 늘 참기 힘든 일이었다. 당신은 그런 상황에서 따분함을 없애줄 물건, 스마트폰을 늘 주머니에 넣고 다닌다. 그런데 그 기기는 오히려 '반추 기기'라고 부르는 편이 낫다. 당신을 마음속 깊은 곳의 부정적인 생각과 우울한 기억으로 데려가기 때문이다. 스마트폰을 들여다볼수록 당신을 차버린 남자 친구, 파티에 참석하지 못한 일, 자신의 수많은 못난 모습과 실패가 자꾸만 떠오른다.

스마트폰은 그때그때 당신의 기분에 맞춰 많은 즐거움을 주지만, 이 기기 때문에 당신은 터치와 클릭이 불가능한 진짜 세상에 적응하기가 훨씬 어려워졌다. 실제 세상의 모든 것이 불만족스럽다. 어떤 친구도 스마트폰으로 보는 영상만큼 재미있지 않다. 어떤 여자도 스마트폰 속 여자들만큼 매력적이지 않다. 누군가를 만나 피자집에 가는 대신 터치 몇 번이면 피자가 현관까지 배달된다. '비대면 배달' 덕분에 배달원과 말을 섞을 필요도 없다.

이따금 경계심을 풀고 친구와 교환해서는 안 될 메시지를 교환한다. 그저 장난일 뿐이지만 결코 장난으로 해석되지 않는다. 친구들은 당신이 한 모든 말을 캡처해 보관한다. 당신도 똑같이 한다. 너도 나도 다 죽는 공멸을 피하기 위해 핵보유국끼리 핵전쟁을 피하는 것과 비슷한 원리를 따르기 위해서다.

당신은 당신에게 온 마음을 쏟으며 집중하는 친구와 오후 내내 함께 시간을 보내본 적이 거의 없다. 당신은 친구의 비밀을 잘 모른다. 친구도 마찬가지로 당신의 비밀을 모른다. 친구는 자신의 가장 내밀한 고민을 심리 치료사에게 털어놓았다. 그걸 또다시 반복하는 일은 아무 의미가 없다는 생각이 든다.

사실 친구를 만날 시간도 별로 없다. 당신이 하는 풀타임 무보수 인턴십이 엄청난 시간을 잡아먹기 때문이다. 하루에 대여섯 시간 또는 여덟 시간씩(스크린 타임 항목에 표시되는 사용 시간은 거짓말을 하지 않는다) 스마트폰을 들여다보는 일 말이다.

당신은 그룹 채팅방에서 "내 정신 건강이 엉망이야"라고 말한다. 다른 아이들도 비슷한 말을 한다. 당신은 아빠가 당신 나이 때 직장을 구해 일했다는 게 믿기지 않는다. 사실 엄두도 나지 않는다.

당신은 제한된 공간에 갇힌 식육용 송아지처럼 과도한 통제와 관리 속에서만 살아왔다. 가끔 이런 생각이 든다. '모험을 해본 사람만 세상에 나갈 준비가 갖춰지는 거라면 어떡하지?', '청소년 정신 건강 문제의 해결책이 청소년기를 벗어나는 것뿐이라면 어떡하지?' 어른들의 끝없는 배려와 개입이 당신의 아동기를 고무줄처럼 늘여놓는 탓에 당신이 괴로움을 겪는 시간이 길어지는 것도 이상하지 않다.

아동기는 인생 최고의 '기회'다

당신이 아이를 낳으면 모든 것이 달라진다. 일상의 루틴도, 가게 지출 패턴도, 사귀는 친구의 종류도, 휴가를 보내는 장소도 달라진다. 당신에게는 사회 구성원으로서 또 다른 정체성이 생긴다. 이제 누군가의 어머니 또는 아버지이기 때문이다.

당신은 아이가 다쳤거나 아플 때 제일 먼저 찾는 사람이다. 아이가 운전을 배울 때 옆에서 팔걸이를 꽉 움켜쥔 채 소리치고 싶은 것을 꾹 참는 사람이다. 자녀가 안전하게 목적지에 도착했다거나, 원하는 직장에 취직했다거나, 아기를 낳았다는 소식을 기다리느라 벨 소리 볼륨을 제일 크게 설정해놓은 전화기를 매일 머리맡에 두고 잠자리에 드는 사람이다.

당신은 아이에게 '모든 것'이고 특별한 존재다. 당신의 자녀는 성인이라면 어떻게 행동해야 할지 생각할 때 자연스럽게 당신을 떠올린다. 설령 자녀가 당신과 다른 삶을 살고 싶어 할지라도 당신의 삶은 자녀가 살아가는 동안 기본적인 청사진 역할을 할 것이다.

당신은 인간의 뇌와 그 복잡한 작동 원리에 대한 수준 높은 지식이 없어도 아이가 왜 힘들어하는지 알 수 있다. 뇌의 화학물질을 바꾸는 약물 없이도 아이를 보살피고 치유할 수 있다. 당신에게 필요한 것은 나쁜 것을 없애고 좋은 것이 들어올 자리를 만들어줌으로써 아이의 인생을 더 나은 방향으로 이끌겠다는 의지다.

이런 오래된 농담이 있다. 한 남자가 의사를 찾아가 말했다. "선생님, 커피를 마실 때마다 한쪽 눈을 무언가가 찌르는 것처럼 너무 아파요." 의사가 대답했다. "컵에서 스푼을 빼세요."

문제를 해결하는 데 의사는 필요 없다. 습관을 바꾸기만 하면 된다. 즉 그를 아프게 하는 행동을 멈추면 된다. 우리도 마찬가지다. 기후 불안 조장을, 세상이 파시즘을 향해 가고 있다는 이야기를, 억압된 트라우마를 찾으려는 노력을, 스마트폰 중독을 방관하는 것을, 필요하지도 않은 심리 치료를 멈춰야 한다. 아이들의 정신 건강 위기는 저절로 생기지 않는다. 우리가 아이들을 그 위기로 내몬 것이다.

스트레스에 압도되고 두려움에 휩싸인 부모를 보는 것만큼 아이에게 불안하고 무서운 일은 없다. 인지행동 치료사들은 부모의 불안을 치료함으로써 아동의 불안을 효과적으로 치료한다. 부모의 불안이 자녀에게 전염되는 경우가 많기 때문이다. 하지만 우리는 평온함도 전염시킬 수 있다. 우리는 아이들을 위해 용감해져야 한다. 모든 삶에는 그것이 필요하기 때문이다. 두려운 것을 용감하게 대면하고 계속해서 시도하고 또 시도해야 한다. 매번 마음이 내키든 안 내키든, 해낼 자신이 있든 없든 상관없이 말이다.

전문가의 조언에 귀를 닫고, 〈슬레이트〉 육아 페이스북 그룹에서 탈퇴하고, 당신의 가치관에 따른 규칙을 정한 뒤 자녀에게 따를 것을 요구하라. 그러면 당신이 자녀와 함께하는 시간을 얼마나 좋아하는지 깨닫는 순간이 올 것이다. 사실 자녀와 함께하는 시간은 즐거워야 마땅하다. 인생에서 아이를 키우는 놀라운 모험만큼 행복을 주는 일은 없다.

젊은 엄마가 한 팔로 아기를 안은 채 식재료를 차에 싣는 모습을 본 적 있는가? 그보다 더 사랑스럽고 눈길을 사로잡는 장면은 없다. 엄마는 피곤하고 바쁘고 머릿속에 온갖 생각이 가득하지만 그녀에게 아기는 세상의 전부다. 그 소중한 존재가 세상에서 가장 튼튼한 엄마의 팔에 안겨 있는 것이다.

망아지는 태어나자마자 걷고 금세 뛰어다닌다. 우리 아이들은 말 그대로 아무것도 할 줄 모르는 상태로 태어난다. 인간은 성장하기까지 왜 그토록 오랜 시간이 걸릴까? 어째서 자연은 아동기를 길게 만들어놓았을까? 그것은 아이들이 위험을 경험하면서 다쳐볼 기회를 주기 위해서다. 성인이 됐을 때 필요한 기술을 안전한 부모의 지붕 아래 있을 때 연습할 수 있게 하기 위해서다. 그것이 아동기의 '목적'이다.

어린 시절이 존재하는 이유는 종잡을 수 없는 성격을 지닌 친구를 사귀어보고, 야구에서 지고, 약한 애들을 괴롭히는 못된 녀석에게 맞서고, 넘어졌다가 스스로 일어나고, 친구를 도와주는 경험을 해보기 위해서다. 위험을 무릅쓰고 뭔가 해보고, 마음에 상처를 입고, 시도했다가 실패하고, 마침내 해내는 것. 아이들에겐 이런 것이 필요하다. 부모인 우리가 아직 옆방에 살고 있을 때 말이다.

그런 일을 하면서 보내는 것이 행복한 어린 시절이다. 어른 세계의 모든 고통을 조금씩 맛보는 것 말이다. 그러면서 아이들은 고통과 상실이라는 독성에 면역력을 키운다. 실수했을 때 아이들에게 필요한 것은 학교 상담 교사와의 면담이 아니다. 대신 "훌훌 털어버려"라고 말해줘야 한다. 아이들은 부모인 우리의 눈에서 불안이 아니라 믿음을 봐야 한다. 그들이 잘해낼 거라고, 괜찮을 거라고 믿어주는 마음 말이다. 이 모든 걸 어렸을 때 경험해야 한다. 만일 그들이 좌절이나 거절을 어른이 되어 난생처음 겪는다면 뭔가 단단히 잘못된 것이다.

부모들은 그것을 안다. 그렇기 때문에 전문가가 개입하지 않았던 예전에 항상 자녀에 대한 베타 테스트(제품을 출시하기 전에 실시하는 테스트—옮긴이)를 한 것이다. 아이를 놀리면서 자극하고, 호통치고, 안아주면서 말이다. 그렇기에 아이들이 우리의 경고를 무시했을 때 겪는 고통을 직접 느끼게 놔두되, 그다음엔 일어서게 도와주고 옷에 묻은 흙을 털어준 뒤 다시 뛰어가게 보내준 것이다.

아빠들이 아이의 통통한 두 발목을 꽉 잡고 거꾸로 뒤집어 공중에서 흔드는 모습을 떠올려보라. 아이는 까르륵대며 재미있어 어쩔 줄 모른다. 아빠는 아이로 하여금 미래에 대비하도록 유도하는 것인지도 모른다. 위험을 관리할 수 있는 상태로, 즉 언제라도 아이를 품에 안아 올릴 준비가 된 상태에서 일부러 즐거움과 두려움을 동시에 경험하게 하는 것이다.

"컵에서 스푼을 빼세요"라는 의사의 말을 떠올려보라. 만일 이 의사가 윤리적이지 않았거나 판단력이 부족했다면 진통제를 처방하고 MRI 검사를 진행하고 눈 관련 종합 검사를 받게 했을 것이다. 사실 필요한 조치는 간단했음에도 말이다. 피해를 일으키는 명백한 원인을 없애는 것 말이다.

우리는 아이들이 스푼으로 가득한 컵을 들고 마시게 해왔다. 어릴 때는 아이패드를, 나중에는 더 해로운 아이폰을 사주었다. 이런 기기는 아이의 집중력을 떨어뜨리고 주변 세상의 즐거움을 느낄 기회를 박탈했다. 현실 세상은 스크린 속 세상에 비해 상대적으로 시시하게 느껴진다. 아이들은 혼자 집 안에만 있으면서 자신이 무엇을 놓치고 있는지조차 알지 못한다.

온갖 전자 기기가 아이들에게 끝없는 오락거리를 가져다주었다. 우리는 아이들을 거의 모든 욕구가 즉시 충족되는 삶에 익숙해지도록 길들였다. 재미있는 영상을 불러와 재생하고, 따분해지는 순간 꺼버리고, 또 다른 영상으로 넘어간다. 온라인에만 접속하면 음식도, 새 신발도 살 수 있고 친구 얼굴도 볼 수 있다. 더 의미 깊고 풍성한 삶에 수반되는 느린 속도를, 다른 사람과의 대화가 시작되는 순간(엘리베이터에서, 대기실에서, 슈퍼마켓 계산대에서, 친구와 자전거를 타면서)을 아이들은 거의 참지 못한다.

학교는 교내에 정신 건강 전문가를 잔뜩 배치하고, 일상적으로 그리고 공식적으로 심리 치료사를 자처하면서 아이들에게 자신의 감정을 계속해서 생각하라고 종용했다. 심지어 문제가 생기기도 전에 정신 건강 관련 예방 조치를 취했다. 상담 교사는 아이들의 정신적 고통에 대해 열성적으로 이야기했다. 불안을 이용해 먹고사는 그들은 아이들이 하는 모든 말을 분석하고 과장했다.

최근에 나는 열일곱 살짜리 아들을 둔 엄마와 이야기를 나누었다. 그녀의 아들은 중학생 때 잠시 ADHD 진단을 받고 리탈린을 복용했으며 심리 치료도 받았다. 아들이 리탈린을 먹고 나면 기분이 별로라고 해서 어쩔 수 없이 복용을 중단시켰다. 하지만 몇 년 뒤 자신이 재능을 지닌 분야와 꾸준한 흥미를 느끼는 과목을 발견하고 나서, 아들은 과거에 심리 치료 받은 것을 후회했다. 그리고는 엄마에게 이렇게 말했다. "심리 치료는 스키 타는 법을 배우면서 눈앞의 나무들에만 집중하는 거랑 비슷해요."

학교의 정신 건강 전문가들이 정말로 아이들의 정신 건강을 개선하고 싶다면, 가장 먼저 해야 할 일은 학교에서 스마트폰 사용을 금지하는 것이다.³ 소셜 미디어가 아이들의 행복감을 해친다는 사실에는 이론의 여지가 없다. 하지만 나는 좀 더 과감하게 이렇게 말하고 싶다. 스마트폰은 아이의 욕구를 무조건 채워주는 충성스러운 하인이자 현실 회피와 반추를 조장하는 기기다. 어른이 되기 전까지는 가장 불필요한 기기다. 스마트폰이 아이들을 부정적 자기 집중이라는 악순환에 빠뜨리는 유일한 물건은 아니지만, 그것은 가장 보편적이고 가장 아이들을 강력하게 끌어당기는 물건이다.⁴

월급만큼 제대로 일하는 상담 교사라면 이렇게 말해야 한다. "이런 환경에서는 일할 수 없습니다. 우리가 정말로 아이들을 도우려면 무엇보다도 이렇게 해야 합니다. 수업이 시작되면 모든 전화기를 수거했다가 학교가 끝날 때 돌려주는 것이죠." 이것보다 더 간단한 방법이 있을까? 이것은 보건교사가 이렇게 주장하는 것과 비슷하다. "무엇보다도 교내에서 흡연을 금지해야 합니다. 흡연은 모든 건강 문제를 악화시킵니다. 내가 정말로 아이들을 도우려면, 먼저 건강을 위한 전제 조건이 갖춰져야 합니다."

하지만 정신 건강 전문가들이 학교 측에 스마트폰 사용 금지를 제안하는 경우는 거의 없다.[5] 대신 그들은 학교 커리큘럼의 상당 부분에 영향력을 행사하고 '웰니스'를 위한 조언을 뿌려댄다. "명상을 하세요", "마음 챙김을 실천하세요", "감사 일기를 쓰세요", "고민을 털어놓으면 우리가 도와줄게요" 등등. 그들은 아이들의 정서적 불안을 해결해주고 싶은 것이 아니라 자신의 영향력을 확대하고 싶은 것처럼 행동한다.

심리 치료사들은 진단명을 남발하면서 그것이 초래하는 문제는 생각하지 않는다. 아이의 자기 효능감과 자아감에 미치는 영향 따위는 우려하지 않는다. 의사들은 정상적인 정서 감각과 현실에 대응하고 성장하는 능력을 제한하는 향정신성 약물을 아이들에게 퍼붓는다. 정서적 방한복을 벗고 살아가면 어떨지 알고 싶어 약을 끊을 경우 겪을 수 있는 심각한 금단증상에 대해서는 경고하지 않는다.

아직 발달이 끝나지 않은 아이들에게 약을 먹이면(두세 가지, 심지어 열 가지 약을 먹는 아이도 있다)[6] 약물이 지적 능력을 방해하고 성적 욕구를 꺾으며, 감정 표현을 억누르고 도덕적 판단력까지 약화시킬 수 있다. 우리는 한순간 욱하고 성질을 부렸다가 금세 좀비가 되는 아이들을 학교로 보낸다. 아이들은 고통과 불안에 무감각해지고 지적 능력과 동기가 흐릿해진다. 그리고 자신의 인생을, 진정한 자아를 잃어버리고 있다는 사실을 어렴풋이 느낀다.

진단명이라는 꼬리표를 아이에게서 떼어내라

　부모인 우리는 너무 오랫동안 이런 현실을 방관해왔다. 우리는 아이에 대해 우리보다 100만분의 1도 모르는 사람이 던져준 진단명을 철석같이 믿었다. 아이들이 자신을 진단명과 동일시하는 것도 이상한 일이 아니다. 그리고 '우리'도 아이와 진단명을 동일시한다.

　우리는 자신도 모르게 아이의 능력을 폄하했다. 우리가 그 나이 때 당연히 했던 일을 아이들은 할 수 없다고 단정했다. 그리고 툭하면 "우리 애는 비행기 탈 때 아이패드가 없으면 안 돼요", "아이에게 스마트폰을 못 쓰게 할 수는 없어요. 친구들은 다 있는걸요", "물론 내가 어렸을 땐 혼자 집에 있곤 했죠. 하지만 지금은 세상이 달라졌어요"라고 말했다. 우리가 감당했던 리스크를 아이들은 절대 감당할 수 없을 거라고 생각했다.

　우리는 식품에 붙은 영양 성분표처럼 아이에게 장애 분류표가 붙어 있는 듯이 행동했다. 이 책을 쓰는 동안 부모들이 자기 자녀에 대해 말하는 방식을 유심히 살펴봤다. 이런 식으로 말하는 엄마가 한둘이 아니었다. "얘가 ADHD가 있는 제 딸이에요.", "제 아들은 굉장히 똑똑하고 세심한데 감각처리장애가 있답니다." 아이가 잘 지내냐는 평범한 질문을 했을 뿐인데도 그렇게 대답하는 부모가 꽤 많았다.

　한 엄마는 아들이 대학에 입학한 사실을 페이스북에 올리면서 이렇게 썼다. "난독증이 있어서 학교생활을 늘 힘들어하던 아이가 고등학교에도 가고 이렇게 모두의 기대를, 그리고 자기 자신의 기대를 뛰어넘었다는 건 정말 대단한 일이에요."

나는 난독증이 있는 친구 몇 명을 떠올렸다. 그중 한 명은 수학 천재다. 그녀는 와튼 스쿨에 다니며 금융을 공부한 뒤 월 스트리트에서 일하다가 여러 개의 벤처 사업을 시작했다. 친구들 사이에서 그녀는 '난독증이 있는 사람'이 아니다. 그녀는 스키 여행을 주도적으로 계획하고, 뛰어난 설득력으로 다른 친구들을 흥미진진하고 창의적인 모험에 동참시킨다.

우리가 자녀에 대해 말할 때 외부 개입자가 붙여준 진단명이라는 꼬리표를 사용하면, 그 전문가가 우리와 자녀의 관계를 약화시키도록 허용하는 셈이다. 우리가 딸과 아들을 바라보는 관점을 전문가가 하향 조정하도록 허락하는 것과 같다.

토머스 제퍼슨Thomas Jefferson의 엄마가 그를 "난독증 있는 내 아들"이라고 불렀을까? 또는 존 F. 케네디John F. Kennedy의 엄마는? 그들의 엄마가 자기 아들을 그렇게 바라봤다면 두 사람은 미국 대통령이 될 수 있었을까? 부모가 자식을 그렇게 바라보는 것은 자연스럽지 않다. 진단명이라는 꼬리표는 때로 전문가에게 유용하지만 부모인 우리에게는 방해물이 될 뿐이다. 그것은 다채로운 개성을 지닌 개인을 한 단어로 환원해버리며 당사자에게 모욕감을 안겨준다. 진단명이라는 꼬리표가 부모의 사랑을 오염시켜서는 절대 안 된다.

우리는 우리만의 범주와 구분법에 따라 아이를 바라보고 이해하기 마련이다. 아이 뺨의 부드러운 촉감, 우리 손안에서 아이 손이 꼼지락거리는 특유의 느낌, 잘 자라고 머리에 입을 맞춰줄 때 아이의 머리칼에서 나는 냄새 같은 것 말이다. 쌍둥이 아들 중 한 녀석은 마구 화를 내고선 몇 분 뒤에 머뭇거리며 수줍게 사과하는 독특한 습관이 있다. 언젠가 유월절(이스라엘 민족이 이집트에서 탈출한 것을 기념하는 유대교 축제일—옮긴이)에 그 녀석이 자기 쌍둥이 형제한테 갑자기 험한 말을 쏟아낸 일이 있었는데, 이 사건은 내가 아들을 바라보는 방식을 어느 정도 바꿔놓았다. 나와 남편은 훈육을 위해 아들을 방에 혼자 있으라고 들여보내고 나서 풀 죽은 꼬맹이의 모습이 귀여워 한참을 웃었다.

그 녀석은 나에게 오늘 하루가 어땠느냐고 꼭 물어보고 대답을 열심히 들어준다. 야구팀 LA 다저스와 미식축구팀 그린베이 패커스의 경기 데이터와 선수 기록을 날마다 빠짐없이 확인하고, 정보를 수집해 그 팀들에 도움을 주기라도 할 사람처럼 경쟁 팀의 데이터까지 확인한다. 또 밤에 자러 방에 들어갈 때면 혼자 조용히 노래를 흥얼거린다.

한편 딸아이는 집 안을 돌아다닐 때 아직도 내 손을 잡고 다닌다. 온갖 질문과 요구로 나를 귀찮게 하고, 장난을 치고, 참견하길 좋아한다. 웃을 때는 비명에 가까운 소리를 낸다. 딸아이는 우리 가족의 마스코트다. 애들이 다니는 학교에서 우리 가족은 주로 'ㅇㅇㅇ(딸의 이름) 엄마' 또는 'ㅇㅇㅇ 오빠'로 알려져 있다.

쌍둥이 중 또 다른 아들은 항상 나를 지켜주려고 애쓴다. 때론 알 수 없는 이유로, 때론 불필요해 보이는 이유로 말이다. 내가 무거운 물건을 들려고 하면 재빨리 달려와 자기가 들면서 내 안전을 걱정한다. 아이의 머릿속은 온갖 잡다한 말장난과 수수께끼로 가득하고 이런저런 생각을 서로 연결하기를 좋아한다. 그리고 하루 동안 있었던 일을 종알종알 이야기한 후에야 잠이 든다.

엄마인 내가 아이들이 겪는 문제나 어려움을 토대로 그들을 정의하거나 설명할 수도 있을 것이다. 하지만 그것은 아이들에 대한 배신행위처럼 느껴진다. 내게는 무엇이 문제인지 결정할 권리가 없다는 생각이 들기 때문이다. 그들은 성인이 되기 전 잠시 동안만 내 품에 있는 존재다. 내가 단점이라고 여긴 특성이 나중에 예상치 못한 어떤 상황에서는 장점이 될지도 모른다. 또는 그 특성이 훗날 누군가가 우리 아이를 너무너무 사랑하는 이유가 될 수도 있다. 많은 사람이 배우자의 별난 특징 때문에 그를 사랑한다. 나는 누군가가 상대방의 진단명 때문에 그를 사랑한다는 이야기를 들어본 적이 없다.

내 아이들은 앞으로 인생을 살면서 분명히 역경과 고통을 겪을 것이다. 그 생각만 하면 벌써부터 가슴이 찢어질 듯 아프다. 나는 늘 신문에서 부고를 읽는다. 세상을 떠난 훌륭한 사람의 사진과 함께 실린 인생 이력을 보면 성공한 삶에도 어김없이 가난과 고통이 점점이 박혀 있다. 훌륭한 책을 쓰고, 유명한 기업을 세우고, 놀라운 물건을 발명하고, 멋진 인간관계를 쌓고, 많은 자녀와 손자로 다복한 가정을 꾸린 사람들에게도 고통의 시간은 있었던 것이다. 누구나 부러워할 성공을 거둔 인생에도 일정량의 고통과 불행이 담겨 있다. 이는 어쩔 수 없는 세상사의 이치다.

하지만 아이들이 삶의 수많은 기쁨과 즐거움을 누리게 하고 싶다면 우리가 그들 삶에서 비켜서야 한다. 전자 기기도 그들의 삶에서 치워야 한다. 전자 기기는 진짜 친구가 될 수 없다. 인생을 의미 깊게 만들어주는 우정을 제공하지 못한다. 당신이 과거에 그랬듯 당신의 아이에게도 가족과의 저녁 식사나 자동차 여행을 견디기 위해 아이패드가 필요한 것은 아니다. 아이들에게는 스마트폰이 아니라 폴더폰으로도 충분하다. 그들은 당신보다 약하지 않다. 당신이 그렇게 만들지만 않는다면 말이다.

나쁜 것을 없애는 일부터 시작하라. 상처에 묻은 흙을 깨끗이 씻어내면 몸은 스스로 치유하고 회복하게 되어 있다. 아이를 방해할지 모를 외부 오염 물질(불필요한 정신 건강 전문가, 전자 기기, 감시하고 간섭하기, 약물 등)을 없애기 전까지, 당신은 아이가 얼마나 행복해질 수 있는지 알 수 없다.

열세 살짜리 아이를 심리 치료사에게 데려갈지 말지 어떻게 판단할까? 간단하다. 다른 모든 방법을 써보기 전까지는 데려가지 마라. 만일 꼭 심리 치료를 받게 해야 한다면 외과 의사를 알아볼 때처럼 심리 치료사에 대해 꼼꼼히 조사하라. 아주 심각한 상황을 제외하고 대부분 아이들은 전문가 없이도 상태가 좋아진다. 대단히 심각한 상태만 아니라면 아이들은 부모인 '당신'이 주도권을 쥐고 있다는 사실을, 그리고 부모가 자신이 뭔가 단단히 잘못됐다고 생각하지 않는다는 사실을 아는 것만으로도 상당히 정서적 안정감을 얻는다.

외부 침입자가 당신과 아이 사이에 끼어드는 것을 더는 허용하지 마라. 만연한 정신 건강 치료법은 불안과 우울을 겪는 청소년을 돕지 못하고 있다. 건강한 청소년은 원래 변덕스럽고 부모를 미치게 만든다. 그 시절을 겪어봤기에 우리도 그것을 잘 안다. 오늘날은 전문가가 무차별적으로 남발하는 불필요한 치료 탓에 정상적인 청소년이 환자가 되고 있다.

어쩌면 아이를 서서히 망가뜨리는 최악의 과정은 이것일지 모른다. 전문가들은 아이들이 "그래서 어떤 감정을 느꼈니?"라는 질문을 끊임없이 받는 데 익숙해지게 길들이고 있다. 그런 질문을 지속적으로 받고 자꾸 그에 대해 생각하면 아이의 정서 조절 능력이 약해지고 발전이 억제된다. 그런 질문은 10대를 유치원생으로 만들고, 대학생이 진짜 어른이 될 준비를 영영 갖추지 못하게 한다.

정신 건강을 위한다는 예방적 개입 조치(당연히 불필요하다)는 아이의 성숙을 방해한다. 감정에 대한 반추와 치료 의존, 모험 회피 성향 강화라는 가혹한 사이클에 아이를 가두기 때문이다. 그런 조치는 사춘기의 불안을 지나 성인이 되는 정상적인 과정을 방해한다. 우리는 발달과 성숙이 정체된 아이의 모습을 정신 질환이라고 해석한다. 하지만 많은 경우 정신 질환이 아니다. 그것은 아이가 할아버지는 자신의 나이쯤 됐을 때 할머니와 결혼했지만, 자신은 겁이 나서 여자에게 데이트 신청도 못한다는 사실을 깨달으면서 불안감과 무능감을 느끼고 있는 모습이다.

이것은 정신 건강의 위기가 아니다. 그보다는 정서적 건강염려증과 의원병이 초래한 위기에 더 가깝다. 이것은 뇌 신경 구조의 문제가 아니라 약해지는 정신의 문제다. 두려움과 좌절감, 무능감, 수동적 삶이 초래하는 깊은 심리적 괴로움의 문제다. 우리는 아이들이 제대로 성숙하지 못하고 있다는 분명한 결론을 마주했다.

심리 치료 전문가는 아이가 앓고 있을 가능성이 있는 병명을 주워섬긴다. 하지만 그들은 진짜 병을 찾아내는 것이 아닐 가능성이 매우 높다. 그저 당신의 아이가 자신을 아픈 사람으로 여기고 실제로도 환자처럼 행동하도록 유도하고 있을지도 모른다.

당신은 부모다, 자부심을 가져라

이언은 내가 예전에 잠깐 일한 일류 로펌의 시니어 어소시에이트(경력 초기 단계의 변호사. 파트너 변호사의 업무를 보조하며 실무 경험을 쌓는다. —옮긴이)였다. 명석하고 지독하게 열심히 일하는 이언은 누구에게나 호감을 샀다. 다만 한 가지 결점은? 15년 된[7] 포드 토러스를 몬다는 점이었다.

이언이 파트너 변호사가 되었을 때 다른 회사에서는 승진 조건으로 그에게 새 차를 장만하라고 요구했다. 다른 파트너들은 낡은 자동차 때문에 자신들이 창피해한다는 것을 이언이 알기를 바랐다. 화려한 고객 앞에서 회사 이미지를 추락시킨다는 것을 말이다. 하지만 내가 보기에 그들은 이언의 자동차 때문에 창피한 것이 아니라 그를 두려워했다.

이언의 베이지색 포드 토러스는 회사나 동료들의 기대와 가치관에 대한 무언의 도전이었다. 이 차는 이언이 성공과 지위를 상징하는 값비싼 고급 소유물에 관심이 없음을 보여주었다. 이언은 그저 일밖에 몰랐다. 그는 돈으로 매수할 수 없는 사람이었고, 일에 대한 집중력이 흔들리지 않는 사람이었다. 경쟁자들은 그런 그를 내심 두려워했다.

부모인 우리도 비슷하다. 이 사회에서는 여러 가지 방식으로 우리를 비하한다. 우리를 몸매는 엉망이고 스트레스와 피로에 짓눌린 사람으로 묘사한다. 우리는 "촌스러운 청바지"를 입는 엄마이고 "아재 개그"를 하거나 "아저씨 몸매"를 지닌 아빠다. 부모의 고통을 기술한다고 주장하는 많은 《뉴욕 타임스》 기사에서는 최선을 다해 부모를 우울하고 쓸모없고 딱한 존재로 묘사한다.[8]

아이들을 어떤 세대로 키워야 하는가에 대한 방향과 목표를 제시하는 많은 이들이 우리를 방해물이라 생각한다. 하지만 그들은 아이의 미래에 대한 관심과 걱정에서 부모인 우리를 절대 따라오지 못한다. 그들은 우리 사랑의 깊이를 상상할 수조차 없다.

육아 전문가는 종종 "아이를 가질 결심"이라는 표현을 사용한다. 마치 아이를 갖는 것이 물건을 사는 일처럼 들린다. 자동차를 살 때 선루프나 열선이 장착된 운전대를 옵션으로 선택하는 일처럼 느껴진다. 아이를 낳고 부모가 되는 것은 일상적 선택과는 차원이 다르다. 그것은 하나의 소명이며, 낡은 가죽을 벗고 새로운 가죽을 입어 완전히 다른 삶으로 들어가는 경험이다. 우리는 재미있을 것 같아서 또는 새로운 취미를 만들기 위해 아이를 낳는 것이 아니다. 별달리 할 일이 없어서 네이비 실 Navy SEAL(미 해군 특수부대)에 들어가는 사람은 없다.

당신이 아이를 낳는 것은 의미 있고 충만한 삶을 살려면 아이가 필요하다고 느끼기 때문이다. 부모로서 경험하는 자기희생, 아이를 통해 미래와 연결된 느낌, 세상을 다 가진 듯한 기쁨, 정신이 혼미해질 정도로 크나큰 사랑은 그 어디에서도 돈을 주고도 경험할 수 없다.

부모들은 그것을 안다. 다만 아이를 낳지 않는 사람을 존중하기 위해, 그리고 낳고 싶어도 못 낳는 사람을 배려하기 위해 굳이 말하지 않는다. 하지만 만일 당신이 아이 낳는 것을 인생의 다른 결정과 비슷하다고 생각한다면, 부모가 되고 싶은 결정적 '이유'를 느끼지 못하고 있을 가능성이 크다. 당신이라는 존재 전체가 아이를 원하거나 그렇지 않거나 둘 중 하나다.

하지만 아이를 낳고 싶은 욕구는 마음에 심어줄 수 있는 욕구이며 우리는 그러려고 노력해야 한다. 당신의 자녀에게 이렇게 말하라. "나는 너 자신보다 훨씬 큰 무언가 안에서 네 몫을 하라고 너를 낳았단다. 너는 우리 가족이라는 노끈에서 없어서는 안 될 한 가닥이야. 손상된 가닥이 되지 않으려고 노력해야 해."

사회는 구성원들이 아이를 낳기를 바란다. 아이를 낳으면 꼭 더 훌륭한 사람이 되기 때문이 아니다. 아이를 낳는 것이 세상에 기여하는 유일한 길이기 때문도 아니다(당연히 그렇지 않다). 우리가 사람들이 아이를 낳길 원하는 것은 어떤 사회에서든 부모는 아치 구조물의 꼭대기에 박힌 쐐기돌 같은 역할을 하기 때문이다. 이것은 아치가 무너지지 않게 하는 가장 중요한 돌이다.

많은 사람들이 우리 사회의 미래를 걱정하겠지만, 부모야말로 더 살기 좋은 사회가 되고 더 나은 미래가 다가오길 누구보다 바란다. 자신의 전부를 아이에게 쏟았기 때문이다. 온 마음과 영혼을 쏟아 키운 아이를 세상에 내보냈기 때문이다.

어떤 이들은 우리를 딱한 눈빛으로 쳐다볼지 모른다. 우리 눈 밑의 다크서클을, 임신 때문에 엉덩이에 생긴 튼 살을 말이다. 하지만 그것은 전투가 남긴 영광의 상처다.

수줍음 많은 네 살배기 아들이 첫 피아노 발표회 관객석을 채운 학부모들 앞에서 자기 이름을 또박또박 말했을 때 내가 느낀 뿌듯함과 자랑스러움은 개인적으로 뭔가를 성취했을 때 느낀 기분과는 비교가 되지 않는다. 나는 아이를 낳고 그 조그만 핏덩이의 첫 울음소리를 들은 날만큼 신에게 가까이 다가갔다고 느낀 적이 없다. 아이들이 내게 온 것은 기적 외의 단어로는 표현할 길이 없다. 아이를 품에 안을 때 마음에 사랑이 넘칠 듯이 차올라 다리에 힘이 풀려버릴 것만 같은 기분을 그 어디에서도 느껴본 적이 없다.

아이에게 가장 필요한 것이 무엇인지 우리만큼 잘 안다고, 또는 어이없게도 아이를 진심으로 걱정한다고 주장하는 전문가에게는 조롱과 경멸을 보내는 것이 마땅하다. 전문가들은 치료할 수 있는 것보다 더 빠른 속도로 어린 환자들을 만들어내고 있다. 그들은 청소년의 늘어나는 불안과 우울을 지켜보면서 자신에게 치료받는 것만이 해결책이라고 말한다. 그들 대다수에게서 당장 치료 자격을 박탈해야 한다.

스푼을 없애라. 전자 기기를 치우고, 자녀 주위를 맴도는 것과 감시를, 끊임없는 의심을 멈춰라. 평범한 행동을 질환이라고 진단하는 것을 멈춰라. 아이에게 꼭 필요하다는 확신이 들지 않는 정신과 약을 먹이지 마라. 전문가의 평가에 의지하지 마라. 아이에게 장애가 있는 것처럼 취급하려는 모든 사람을 아이의 삶에서 쫓아내라.

당신에게는 그들이 필요 없다. 필요한 적도 없었다. 당신의 아이는 그들이 없으면 훨씬 더 잘 클 것이 확실하다. 아이를 낳고 키우는 것은 당신이 할 수 있는 가장 가치 있는 일이다. 그들을 건강하고 훌륭하게 키워라. 그걸 할 수 있는 사람은 오직 당신뿐이다.

감사의 글

어떤 관점에서 보면 삶은 트라우마로 가득하다. 하지만 실은 그렇지 않다. 삶은 기적으로 가득하다.

많은 저작권 에이전트가 나를 반기지 않을 때 키스 어번Keith Urbahn은 나를 고객으로 받아주었다. 나는 그와 재블린Javelin 에이전시의 팀원들이 최후에 웃을 수 있도록 늘 최선을 다할 것이다.

센티널Sentinel 출판사의 브리아 샌드퍼드Bria Sandford는 처음부터 이 책에 대한 믿음이 깊었다. 그녀의 통찰력과 조언 덕분에 훨씬 질 높은 원고를 완성할 수 있었다. 그녀의 다정함과 우정은 보너스였다. 에이드리언 잭하임Adrian Zackheim, 그리고 센티널과 펭귄랜덤하우스 직원들은 한결같은 에너지로 나를 도와주었다. 파블로 델컨Pablo Delcan은 마지막 순간에 멋진 표지 디자인을 완성해주었다.

도리트 월드먼Dorit Waldman은 지혜와 유머가 빛나는 예리한 지성의 소유자다. 그녀가 없었다면 엄청난 자료 조사가 필요한 이 책을 쓰지 못했을 것이다.

조너선 로즌Jonathan Rosen은 명석한 독자다. 그는 내가 주제를 더 깊이 파고들고 더 나은 방향으로 개선하도록 늘 채근했다.

배리 와이스Bari Weiss와 넬리 볼스Nellie Bowles는 처음부터 끝까지 함께하며 내게 격려와 지혜, 사랑을 보내주었다.

노아 폴랙Noah Pollak은 기회가 될 때마다 도움을 주었고 교육 수호 학부모회의 자료를 이용할 수 있게 해주었다. 학교 설문 조사 자료와 관련해서는 라이언 스탤리Rhyen Staley에게 크나큰 도움을 받았다.

제시Jesse와 야엘 세이지Yael Sage는 자료 조사를 위해 먼 지역에 간 나를 재워주었다. 샐리 사텔Sally Satel은 값진 조언을 해주고 멋진 동료를 많이 소개해주었다. 마크 거슨Mark Gerson과 리사 로건Lisa Logan, 스테파니 윈Stephanie Winn, 마르코 델 주다이스Marco Del Guidice, 리노어 스커네이지, 소피 멜라메드Sophie Melamed, 모드 매런Maud Maron은 노력을 아끼지 않고 내게 필요한 정보를 찾아주었다.

모셰 리프시츠Moshe Lifschitz는 내가 정신 건강 앱이라는 낯선 세계를 이해하게 도와주었다. 폴 맥휴와 레너드 색스, 래리 딜러Larry Diller, 리타 아이켄스타인, 스텔라 오맬리Stella O'Malley, 제니 브리스토Jennie Bristow, 로버트 폰디시오Robert Pondiscio, 제임스 린지James Lindsay, 맥스 이든Max Eden도 소중한 지혜를 나눠주었다. R. 크리스토퍼 바든R. Christopher Barden과 캔디스 잭슨Candace Jackson, 마크 펜더그라스트는 심리학과 법률 분야의 기술적 문제를 이해하도록 도와주었다. 브라이언 앤더슨Brian Anderson은 늘 내게 큰 힘이 되었다. 조슈아 콜먼은 책

제목에 대한 아이디어를 주었다.

나의 어머니와 아버지, 시부모님은 한없이 너그럽고 언제나 큰 사랑을 베풀어주신다. 그분들께 늘 감사한 마음을 갖고 있다.

나의 세 아이가 매년 여름 캠프로 떠나고 나면 집 안이 적막에 파묻힌다. 나는 조용한 집에 앉아 녀석들이 얼마나 많은 기쁨과 시끌벅적함과 활기를 뿌리고 다니는 존재인지 떠올린다. 세 아이 모두 내가 책을 쓰는 시간을 싫어했다. 그럼에도 R은 그 세대 아이들을 이해할 수 있는 창이 되었고 내게 세상에서 가장 따뜻한 포옹을 해주었다. J는 온갖 이야기와 자기 의견을 들려주었고 예쁜 미소도 선물로 주었다. D는 내게 바싹 달라붙어 최고의 열 살짜리 자료 정리 조수 역할을 했다.

내 진짜 인생은 잭Zach을 만난 날 시작되었다. 그는 초고를 꼼꼼히 읽고 여러모로 더 나은 원고가 되도록 도와주었으며 나를 올바른 방향으로 이끌어주고 웃게 해주었다. 나는 유대인 민담에 나오는, 가족으로 북적이는 좁은 집에 사는 듯한 기분이 들 때가 많다. 그리고 나는 그 이야기와 똑같은 교훈을 얻는다. 가족이 아주 많은 것은 행복한 일이다. 행복하면 그것으로 된 것이다.

주

저자의 말 우리 아이들은 왜 병들어가고 있는가

1 "Suicide Risk Screening Tool," National Institute of Mental Health Toolkit, accessed August 6, 2023, https://www.nimh.nih.gov/sites/default/files/documents/research/research-conducted-at-nimh/asq-toolkit-materials/asq-tool/screening_tool_asq_nimh_toolkit.pdf.

2 "Script for Nursing Staff," National Institute of Mental Health Toolkit: Youth Outpatient, accessed August 6, 2023, https://www.nimh.nih.gov/sites/default/files/documents/research/research-conducted-at-nimh/asq-toolkit-materials/youth-outpatient/nurse_script_outpatient_youth_asq_nimh_toolkit.pdf.

3 미국심리학회에 따르면 2018년 한 해에만 X세대의 26퍼센트가 상담 치료 또는 다른 형태의 정신 건강 치료를 받았다. "Stress in America™: Generation Z," American Psychological Association, October 2018, https://www.apa.org/news/press/releases/stress/2018/stress-gen-z.pdf.

4 다음을 참고하라. Gibson, Lindsay C., *Adult Children of Emotionally Immature Parents: How to Heal from Distant, Rejecting, or Self-Involved Parents* (New Harbinger: Oakland, 2015).

5   "밀레니얼 세대와 Z세대의 불과 55퍼센트만이 아이를 낳을 계획을 세우고 있다. 18~34세 설문 조사 응답자 가운데 4명 중 한 명은 아이를 낳지 않겠다고 답했다. 가장 흔한 이유는 '나 자신을 위한 시간을 갖고 싶어서'였다." India, Freya, "Why Doesn't Gen Z Want Children," *UnHerd*, July 29, 2023, https://unherd.com/thepost/why-doesnt-gen-z-want-children.

6   조너선 하이트와 그레그 루키아노프Greg Lukianoff가 기념비적 저작 『나쁜 교육』에서 이 젊은 세대의 과민성에 대해 처음 논한 이래, 이들의 심리 상태가 두 저자가 설명한 것보다 훨씬 나쁘다는 사실이 분명해졌다. 젊은 세대의 문제는 단순히 '안전주의'에만 있지 않다. 안전주의는 정서적·신체적 안전이 다른 모든 가치를 대체한다는 관점이며, 그들이 피해라고 여기는 것의 범위를 크게 확장한다. 오늘날 젊은 세대는 지적으로나 정서적으로 자신이 동의하지 않는 견해를 가진 사람과 소통할 준비가 되어 있지 않다. 역사상 그 어느 시대보다 많은 젊은이가 정신적 괴로움을 호소하며, 성인의 지표가 되는 주요 지점에 과거 세대의 젊은이보다 훨씬 늦은 나이에 도달하고 있다.

7   다음을 참고하라. Horovitz, Bruce, "Companies Embrace Older Workers as Younger Employees Quit or Become Less Reliable," *Time*, December 20, 2021, https://time.com/6129715/age-inclusive-workplaces; Giddings, Andy, "Companies Refuse to Hire 'Unreliable' Young Workers," BBC News, July 3, 2023, https://bbc.com/news/uk-england-shropshire-66066246.

8   엄마들과의 인터뷰에서 들은 이야기다. 다음을 참고하라. Prince, Kate, "Study Reveals Teens Are Too Scared to Drive," Moms.com, December 13, 2018, https://www.moms.com/teens-scared-to-drive/.

9   "자살 위험성 선별 검사ASQ는 8세 이상 환자의 자살 위험성을 검사하기 위한 것이다." National Institute of Mental Health, accessed September 12, 2023, https://www.nimh.nih.gov/research/research-conducted-at-nimh/asq-toolkit-materials.

1장   부모의 불안을 먹고사는 사람들

1   다시 말해 아동과 치료사 사이에 일어나는 모든 일을 치료로 간주한다.; 다음을 참고하라. The American Academy of Child & Adolescent Psychiatry website, www.aacap.org/AACAP/Families_and_Youth/Facts_for_Families/FFF-Guide/Psychotherapies-Children-And-Adolescents-086.aspx. 정의 전체는 다음과 같다. "심리 치료란 치료자와 아동 또는 가족 사이에 이뤄지는 치료적 대화 및 상호작용을 통한 일종의 정신과적 치료

다. 심리 치료는 아동과 가족이 문제를 이해 및 해결하고 행동을 수정함으로써 긍정적 변화를 이끌어내게 도울 수 있다. 각기 다른 접근법과 기법, 개입을 활용하는 여러 종류의 심리 치료가 존재한다. 때로는 여러 심리 치료 접근법을 함께 사용하면 유용할 수 있다. 일부 경우에는 심리 치료와 약물 복용을 병행하면 더 효과적일 수 있다.

2 미국심리학회의 정의 전체는 다음과 같다. "심리 치료psychotherapy [명사]: 훈련받은 전문가가 제공하는 모든 심리학적 치료 서비스. 주로 여러 형태의 대화 및 상호작용으로 정서 반응과 사고방식, 행동 패턴의 기능장애를 판단하고 진단하며 치료한다. 심리 치료의 대상은 개인이나 커플('커플 치료' 항목 참고), 가족('가족 치료' 항목 참고), 또는 집단 구성원('집단치료' 항목 참고)이다. 심리 치료는 종류가 다양하지만 일반적으로 네 가지 범주로 나뉜다. 정신 역동 치료, 인지 치료 또는 행동 치료, 인본주의 치료, 통합적 치료다. 심리 치료사는 심리적 도구를 이용해 정신적·정서적·행동적 장애를 치료하는 전문 훈련을 받고 치료 활동 허가를 받은 사람이다. 심리 치료 전문가에는 임상심리학자, 정신과 의사, 상담사, 사회복지사, 정신과 간호사 등이 포함된다. 흔히 '치료therapy', '상담 치료talk therapy'라고도 불린다. 형용사는 'psychotherapeutic'." *APA Dictionary of Psychology*, accessed July 28, 2023, https://dictionary.apa.org/psychotherapy.

이것만으로는 당신의 머리가 지끈거리지 않는다면 미국심리학회에서 제시한 '치료사therapist'의 정의도 보라. "정신적, 신체적 장애나 질병을 치료하기 위해 하나 또는 그 이상의 치료법에 대한 훈련을 받고 활동하는 사람."

3 막을 수 있는 의료 실수의 발생률은 충격적으로 높으며 해마다 40만 건의 상해를 일으키는 것으로 추산된다. 다음을 참고하라. James, John T., "A New, Evidence-Based Estimate of Patient Harms Associated with Hospital Care," *Journal of Personal Safety* (September 2013), https://pubmed.ncbi.nlm.nih.gov/23860193.

4 Perlow, David L., "Surgeons Sometimes Operate on the Wrong Body Part. There's an Easy Fix," *Washington Post*, November 19, 2021, www.washingtonpost.com/outlook/surgeons-sometimes-operate-on-the-wrong-body-part-theres-an-easy-fix/2021/11/19/c690ef94-4889-11ec-95dc-5f2a96e00fa3_story.html; 다음을 참고하라. Page, Leigh, "Doctors Doing Wrong-Site Surgery: Why Is It Still Happening," WebMD, September 30, 2021, https://the-hospitalist.org/hospitalist/article/246847/mixed-topics/mds-doing-site-surgery-why-it-still-happening.

5 McHugh, Paul R., and Glenn Treisman, "PTSD: A Problematic Diagnostic Category," *Journal of Anxiety Disorders* 21, no. 2 (2006): 211–22, doi: 10.1016/j.janxdis.2006.09.003.

6 Rose, Suzanna, "Psychological Debriefing for Preventing Post-Traumatic Stress Disorder

(PTSD)," *Cochrane Database of Systematic Reviews* (April 2002), www.nih.gov/pmc/articles/PMC7032695.

7   Lilienfeld, Scott O., "Psychological Treatments That Cause Harm," *Perspectives Psychological Science* (March 2007): 59, https://doi.org/10.1111/j.17456916.2007.00029.x; Rona, Roberto J., et al., "Post-Deployment Screening for Mental Disorders and Tailored Advice about Help-Seeking in the UK Military: a Cluster Randomized Control Trial," *Lancet* 389 (April 8, 2017):1410 - 423, https://doi.org/10.1016/S0140-6736(16)32398-4. 다음을 참고하라. Jonsson, Ulf, et al., "Reporting of Harms in Randomized Controlled Trials of Psychological Interventions for Mental and Behavioral Disorders," *Contemporary Clinical Trials* 38, no. 1 (2014): 1-8, https://doi.org/10.1016/j.cct.2014.02.005; McHugh and Triesman, "PTSD: A Problematic Diagnostic Category."

8   예를 들어 다음을 참고하라. Lilienfeld, "Psychological Treatments That Cause Harm"; Jonsson, "Reporting of Harms in Randomized Controlled Trials"; Bonnell, C., and Jamal Melendez-Torris, "'Dark Logic': Theorizing the Harmful Consequences of Public Health Interventions," *Journal of Epidemiology and Community Health* 69, no. 1 (January 2015): 95 - 98, https://pubmed.ncbi.nlm.nih.gov/25403381.

9   Schermuly-Haupt, Marie-Luise, et al., "Unwanted Events and Side Effects in Cognitive Behavior Therapy," *Cognitive Therapy and Research* 42, no. 3 (2018): 219 - 29, https://doi.org/10.1007/s10608-018-9904-y.

10 Boisvert, Charles M., and David Faust, "Iatrogenic Symptoms in Psychotherapy: Theoretical Exploration of the Potential Impact of Labels, Language and Belief Systems," *American Journal of Psychotherapy* 56 (November 2002): 248, https://doi.org/10.1176/appi.psychotherapy.2002.56.2.244.

11 Schermuly-Haupt et al., "Unwanted Events and Side Effects in Cognitive Behavior Therapy."

12 예를 들어 다음을 참고하라. Boisvert and Faust, "Iatrogenic Symptoms in Psychotherapy."

13 Carlier, Ingrid V. E., et al., "Disaster-Related Post-Traumatic Stress in Police Officers: A Field Study of the Impact of Debriefing," *Stress Medicine* 14, no. 3 (1998):143 - 48, https://doi.org/10.1002/(SICI)1099-1700(199807)14:3〈143::AID-SMI770〉3.0.CO;2-S.

14 Berk, Michael, et al., "The Elephant on the Couch Side-Effects of Psychotherapy," *Australian and New Zealand Journal of Psychiatry* (January 2009): 789, https://doi.

org/10.1080/00048670903107559.

15 Helgeson, Vicki S., et al., "Education and Peer Discussion Group Interventions and Adjustment to Breast Cancer," *Archives of General Psychiatry* 56, no. 4 (1999): 340 – 47, https://jamanetwork.com/journals/jamapsychiatry/article-abstract/1152701.

16 Brody, Jane E., "Often, Beats Therapy for Treating Grief," *New York Times*, January 27, 2004. 또 다음을 참고하라. Neimeyer, R.A., "Searching for the Meaning of Meaning: Grief Therapy the Process of Reconstruction," *Death Studies* 24, no. 6 (September 2000): 541-58, https://doi.org/10.1080/07481180050121480.

17 Bonanno, George A, *The Other Side of Sadness: What the New Science of Bereavement Tells Life After Loss* (New York: Basic Books, 2009). 또 다음을 참고하라. Pinker, Susan, "Exercise Can Be the Best Antidepressant," *Wall Street Journal*, March 23, 2023, www.wsj.com/articles/exercise-can-be-the-best-antidepressant-5101a538?mod=e2tw. ("최신 연구 결과에 따르면 규칙적인 운동을 12주만 해도 약물과 비슷한 수준으로 우울증 증상을 완화할 수 있다.")

18 Boardman, Samantha, "The One Question Therapists Don't Often Ask but Should," *The Dose*, October 10, 2022, https://drsamanthaboardman.bulletin.com/the-one-question-therapists-don-t-often-ask-but-should.

19 Lillienfeld, "Psychological Treatments that Cause Harm"; 또 다음을 참고하라. McNally, R. J., et al., "Does Early Psychological Intervention Promote Recovery from Posttraumatic Stress?," *Psychological Science in the Public Interest* 4, no. 2 (November 2003): 45 – 79, https://doi.org/10.1111/1529-1006.01421.

20 예를 들어 다음을 참고하라. Leichsenring, Falk, et al., "The Efficacy of Psychotherapies and Pharmacotherapies for Mental Disorders in Adults: An Umbrella Review and Meta-Analytic Evaluation of Recent Meta-Analyses," *World Psychiatry* 21, no. 1 (February 2022): 133 – 45, https://doi.org/10.1002/wps.20941.

21 Paulson, Steven K., "Campaign Against DARE Program Launched: Drug Education: Opponents Say Psychological Technique—Letting Children Make Choices—Is Harmful," *Los Angeles Times*, June 14, 1992, www.latimes.com/archives/la-xpm-1992-06-14-me-647-story.html. D. A. R. E. 매뉴얼에 따르면 이 캠페인의 목적은 "10대의 자존감을 높이고 스스로 결정을 내릴 줄 알도록 가르치며 담배와 알코올, 마약에 대한 긍정적 대안을 찾을 수 있게 돕는 것"이다.

22 Paulson, "Campaign Against DARE Program Launched."

23 Werch, C.E., and D. Owen, "Iatrogenic Effects of Alcohol and Drug Prevention Pro-

grams," *Journal of Studies on Alcohol* 63, no. 5 (September 2002): 581–90, https://doi.org/10.15288/jsa.2002.63.581. 예를 들어 다음을 참고하라. Lynam, D. R., et al., "Project DARE: No Effects at 10-Year Follow-Up," *Journal of Consulting and Clinical Psychology* 67, no. 4 (August 1999): 590–93, https://doi.org/10.1037//0022-006x.67.4.590.

24 Lopez, German, "Why Anti-Drug Campaigns Like DARE Fail," Vox, September 1, 2014, www.vox.com/platform/2014/9/1/5998571/why-anti-drug-campaigns-like-dare-fail; Ormel, Johan, et al., "More Treatment but No Less Depression: The Treatment-Prevalence Paradox," *Clinical Psychology Review* 91 (February 2022): 102111, https://pubmed.ncbi.nlm.nih.gov/34959153/; International Communication Association, "Parents Talking about Their Own Drug Use to Children Could Be Detrimental," Science Daily, February 22 2013, www.sciencedaily.com/releases/2013/02/130222083127.htm; 또 다음을 참고하라. Werch and Owen, "Iatrogenic Effects of Alcohol and Drug Prevention Programs."

25 예를 들어 다음을 참고하라. Leichsenring et al., "The Efficacy of Psychotherapies and Pharmacotherapies for Mental Disorders in Adults"; Ormel et al., "More Treatment but No Less Depression"; Berk et al., "The Elephant on the Couch."

26 다음을 참고하라. Dawes, Robyn, *House of Cards: Psychology and Psychotherapy Built on a Myth* (New York: Simon & Schuster, 1994), 42.

27 Watters, Ethan, "The Forgotten Lessons of the Recovered Memory Movement," *New York Times*, September 27, 2022, https://www.nytimes.com/2022/09/27/opinion/recovered-memory-therapy-mental-health.html.

28 Watters, "The Forgotten Lessons of the Recovered Memory Movement."

29 Rayner, Gordon, "Minister Orders Inquiry into 4,000 Per Cent Rise in Children Wanting to Change Sex," *The Telegraph* September 16, 2018, www.telegraph.co.uk/politics/2018/09/16/minister-orders-inquiry-4000-per-cent-rise-children-wanting. 또 다음을 참고하라. Shrier, Abigail, *Irreversible Damage: The Transgender Craze Seducing Our Daughters* (Washington, DC: Regnery, 2020).

30 예를 들어 다음을 참고하라. Szego, Julie, "'Absolutely Devastating': Woman Sues Psychiatrist Over Gender Transition," *The Age*, August 24, 2022, www.theage.com.au/national/absolutely-devastating-woman-sues-psychiatrist-over-gender-transition-20220823-p5bbyr.html; Sanchez, Darlene McCormick, "21-Year Old Sues Doctors and Clinics for more than 1 Million Over Transgender Procedures," *Epoch Times*, July 27, 2023, www.theepochtimes.com/us/21-year-old-sues-doctors-and-clinics-

for-more-than-1-million-over-transgender-procedures-5422986.

31 "Understanding Psychotherapy and How It Works," American Psychological Association, updated March 16, 2022, https://www.apa.org/topics/psychotherapy/understanding.

32 "8.8 Required Reporting of Adverse Events," AMA Code of Medical Ethics, https://code-medical-ethics.ama-assn.org/sites/default/files/2022-09/8.8%20Required%20reporting%20of%20adverse%20events%20background%20reports.pdf.

33 Lilienfeld, "Psychological Treatments That Cause Harm." ("심리 치료 분야에는 약물에 대한 1상 또는 2상 임상 시험을 시행 및 관리하는 미국식품의약국FDA에 상응하는 공식 기관이 없다. 이 두 단계는 대중에 보급하기 전에 새로운 치료법의 안전 문제를 확인하기 위해 필요하다.")

34 Parker et al., "The Elephant on Couch." (Citing Nutt, D.J., and Sharpe M. "Uncritical Positive Regard? Issues Efficacy and Safety of Psychotherapy," *Journal of Psychopharmacology* 22, 2008): 3–6, and noting the "assumption . . . that as psychotherapy talking . . . no possible harm could ensue.")

35 Linden, Michael, Luise Schermuly-Haupt, "Definition, Assessment, and Rate of Psychotherapy Side Effects," *World Psychiatry*, October 13, 2014, 306, www.ncbi.nlm.pmc/articles/PMC4219072.

36 예를 들어 다음을 참고하라. Harris, Gardiner, "Talk Doesn't Pay, So Psychiatry Turns Instead to Drug Therapy," *New York Times*, March 5, 2011, https://www.nytimes.com/health/policy/06doctors.html.

37 다음을 참고하라. Jonsson et al., "Reporting of Harms in Randomized Controlled Trials."

38 Linden and Schermuly-Haupt, "Definition, Assessment, and Rate of Psychotherapy Side Effects." 또 다음을 참고하라. Jonsson et al., "Reporting of Harms in Randomized Controlled Trials."

2장 '치료의 시대'가 불러온 위기

1 모든 아동 및 청소년과 그 부모의 이름은 사생활을 보호하기 위해 가명을 썼다. 학교 교사와 상담 교사의 이름은 대부분 요청에 따라 가명을 사용했으며, 요청이 없는 경우라도 직장 생활에 영향을 받을지 모른다는 걱정 없이 자유롭게 말할 수 있도록 가명을 썼다. 정신과 간호사 이름인 베스도 가명이다. 이름을 밝혀도 좋다고 허락한 교사와 학교

정신 건강 직원의 경우에만 실명을 사용했다.

2   Bethune, Sophie, "Gen Z More Likely to Report Mental Health Concerns," *Monitor on Psychology* 50, no. 1 (January 2019): 20, www.apa.org/monitor/2019/01/gen-z#:~:text=They%20are%20also%20more%20likely,15%20percent%20of%20older%20adults.

3   Bethune, "Gen Z More Likely to Report Mental Health Concerns."

4   Fearnow, Benjamin, "42% of Gen Z Diagnosed with a Mental Health Condition, Survey Reveals," *StudyFinds*, November 7, 2022, https://studyfinds.org/gen-z-mental-health-condition; "New HHS Study in JAMA Pediatrics Shows Significant Increases in Children Diagnosed with Mental Health Conditions from 2016 to 2020," US Department of Health and Human Services, March 14, 2022, www.hhs.gov/about/news/2022/03/14/new-hhs-study-jama-pediatrics-shows-significant-increases-children-diagnosed-mental-health-conditions-2016-2020.html.

5   "Data and Statistics on Children's Mental Health," Centers for Disease Control and Prevention, March 8, 2023, www.cdc.gov/childrensmentalhealth/data.html.

6   Gussone, Felix, "10 Percent of Kids Have ADHD Now," NBC News, August 31, 2018, www.nbcnews.com/health/health-news/10-percent-kids-have-adhd-now-n905576.

7   American Psychiatric Association, *The Diagnostic and Statistical Manual of Mental Disorders*, 5th ed. (American Psychiatric Association: Arlington, VA, and Washington, DC, 2013), 61. ("인구조사에 따르면 대부분의 나라에서 ADHD는 아동의 약 5퍼센트, 성인의 약 2.5퍼센트에서 발생한다.")

8   Osorio, Aubrianna, "Research Update: Children's Anxiety and Depression on the Georgetown University Health Policy Institute Center for Children and Families, March 24, 2022, https://ccf.georgetown.edu/2022/03/24/research-update-childrens-anxiety-and-depression-on-the-rise/#:~:text=By%202020%2C%205.6%20million%20kids,had%20been%20diagnosed%20with%20depression.

9   Georgetown University, "Surge in Students Seeking Accommodations for Mental Health Disorders," *The Feed*, May 13, 2022, https://feed.georgetown.edu/access-affordability/surge-in-students-seeking-accommodations-for-mental-health-disorders.

10 Meister, Alyson, and Maude Lavanchy, "Athletes Are Shifting the Narrative around Mental Health at Work," *Harvard Business Review*, September 24, 2021, https://hbr.org/2021/09/athletes-are-shifting-the-narrative-around-mental-health-at-work.

11 Albertson-Grove, Josie, "Youth More Open about Mental Health, but Barriers Remain," *New Hampshire Union Leader*, June 18, 2022, www.unionleader.com/news/

health/youth-more-open-about-mental-health-but-barriers-remain/article_1d-bc955e-8c5c-574b-9755-a8a117599cba.html.

12 다음을 참고하라. Furedi, Frank, *Paranoid Parenting: Why Ignoring the Experts May Be Best for Your Child* (Chicago: Chicago Review Press, 2002), 62, 87–89.

13 Grose, Jessica, "Honey, I Shrunk the Kids," *Slate*, August 25, 2010, https://slate.com/human-interest/2010/08/are-the-offspring-of-therapists-really-more-screwed-up-than-the-children-of-non-shrinks.html. ("아이의 잘못된 행동을 성격적 결점이 아니라 '감각 통합', '처리' 등의 용어를 사용하여 치료가 필요한 증상의 관점에서 표현하는 일이 훨씬 많아졌다. 공원에서 마주치는 평범한 부모도 정신 질환 진단 및 통계 편람DSM에 나오는 병명을 열거할 수 있으며 적어도 아마추어 아동 치료사처럼 행동한다.")

14 Fletcher, Jenna, "What Is Relocation Depression?," *Medical News Today*, June 1, 2023, www.medicalnewstoday.com/articles/relocation-depression.

15 Gillespie, Claire, "How to Cope with Summer Anxiety in 2022," Very Well Mind, June 27, 2022, www.verywellmind.com/how-to-cope-with-summer-anxiety-5443019.

16 Tanner, Jeremy, "AAP Issues New Guidance For Head Lice in Schools," *The Hill*, September 29, 2022, https://thehill.com/homenews/nexstar_media_wire/3667343-aap-issues-new-guidance-for-head-lice-in-schools.

17 Kohli, Sahaj Kaur (@Sahajkohli), "최근 한 독자가 오래된 친구와 동료가 자신의 이름을 잘못 발음하는데 어떻게 해야 하느냐고 물었다. 이름 발음의 중요성에 둔감한 사람이 많다는 사실이 별로 놀랍지는 않다. 하지만 사람들은 이름을 틀리게 발음하는 일이 누군가의 정신에 얼마나 해로운 영향을 끼치는지 잘 모른다. 모든 미묘한 차별과 마찬가지로 그것은 그의 자존감에 타격을 줄 수 있다. 가치 없는 사람이 된 기분을 느끼거나 자신의 정체성 일부를 타협해야 한다고 느낄 수 있다." Twitter, September 29, 2022, https://twitter.com/sahajkohli/status/1575604715475173376.

18 Saul, Stephanie. "At N.Y.U., Students Were Failing Organic Chemistry. Who Was to Blame?," *New York Times*, October 3, 2022, www.nytimes.com/2022/10/03/us/nyu-chemistry-petition.html#:~:text=But%20last%20spring%2C%20the,The%20professor%20defended%20his%20standards.

19 에바 모스코위츠Eva Moskowitz는 이 내용을 다음의 뛰어난 저서에서 자세히 다루었다. *In Therapy We Trust: America's Obsession with Self-Fulfillment* (Baltimore: Johns Hopkins University Press, 2001).

20 1946년 미 의회는 정신 건강법National Mental Health Act을 통과시켰다.

21 Moskowitz, *In Therapy We Trust*, 151. 권태에 빠진 1950년대 주부에게는 '열등감'과

우울, 외로움의 치료가 필요했다. 불안한 1960년대 히피는 '대안적 의식'을 추구했고, 1970년대에는 '자아 실현' 시대가 시작되었다. 번영기를 맞은 미국 국민의 가처분소득이 늘어날수록 심리 치료에 대한 욕구도 더 강해지는 듯했다.

22   1946년 미 의회는 정신 건강법을 통과시켰고, 1946~1960년에 미국심리학회 회원 수가 4,173명에서 1만 8,215명으로 늘어났다. Moskowitz, *In Therapy We Trust*, 154.

23   Furedi, Frank, *Therapy Culture: Cultivating Vulnerability in an Uncertain Age* (New York: Routledge, 2004), 10. 24. Statista Research Department, "Total U.S. Expenditure for Mental Health Services 1986 – 2020," 2023, Statista, www.statista.com/statistics/252393/total-us-expenditure-for-mental-health-services.

25   Ormel, Johan, et al., "More Treatment but No Less Depression: The Treatment-Prevalence Paradox," *Clinical Psychology Review* 91 (February 2022) 102111, https://pubmed.ncbi.nlm.nih.gov/34959153.

26   Ormel et al., "More Treatment but No Less Depression."

27   예를 들어 다음을 참고하라. Ormel, Johan, and Michael VonKorff, "Reducing Common Mental Disorder Prevalence in Populations," *JAMA Psychiatry* 78 no. 4 (April 2021): 359 – 60, https://pubmed.ncbi.nlm.nih.gov/33112374.

28   논문 저자들이 '평생 유병률lifetime prevalence'이 아니라 '시점 유병률'을 관찰했다는 사실에 주목해야 한다. 만일 어떤 사람이 20년 전에 우울 삽화를 경험했다면 이는 평생 유병률에 반영되지만, 지난 20년간 이뤄진 정신의학 발전이 우울증 발생률에 영향을 미쳤는지 여부에 대한 정확한 지표는 제공하지 못한다.

29   10여 년 전 수상 경력이 있는 과학 작가 로버트 휘태커Robert Whitaker도 이 수수께끼를 지적했다. 다음을 참고하라. Whitaker, *Anatomy of an Epidemic: Magic Bullets, Psychiatric Drugs, and the Astonishing Rise of Mental Illness in America* (New York: Crown, 2010), 5. (그는 정신 질환 치료법의 놀라운 발전을 감안할 때 "우리는 미국의 정신 질환자 수가 지난 50년 동안 감소했을 것이라고 예상해야 한다"라고 썼다. "또 우리는 1988년 항우울제 프로작Prozac이 출시되고 다른 여러 2세대 정신과 약물이 나온 이후로 정신 질환자 수가 감소했을 것이라고 예상해야 한다. 이와 같은 두 단계에 걸친 감소를 목격해야 마땅하다.")
그런 예상은 전혀 실현되지 못했다. "대신 정신약리학의 혁명이 일어나는 동안 미국의 정신 질환자 수는 '급격히 증가'했다. 무엇보다 걱정스러운 점은 이 현대의 전염병이 이제 아이들에게까지 퍼지고 있다는 사실이다."

30   《뉴요커》는 "1950~1988년에 자살한 15~19세 청소년의 비율이 4배 증가했다"고 보도했다. Andrew Solomon, "The Mystifying Rise of Child Suicide," *The New Yorker*, April 4, 2022, www.newyorker.com/magazine/2022/04/11/the-mystifying-rise-of-child-

suicide.

31 Whitaker, *Anatomy of an Epidemic*, 8.

32 Whitaker, *Anatomy of an Epidemic*, 8.

33 Vermeulen, Karla, *Generation Disaster: Coming of Age Post-9/11* (Oxford, UK: Oxford University Press, 2021), 4 – 5.

34 베르묄렌은『재난 세대』에서 최근의 역사를 구석구석 살피며 과거와 달리 오늘날 특히 젊은이들을 괴롭히는 여덟 가지 병원균을 찾아낸다. 여기에는 기후변화(가장 큰 주범이다)를 비롯해 학교 총기 난사 사건, 경기 침체, 도널드 트럼프의 대통령 취임, 소셜 미디어의 뉴스 왜곡(하지만 흥미롭게도 소셜 미디어 자체를 꼽지는 않는다) 등이 포함된다.

경기 침체와 주가 폭락은 역사 속에서 늘 일어났으며 주기적으로 심각한 정도로 발생했다. 『재난 세대』재판을 찍을 때 내용을 수정해 체면이라도 세우라고 베르묄렌에게 《월스트리트 저널》구독권과 대공황 당시의 사회상을 묘사한『분노의 포도』를 사주고 싶을 지경이다. 대공황 이후로도 미국은 열세 번의 경기 침체를 겪었다.

진 트웬지의 설명에 따르면 학교 총기 난사는 1990년대에 시작됐다. 최근 들어 늘기는 했지만, 많은 청소년과 그들을 치료하는 전문가를 인터뷰한 결과 어느 누구도 학교 총기 난사를 아이들이 정신적 괴로움을 일상적으로 겪는 주요 원인으로 꼽지 않았다(오히려 총기 난사는 어른들의 정신을 가장 괴롭히는 듯하다. 아이들에게 가상의 침입자가 자신을 살해할지 모를 상황에서 책상 밑으로 숨으라고 가르치는 '비상 대피 훈련'이라는 현실성 없는 해결책을 생각해냈으니 말이다). 어린이 유괴에 대한 극심한 공포가 널리 퍼지고 사탄교의 성적 학대 사건이 세상을 떠들썩하게 한 1980년대에 성장기를 보낸 이들이라면 무서운 뉴스가 아이들의 정신 건강을 망가뜨린다는 사실에 동의하기 힘들 것이다.

도널드 트럼프가 청소년의 정신 건강 위기를 초래했다는 견해에 대한 내 생각은 이렇다. 최근 청소년 우울 및 불안의 급격한 증가는 오바마 시대에 시작됐고 현재는 트럼프 임기 이후 최고치를 경신하고 있으므로 그 견해는 신빙성이 떨어진다.

35 디지털 기기를 통한 연결이 정신적 이로움을 준다고 생각하는 사람은 관련 연구 결과를 모르는 것이다. 외로움은 온라인 세상이라는 모조품으로 해결할 수 없다. 같이 있기 싫은 사람들(예를 들어 부모님)과 함께 시간을 보낸다 해도 그것이 친구들과 온라인 대화를 하는 것보다 10대의 외로움을 더 효과적으로 없애준다. 줌으로 친구의 얼굴을 보며 대화해도 외로움이 더 심해질 수 있다.

36 Ortiz, Camilo, and Stephanie De Leo, "Children Are Lonelier Than Ever. Can Anything Be Done?," *Quillette*, August 16, 2021. 이 기사는 트웬지의 연구 결과를 소개하면서 "스마트폰 사용도의 표준편차가 1 증가할 때마다 외로움의 표준편차가 약 0.3 증가했다. 인터넷 사용의 경우 외로움의 표준편차가 0.4 증가했다"라고 기술했다. www.npr.

org/2017/12/17/571443683/the-call-in-teens-and-depression, 여기서도 진 트웬지의 논문에 대해 보도했다. 또 다음을 참고하라. Haidt, Jonathan, "The Dangerous Experiment on Teen Girls," *The Atlantic*, November 21, 2021, www.theatlantic.com/ideas/archive/2021/11/facebooks-dangerous-experiment-teen-girls/620767; Twenge, Jean M., et al., "Worldwide Increases in Adolescent Loneliness," *Journal of Adolescence* 93 (2021): 257 – 69, https://doi.org/10.1016/j.adolescence.2021.06.00. 트웬지는 인터뷰에서 말했다. "이와 같은 추세는 경제적 요인의 변화와 일치하지 않았다. 이 추세는 2012년쯤부터 시작됐고 당시 미국 경제는 호전되기 시작했기 때문이다. 2012~2019년에 우울증과 자해, 자살이 크게 증가했다. 이 시기에 실업률은 떨어졌고 주식시장은 상승했다. 경제적으로 상황이 좋아지고 있었다. 실업률이 높아질 때 우울증이 증가할 것 같지만 실제로는 반대다. 우울증 증가가 경제적 요인 때문이 아닌 것이 분명해 보인다."

트웬지는 다른 여러 대안적 설명을 하나씩 꼽으며 그 역시 우울증 증가의 원인에서 배제했다. "사람들은 종종 '그렇다면 소득 불평등은?' 하고 묻는다. 하지만 소득 불평등이 가장 크게 증가한 시기는 2012~2019년이 아니라 1980~2000년이었다. 2012년경 시작돼 2019년까지 같은 방향으로 진행된 사건을 생각해내기 어렵다. 학교 총기 난사도 이 시기의 정신 건강 악화를 설명하지 못한다. 학교 총기 난사 사건은 1990년대에 시작됐기 때문이다." 다음을 참고하라. Twenge, *iGen: Why Today's Super-Connected Kids Are Growing Up Less Rebellious, More Tolerant, Less Happy—Completely Unprepared for Adulthood* (New York: Atria Books, 2018), 77-78.

37   나는 전작에서 10대 여학생의 정신 건강 상태를 근거로 자녀에게 스마트폰을 주지 말라고 부모들에게 촉구했다. Shrier, *Irreversible Damage*, 212.

38   Haidt, Jonathan, and Jean M. Twenge, "This Is Our Chance to Pull Teenagers Out of the Smartphone Trap," *New York Times*, July 31, 2021, www.nytimes.com/2021/07/31/opinion/smartphone-iphone-social-media-isolation.html.

39   Curtin, Melanie, "Bill Gates Says This Is the 'Safest' Age to Give a Child a Smartphone," *Inc*, May 10, 2017, www.inc.com/melanie-curtin/bill-gates-says-this-is-the-safest-age-to-child-a-smartphone.htm.

40   예를 들어 다음을 참고하라. Marshall, JoJo, "When Should You Come Between a Teenager and Their Phone? and Cons of Every Parent's Nuclear Option," *Child Mind Institute*, 10, 2023, https://childmind.org/article/when-should-you-come-between-a-teenager-and-her-phone. 또 다음을 참고하라. Dennis-Tiwary, Tracy, "Taking Away the Won't Solve Our Teenagers' Problems," *New York Times*, July 14, 2018, nytimes.com/2018/07/14/opinion/sunday/smartphone-addiction-teenagers-stress.html.

41 Kreski, Noah, et al., "Social Media Use and Depressive Symptoms Among United States Adolescents," *Journal of Adolescent Health* 68, no. 3 (March 2021): 572‑79, https://doi.org/10.1016/j.jadohealth.2020.07.006. (저자들은 이런 결론을 내린다. "미국 청소년에게 소셜 미디어의 일상적 사용은 우울증 증상에 기여하는 강력한 또는 일관된 위험 요인이 아니다.")

42 청소년 정신 건강 악화에 스마트폰 사용이 미치는 영향에 대한 체계적 검토 작업이 다양한 결론을 제시했으며, 일부는 스마트폰이 행복에 미치는 영향이 평균적으로 "부정적이지만 매우 미미하다"는 결론을 제시한다. Orben, Amy, "Teenagers, Screens and Social Media: A Narrative Review of Reviews and Key Studies," *Social Psychiatry and Psychiatric Epidemiology* 55, no. 4 (April 2020): 407‑14, https://doi.org/10.1007/s00127-019-01825-4. See also Odgers, C.L., "Annual Research Review. Adolescent Mental Health in the Digital Age: Facts, Fears, and Future Directions," *Journal of Child Psychology and Psychiatry* 61, no. 3 (March 2020): 336‑84, https://doi.org/10.1111/jcpp.13190.

43 Gray, Peter, et al., "Decline in Independent Activity as a Cause of Decline in Children's Mental Well-Being: Summary of the Evidence," *The Journal of Pediatrics* 260 (September 2023): 113352, https://doi.org/10.1016/j.jpeds.2023.02.004.

44 나는 2020년에 미국정신의학회나 미국심리학회, 미국상담교사협회, 또는 전국학교심리학자협회에서 공개적인 반대나 경고를 표현했다는 기록을 찾지 못했다.

45 "Testimony Submitted June 10, 2020 by Arthur C. Evans, Jr., PhD, Chief Executive Officer and Executive Vice President of the American Psychological Association to the United States House of Representatives Committee on the Judiciary," American Psychological Association Services. June 10, 2020, www.apa.org/news/press/releases/police-oversight-testimony.pdf. 여기서 미국심리학회는 비유를 쓰며 특별한 만족감을 느꼈는지도 모르겠다. '인종차별 팬데믹'이라는 말을 달리 어떻게 이해해야 한단 말인가? 이 단체는 생물학의 언어를 택함으로써, 대개 의학적 주장에 동반되는 책임감과 증거도 없이 자연과학의 신뢰성을 부당하게 이용하고 있다.

46 Brief for the American Psychological Association as Amicus Curiae, *Students for Fair Admissions v. Harvard*, 600 U.S. (2023), 14-15.

47 "Psychology Stands Ready to Help Society Respond to Climate Change, APA President Says," American Psychological Association, March 1, 2022 www.apa.org/news/press/releases/2022/03/climate-change-response.

48 하지만 그들은 정책 입안자에게 행동심리학 기반의 '넛지' 기법으로 국민이 코로나19 백신을 맞도록 유도하라고 권고하는 신문 칼럼을 쓸 시간은 있었다. 예를 들어 백신을

맞은 아이만 다시 학교에 등교할 수 있게 하는 주州 법을 통과시키자고 주장했다. Evans, Arthur C., Jr., "For a COVID-19 Vaccine to Succeed, Look to Behavioral Research," The Hill, August 17, 2020, https://thehill.com/opinion/healthcare/512316-for-a-covid-19-vaccine-to-succeed-look-to-behavioral-research.

49   Aslanian, Sasha, and Alisa Roth, "Under Pressure: Inside the College Mental Crisis," American Public Media Reports, August 19, 2021, www.apmreports.org/episode/2021/08/19/under-pressure-the-college-mental-health-crisis. 대학 관계자들은 지난 10년간 교내 정신 건강 서비스가 크게 증가했음에도 수요를 따라가지 못한다고 말한다. 리치먼드대학교에서는 최근 15년간 입학자 수가 비슷하게 유지되었지만 같은 기간 동안 상담 서비스를 원하는 학생 수는 2배로 늘었다. 한 연구에 따르면 2009~2014년에 미국 대학생의 상담 예약 건수 증가율은 신입생 증가율의 6배였다. 다음을 참고하라. Lipson, Sarah Ketchen, et al., "Increased Rates of Mental Health Service Utilization by U.S. College Students: 10-Year Population-Level Trends (2007 – 2017)," *Psychiatric Services* (Washington, D.C.) 70, no. 1 (January 2019): 60 – 63, www.ncbi.nlm.nih.gov/pmc/articles/PMC6408297.

50   *Social Dilemma*, directed by Jeff Orlowski, monologue by Jonathan Haidt, Exposure Labs, 2020.

51   자살 아동 수는 지난 10년간 2배가 되었다. 《더 선》에 보도된 질병통제예방센터CDC 차트를 참고하라. Allen, Felix, "Dying For Likes: Dark Truth of Social Media as US Pre-Teen Girl Suicides Soar 150% and Self-Harm TRIPLES, Netflix's *Social Dilemma* Reveals," *The Sun*, September 17, 2020, www.the-sun.com/news/1487147/social-media-suicides-self-harm-netflix-social-dilemma. 사실 오늘날 청소년은 관련 연구가 시작된 1950년 이후 그 어떤 세대보다 자살 및 우울증 비율이 높으며, 데이터 수집이 시작된 1960년 이후 그 어떤 세대보다 비관주의를 지닌 비율이 훨씬 높다. 2005년에서 코로나19 봉쇄가 시작되기 3년 전인 2017년 사이에 우울증 환자 수가 12~17세 집단에서는 52퍼센트, 18~25세 집단에서는 63퍼센트 증가했다. 이는 원래 내가 《월스트리트 저널》에 실은 내용이다. Shrier, Abigailm "To Be Young and Pessimistic in America," *Wall Street Journal*, May, 14, 2021, https://www.wsj.com/articles/to-be-young-and-pessimistic-in-america-11621019488. 또 다음을 참고하라. Solomon, Andrew, "The Mystifying Rise of Child Suicide," *The New Yorker*, April 4, 2020, www.newyorker.com/magazine/2022/04/11/the-mystifying-rise-of-child-suicide. 물론 코로나19 봉쇄는 이 추세를 악화시켰다. 2020년 18~24세 젊은이 중 약 25퍼센트가 최근 한 달 사이에 자살을 심각하게 고려했다고 말했으며 대학생 약 40퍼센트가 우울감을 겪었다고 답했다. 다

음을 참고하라. Zhou, Sasha, et al., The Healthy Minds Study, Fall 2020 Data Report," https://healthymindsnetwork.org/wp-content/uploads/2021/02/HMS-Fall-2020-National-Data-Report.pdf.

52   Foer, Franklinm "Greta Thunberg Is Right to Panic," *The Atlantic*, September 20, 2019, www.theatlantic.com/ideas/archive/2019/09/greta-thunbergs-despair-is-entirely-warranted/598492.

53   또 다음을 참고하라. Lomborg Bjorn, "Climate Change Hasn't Set the World on Fire," *Wall Street Journal*, July 31, 2023, www.wsj.com/articles/climate-change-hasnt-set-the-world-on-fire-global-warming-burn-record-low-713ad3a6. 산불의 경우 "완전한 데이터가 존재하는 가장 최근 해인 2022년에 세계적으로 산불로 소실된 지역은 사상 최저인 2.2퍼센트였다."

54   Foer, "Greta Thunberg Is Right to Panic."

55   Gimbrone, Catherine, et al., "The Politics of Depression: Diverging Trends in Internalizing Symptoms among US Adolescents by Political Beliefs," *SSM-Mental Health* 2 (December 2022), https://www.sciencedirect.com/science/article/pii/S2666560321000438. 좌파 성향의 블룸버그 칼럼니스트 매슈 이글레시아스Matthew Yglesias는 이런 의견을 밝혔다. "나는 지난 세대의 진보 리더들이 비관주의를 정치적 열정의 신호처럼 추켜세우는 제도적 문화를 만든 한편, 젊은이들에게 주관적 피해에 대한 주장을 무기로 사용하도록 가르친 것에 대해 비난을 받아야 마땅하다고 생각한다."

56   Ackerman, Courtney, "What Is Unconditional Positive Regard in Psychology?," *Positive-Pscyhology*, May 22, 2018, https://positivepsychology.com/unconditional-positive-regard.

57   두 경우 모두 의료정보보호법HIPAA 위반 가능성을 발생시킨다. 의료 개인정보법 관점에서 볼 때 대학생은 '미성년자'가 아니기 때문이다.

58   예를 들어 다음을 참고하라. Finley, Allysia, "Climate Change Obsession Is a Real Mental Disorder," *Wall Street Journal*, July 31, 2023. 이 기사에 인용된 연구는 10개국 16~25세 젊은이의 45퍼센트가 "기후변화가 너무 걱정돼서 일상생활을 하기 힘들다"고 주장한다는 사실을 보여준다. 이 데이터의 비율을 잠깐만 생각해봐도 지나친 과장이 이뤄지고 있음을 알 수 있다.

59   다음을 참고하라. Webster, Jamieson, "Teenagers Are Telling Us That Something Is Wrong with America," *New York Times*, October 11, 2022, www.nytimes.com/2022/10/11/opinion/teenagers-mental-health-america.html.

60   그들이 핵전쟁 발발 가능성 때문에 두려움과 불안을 느낀 것은 분명하다. 악몽을 꾸는

일도 흔했다. 다음을 참고하라. Buck, Stephanie, "Fear of Nuclear Annihilation Scarred Children Growing Up in the Cold War, Studies Later Showed," *Medium*, August 29, 2017, https://timeline.com/nuclear-war-child-psychology-d1ff491b5fe0. 또 다음을 참고하라. Kiraly, S. J., "Psychological Effects of the Threat of Nuclear War," *Canadian Family Physician* 32 (January 1986): 170-74, www.ncbi.nlm.nih.gov/pmc/articles/PMC2327576.

61 다음을 참고하라. Carey, Adam, "'Generational Rupture': Anxiety and COVID Disruption Supercharge School Refusal Rates," *The Age*, February 2, 2023, www.theage.com.au/national/victoria/generational-rupture-anxiety-and-covid-disruption-supercharge-school-refusal-rates-20230201-p5chlu.html.

62 Soh, Debra, "What's Driving Gen Z's Aversion to Sex?," *Newsweek*, October 12, 2021, https://www.newsweek.com/whats-driving-gen-zs-aversion-sex-opinion-1638228.

63 Julian, Kate, "Why Are Young People Having So Little Sex?," *The Atlantic*, December 2018, www.theatlantic.com/magazine/archive/2018/12/the-sex-recession/573949.

64 Lasch, Christopher, *The Culture of Narcissism: American Life in an Age of Diminishing Expectations* (New York: W. W. Norton, 1979), 273.

65 Lasch, *Culture of Narcissism*, 273.

66 Pappas, Stephanie, "The Rise of Psychologists: Psychological Expertise Is in Demand Everywhere," *Monitor on Psychology* 53, no. 1 (January 2022): 44, www.apa.org/monitor/2022/01/special-rise-psychologists.

67 DeAngelis, Tori, "Mental Health, Meet Venture Capital," *Monitor on Psychology* 53, no. 1 (January 2022): 56, www.apa.org/monitor/2022/01/special-venture-capital.

68 내가 입수한 기밀 투자 프레젠테이션 자료에서 사용한 표현이다.

3장   우리를 속이는 열 가지 말

1 예를 들어 다음을 참고하라. Weiss, Bahr, et al., "A 2-Year Follow Up of the Effectiveness of Traditional Child Psychotherapy," *Journal of Consulting and Clinical Psychology* 68 no. 6 (December 2000): 1094-1101, https://doi.org/10.1037//0022-006x.68.6.1094 (2000); Weersing, V. Robin, "Evidence Base Update of Psychosocial Treatments for Child and Adolescent Depression," *Journal of Clinical Child and Adolescent Psychology* 46, no. 1 (2017): 11-43, https://doi.org/10.1080/15374416.2016.1220310; Evans, Ste-

ven W., et al., "Evidence-Based Psychosocial Treatments for Children and Adolescents with Attention Deficit/Hyperactivity Disorder," *Journal of Clinical Child & Adolescent Psychology* 43, no. 4 (2014): 527-51, https://doi.org/10.1080/15374416.2013.850700.

2   '감정의 횡포'라는 표현과 관련해 행동 및 발달 전문 소아과 의사 로렌스 딜러Lawrence Diller에게 빚을 졌다.

3   Shi, Rui, et al., "Individual Difference in Goal Motives and Goal Content: The Role of Action and State Orientation," *Journal of Pacific Rim Psychology* 12 (2018): 20, www.cambridge.org/core/services/aop-cambridge-core/content/view/AB5F6366258C-5C3348FF4DE46984141F/S1834490918000089a.pdf/div-class-title-individual-difference-in-goal-motives-and-goal-content-the-role-of-action-and-state-orientation-div.pdf.

4   다음을 참고하라. Pedersen, Helene, et al., "Metacognitions and Brooding Predict Depressive Symptoms in a Community Adolescent Sample," *BMC Psychiatry* 22 (2022): 157, https://doi.org/10.1186/s12888-022-03779-5.

5   이것이 인지행동치료CBT에서 우울증에 접근하는 방식이다. 환자가 자신의 부정적 생각이 잘못됐다고 여기도록 일깨우고 반추를 멈추도록 유도하는 것이다. 그런 면에서 CBT는 일종의 반反치료 치료법이다. CBT 전문가의 접근법은 이렇다. "당신의 기억을 끝없이 뒤적거리지 마십시오. 감정의 맥박을 끊임없이 재지 마십시오. 공포증, 강박, 불면증 등 일상생활을 방해하는 특정한 문제가 있다면 찾아오세요. 정해진 상담 횟수 내에 당신이 비생산적 사고 패턴을 '멈추고' 삶을 되찾게 도와줄 수 있습니다."

6   우리는 자녀가 인생 최고의 날을 보내는 모습을 보고 싶은 마음이 너무 간절해서 인위적으로 만들기도 한다. 자녀의 성인식 파티에 분위기를 띄워줄 전문 댄서를 부르는 것이 대표적 예다. 우리는 아이들이 스스로 즐겁게 놀 수 있다고 믿지 못한다. 그래서 돈을 주고 전문 댄서를 고용해 아이들에게 그들이 즐거운 시간을 보내고 있다고 확신시킨다.

7   Mauss, Iris B., et al., "Can Seeking Happiness Make People Unhappy? Paradoxical Effects of Valuing Happiness," *Emotion* 11, no. 4 (August 2011): 807-15, https://pubmed.ncbi.nlm.nih.gov/21517168. 또 다음을 참고하라. Lauren Sharkey, "The Surprising Link between Depression and the Pursuit of Happiness," Medical News Today, January 16, 2020, www.medicalnewstoday.com/articles/327493.

8   Julian, Kate, "Childhood in an Anxious Age and the Crisis of Modern Parenting," *The Atlantic*, May 2020, 32.

9   Julian, Kate, "Childhood in an Anxious Age and the Crisis of Modern Parenting," *The*

Atlantic, May 2020, 32.

10   "전국인지행동치료사협회National Association of Cognitive-Behavioral Therapists, NACBT가 설립된 것은 실제로 상담 및 치료 방식이 CBT에 해당하지 않음에도 자신을 '인지행동 치료사'라고 부르는 정신 건강 전문가들이 늘어났기 때문이다." National Association of Cognitive-Behavioral Therapists, accessed August 1, 2023, www.nacbt.org. 또 다음을 참고하라. Brown, Harriet, "Looking for Evidence That Therapy Works," *New York Times*, March 25, 2013, https://archive.nytimes.com/well.blogs.nytimes.com/2013/03/25/looking-for-evidence-that-therapy-works.

(이 기사에는 다음과 같은 내용이 실렸다. "2005년 공개된, 심리학자 200명을 대상으로 한 설문 조사 결과에 따르면 노출 요법의 효과를 입증하는 근거가 존재함에도 불과 17퍼센트만이 PTSD 환자에게 노출 요법(일종의 CBT)을 사용했다. CBT는 지시적 접근을 활용하는 구조화된 심리 치료법으로, 환자의 감정 뒤에 있는 생각에 초점을 맞추며 종종 노출 요법과 다른 활동을 포함한다. 많은 환자에게 CBT 대신 이 방법 조금, 저 방법 조금 하는 식으로 일종의 '땜섬 접근법'이 시행되고 있다. 대부분 그 방법들은 최근 연구 결과가 아니라 치료사의 편향과 그가 받은 교육에 따라 정해진다. 효과가 검증된 치료법을 쓴다고 주장하는 전문가도 실제로 그런 경우는 드물다.")

11   Julian, "Childhood in an Anxious Age and the Crisis of Modern Parenting."

12   Ravella, Shilpa, "Rethinking the Origins of Inflammatory Diseases," *Wall Street Journal*, October 8-9, 2022, C17.

13   Cleary, Belinda, "'I Had to Pick Off The Burger Bun's Sesame Seeds': Parents Share the Desperate Lengths They've Gone to in Order for Their Kids to Eat," *Daily Mail*, May 17, 2021, www.dailymail.co.uk/femail/article-9589673/Parents-share-hilarious-lengths-theyve-gone-kids-eat.html.

14   Gray, Peter, "Risky Play: Why Children Love It and Need It," *Psychology Today*, April 7, 2014, www.psychologytoday.com/us/blog/freedom-learn/201404/risky-play-why-children-love-it-and-need-it. 또 다음을 참고하라. Caron, Christina, "Risky Play Encourages Resilience," *New York Times*, July 21, 2020, www.nytimes.com/2020/07/21/parenting/risky-p lay.html.

15   다음을 참고하라. Rosenhan, David, "On Being Sane in Insane Places," *Science* 179, no. 4070 (January 1973): 250 - 5 8, https://d oi.org/10.1126/science.179.4070.250.

16   한 연구 팀이 지적했듯이 누군가를 특정한 병명으로 진단하면 "그 사람의 자아 인식을 바꿀 수 있다. 진단명을 들은 뒤에는 자신이 하는 대부분의 또는 모든 경험을 그 진단명에 함축된 '질병 프로세스'의 비정상성이 드러난 결과물로 해석하기 때문이다." Boisvert, Charles M., and David Faust, "Iatrogenic Symptoms in Psychotherapy: A The-

oretical Explanation of the Potential Impact of Labels, Language, and Belief Systems," *American Journal of Psychotherapy* 56, no. 2 (2002): 244-59, https://doi.org/10.1176/appi.psychotherapy.2002.56.2.244.

17 『프로작 네이션』은 Z세대가 태어나기 전에 베스트셀러였다.

18 Sulkin, Maya, "America's Love Affair with Adderall," *The Free Press*, June 14, 2023, www.thefp.com/p/america-addicted-to-adderall-shortage.

19 Hetrick, Sarah, et al., "New Generation Antidepressants for Depression in Children and Adolescents: A Network Meta-Analysis," *Cochrane Library*, May 24, 2021, www.cochranelibrary.com/cdsr/doi/10.1002/14651858.CD013674.pub2/full. ("전반적으로 무작위 배정 임상 시험의 방법론적 단점 때문에 새로운 항우울제의 효능 및 안전성과 관련해 시험 결과를 해석하기가 어렵다.")

20 Hetrick, Sarah, et al., "Best Evidence Suggests Antidepressants Aren't Very Effective in Kids and Teens. What Can Be Done Instead?," *The Conversation*, May 24, 2021, https://theconversation.com/best-evidence-suggests-antidepressants-arent-very-effective-in-kids-and-teens-what-can-be-done-instead-160758. 또 다음을 참고하라. Cheung, Amy H., et al., "The Use of Antidepressants to Treat Depression in Children and Adolescents," *Canadian Medical Association Journal* 174, no. 2 (January 2006): 193-200, www.cmaj.ca/content/174/2/193.full; Garland, Jane E., "Facing the Evidence: Antidepressant Treatment in Children and Adolescents," *Canadian Medical Association Journal* 170, no. 4 (February 2004): 489-91, www.ncbi.nlm.nih.gov/pmc/articles/PMG332716; Ioannidis, John P.A., "Effectiveness of Antidepressants: An Evidence Myth Constructed from a Thousand Randomized Trials?," *Philosophy*, Ethics, and Humanities in Medicine 3 (2008): 14, www.ncbi.nlm.nih.gov/pmc/articles/PMC2412901.

21 노바티스 웹사이트의 리탈린 처방 정보. www.novartis.com/us-en/sites/novartis_us/files/ritalin_ritalin-sr.pdf.

22 Gabriel, Matthew, "Antidepression Discontinuation Syndrome," *Canadian Medical Association Journal* 189, no. 21 (May 2017): E747, www.ncbi.nlm.nih.gov/pmc/articles/PMC5449237.

23 Food and Drug Administration, "Suicidality in Children and Adolescents Being Treated with Antidepressant Medications," FDA Archive, February 5, 2018, www.fda.gov/drugs/postmarket-drug-safety-information-patients-and-providers/suicidality-children-and-adolescents-being-treated-antidepressant-medications. 이런 이야기를 들어 본 적이 있을지 모른다. 일부 환자는 항우울제 복용 후 자살 충동을 느끼는데, 이는 약

물로 인해 자살을 실행에 옮길 의욕이 생겼다는 이야기 말이다. 적어도 한 소아과 의사는 그렇게 말했다. 하지만 그것을 뒷받침할 증거가 없다. 우리는 항우울제가 일부 환자의 자살 위험을 높이는 이유를 알지 못한다. 다음을 참고하라. Reeves, Roy R., "Antidepressant-Induced Suicidality: An Update," *CNS Neuroscience & Therapeutics* 6, no. 4 (August 2010): 227-34, www.ncbi.nlm.nih.gov/pmc/articles/PMC6493906; Oberlander, Tim F., and Anton Miller, "Antidepressant Use in Children and Adolescents: Practice Touch Points to Guide Pediatricians," *Paediatrics & Child Health* 16, no. 9 (November 2011): 549-53, www.ncbi.nlm.nih.gov/pmc/articles/PMC3223889.

24 다음을 참고하라. Pillemer, Karl, *Fault Lines: Fractured Families and How to Mend Them* (New York: Avery, 2020). 적어도 6,700만 명의 미국인이 가족과 연락을 끊었다는 의미다. 필레머는 많은 이들이 가족과 연락을 끊었다는 사실을 공개적으로 인정하길 꺼리므로 이것은 실제보다 적은 수치일 것이라고 생각한다.

25 Barsky, Arthur, *Worried Sick: Our Troubled Quest for Wellness* (Boston: Little, Brown), 50-51.

4장   공감과 배려는 어떻게 아이들을 망치는가

1 Sax, Leonard, "Who First Suggests the Diagnosis of Attention-Deficit/Hyperactivty Disorder," *Annals of Family Medicine* 1, no. 3 (September 2003): 171-74, www.ncbi.nlm.nih.gov/pmc/articles/PMC1466583.

2 The Child Mind Institute, accessed September 16, 2023, https://childmind.org/symptomchecker. ('아동과의 관계'를 표시하는 칸에서 '교사'를 선택할 수 있음.)

3 캘리포니아주는 학생의 발달을 지원하는 광범위한 프로그램을 '다층 지원 체계Multi-Tiered Systems of Support, MTSS'라고 부른다.

4 콘퍼런스가 끝난 뒤 나도 이 동영상을 찾아서 봤다. "Brain & Amygdala Hand Model Explains How Thoughts & Emotions Fuel Anxiety," EmpowerU Education Building Resilience, YouTube, video, 1:58, May 16, 2018, www.youtube.com/watch?v=2xeD-cPBD5Fk&t=4s.

5 심리학자들이 치료적 개입이 의원병 리스크를 동반한다는 점을 인정한다면 어째서 학교에서 널리 이루어지는 심리 치료 개입을 더 경계하지 않을까? 최근의 한 연구는 경계해야 마땅하다고 지적했다. "설령 소수 청소년에게 행해진다 하더라도 학교의 정신 건강 개입에 동반되는 의원병 피해 리스크와 역효과는 커다란 공중 보건 문제를 일으

킬 가능성이 있다"고 연구 저자들은 밝혔다. Foulkes, Lucy, and Argyris Stringaris, "Do No Harm: Can School Mental Health Interventions Cause Iatrogenic Harm?," *BJPsych Bulletin* (February 2023): 1-3, https://doi.org/10.1192/bjb.2023.9.

6   예를 들어 다음을 참고하라. Birk, Max V., et al., "Just a Click Away: Action-State Orientation Moderates the Impact of Task Interruptions on Initiative," *Journal of Personality* 88, no. 2 (April 2020): 373-90, www.ncbi.nlm.nih.gov/pmc/articles/PMC7064891.

7   예를 들어 다음을 참고하라. Krohler, Alena, and Stefan Berti, "Taking Action or Thinking About It? State Orientation and Rumination Are Correlated in Athletes," *Frontiers in Psychology* 10 (March 2019): 576, https://doi.org/10.3389/fpsyg.2019.00576; Gropel, Peter, et al., "Action Versus State Orientation and Self-Control Performance after Depletion," *Personality and Social Psychology Bulletin* 40, no. 4 (April 2014): 476-87, https://doi.org/10.1177/0146167213516636.

8   Modan, Naaz, "California Plans to Double School Counselors amid Shortage," K-12 Dive, August 5, 2022, https://www.k12dive.com/news/california-plans-to-double-school-counselors-amid-shortage/628991.

9   Act to amend Sections 124174, 124174.2, 124174.3, and 124174.4 of the Health and Safety Code, A.B. 912 (Cal. 2023), https://leginfo.legislature.ca.gov/faces/billNavClient.xhtml?bill_id=202320240AB912.

10 Gottlieb, Lori, *Maybe You Should Talk to Someone: A Therapist, Her Therapist, and Our Lives Revealed* (Boston: Houghton Mifflin Harcourt, 2019), 36.

11 Hermann, Mary A., and Sharon Robinson-Kurpius, "New Guidelines on Dual Relationships," *Counseling Today*, December 9, 2006, https://ct.counseling.org/2006/12/new-guidelines-on-dual-relationships. See also: Kaplan, David, "2006 Ethics Update: Allowing Dual Relationships," *Counseling Today*, March 27, 2006, https://ct.counseling.org/2006/03/ct-online-ethics-update-9; Kaplan, David, et al., "New Mandates and Imperatives in the Revised ACA Code of Ethics," *Journal of Counseling and Development* 87 (2009): 241-56, www.counseling.org/Kaplan/mandates.pdf.

12 미국상담교사협회의 「2022 학교 상담 교사를 위한 윤리 기준」에서는 '옹호자', '옹호하다' 또는 '옹호'라는 표현을 37회 사용했다. www.schoolcounselor.org/getmedia/44f30280-ffe8-4b41-9ad8-f15909c3d164/EthicalStandards.pdf. "우리는 학생들을 옹호하며 그들을 위해 행동합니다. 우리는 가능한 모든 이해관계자와 협력하며, 때로 그러한 협력의 출발점은 이해관계자들을 교육하는 일이 되어야 합니다"라고 학교 상담 교사이자 교육 컨설턴트 샌디 로건매키벤Sandi Logan-McKibben은 앞서 언급한 사흘

간의 콘퍼런스에서 교사들에게 말했다.

13 예를 들어 다음을 참고하라. "Consent," California School-Based Health Alliance, accessed September 19, 2023, www.schoolhealthcenters.org/resources/sbhc-operations/student-records-consent-and-confidentiality/consent, 여기에는 12세 이상 미성년자는 부모의 허락 없이 또는 부모가 모르는 상태에서 정신 건강 서비스(학교에서 제공하는 서비스 포함)를 받을 권리가 있다고 명시돼 있다. Illinois: "School-Based Health Center Consent for Mental Health Services," SHIF Healthcare, accessed September 19, 2023, https://sihf.org/media-library/documents/Behavioral_Health_Consent_Form_School-Based_.pdf; Washington: "Seattle World School Teen Health Center," Seattle Schools, accessed September 19, 2023, https://sws.seattleschools.org/wp-content/uploads/sites/89/2021/10/ParentConsentLetter-ADA.pdf; Colorado: "Colorado Lowers Age of Consent for Psychotherapy Services to 12 Years Old," *National Law Review*, July 16, 2019, www.natlawreview.com/article/colorado-lowers-age-consent-psychotherapy-services-12-years-old; Florida: "Complete Information Concent Package with Principal Signature," Southeast High School, June 1, 2010, www.manateeschools.net/cms/lib/FL02202357/Centricity/Domain/1268/Complete%20information%20consent%20package%20with%20Principal%20signature.pdf (외래환자를 위한 정신 건강 서비스에 부모나 후견인의 동의가 필요하지 않다.); Maryland: "Lower Age for Consent Took Effect October 1," Maryland Psychiatric Society, November 1, 2021, https://mdpsych.org/2021/11/lower-age-for-consent-took-effect-october-1. 12세 이상 미성년자가 정신 건강 치료를 받기 위해 부모의 동의가 필요하지 않다.

14 Glosoff, H.L., and Robert H. Pate, "Privacy and Confidentiality in School Counseling," Professional School Counseling (2002): 6, https://www.researchgate.net/publication/234700799_Privacy_and_Confidentiality_in_School_Counseling.

15 예를 들어 다음을 참고하라. Monger, Craig, "'Bad Things Happen Behind Closed Doors All the Time Between Kids and Adults'—Concerned Parents Address School Mental Health Counselors," 1819 *News*, March 22, 2023, https://1819news.com/news/item/bad-things-happen-behind-closed-doors-all-the-time-between-kids-and-adults-concerned-parents-address-school-mental-health-counselors#:~:text=Section%2022%2D8%2D4%20of,%20without%20the%20child's%20parents'%20consent. 또 다음을 참고하라. www.antiochschools.net/Page/13767(여기서는 캘리포니아주에서 학교의 학생 상담에 부모 동의가 필요하지 않음을 밝히고 있다). 또 다음을 참고하라. Gissen, Lillian, "Furious Washington Father Claims His Son's High School Prescribed The Teen

Anti-Depressants Without Telling Him," *Daily Mail*, July 4, 2022, www.dailymail.co.uk/femail/article-10981133/Father-claims-sons-high-school-prescribed-teen-anti-depressants-without-telling-him.html; Carlson, Nancy, "To Tell or Not to Tell: The Fine Line Between Minors' Privacy and Others' Right to Know," *Counseling Today*, October 2017, www.counseling.org/docs/default-source/ethics/ethics-columns/ethics_october-2017_minor-privacy.pdf?sfvrsn=a25522c_6.

16   예를 들어 다음을 참고하라. Spiro, Justin (@Jusrangers): "뉴욕주에서는 아이들이 부모 동의 없이 심리 치료를 받을 수 없다. 하지만 학교 사회복지사를 정기적으로 만나 상담할 수는 있다. 나는 늘 아이들한테 상담받는 사실을 부모님에게 솔직하게 말하라고 한다. 하지만 당장 부모님에게 말할 준비가 안 된 아이들이 상담을 받지 못하게 막을 필요는 없지 않을까?" Twitter, March 21, 2023, 1:29 pm, https://twitter.com/jusrangers/status/1638276568521887747?s=51&t=G7jT0d-EVW3Jp1IM5AFCx_w. 또 다음을 참고하라. "나는 이런 대화가 중요하다고 생각한다. 이런 상황을 가정해보자. 한 고등학생이 내 상담실에 찾아와 부모님의 별거 때문에 우울하다고 말한다. 자살 경향성은 없다고 판단된다. 학생은 상담받은 사실을 부모님이 아는 걸 원치 않는다. 만일 부모님이 아시면 화를 낼 것 같다. 내가 이 학생을 즉각 돌려보내야 할까? 그래서 학생이 나와 자신의 부모님 '모두에게서' 도움을 받지 못하게 해야 할까? 아니면 나는 학생을 몇 번 만나서 자신의 감정에 대해 부모님과 대화 나눌 방법을 찾도록 도와줘야 할까?" Twitter, March 21, 2023, 1:41 p.m., https://twitter.com/Jusrangers/status/1638279628291821570.

17   학교의 지시를 충실히 따르고 있을 뿐인 교사가 난처해지는 일을 막기 위해 가명을 사용했다.

18   Kahn, Jennifer, "Can Emotional Intelligence Be Taught?," *New York Times*, September 11, 2013, www.nytimes.com/2013/09/15/magazine/can-emotional-intelligence-be-taught.html.

19   일리노이주 한 학교에서는 이렇게 말한다. "SEL은 프로세스나 방법론, 커리큘럼 그 이상이다. 그것은 삶의 방식이다." "Social Emotional Learning," Stevenson High School, accessed September 16, 2023, https://www.d125.org/about/sel.

20   사회 정서 학습을 위한 '교육 자료에만' 17억 2,000만 달러가 들어간다. "United States Social and Emotional Learning (SEL) Market Report 2022: Instructional Materials were 1.72 Billion, up 25.9% Y-o-Y and are Forecast to Increase at a Lower Rate in 2023-2024," GlobeNewswire, November 17, 2022, www.globenewswire.com/news-release/2022/11/17/2557934/0/en/United-States-Social-and-Emotional-Learning-SEL-Market-Report-2022-Instructional-Materials-were-1-72-Billion-up-25-

9-Y-o-Y-and~are-Forecast-to-Increase-at-a-Lower-Rate-in-2023-2024.html; Krachman, Sara Bartolino, et al., "Accounting for the Whole Child," ASCD, February 1, 2018, https://www.ascd.org/el/articles/accounting-for-the-whole-child.

21 Langreo, Lauraine, "How Much Time Should Schools Spend on Social-Emotional Learning?," *Education Week*, May 24, 2022, https://www.edweek.org/leadership/how-much-time-should-schools-spend-on-social-emotional-learning/2022/05.

22 "SEL과 인격교육의 중요한 차이점은 인격교육의 일부 접근법이 도덕적 책임감을 길러주는 데 집중한다는 점이다. 그것은 SEL의 핵심 특성이 아니다. 이 차이는 중요하다. 도덕성과 가치관을 가르치는 일은 그것의 기준이 바뀔 수 있는지, 그리고 그것을 가르치는 일이 부모의 책임인지 학교의 책임인지에 대한 우려를 일으킬 수 있다." Kim Gulbrandson, "Character Education and SEL: What You Should Know," July 6, 2018, Committee for Children, www.cfchildren.org/blog/2018/07/character-education-and-sel-what-you-should-know.

23 "Transformative Social-Emotional Learning (T-SEL)," Sonoma County Office of Education, accessed August 16, 2023, https://www.scoe.org/pub/htdocs/transformative-social-emotional-learning.html. ("변혁적 SEL은 학교생활 및 시민적 삶에 대한 참여를 높임으로써 사회정의 실현을 위해 힘을 재분배하는 것을 목표로 하는 SEL이다.")

24 Klein, Alyson, "Why It's So Hard to Weave Social-Emotional Learning into Academics," *Education Week*, November 7, 2022, www.edweek.org/leadership/why-its-so-hard-to-weave-social-emotional-learning-into-academics/2022/11.

25 Sadighim, Sherry, "The Big Reveal: Ethical Implications of Therapist Self-Disclosure," Society for the Advancement of Psychotherapy, 2014, https://societyforpsychotherapy.org/the-big-reveal-ethical-implications-of-therapist-self-disclosure.

26 Second Step, "Empathy and Communication: Working in Groups," grade 8, lesson 6, "Additional Handout: Building Empathy," Committee for Children, 2008, 251, https://assets.ctfassets.net/wjuty07n9kzp/7v4DVtKWDduiidyzFTwilf/bOff74c636e6029ae-57fe585f57d00f9/G8_Handout_Packet.pdf.

27 일리노이주의 한 학교에서는 이렇게 말한다. "SEL은 프로세스나 방법론, 커리큘럼 그 이상이다. 그것은 삶의 방식이다." "Social Emotional Learning," Stevenson High School.

28 "Friends and Friendships," PATHS Parent/Caregiver Handout, lesson 19, 2.

29 다음을 참고하라. Yang, Jing, and Li Ping, "Brain Networks of Explicit and Implicit Learning," *PLoS ONE* 7, no. 8 (August 2012): e42993, https://journals.plos.org/plosone/article?id=10.1371/journal.pone.0042993.

30 다음을 참고하라. Schuchard, Julia, and Cynthia K. Thompson, "Implicit and Explicit Learning in Individuals with Agrammatic Aphasia," *Journal of Psycholinguist Research* 43, no. 3 (June 2014): 209-24, www.ncbi.nlm.nih.gov/pmc/articles/PMC3766481; Ziegler, Esther, Peter A. Edelsbrunner, and Elsbeth Stern, "The Relative Merits of Explicit and Implicit Learning of Contrasted Algebra Principles," *Educational Psychology Review* (June 2018), https://ethz.ch/content/dam/ethz/special-interest/dual/educeth-dam/documents/forschung-und-literatur/literatur-zur-lehr-und-lernforschung/Ziegler_2017.pdf.

31 Second Step, "Homework: I Spy," grade 7, lesson 1, Committee for Children, 2008, 117, https://assets.ctfassets.net/wjuty07n9kzp/5xHHFYVCVAXxE1Ogc9TamlD/0c-48c7875cba04aed33f21584f29b6f5/G7_Homework.pdf.

32 Second Step, "Homework: Life Experiences Timeline," grade 7, lesson 2, Committee for Children, 2008, 143, https://assets.ctfassets.net/wjuty07n9kzp/5xHHFYVCVAXxE-1Ogc9Tam1D/0c48c7875cba04aed33f21584f29b6f5/G7_Homework.pdf.

33 Second Step, "Recognizing Others' Perspectives," Student Handout, grade 8, unit 4, lesson 22, 2020, 1-2, https://assets.ctfassets.net/wjuty07n9kzp/3ZUNxHZDHcVC-cyCMD2uzhS/5091602a8b65fe32faaab388ba51f181/ssms-g8-u4-22-student-handout-2021.pdf.

34 Second Step, grade 4, unit 3, lesson 11.

35 Second Step, "Homework: Winning the Battle," grade 7, lesson 3, Committee for Children, 2008, 171, https://assets.ctfassets.net/wjuty07n9kzp/5xHHFYVCVAXxE10gc9T-am1D/0c48c7875cba04aed33f21584f29b6f5/G7_Homework.pdf.

36 Second Step, "Homework: The Clothing Case," grade 8, lesson 4, Committee for Children, 2008, 193.

37 Sapp, Jeff, "Why Frogs and Snakes Never Play Together: A Pourquoi of Prejudice: A Play in 3 Acts," Learning for Justice, grade level K-2, www.learningforjustice.org/classroom-resources/texts/why-frogs-and-snakes-never-play-together-a-pourquoi-of-prejudice-a-play.

38 The CASEL Guide to Schoolwide SEL: "A Supportive Classroom Environment: Belonging and Emotional Safety" section cites: Learning for Justice, *Critical Practices for Anti-Bias Education*, Teaching Tolerance: A Project of the Southern Poverty Law Center, 2016, www.learningforjustice.org/sites/default/files/2017-06/PDA%20Critical%20Practices_0.pdf.

39   예를 들어 다음을 참고하라. Second Step, "Overcoming Roadblocks 1," student handout, grade 7, unit 1, lesson 5, Committee for Children, 2020, https://assets.ctfassets.net/98bcvzcrxclo/1fyRvZO01HcZFQiLfulUbf/8e8bfle4757b050b9fb996d0a9d3Fdce/handout-ms-g7-u1-05-sample.pdf.

40   "Unit 1, Lesson 5, Overcoming Roadblocks 1," Griffin Counselors, YouTube, video, 26:44, September 22, 2020, www.youtube.com/watch?v=9MsPz_iFzYE.

5장   연약한 괴물들의 탄생

1   다음을 참고하라. "Related Service Providers & Interveners," National Resource Center for Paraeducators, accessed August 9, 2023, https://nrcpara.org/resources/report/demographics. "현재 전국적으로 52만 5,000명 이상의 파라프로페셔널이 상근직에 상당하는 자리에 고용돼 있다. 이 중 약 29만 명이 일반 및 특수 교육 프로그램, 장애 학생을 위한 개별 교실과 특별 지도실, 전환 교육 서비스, 장애 아동 및 청소년을 위한 조기교육 현장에서 일한다(파악하기가 매우 어려운 중요한 정보는 개별 학습자를 일대일로 돕는 파라프로페셔널의 수다)."

2   "그림자 교사는 장애 학생을 돕는 최전선에 있다"라고 기본 지침서인 『그림자 교사 가이드라인』은 설명한다. Liau, Alex, and Dr. Jed Baker, *School Shadow Guidelines* (Arlington, Texas: Future Horizons Inc., 2015), 1.

3   Graziano, P. A., AwM. Garcia, and T. D. Landis, "To Fidget or Not to Fidget, That Is the Question: A Systematic Classroom Evaluation of Fidget Spinners Among Young Children With ADHD," *Journal of Attention Disorders* 24, no. 1 (2020): 163-71, https://journals.sagepub.com/doi/full/10.1177/1087054718770009.

4   1973년 제정된 재활법Rehabilitation Act 504조항은 학습장애가 있는 학생에 대한 차별을 금지했으며, 학교가 그런 학생을 위해 필요한 경우 시간제한 없이 시험을 치르게 하는 것과 같은 합리적인 배려를 해줘야 한다고 규정했다.

5   Algar, Selim, "Manhattan School Plagued with Violence, Parents Say Concerns Neglected," *New York Post*, February 4, 2022, https://nypost.com/2022/02/04/parents-feel-neglected-at-middle-school-beset-by-violence.

6   "회복적 실천이라는 개념은 회복적 정의에 뿌리를 두고 있다. 회복적 정의는 가해자를 처벌하는 것보다 피해자의 손상된 관계를 회복하는 데에 초점을 맞추는 접근법이다(하지만 가해자의 투옥이나 기타 제재를 막지는 않는다). 피해자와 가해자를 중재하는 방

식으로 1970년대에 생겨난 이 접근법은 1990년대에 이르러 치료 커뮤니티에도 도입되었다. 이로써 피해자와 가해자의 가족 및 친구들이 '컨퍼런스' 또는 '서클'이라 불리는 협력적 프로세스에 함께 참여하기 시작했다." Costello, Bob, Joshua Wachtel, and Ted Wachtel, *Restorative Circles in Schools: Building Community and Enhancing Learning* (Bethlehem, Pennsylvania: International Institute for Restorative Practices, 2010).

7   "Joint 'Dear Colleague' Letter," Department of Education, Office for Civil Rights, January 8, 2014, https://www2.ed.gov/about/offices/list/ocr/letters/colleague-201401-title-vi.html.

8   Davenport, Mary, "Using Circle Practice in the Classroom," *Edutopia*, August 16, 2018, www.edutopia.org/article/using-circle-practice-classroom.

9   Pollack, Andrew, and Max Eden, *Why Meadow Died* (New York: Post Hill Press, 2019), 96. 또 다음을 참고하라. "2023년 2월 플로리다주에서 197센티미터에 120킬로그램의 거구인 고등학생 브렌던 데파Brendan Depa가 자신에게 배정된 파라프로페셔널(즉 그림자 교사)을 들어 공중으로 던져버렸다. 그녀가 수업 중에 데파가 갖고 놀고 있던 닌텐도 스위치를 빼앗자 벌어진 일이다. 그림자 교사는 머리가 땅에 부딪히면서 그 충격으로 의식을 잃었다. 하지만 데파는 교직원 5명이 달려와 그를 떼어낼 때까지 쓰러져 있는 그녀를 계속 폭행했다.

데파에게는 행동장애가 있었다. 그가 체포된 후 정신 건강 담당자 수 어반Sue Urban은 데파가 부당한 대우를 받았다면서 이렇게 말했다. '행동장애가 있는 학생에게는 그런 기기를 소지할 수 있는 자유가 주어집니다. 성질을 부리거나 감정을 조절하지 못할 때 닌텐도 스위치나 스마트폰, 또는 정서 안정을 돕는 자신만의 기기가 있으면 심리적 안정을 되찾는 데에 도움이 됩니다.' 열세 살 때 폭행 혐의로 세 번이나 체포된 적이 있는 데파는 이 사건으로 유치장에 갇혔다."

10 Augustine, Catherine H., et al., *Can Restorative Practices Improve School Climate and Curb Suspensions? An Evaluation of the Impact of Restorative Practices in a Mid-Sized Urban School District*, (Santa Monica, CA: RAND Corporation, 2018), https://www.rand.org/pubs/research_reports/RR2840.html, 71. ("물론 이는 회복적 정의 접근법이 적어도 실행 2년 내에 심각한 폭력 행동을 억제하는 데에 효과를 발휘할 수 있을 것인가 하는 의문을 제기한다.")

11 흥미롭게도 파클랜드 총기 난사 사건 범인은 반자동 소총을 난사해 17명을 살해하기 전에 플로리다 학교 시스템의 '회복적 정의' 프로그램 전체에 참여했다.

12 Henderson, Cinque, "Failing Public Schools Should Be Blamed on Out-of-Control Kids," *New York Post*, September 14, 2018, https://nypost.com/2018/09/14/failing-public-schools-should-be-blamed-on-out-of-control-kids.

13 아동의 정신적, 신체적 건강이 결국 그들에게 축적된 ACE 수에 따라 결정된다는(그리고 망가진다는) 생각은 문제가 많은 다음의 심리학 연구에 토대를 두고 있다. Felitti, Vincent, et al., "Relationship of Child Abuse and Household Dysfunction to Many of the Leading Causes of Death in Adults," *American Journal of Preventative Medicine* 14, no. 4 (May 1998): 245-58, www.ajpmonline.org/article/S0749-3797(98)00017-8/fulltext.
14 Felitti et al., "Relationship of Child Abuse and Household Dysfunction."
15 "Adverse Childhood Experiences Prevention Strategy," Centers for Disease Control and Prevention, 2021, https://www.cdc.gov/violenceprevention/pdf/ACEs-Prevention-Resource_508.pdf.
16 이 강연을 소개해준 훌륭한 작가 로버트 폰디시오Robert Pondiscio에게 감사드린다. 다음을 참고하라. Pondiscio, Robert, "Researchers Warn about Misuses of a Common Measure of Childhood Trauma," Thomas B. Fordham Institute, April 22, 2020, https://fordhaminstitute.org/national/commentary/researchers-warn-about-misuses-common-measure-childhood-trauma.
17 Henderson, Rob, "No One Expects Young Men to Do Anything and They Are Responding by Doing Nothing," Rob Henderson's Newsletter, April 24, 2022, https://robkhenderson.substack.com/p/no-one-expects-young-men-to-do-anything.
18 다음을 참고하라. Bonanno, George A., *The End of Trauma: How the New Science of Resilience Is Changing How We Think About PTSD* (New York: Basic Books, 2021).
19 다음을 참고하라. Bonanno, *End of Trauma*.

6장   트라우마 제국의 왕들

1 이 병원은 1953년에 D.C. 종합병원으로 이름이 바뀌었고 2001년에 문을 닫았다. 다음을 참고하라. "Gallinger Municipal Hospital Psychopathic Ward," Wikipedia, accessed September 17, 2023, https://en.wikipedia.org/wiki/Gallinger_Municipal_Hospital_Psychopathic_Ward.
2 Estrada, Louie, "Bess Lavine, Half of Mother-Daughter Judge Team, Dies at 94," *Washington Post*, October 5, 2022, www.washingtonpost.com/obituaries/2022/10/05/bess-lavine-prince-georges-judge-dead.
3 이 말과 이후 나오는 답변은 모두 다음 책에 소개된 설문 조사 결과에서 가져온 것이다. Vermeulen, Karla, *Generation Disaster: Coming of Age Post-9/11* (Oxford, UK: Oxford

University Press, 2021).

4   "Our School's Fight," *Seventeen*, December 1947, 128..
5   대공황 동안 모든 연령 그룹에서 자살률이 증가했지만 대체로 성인에 국한됐으며 가장 자살률이 높은 것은 35세 이상이었다. 다음을 참고하라. Luo, Feijun, "Impact of Business Cycles on US Suicide Rates, 1928 – 2 007," *American Journal of Public Health* 101, no. 6 (2011): 1139 – 146, www.ncbi.nlm.nih.gov/pmc/articles/PMC3093269/#:~:- text=All%20age%20groups%20experienced%20a,other%20recessions%2C%20includ- ing%20severe%20recessions.
6   Bonanno, George, *The End of Trauma: How the New Science of Resilience Is Changing How We Think About PTSD* (New York: Basic Books, 2021), 50. ("사실 미국 역사상 최악의 테러 공격을 직접 본 대다수 사람들은 PTSD를 겪지 않았다. 그러나 테러 발생 직후였으므로 많은 이들이 PTSD 환자 수가 계속 증가할 것이라고 예상했다. 하지만 놀랍게도 PTSD 환자 수는 급격히 감소했다.")
7   Bonanno, George, "Resilience in the Face of Potential Trauma," *Current Diresctions in Psychological Science* 14, no. 3 (June 2005): 135 – 38.
8   Bonanno, *End of Trauma*, 43 – 53.
9   다음을 참고하라. Ngayama Hall, G. C., "Diversity in Clinical Psychology," *Clinical Psychology: Science and Practice* 13, no. 3 (2006): 258 – 62. https://doi.org/10.1111/j.1468- 2850.2006.00034.x. (임상심리학 분야의 다양성 부족에 주목하라.)
10 Illouz, Eva, *Saving the Modern Soul: Therapy, Emotions, and the Culture of Self-Help* (Berkeley: University of California Press, 2008), 175.
11 Carr, Danielle, "Tell Me Why It Hurts: How Bessel van der Kolk's Once Controversial Theory of Trauma Became the Dominant Way We Make Sense of Our Lives," *New York Magazine*, July 31, 2023. https://nymag.com/intelligencer/article/trauma-bessel-van- der-kolk-the-body-keeps-the-score-profile.html.
12 나는 반 데어 콜크에게 인터뷰를 요청하는 메일을 보냈다. 그는 즉각 회신하면서 내 요청에 긍정적 반응을 보였지만 갑자기 연락을 끊어버렸다.
13 Interlandi, Jeneen, "A Revolutionary Approach to Treating PTSD," *New York Times*, May 22, 2014. https://www.nytimes.com/2014/05/25/magazine/a-revolutionary-ap- proach-to-treating-ptsd.html.
14 Van der Kolk, B. A., "*The Body Keeps the Score*: Memory and the Evolving Psychobiology of Posttraumatic Stress," *Harvard Review of Psychiatry* 1, no. 5 (1994): 253 – 65. https:// pubmed.ncbi.nlm.nih.gov/9384857.

15 Van der Kolk, Bessel, *The Body Keeps the Score: Brain, Mind, and Body in the Healing of Trauma* (New York: Viking, 2014), 88.

16 다음을 참고하라. Van der Kolk, Bessel, *The Body Keeps the Score*, 293, 269. 또 다음을 참고하라. Maté, Gabor, *The Myth of Normal: Trauma, Illness & Healing in a Toxic Culture* (New York: Avery, 2022), 64-66, 100-102.

17 Van der Kolk, *Body Keeps the Score*, 40-44.

18 Van der Kolk, *Body Keeps the Score*, 45.

19 Hutchinson, Tracy S., "Why Your Childhood Really Matters: The Hidden Epidemic," *Psychology Today*, June 28, 2019, www.psychologytoday.com/us/blog/silencing-your-inner-bully/201906/why-your-childhood-really-matters-the-hidden-epidemic.

20 Van der Kolk, *Body Keeps the Score*, 308.

21 Van der Kolk, *Body Keeps the Score*, 193.

22 McNally, R. J., "Debunking Myths about Trauma and Memory," *The Canadian Journal of Psychiatry* 50, no. 10 (2005): 817-22. ("트라우마를 겪은 생존자가 해당 사건을 명시적으로 기억하지 못하면서 그 경험에 대한 내재적 기억을 드러낸다(예를 들어 정신생리학적 반응을 나타냄)는 설득력 있는 증거는 존재하지 않는다. 따라서 설령 몸이 트라우마를 '기억한다' 할지라도 그 경우 정신 역시 기억한다.")

23 Pendergrast, Mark, *Memory Warp* (Hinesburg, VT: Upper Access, 2021).

24 예를 들어 다음을 참고하라. Grey Faction, "Bessel Van der Kolk Defending Junk Science: Repressed Memory Therapy," YouTube video, 5:23, March 21, 2018, www.youtube.com/watch?v=WJd4fcXOG3w. 또 다음을 참고하라. Pendergrast, Mark, *The Repressed Memory Epidemic: How It Happened and What We Need to Learn from It* (Cham, Switzerland: Springer, 2017), 81-85.

25 Pendergrast, Mark, *Memory Warp: How the Myth of Repressed Memory Arose and Refuses to Die* (Hinesburg, VT: Upper Access, 2021), 106.

26 하지만 반 데어 콜크는 어린 시절 트라우마를 겪었다고 주장하는 성인 환자들을 연구하면서 그들 기억의 진실성을 어떻게 확인했을까? 사실 자신이 외계인에게 납치당했다고 믿는 환자도 종종 연구자에게 매우 세세하고 구체적인 감정을 표현하면서 내적으로 일관된 이야기를 들려준다(다음을 참고하라. Pendergrast, *Repressed Memory Epidemic*, p82.) 반데어 콜크의 답변은 이렇다. "내적 일관성이라는 것이 있다. 만일 사람들이 어떤 이야기를 할 때 내적 일관성이 있고 적절한 정동情動이 관찰되면 그 이야기가 사실이라고 믿을 수 있다." 펜더그라스트에 따르면, 이 말은 반 데어 콜크가 연구자가 피험자의 트라우마 기억의 진실성을 독립적으로 확인해야 한다고 생각하지 않는다는 사실을 보여준

다. 펜더그라스트는 "반 데어 콜크에게는 '믿음'이 과학보다 중요하다"라고 결론을 내린다. 다시 말해 환자가 자신의 트라우마 경험에 대한 이야기를 '믿는다면' 이는 반 데어 콜크가 그것을 사실이라고 생각하기에 충분한 근거가 되는 듯하다.

27　Maté, *Myth of Normal*, 25.
28　Maté, *Myth of Normal*, 99-100.
29　Maté, *Myth of Normal*, 100.
30　Maté, *Myth of Normal*, 34.
31　Maté, *Myth of Normal*, 370-371.
32　다음을 참고하라. Furedi, Frank, *Paranoid Parenting: Why Ignoring the Experts May Be Best for Your Child* (Chicago: Chicago Review Press, 2002), discussing Emmy Werner and Ruth Smith, *Vulnerable but Invincible: A Longitudinal Study of Resilient Children and Youth* (New York: McGraw-Hill, 1982), 159.
33　Pendergrast, *Memory Warp*, 105 (quoting McNally).
34　McNally, R. J., "Debunking Myths about Trauma and Memory," *The Canadian Journal of Psychiatry* 50, no. 10 (November 2005): 817-22, https://pubmed.ncbi.nlm.nih.gov/16483114.
35　Seligman, Martin, *What You Can Change and What You Can't* (New York: Knopf, 1994), quoted in Pendergrast, Memory Warp, 411.
36　Van der Kolk, *Body Keeps the Score*, 354-355.
37　Van der Kolk, *Body Keeps the Score*, 355.
38　Werler, Martha M., et al., "Reporting Accuracy Among Mothers of Malformed and Nonmalformed Infants," *American Journal of Epidemiology* 129, no. 2 (February 1989): 415-2 1, https://d oi.org/10.1093/oxfordjournals.aje.a115145.
39　Werler et al., "Reporting Accuracy Among Mothers of Malformed and Nonmal-formed Infants."
40　위궤양 환자도 이 함정에 빠지는 경우가 많았다. 수십 년 동안 의사들은 위궤양이 스트레스 탓에 생긴다고 잘못 알고 있었다. 영화나 TV 프로그램도 이런 관점을 부추기는 데 한몫했으며 대중은 그대로 믿었다. 그렇다 보니 위궤양 환자가 병원에 갔을 때 스트레스를 받았느냐는 질문을 받으면 이렇게 답하곤 했다. "맞아요! 그동안 스트레스에 시달렸어요!" 훗날 1980년대에 '헬리코박터 파일로리균'이라는 세균이 위궤양의 근본 원인이라는 사실이 밝혀졌다.
41　Gilbertson, M. W., et al., "Smaller Hippocampal Volume Predicts Pathologic Vulnerability to Psychological Trauma," *Nature Neuroscience* 5, no. 11 (2002): 1242-47. https://

www.nature.com/articles/nn958.

42 Duhaime-Ross, Arielle, "Parents Who Were Physically Abused as Kids Don't Go on to Abuse Their Kids," *The Verge*, March 27, 2015, www.theverge.com/2015/3/27/8297493/child-abuse-intergenerational-transmission-violence.

43 Widom, Cathy Spatz, et al., "Intergenerational Transmission of Child Abuse and Neglect: Real or Detection Bias?," *Science*, March 27, 2015, www.science.org/doi/10.1126/science.1259917. 그러나 위덤은 학대당한 아동이 나중에 청소년 범죄나 성인 범죄를 저지르는 비율이 더 높다는 사실을 발견했다. 하지만 이 연구 결과를 자세히 살펴보면 "폭력이 폭력을 낳는다"라는 단순한 헤드라인에는 모두 담을 수 없는 복잡한 특성과 미묘한 점이 드러난다. Widom, Cathy Spatz, "The Cycle of Violence," *Science*, April 14, 1989, 160-66. 또 다음을 참고하라. Widom, Cathy Spatz, "An Update on the 'Cycle of Violence,'" *National Institute of Justice Research in Brief*, February 2001. "대조군 남성과 비교할 때, 학대 및 방치를 경험한 남성이 청소년 또는 성인 때 폭력 범죄를 저지를 위험이 더 크지 않았다." 그러나 연구는 폭력범이 된 남성 중 학대 및 방치 그룹에 속한 이들이 "대조군 남성보다 폭력 행위로 훨씬 더 많이 체포되었다"는 사실을 보여주었다. 또 위덤은 "폭력 범죄로 체포된 비율에서 학대 및 방치를 당한 백인 아동과 학대 및 방치를 당하지 않은 백인 아동 사이에 큰 차이가 없다"는 사실을 발견했다. 그리고 청소년 때 체포된 이들을 관찰한 결과 "아동기의 학대 및 방치 경험이 청소년기 범죄가 성인기까지 지속되는 것에 영향을 끼치지 않는다"는 것도 발견했다.

현재 본문의 문맥과 관련해서는 이것을 기억하자. 즉 적절하게 수행한 전향적 연구로 얻은 결과가 더 타당도가 높을 뿐 아니라, "아동기 트라우마는 성인기의 병을 초래한다"와 같은 환원주의적 관점에 비해 더 복합적이고 미묘한 부분을 드러낸다.

44 '의미를 찾으려는 노력'은 영국 심리학자이자 기억 분야의 선구적 연구자 프레더릭 C. 바틀릿 경Sir Frederic C. Bartlett (1886-1969)이 사용한 표현이다. 이것은 "어떤 경험이 자신이 가진 기존 범주에 꼭 들어맞지 않을 때에도 세상을 이해하기 위해 구조와 질서를 부여하려는" 인간의 성향이다. 바틀릿과 '의미를 찾으려는 노력'에 관한 더 자세한 내용은 다음을 참고하라. Roediger, Henry L., "Bartlett, Frederic Charles," Washington University, http://psychnet.wustl.edu/memory/wp-content/uploads/2018/04/Roediger-2003.pdf.

45 다음을 참고하라. Widom, "Cycle of Violence," 160-66. 많은 연구가 방법론적으로 빈약하고 제한적이다. 이는 피험자의 답변과 후향적 데이터에 대한 과도한 의존, 아동 학대 및 방치에 관한 불충분한 기록, 대조군 기초 자료의 미활용 때문이다.

46 맥널리는 트라우마가 떠오를 때 나타나는 이런 신체 반응이 PTSD 진단 기준 가운데

하나라고 설명했다. "PTSD 치료의 목표 중 하나는 사람들을 트라우마성 경험의 기억에 둔감해지게 만드는 것이다(그런 경험은 대단히 선명하게 기억한다). 그래서 그 사건을 떠올릴 때 더는 강한 신체 반응이 나타나지 않도록 말이다."

47   Raphael, Karen G., et al., "Childhood Victimization and Pain in Adulthood: A Prospective Investigation," *Pain* 92, no. 1-2 (May 2001): 283-93, https://sci-hubtw.hkvisa.net/10.1016/s0304-3959(01)00270-6.

48   맥널리와 동료들은 외계인에게 납치된 기억이 있다고 주장하는 피험자들을 연구했다. 그들이 했다는 (거의 사실일 리가 없는) 경험을 말할 때 나타나는 강한 감정적, 정신생리학적 반응을 PTSD 환자들의 반응과 비교했다. 연구 저자들은 논문의 결론에 이렇게 썼다. "기억의 회상에 동반되는 감정의 생리학적 지표들은 그 기억의 진실성을 입증하는 근거로 삼을 수 없다." 다음을 참고하라. McNally, R. J., et al., "Psychophysiological Responding During Script-Driven Imagery in People Reporting Abduction by Space Aliens," *Psychological Science* 15, no. 7 (July 2004): 493-97, https://pubmed.ncbi.nlm.nih.gov/15200635.

49   American Psychological Association, "Eminent Psychologists of the 20th Century," *Review of General Psychology* 6, no. 2 (July/August 2002), www.apa.org/monitor/julaug02/eminent.

50   Loftus, Elizabeth, "How Reliable Is Your Memory?," TED Global, June 2013, www.ted.com/talks/elizabeth_loftus_how_reliable_is_your_memory?language=en.

51   Elizabeth, "How Reliable Is Your Memory?"

52   다음을 참고하라. Loftus, Elizabeth, "Leading Questions and the Eyewitness Report," *Cognitive Psychology* 7, no. 4 (1975): 560-72, https://psycnet.apa.org/record/1976-08916-001. 또 다음을 참고하라. Loftus, E.F., and J.C. Palmer, "Reconstruction of Automobile Destruction: An Example of Interaction between Language and Memory," *Journal of Verbal Learning and Verbal Behavior* 13, no. 5 (1974): 585-89, https://link.springer.com/chapter/10.1007/978-1-4684-4820-7_2. 또 다음을 참고하라. Loftus, Elizabeth, and Zanni Guido, "Eyewitness Testimony: The Influence of the Wording of a Question," *Bulletin of the Psychonomic Society* 5 (1975): 86-88, doi: 10.3758/BF03336715.

53   Garven, Sena, et al., "More Than Suggestion: The Effect of Interviewing Techniques from the McMartin Preschool Case," *Journal of Applied Psychology* 83, no. 3 (1998): 347-59, https://psycnet.apa.org/doi/10.1037/0021-9010.83.3.347.

54   미국의 신경생물학자이며 APA 심리학 분야 과학공로상을 받은 제임스 맥고James Mc-Gaugh는 이렇게 말했다. "'몸에 저장된 기억'은 말도 안 되는 개념이다. 그것이 중추신경

계 이외의 곳에 기억이 저장된다는 뜻이라면 말이다. 뇌가 아닌 곳에도 신경펩티드를 위한 수용체가 있으므로 그 수용체에도 기억이 저장된다는 생각은 근거가 없는 대단히 이상한 가설이다."(Pendergrast, Memory Warp, 107.) 억압된 기억이라는 재앙에 관한 철저하고 명쾌하며 흥미로운 논의를 읽어보고 싶은 독자에게는 마크 펜더그라스트가 쓴 여러 책을 추천한다.

55　Maté, *Myth of Normal*, 63–66. 이 관점에 대한 비판적 견해를 다음에서 볼 수 있다. Carey, Benedict, "Can We Really Inherit Trauma?," *New York Times*, December 10, 2018, www.nytimes.com/2018/12/10/health/mind-epigenetics-genes.html.

56　예를 들어 다음을 참고하라. Helgeson, V. S., et al., "Education and Peer Discussion Group Interventions and Adjustment to Breast Cancer," *Archives of General Psychiatry* 56, no. 4 (April 1999): 340–47, https://doi.org/10.1001/archpsyc.56.4.340. ("같은 문제를 겪는 사람들을 한데 모아놓으면 자신의 병에 관한 그들의 불안감이 더 증가하는 의도치 않은 결과를 낳을 수 있다(즉 상태가 더 나쁜 다른 누군가를 보면서 두려움과 불안이 커진다).")

57　Nicole LePera (@Theholisticpsyc), "인간관계가 힘든가요? 버려질까 봐 두려운가요? 도움을 청하는 것을 잘 못하나요? 그렇다면 당신은 부모화를 경험했을 가능성이 있습니다." Twitter, January 4, 2023, 8:05 a.m., https://twitter.com/Theholisticpsyc/status/1610668793747099649.

58　Nicole LePera (@Theholisticpsyc), "이민자의 자녀: 더 나은 삶을 찾아 낯선 나라로 자녀를 데리고 가는 부모는 언어를 배우거나, 공과금을 처리하거나, 문화적 규범을 이해하는 일에서 도움을 받기 위해 자녀에게 의지할 수밖에 없다. 그러면 아이들이 필요에 의해 어른 역할을 하게 된다." Twitter, January 4, 2023, 11:05 a.m., https://twitter.com/Theholisticpsyc/status/1610668808875954178.

59　Van der Kolk, *The Body Keeps the Score*, 145.

60　Nicole LePera (@Theholisticpsyc), "복합 PTSD 증상: 정서 조절 문제를 겪음, 무가치하다는 기분, 타인과 세상에 대한 불신, 과도한 경계심, 비판적인 내면 목소리가 강함, 누군가에게 버려질까 봐 늘 두려워함." Twitter, January 22, 2023, 9:23 p.m., https://twitter.com/Theholisticpsyc/status/1617347376502702080?lang=en.

61　Allen Frances (@AllenFrancesMD), "복합 PTSD가 DSM-IV와 DSM-5에 등재되지 못하고 강력히 거부당한 이유는 다음과 같다. 1) 증상 패턴이 너무 광범위해서 다른 대부분의 스트레스 장애와 겹침, 2) 설명하는 트라우마가 너무 흔해서 대부분의 환자에 해당함, 3) 근거로 삼은 연구가 빈약함, 4) 이 진단명을 주장하는 사람들이 권위를 인정받지 못함, 5) 모든 걸 설명해주는 듯한 이 진단명에 귀 얇은 치료사나 환자가 너무 쉽게 설득됨." Twitter, August 7, 2021, 2:13 p.m., https://twitter.com/allenfrancesmd/status/14

24116458007580672?lang=en.

62　예를 들어 다음을 참고하라. Nicole LePera (@Theholisticpsyc), "착한 사람 증후군에 관해 논의해보자. 우리는 자신의 분노를 제대로 이해하지 못하고 타인 앞에서 연극을 하는 세대를 목격하고 있다. 많은 남성이 어릴 때부터 '착한 사람'이 되도록 길들여진다. 그들은 과도한 책임 의식을 지닌 사람으로, 부모의 감정을 잘 살피는 사람으로 자라난다. 이들의 특징은 다음과 같다. 집안의 '어린 가장'이 되고, 부부싸움을 한 부모님을 위로하고, 강하게 보이기 위해 자신의 감정을 억누르고, '용감한' 척하고, 정서적 위안을 찾지 않고, 자신의 감정에 대해 잘 말하지 않는다." Twitter, December 29, 2022, 10:08 a.m., https://twitter.com/Theholisticpsyc/status/1608525480499769345.

63　Nicole LePera (@Theholisticpsyc), "감각 없이 멍하고, 정지되고, 자기 자신과 단절된 기분이며 미루는 습관에 꼼짝없이 갇혔는가? 당신은 게으른 것도 의욕을 잃은 것도 아니다. 그것은 트라우마 또는 스트레스 반응이다." Twitter, December 31, 2022, 9:26 a.m., https://twitter.com/Theholisticpsyc/status/1609239511787245568. 또 다음을 참고하라. Nicole LePera (@Theholisticpsyc), "만일 당신이 '나이에 비해 성숙하다'라는 말을 들었다면 부모화가 이뤄졌을 가능성이 있다. 부모화는 아이에게 어른 역할이 맡겨지는 것이다. 이것은 '보이지 않는' 트라우마로서 해당 개인에게 평생 영향을 미친다. 이유는 다음과 같다." Twitter, March 25, 2023, 12:36 p.m., https://twitter.com/Theholisticpsyc/status/1639712962641539073.

64　Nicole LePera (@Theholisticpsyc), "만일 당신이 할 일을 자꾸 미룬다면 그것은 당신이 게을러서가 아니다. 당신의 몸이 위협을 느끼는 상태이기 때문이다." Twitter, March 4, 2023, 5:34 a.m., https://twitter.com/Theholisticpsyc/status/1632011612973576192.

7장　　아이의 모든 감정을 캐내자

1　"Elementary School Climate Student Survey," Colorado SAFE Communities Elementary Schools, Center for the Study and Prevention of Violence, University of Colorado, January 7, 2020, questions 74 – 90.

2　National Association of School Psychologists, *Guidance for Measuring and Using School Climate Data* (Bethesda, MD: National Association of School Psychologists, 2019), 1.

3　'수동적 동의'에 관해서는 다음을 참고하라. "The Protection Of Pupil Rights Amendment (PPRA)," US Department Of Education, accessed September 16, 2023, www.research.uky.edu/uploads/ori-d600000-us-dept-educationprotection-pupil-rights-amendment-ppra-pdf. 내가 인터뷰한 학부모 중에는 자녀를 설문조사에서 빼달라고 요청했지만 실제로는 자녀가 설문조사에 참여했다는 것을 나중에 알게 된 이들도 있었다. 또 다음을 참고하라. Sanzi, Erika, "Make Intrusive School Surveys 'Opt-In' Rather Than 'Opt-Out,'" American Enterprise Institute, March 2022, www.aei.org/wp-content/uploads/2022/03/Make-Intrusive-School-Surveys-%E2%80%9COpt-In%E2%80%9D-Rather-Than-%E2%80%9COpt-Out%E2%80%9D.pdf?x91208.

4   "What Is the Protection of Pupil Rights Amendment (PPRA)?," US Department of Education, accessed September 16, 2023, https://studentprivacy.ed.gov/faq/what-protection-pupil-rights-amendment-ppra#:~:text=The%20Protection%20of%20Pupil%20Rights%20Amendment%20(PPRA)%20applies%20to%20the,the%20U.S.%20Department%20of%20Education.

5   C.N. v. *Ridgewood* (3rd Cir. 2005), https://casetext.com/case/cn-v-ridgewood-board-of-education-4#8894046b-0124-4d54-b778-86907c2af476-fn4. ("자발적이고 익명이 보장되며 보안이 유지되고 개인을 식별할 수 있는 결과가 담기지 않은 학생 설문조사를 학부모에의 정당한 고지 이후에 시행하는 것은 헌법상의 프라이버시 침해에 해당하지 않는다.")

6   "2021 Middle School Youth Risk Behavior Survey," Centers for Disease Control and Prevention, 2021, question 33. www.cdc.gov/healthyyouth/data/yrbs/pdf/2021/2021-YRBS-Standard-MS-Questionnaire.pdf. 또 다음을 참고하라. "2023 Middle School Youth Risk Behavior Survey," Centers for Disease Control and Prevention, www.cdc.gov/healthyyouth/data/yrbs/pdf/2023/2023_YRBS_Standard_MS_Questionnaire.pdf.

7   "Florida High School Youth Risk Behavior Survey," 2021, question 14. "플로리다주 교육청장 매니 디아스Manny Diaz는 연방정부의 설문조사가 '선동적'이고 '성적'이라고 말했다. 그는 학구學區에 서한을 보내 CDC 학생 설문조사에 참여하지 말 것을 강력히 권고했다." LaGrone, Katie, "Guns, Dating Violence, Sexual Violence All Eliminated from New Florida Youth Survey," WPTV 2, June 2023, https://www.wptv.com/news/local-news/investigations/florida-rejected-federal-youth-health-survey-for-being-too-sexual-so-it-came-up-with-its-own.

8   "2022 Illinois Youth Survey, 8th Grade Form," University of Illinois, School of Social Work; Illinois Department of Human Services, questions P4 and P6.

9   "Georgia Student Health Survey (Grades 6–12)," revised September 28, 2021, question 18, www.gadoe.org/wholechild/Documents/GSHS%20questions_FY22.pdf?csf=1&e=ghjAIm.

10 "Florida High School Youth Risk Behavior Survey" (교육 수호 학부모회에 보관된 자료.). 또 다음을 참고하라. "Florida High School Youth Risk Behaviors" (주州 정부 자료.), 2021, www.flhealthcharts.gov/ChartsDashboards/rdPage.aspx?rdReport=SurveyData. YRBS.HSReport&tabid=HSYRBS.

11 "Florida Middle School Youth Risk Behavior Survey," questions 61–64.

12 또 다음을 참고하라. Georgia Department of Education, "Georgia Student Health Survey. (Grades 6–12)," revised September 28, 2021, question 37, www.gadoe.org/wholechild/Documents/GSHS%20questions_FY22.pdf?csf=1&e=ghjAIm.

13 "Florida High School Youth Risk Behavior Survey," questions 61–64.

14 Westfall, Austin, "Suicide Prevention Lifeline Will Be Printed on Student ID Cards in Several States," *New York Post*, August 12, 2021, https://nypost.com/2021/08/12/suicide-prevention-lifeline-will-be-printed-on-student-id-cards-in-several-states.

15 "2022 Illinois Youth Survey, 8th Grade Form."

16 "Healthy Youth Survey Form B: Grades 8, 10 and 12," Washington State Healthy Youth Survey, 2021, www.askhys.net/Docs/HYS%202021%20Form%20A%20e-survey_Final.pdf.

17 "Wisconsin Dane County Youth Assessment" (Middle School and High School versions) (교육 수호 학부모회에 보관된 자료).

18 "Arizona Youth Survey," 2022, questions 82–101, www.azcjc.gov/Portals/0/Documents/pubs/AYSReports/2022/2022_AYS_Scantron_Survey.pdf.

19 "Arizona Youth Survey," questions 102–103.

20 "7th–12th Grade Questionnaire," Indiana Youth Survey, https://inys.indiana.edu/docs/survey/INYS_questionnaire.pdf.

21 "2022 Illinois Youth Survey, 8th Grade Form."

22 "Missouri Student Survey Questionnaire 2020," Missouri Department of Mental Health, https://dmh.mo.gov/media/pdf/missouri-student-survey-questionnaire-2020.

23 이런 일은 반드시 일어난다. 예를 들어 다음을 참고하라. Cook, Sam, "US Schools Leaked 28.6 Million Records in 1851 Data Breaches Since 2005," Comparitech, December 15, 2021, www.comparitech.com/blog/vpn-privacy/us-schools-data-breaches.

24 "Florida High School Youth Risk Behavior Survey."

25 "2023 State and Local Youth Risk Behavior Survey."

26 "2021 Delaware Middle School Youth Risk Behavior Survey," University of Delaware Center for Drug and Health Studies, https://bpb-us-w2.wpmucdn.com/sites.udel.edu/

dist/9/12983/files/2022/08/YRBS-MS-2021.pdf.

27　Gould, Madelyn, et al., "Evaluating Iatrogenic Risk of Youth Suicide Screening Programs: A Randomized Controlled Trial," *JAMA* 293, no. 13 (April 6, 2005): 1635–43, https://pubmed.ncbi.nlm.nih.gov/15811983.

28　예를 들어 다음을 참고하라. Mota, Natalie, and Christine Henriksen, "For Years, We Worried '13 Reasons Why' Could Provoke Suicidal Behaviors. Now We Have the Evidence," CBC News, September 3, 2019, www.cbc.ca/news/opinion/13-reasons-why-1.5267786#:~:text=Opinion-,For%20years%2C%20we%20worried%2013%20Reasons%20Why%20could%20provoke%20suicidal,of%20the%20show's%20first%20season.

29　다음을 참고하라. Hawton, Keith, and Kathryn Williams, "Influences of the Media on Suicide," BMJ 325, no. 7377 (December 14, 2002): 1374–375, https://doi.org/10.1136/bmj.325.7377.1374. 또 다음을 참고하라. Gould, Madelyn, "Suicide and the Media," *Annals of the New York Academy of Sciences* 932, no. 1 (January 25, 2006): 200–224, https://doi.org/10.1111/j.1749-6632.2001.tb05807.x. ("요컨대 자살이 전염된다는 사실에는 의문의 여지가 없다. 우리는 언론 기사의 어떤 특정한 요소들이 어떤 상황에서 자살 전염을 촉진하는지, 어떤 요소들이 자살 예방 프로그램을 위해 유용한지 밝히는 쪽으로 연구의 초점을 옮겨야 한다.")

30　Sonneck, G., et al., "Imitative Suicide on the Viennese Subway," *Social Science and Medicine* 38, no. 3 (1982): 453–57, https://doi.org/10.1016/0277-9536(94)90447-2.

31　Stack, S., Suicide Contagion and the Reporting of Suicide: Recommendations from a National Workshop," *Morbidity and Mortality Weekly Report* 54, no. 2 (April 1994): 9–17, www.cdc.gov/mmwr/preview/mmwrhtml/00031539.htm.

32　"2021 Delaware Youth Risk Behavior Survey Middle School Youth Risk Behavior Survey," *cf.* "2023 State and Local Youth Risk Behavior Survey."

33　"Florida Middle School Youth Survey 2021," questions 61–64.

34　Lopez, German, "Why Anti-Drug Campaigns Like DARE Fail," *Vox*, September 1, 2014, www.vox.com/2014/9/1/5998571/why-anti-drug-campaigns-like-dare-fail.

35　"신경성neuroticism은 부정적 감정에 대한 기본적 민감성을 나타내는 지표"라고 피터슨은 설명했다. 이것은 심리학계에서 성격을 설명할 때 통계적으로 타당한 측정 요소로 여겨지는 '5가지 주요 특성' 중 하나다. 누군가가 어떤 단어나 표현을 사용할 때 그 사람이 신경성이 높다는 것을 알 수 있을까? 피터슨은 "자기의식적 불안과 관련된 어휘"라고 말했다.

36　실제로 행동 활성화 치료behavioral activation therapy가 우울증 완화에 효과를 낸다는 근거

가 있다. 이는 인지행동 치료의 일종으로 생각이 아니라 행동을 바꾸는 데 집중함으로써 우울증을 치료하는 방법이다(환자로 하여금 자신이 좋아하는 활동을 '하게' 한다. 심부름, 취미활동 등 목적의식과 뭔가를 완료했다는 성취감을 주는 활동이면 무엇이든 좋다). Hellerstein, David J., "Case Study: Finding His Wings. Drugs Lifted Frank's Depression, but He Had to Find Meaningful Activity to Relaunch His Life," *Scientific American*, July 1, 2016, www.scientificamerican.com/article/case-study-finding-his-wings.

8장   어린 나르시시스트의 출현

1   사건 당시 미성년자였기 때문에 그녀의 이름은 법원 기록에 "D. P."라고만 표기돼 있다. 그녀와 가족을 존중하는 의미에서 나 역시 그녀의 실명을 밝히지 않았다.
2   *Parker v. Trustees of the Spence School*, Sup. Ct. NY (June 2019) (complaint).
3   "Diversity and Equality," The Spence School, accessed August 14, 2023, https://www.spenceschool.org/about-spence/diversity-and-equity.
4   "Diversity and Equality."
5   대표적인 사회정서학습 전문 기관 CASEL은 SEL을 "모든 청소년이 건강한 정체성을 확립하고 정서를 관리하며 타인에게 공감을 느끼고 표현하기 위한 지식과 기술, 태도를 습득하고 실천하게 이끄는 프로세스"라고 정의한다. "What Is the CASEL Framework?," CASEL, accessed August 6, 2023, https://casel.org/fundamentals-of-sel/what-is-the-casel-framework.
6   Woolf, Nick, "CASEL Releases New Definition of SEL: What You Need to Know," Panorama Education, www.panoramaed.com/blog/casel-new-definition-of-sel-what-you-need-to-know.
7   "What Is the CASEL Framework?"
8   Paul Bloom, *Against Empathy* (New York: Ecco, 2016), 33.
9   나치가 베르사유 조약 이후 처참해진 경제 상황을 겪는 독일 국민들에게 강한 공감을 느낀 것을 생각해보라. 블룸의 설명에 따르면, 나치의 핵심 인물이자 공군 총사령관인 헤르만 괴링Hermann Göring은 동물에 대한 잔혹 행위를 우려한 나머지 동물 사냥과 바닷가재 및 게를 삶는 것을 금지하는 규칙을 시행했으며 이를 어긴 사람은 강제수용소로 보냈다. 동물에 대한 이와 같은 공감은 유대인을 향한 끔찍한 잔혹 행위와 공존했다. Bloom, *Against Empathy*, 196.
10   Doherty, William J., and Steven M. Harris, "Relationship-Undermining Statements by

Psychotherapists with Clients Who Present with Marriage or Couple Problems," *Family Process* 61, no. 3 (September 2022): 1195 – 1207, https://doi.org/10.1111/famp.12774. ("즉 많은 심리 치료사가 부부나 연인 관계의 문제를 털어놓는 내담자에게 그 자리에 없는 배우자나 파트너를 매우 부정적으로 표현하는 경향이 있다.")

11   Bloom, *Against Empathy*, 200 – 201.

12   Heym, Nadja, "The Dark Empathy: Characterizing Dark Traits in the Presence of Empathy," *Personality and Individual Differences* 169 (February 1, 2021): 9, https://doi.org/10.1016/j.paid.2020.110172.

13   Levin, Dan, "Colleges Rescinding Admissions Offers as Racist Social Media Posts Emerge," *New York Times*, July 2, 2020, www.nytimes.com/2020/07/02/us/racism-social-media-college-admissions.html. 또 다음을 참고하라. Levin, Dan, "A Racial Slur, a Viral Video, and a Reckoning," *New York Times*, December 26, 2020, www.nytimes.com/2020/12/26/us/mimi-groves-jimmy-galligan-racial-slurs.html; Brooks, David, "Harvard's False Path to Wisdom," *New York Times*, June 17, 2019, www.nytimes.com/2019/06/17/opinion/harvard-admission-kyle-kashuv.html.

9장   권위 잃은 부모, 무너지는 아이들

1   미국의 이혼율은 1979년과 1981년에 최고점을 찍었다. 다음을 참고하라. "Highlights of a New Report from the National Center for Health Statistics (NCHS): Advance Report of Final Divorce Statistics, 1989 and 1990," Centers for Disease Control and Prevention, April 18, 1995, https://www.cdc.gov/nchs/pressroom/95facts/fs_439s.htm.

2   미국심리학회에 따르면 2018년 한 해에만 X세대의 26퍼센트가 상담 치료 또는 다른 형태의 정신 건강 치료를 받았다. "Stress in America™: Generation Z," American Psychological Association, October 2018, www.apa.org/news/press/releases/stress/2018/stress-gen-z.pdf.

3   "Parenting in America," Pew Research Center, December 17, 2015, www.pewresearch.org/social-trends/2015/12/17/parenting-in-america.

4   "밀레니얼 세대와 Z세대의 불과 55퍼센트만이 아이를 낳을 계획을 갖고 있다. 18~34세 설문조사 응답자 가운데 4명 중 한 명은 아이를 낳지 않겠다고 답했다. 가장 흔한 이유는 '나 자신을 위한 시간을 갖고 싶어서'였다." 다음을 참고하라. India, Freya, "Why Doesn't Gen Z Want Children," *UnHerd*, July 29, 2023, https://www.freyaindia.co.uk/

p/why-doesnt-gen-z-want-children.

5   Shrier, Abigail, "'Knock It Off' and 'Shake It Off': The Case for Dad-Style Parenting," *The Wall Street Journal*, March 13, 2018, A15.
6   나는 예전에《월 스트리트 저널》에 기고한 글에서 이 양육법에 관해 썼다. Shrier, "'Knock It Off' and 'Shake It Off.'"
7   최근《뉴요커》의 한 기사 내용이다. "온화한 양육법에서는 양육자가 아이의 감정이 중요하다고 끊임없이 인정해주기 때문에 아이가 자신의 감정을 인식하고 통제할 줄 알게 된다고 한다." Winter, Jessica, "The Harsh Realm of 'Gentle Parenting,'" *The New Yorker*, March 23, 2022, www.newyorker.com/books/under-review/the-harsh-realm-of-gentle-parenting.
8   Kilgannon, Corey, "A 425-Pound Tiger Living in a Harlem Apartment? Yes, It Happened," *New York Times*, April 18, 2020, www.nytimes.com/2020/04/18/nyregion/ming-tiger-harlem-nyc.html.
9   Maté, Gabor, *The Myth of Normal* (New York: Avery, 2022), chapter 9.
10 Joe Rogan and Gabor Maté, "#1869—Dr. Gabor Maté," September 13, 2022, in *The Joe Rogan Experience*, podcast, 2:24:11, https://podtail.com/en/podcast/the-joe-rogan-experience/1869-dr-gabor-mate.
11 Gessen, Keith, *Raising Raffi: The First Five Years* (New York: Viking, 2022), 99.
12 Gessen, *Raising Raffi*, 87.
13 Gessen, *Raising Raffi*, 51.
14 Siegel, Daniel J., and Tina Payne Bryson, *The Whole-Brain Child: 12 Revolutionary Strategies to Nurture Your Child's Developing Mind* (New York: Bantam Books, 2011), 3.
15 Siegel and Bryson, *Whole-Brain Child*, 3.
16 Baumrind, Diana, "Effects of Authoritative Parental Control on Child Behavior," *Child Development* 37, no. 4 (December 1966): 887–907, https://www.jstor.org/stable/1126611.
17 Baumrind, "Effects of Authoritative Parental Control on Child Behavior," 889.
18 Baumrind, "Effects of Authoritative Parental Control on Child Behavior," 890.
19 Baumrind, "Effects of Authoritative Parental Control on Child Behavior," 891.
20 예를 들어 다음을 참고하라. Baumrind, "Effects of Authoritative Parental Control on Child Behavior."
21 Doucleff, Michaeleen, *Hunt, Gather, Parent* (New York: Avid Reader, 2021), 2.
22 다음을 참고하라. Doucleff on the *Honestly Podcast*, Bari Weiss and Michaeleen Dou-

cleff, "What's the Best Way to Raise Good People? A Debate," May 18, 2022, podcast, 55:20 - 57:14, https://podcasts.apple.com/us/podcast/whats-the-best-way-to-raise-good-people-a-debate/id1570872415?i=1000562261922. (다우클레프는 서구 사회 이외의 지역에서는 "체벌이 어느 정도 일반적"이라고 말한다. "가벼운 체벌은 흔하게 목격된다.")

23   Faber, Adele, and Elaine Mazlish, *How to Talk So Kids Will Listen and Listen So Kids Will Talk* (New York: Scribner, 1980), 94.

24   Baumrind, "Effects of Authoritative Parental Control on Child Behavior," 897.

25   다음을 참고하라. "Spanking Study Gets Big Play in the Media," American Psychological Association, December 2001, www.apa.org/monitor/dec01/spanking. (이 자료는 바움린드의 연구가 "가끔 약한 체벌을 하는 것은 아동의 사회적, 정서적 발달을 해치지 않는다"는 것을 보여준다고 언급하되, 그녀가 "체벌을 옹호하지는 않으며 규칙적이고 심한 체벌은 아동에게 커다란 정신적 피해를 안길 수 있다고 경고한다"는 사실을 분명히 밝히고 있다.)

26   Ferguson, Christopher J., and Robert E. Larzelere, "Improving Causal Inferences in Meta-Analyses of Longitudinal Studies: Spanking as an Illustration," *Child Development* 89, no. 6 (November 2018): 2038-2050, https://doi.org/10.1111/cdev.13097, www.christopherjferguson.com/Larzelere%20et%20al.,%20CD.pdf.

27   Baumrind, "Effects of Authoritative Parental Control on Child Behavior," 889.

28   Pollak, Joel B., *Rhoda: A Biography* (Johannesburg: University of Johannesburg Press, 2022).

29   예를 들어 다음을 참고하라. Klein, Melissa, "Wealthy NYC Woman Busted in BLM Rampage," *New York Post*, September 5, 2020, https://nypost.com/2020/09/05/wealthy-nyc-woman-busted-in-blm-rampage.

30   Decter, Midge, *Liberal Parents, Radical Children* (New York: Coward, McCann & Geoghegan, 1975), 36.

31   Decter, *Liberal Parents, Radical Children*, 36-37.

10장   훈육을 아끼고 약을 먹여라

1   Ophir, Yaakov, *ADHD Is Not an Illness And Ritalin Is Not a Cure: A Comprehensive Rebuttal of the (Alleged) Scientific Consensus* (Singapore: World Scientific Publishing Company, 2023), vii.

2   Visser, Susanna N., et al., "Trends in the Parent-Report of Health Care Provider-Diagnosed and Medicated Attention-Deficit/Hyperactivity Disorder: United States 2003-

2011," *Journal of the American Academy of Child & Adolescent Psychiatry* 53, no. 1 (2014): 34 – 46.e2, https://doi.org/10.1016/j.jaac.2013.09.

3   Schwarz, Alan, *ADHD Nation: Children, Doctors, Big Pharma, and the Making of an American Epidemic* (New York: Simon & Schuster, 2016), 197 – 199.

4   Ophir, Yaakov, "Are We Medicating Millions of ADHD Children without Scientific Justification?", Brownstone Institute, March 1, 2023, https://brownstone.org/articles/are-we-medicating-millions-of-adhd-children-without-scientific-justification. ("2020년 이스라엘의 수천 건의 의료 기록은 전체 아동 및 청소년(5~20세)의 20퍼센트 이상이 ADHD 진단을 받았음을 보여주었다.") 또 다음을 참고하라. Satel, Sally, "The Ritalin Generation: The Blame Lies with Overzealous Physicians; Nervous Parents; Schools Looking to Rein in Troublemakers; and Pushy Drug Companies," *Wall Street Journal*, September 11, 2016, https://www.wsj.com/articles/the-ritalin-generation-1473630453.

5   Segal, Michael, "The Military Needs Recruits with ADHD," *Wall Street Journal*, January 19, 2023, www.wsj.com/articles/the-military-needs-recruits-with-adhd-overstimulation-standards-leadership-advantage-join-symptoms-11674056740.

6   예를 들어 다음을 참고하라. Morton, W. Alexander, "Methylphenidate Abuse and Psychiatric Side Effects," *Primary Care Companion to the Journal of Clinical Psychiatry* 2, no. 5 (October 2000): 159 – 164, https://doi.org/10.4088/pcc.v02n0502. 또 다음을 참고하라. Schwartz, Casey, "Generation Adderall," *New York Times*, October 12, 2016, https://www.nytimes.com/2016/10/16/magazine/generation-adderall-addiction.html.

7   Armstrong, Thomas, *The Myth of the ADHD Child* (New York: Penguin Random House, 1995).

8   Nesse, Randolph M., "Proximate and Evolutionary Studies of Anxiety, Stress and Depression: Synergy at the Interface," *Neuroscience and Biobehavioral Reviews* 23, no. 7 (November 1999): 895 – 903, https://doi.org/10.1016/s0149-7634(99)00023-8.

9   다음을 참고하라. Nesse, Randolph M., *Good Reasons for Bad Feelings: Insights from the Frontier of Evolutionary Psychiatry* (New York: Dutton, 2019), 89 – 94. (이 책은 우울의 진화적 이점을 논하면서, 우울함이 우리가 상대에게 패했을 때 경쟁에서 뒤로 물러나 자신을 재정비하거나 인생의 큰 변화를 요구하는 실패나 문제에 대처할 수 있게 돕는다고 설명한다.)

10   MacMillan, Amanda, "Why People with Anxiety May Have Better Memories," Time, February 27, 2018, https://time.com/5176445/anxiety-improves-memory.

11   Lehrer, Jonah, "Depression's Upside," *New York Times*, February 25, 2010, www.nytimes.com/2010/02/28/magazine/28depression-t.html.

12 Andrews, Paul W., and J. Anderson Thomson, "The Bright Side of Being Blue: Depression as an Adaptation for Analyzing Complex Problems," *Psychological Review* 116, no. 3 (2009): 620 – 654, https://doi.org/10.1037/a0016242.

13 정신 건강 업계는 오랫동안 대중에게 우울증이 뇌의 '화학 물질 불균형' 때문이라고 설명했다. 이후 이 관점은 신빙성을 잃었지만 여전히 많은 이들이 그렇게 믿고 있다. 예를 들어 다음을 참고하라. Cosgrove, Lisa et al., "Why Psychiatry Needs an Honest Dose of Gentle Medicine," *Frontiers in Psychiatry* 21 (April 2023): 1167910, doi:10.3389/fpsyt.2023.

14 Richtel, Matt, "This Teen Was Prescribed 10 Psychiatric Drugs. She's Not Alone," *New York Times*, August 27, 2022, www.nytimes.com/2022/08/27/health/teens-psychiatric-drugs.html.

15 나는 20세기 중반에 전두엽 절제술 개발자가 노벨 생리의학상을 받았다는 사실을 종종 떠올린다. 다음을 참고하라. Tan, Siang Yong, and Angela Yip, "Antonio Egas Moniz (1874 – 1955): Lobotomy Pioneer and Nobel Laureate," *Singapore Medical Journal* 55 no. 4 (April 2014): 175 – 176, https://doi.org/10.11622/smedj.2014048.

11장   아이의 삶에서 한발 물러날 용기

1 이 심리학자는 자신의 전문 분야가 아닌 문제에 관해 견해를 내는 것이 조심스럽다면서 이름을 밝히지 말아달라고 요청했다. 정신 건강 전문가들도 연구 중심의 학자들과 같은 겸손함을 지닌다면 얼마나 좋을까 싶다.

2 Hayden, Robert, "Those Winter Sundays," accessed September 17, 2023, https://poets.org/poem/those-winter-sundays.

3 Kennair, Leif, et al., "Risky Play and Growing Up: How to Understand the Overprotection of the Next Generation," in Allison B. Kaufman and James C. Kaufman, eds., *Pseudoscience: The Conspiracy Against Science* (Cambridge: MIT Press, 2018), 175.

4 나는 위대한 레바논계 미국인 사상가이자 작가인 나심 니콜라스 탈레브의 중요한 저서 『안티프래질』을 통해 이 접근법에 눈떴다. "우리는 옳은 것보다 틀린 것을 더 정확하게 안다. 지식은 제거를 통해 성장한다." 그는 이 원칙을 '비아 네가티바Via Negativa'라는 오래된 개념과 연관지어 설명한다. Taleb, Nassim Nicholas, *Antifragile: Things That Gain from Disorder* (New York: Random House, 2012), 303 – 308.

5 맥필린은 어떤 경우에는 자해가 전문가 도움이 필요한 심각한 행동일 수 있음을 인정

한다. 그러나 현재의 정신 건강 시스템에서는 한 번의 자해만 발생해도 상황과 맥락에 관계없이 청소년을 입원시키고 강력한 정신과 약물을 복용시키는 경우가 많다. 청소년의 취약한 심리 상태를 만성 장애로 바꿔버리는 것은 의원병 효과의 대표적 예이며 맥필린이 피해야 한다고 강조하는 행동이다.

6   Gray, Peter, et al., "Decline in Independent Activity as a Cause of Decline in Children's Mental Well-Being: Summary of the Evidence," *Journal of Pediatrics* 260 (September 2023): 13352, https://doi.org/10.1016/j.jpeds.2023.02.004.

7   Gray, et al., "Decline in Independent Activity."

8   Gray, et al., "Decline in Independent Activity."

9   Gray, et al., "Decline in Independent Activity."

10 Korbey, Holly, "Young Adults Are Struggling with Their Mental Health. Is More Childhood Independence the Answer?," *Mind/Shift*, December 20, 2022, www.kqed.org/mindshift/60624/young-adults-are-struggling-with-their-mental-health-is-more-childhood-independence-the-answer.

11 Korbey, "Young Adults Are Struggling."

12 Ortiz, Camilo, "Treating Childhood Anxiety with a Mega-Dose of Independence," *Profectus*, March 14, 2023, https://profectusmag.com/treating-childhood-anxiety-with-a-mega-dose-of-independence.

13 Elsharouny, Mary, "Let Go and Let Grow: An Assessment of a School and Community-Based Intervention Encouraging Independence in Children" (PhD diss, Long Island University, July 2012), https://digitalcommons.liu.edu/post_fultext_dis/43.

14 20세기 심리학의 유명한 연구 결과인 여키스-도슨 법칙Yerkes-Dodson law이 이를 보여준다. 다음을 참고하라. "Yerkes-Dodson Law," Wikipedia, accessed September 17, 2023, https://en.wikipedia.org/wiki/Yerkes%E2%80%93Dodson_law.

15 T여키스-도슨 곡선은 스트레스가 증가하면 수행 성과가 높아지다가 특정 시점부터는 높은 스트레스가 오히려 성과를 방해한다는 것을 보여준다. 다음을 참고하라. Pietrangelo, Ann, "What the Yerkes-Dodson Law Says About Stress and Performance," Healthline, October 22, 2020, www.healthline.com/health/yerkes-dodson-law#stress-performance-bell-curve.

16 Deighton, Katie, "More Chicken, Lighter Beer, Pink Drinks: Companies Craft New Products for Gen Z Tastes," *Wall Street Journal*, July 3, 2023, https://www.wsj.com/articles/more-chicken-lighter-beer-pink-drinks-companies-craft-new-products-for-gen-z-tastes-88d96c7a.

17   Elder, Glen, *Children of the Great Depression* (New York: Routledge, 1999).
18   Elder, *Children of the Great Depression*, 281.
19   Elder, *Children of the Great Depression*, 277-79.
20   Frankl, Viktor E., *Man's Search for Meaning* (Boston: Beacon Press, 2006), 105.
21   Frankl, *Man's Search for Meaning*, 43.
22   Hernandez, Cindy M., et al., "The Hispanic Paradox: A Moderated Mediation Analysis of Health Conditions, Self-Rated Health, and Mental Health among Mexicans and Mexican-Americans," *Health, Psychology, and Behavioral Medicine* 10, no. 1 (February 2022): 180-98, https://doi.org/10.1080/21642850.2022.2032714.
23   다음을 참고하라. Barber, Charles, "What a Decades-Long Harvard Study Tells Us about Mental Health," *The Wilson Quarterly*, Winter 2013, https://www.wilsonquarterly.com/quarterly/_/what-can-decades-long-harvard-study-tell-us-about-mental-health. 나는 이 연구 결과를 간결하고 명쾌하게 요약한 트윗을 통해 알게 되었다. Kevin Bass (@kevinnbass), "세계에서 가장 장기간에 걸친 가장 방대한 심리학적 연구인 하버드 그랜트 연구에서는 높은 삶의 만족도와 연관된 5가지 성숙한 방어기제를 이렇게 밝혔다. 1. 이타심: 타인의 행복에 집중하기 2. 유머: 힘든 경험이나 스트레스 상황을 가볍게 넘기기 3. 승화: 분노나 불만을 생산적 에너지로 전환하기 4. 예상: 미래와 앞으로 만날 역경에 관해 현실적 관점 유지하기 5. 억제: 비생산적이거나 괴로운 생각을 의식적으로 억제하기." Twitter, June 24, 2023, 8:02 a.m., https://twitter.com/kevinnbass/status/1672621150583640064?s=51&t=6zNf58uKGIhK1SyexwAIpw.

12장   삶에 대한 면역력을 키워준다는 것

1   Twenge, Jean, "Teens Have Less Face Time with Their Friends—and Are Lonelier Than Ever," The Conversation, March 20, 2019, https://theconversation.com/teens-have-less-face-time-with-their-friends-and-are-lonelier-than-ever-113240.
2   예를 들어 다음을 참고하라. Twenge, Jean M., et al., "Decreases in Self-Reported Sleep Duration among U.S. Adolescents 2009-2015 and Association with New Media Screen Time," *Sleep Medicine* 39 (2017): 47-53, https://doi.org/10.1016/j.sleep.2017.08.013. ("충분한 수면을 하지 않는 청소년 수가 2011~2013년 이후 갑자기 증가했다. 2015년에는 두 데이터 세트 모두에서 40퍼센트 이상의 청소년이 거의 매일 밤 7시간 이상의 수면을 취하지 않았다.") 또 다음을 참고하라. Twenge, Jean M., et al., "Associations Between Screen Time

and Sleep Duration Are Primarily Driven by Portable Electronic Devices: Evidence From a Population-Based Study of U.S. Children Ages 0–17," *Sleep Medicine* 56 (2019): 211–218, https://doi.org/10.1016/j.sleep.2018.11.009.

3   Haidt, Jonathan, "Get Phones Out of Schools Now: They Impede Learning, Stunt Relationships, and Lessen Belonging. They Should Be Banned," *The Atlantic*, June 6, 2023, www.theatlantic.com/ideas/archive/2023/06/ban-smartphones-phone-free-schools-social-media/674304.

4   다음을 참고하라. Haidt, Jonathan, "Social Media Is a Major Cause of the Mental Illness Epidemic in Teen Girls. Here's the Evidence," February 22, 2023, https://jonathanhaidt.substack.com/p/social-media-mental-illness-epidemic.

5   학교에서 스마트폰을 사용하지 못하게 해야 한다는 심리학자의 강력한 경고는 2023년에야 처음 나왔다. 이 경고를 한 것은 정신 건강 관련 단체가 아니라 조너선 하이트였다. 다음을 참고하라. Haidt, "Get Phones Out of Schools Now."

6   Richtel, Matt, "This Teen Was Prescribed 10 Psychiatric Drugs. She's Not Alone," *New York Times*, August 27, 2022, www.nytimes.com/2022/08/27/health/teens-psychiatric-drugs.html.

7   더 오래됐을지도 모른다.

8   예를 들어 다음을 참고하라. Grose, Jessica, "Early Motherhood Has Always Been Miserable," *New York Times*, November 9, 2019, www.nytimes.com/2019/11/09/opinion/sunday/babies-mothers-anxiety.html.

참고문헌

American Psychiatric Association. *Diagnostic and Statistical Manual of Mental Disorders*, Fifth Edition, text revision, American Psychiatric Association Publishing, 2022.

Barsky, Arthur. *Worried Sick: Our Troubled Quest for Wellness*. New York: Little, Brown, 1988.

Bloom, Paul. *Against Empathy: The Case for Rational Compassion*. New York: Harper Collins, 2016.

Bonnano, George A. *The End of Trauma: How the New Science of Resilience Is Changing How We Think About PTSD*. New York: Basic Books, 2021.

Coleman, Joshua. *Rules of Estrangement: Why Adult Children Cut Ties & How to Heal the Conflict*. New York: Harmony Books, 2021.

Dawes, Robyn M. *House of Cards: Psychology and Psychotherapy Built on a Myth*. New York: Simon & Schuster, 1994.

Decter, Midge. *Liberal Parents*, Radical Children. New York: CM&G, 1975.

Diller, Lawrence H. *The Last Normal Child: Essays on the Intersection of Kids*, Culture, and Psychiatric Drugs. Westport, CT: Praeger, 2006.

Doucleff, Michaeleen. *Hunt, Gather, Parent: What Ancient Cultures Can Teach Us About the Lost Art of Raising Happy, Helpful Little Humans*. New York: Simon & Schuster, 2021.

Ecclestone, Kathryn, and Dennis Hayes. *The Dangerous Rise of Therapeutic Education*. New York:

Routledge, 2009.

Elder, Glen H. *Children of the Great Depression: Social Change in Life Experience*. New York: Routledge, 1999.

Faber, Adele, and Elaine Mazlish. *How to Talk So Kids Will Listen and Listen So Kids Will Talk*. New York: Scribner, 1980.

Frances, Allen. *Saving Normal: An Insider's Revolt Against Out-of-Control Psychiatric Diagnosis, DSM-5, Big Pharma, and the Medicalization of Ordinary Life*. New York: Harper Collins, 2013.

Frankl, Victor. *Man's Search for Meaning*. Boston: Beacon Press, 1959.

Furedi, Frank. *Paranoid Parenting: Why Ignoring the Experts May Be Best for Your Child*. Chicago: Chicago Review Press, 2002.

———. *Therapy Culture: Cultivating Vulnerability in an Uncertain Age*. New York: Routledge, 2004.

Gessen, Keith. *Raising Raffi: The First Five Years*. New York: Viking, 2022.

Gibson, Lindsay C. *Adult Children of Emotionally Immature Parents: How to Heal from Distant, Rejecting, Self-Involved Parents*. Oakland: New Harbinger, 2015.

Gottlieb, Lori. *Maybe You Should Talk to Someone: A Therapist, HER Therapist, and Our Lives Revealed*. New York: Houghton Mifflin Harcourt, 2019.

Illouz, Eva. *Saving the Modern Soul: Therapy, Emotions and the Culture of Self-Help*. Berkeley: University of California Press, 2008.

Kurcinka, Mary Sheedy. *Raising Your Spirited Child*. New York: William Morrow, 2015 (first published: 1992).

Lasch, Christopher. *The Culture of Narcissism: American Life in an Age of Diminishing Expectations*. New York: W. W. Norton, 1979.

Liau, Alex, and Jed Baker. *School Shadow Guidelines*. Arlington, TX: Future Horizons, 2013.

Lukianoff, Greg, and Jonathan Haidt. *The Coddling of the American Mind: How Good Intentions and Bad Ideas Are Setting Up a Generation for Failure*. New York: Penguin Press, 2018.

Maté, Gabor. *The Myth of Normal: Trauma, Illness & Healing in a Toxic Culture*. New York: Avery, 2022.

McNally, Richard. *Remembering Trauma*. Belknap Press, 2003.

Moskowitz, Eva S. *In Therapy We Trust: America's Obsession with Self Fulfillment*. Baltimore: Johns Hopkins University Press, 2001.

Nesse, Randolph M. *Good Reasons for Bad Feelings: Insights from the Frontier of Evolutionary Psy-

chiatry. New York: Dutton, 2019.

Ophir, Yaakov. *ADHD Is Not an Illness and Ritalin Is Not a Cure*. New Jersey: World Scientific, 2022.

Pendergrast, Mark. *The Memory Warp: How the Myth of Repressed Memory Arose and Refuses to Die*. Hinesburg, VT: Upper Access Books, 2017.

찾아보기

ㄱ

갈등 46, 47, 145, 157, 224, 246, 248, 250, 296, 331, 353
감시 33, 101, 140, 144, 145, 151, 216, 237, 243, 250, 296, 324, 325, 331, 342, 353, 368, 373
가족 단절 109, 111, 283
감정 체크인 124, 125, 130, 137, 181
게센, 키스Gessen, Keith 270~273
고틀립, 로리Gottlieb, Lori 127
교육적 배려 23, 153~155, 161, 162, 324, 341
권위 있는 부모 278~280
권위적 22, 262
권위주의적 278, 280, 292
규칙 21, 101, 102, 127, 137, 142, 145, 146, 257, 258, 262, 271, 275, 278, 279, 288, 312, 313, 331, 343, 349, 359
그레이, 피터Gray, Peter 99~101, 333
기노트, 하임Ginott, Haim 287

ㄴ

나드리처칠, 미리엄Nadri-Churchill, Myrieme 293, 294
나르시시스트 243
네스, 랜돌프Nesse, Randolph 304~305, 307

ㄷ

다우클레프, 마이클렌Doucleff, Michaeleen 280, 281
더턴, 율리아 첸초바Dutton, Yulia Chentsova

86~88, 94, 95, 330~335, 337, 339, 344, 345

ㄹ

래시, 크리스토퍼Lasch, Christopher 76
로버트슨, 리키Robertson, Ricky 134, 140, 164, 171
로저스, 칼Rogers, Carl 39
로프투스, 엘리자베스Loftus, Elizabeth 188, 204~208, 210, 211, 213
르페라, 니콜LePera, Nicole 211~215
린덴, 미하엘Linden, Michael 88~91, 103, 125

ㅁ

마테, 가보Maté, Gabor 187~189, 192, 201, 202
맥고, 제임스McGaugh, James 194
맥널리, 리처드McNally, Richard 182~184, 187, 197
맥필린, 로저McFillin, Roger 325
맥휴, 폴McHugh, Paul 188
먼로, 스콧Monroe, Scott 302, 304, 306
모두를 위한 치료 78
무력감 73, 159

ㅂ

바버, 찰스Barber, Charles 351
바스키, 아서Barsky, Arthur 115, 116
바움린드, 다이애나Baumrind, Diana 278~280, 288,
반추 92, 93, 355, 362, 369
버스타인, 해럴드Bursztajn, Harold 347
부모의 권위 85, 146, 260, 277, 290, 292, 325
부모화 212, 213
불안감 25, 58, 66, 68, 70, 75, 81, 179, 241, 244, 253, 260, 268, 305, 310, 348, 369,
불편 22, 47, 49, 84, 89, 91, 97, 98, 116, 226, 263, 274, 305
블룸, 폴Bloom, Paul 244, 245, 247,
빙, 리처드Byng, Richard 107~109, 112

ㅅ

사회 정서 학습(SEL) 130~132, 135, 137, 139~141, 143~148, 161, 243
색스, 레너드Sax, Leonard 290
서맨사 보드먼Boardman, Samantha 38
성별불쾌감 41, 46, 56, 60
소셜 미디어 24, 50, 57, 59, 60, 182, 224, 338, 352, 362
스마트폰 55~61, 311, 355, 356, 358, 362, 363, 364, 368
스커네이지, 리노어Skenazy, Lenore 332, 333
시겔, 대니얼 J. Siegel, Daniel J. 276, 277
심리적 지향성 90

ㅇ

아동기 고난 경험(ACE) 164~171, 181, 195
아이의 감정 22, 88, 99, 132, 259, 265, 289, 341
아이켄스타인, 리타Eichenstein, Rita 98, 274

아잠, 아멜리아Azzam, Amelia 133, 134
암스트롱, 토머스Armstrong, Thomas 301
약물 16, 17, 22, 47, 49, 106, 162, 236, 256,
　　273, 299, 300~303, 305, 307, 309~312,
　　354, 355, 358, 363, 368
앤드루스, 폴Andrews, Paul 306, 307
오르티스, 카밀로Ortiz, Camilo 80~83, 85,
　　96~98, 153, 180, 207, 335, 336
오피르, 야콥Ophir, Yaakov 298~302,
　　311~313, 328
웰니스 17, 21, 25, 53, 77, 78, 259, 339, 363
의원병 34, 36, 42~44, 78, 85, 89, 92, 111,
　　112, 124, 137, 168, 211, 369
이중 관계 127, 128, 137
인지행동치료(CBT) 40, 83, 84, 93, 96, 97

ㅈ

자살 19, 49, 55, 63, 161, 165, 171, 179,
　　222~227, 231~235, 248, 354
자아감 32, 213, 295, 329, 363
정서 조절 86, 143, 174, 279, 369
정신 건강 개입 24, 164
정신 질환
　　감각처리장애 286, 364
　　불안장애 48, 50, 51, 82, 93, 116
　　불안증 55, 96, 116, 236, 336
　　사회불안장애 22, 43, 51, 68
　　실행장애 51
　　우울증 46, 48, 51, 53~55, 58, 60, 64, 67,
　　　92, 93, 95, 105, 184, 185, 193, 236, 279,
　　　300, 302, 305, 307, 308, 344
　　외상후스트레스장애(PTSD) 35, 179,
　　　186, 193, 194, 196, 198, 199, 209, 214
　　자폐스펙트럼장애 46, 51, 150, 200, 286
　　주의력결핍과잉행동장애(ADHD) 22,
　　　50, 103, 105, 122, 184, 269, 298~302,
　　　311, 362, 364
『정신 질환 진단 및 통계 편람』 47, 214
좌절 191, 343, 360
좌절감 70, 143, 271
주도권 272, 277, 290, 326, 368
진단명 22~25, 30, 36, 46, 48, 50, 51, 66,
　　90, 103, 104, 122, 213, 214, 311, 354,
　　363~365, 367

체벌 20, 21, 23, 281, 288, 292
치료적 개입 33, 55, 86, 87, 103, 242, 247
치료적 육아 50, 268, 272
치료적 접근법 21, 23, 99, 157, 159, 244, 248,
　　261, 269, 273, 277, 280, 287, 289, 311,
　　334

ㅋ

베르묄렌, 칼라Vermeulen, Karla 56, 63, 64,
　　66, 67
캡처 241, 248~250, 356
케나이르, 레이프Kennair, Lief 92, 93, 125,
　　143, 174
코로나19 47, 56, 61, 78, 313
콜먼, 조슈아Coleman, Joshua 109, 110, 283,
　　284
콜크, 베셀 반 데어Kolk, Bessel van der

183~188, 191~193, 195, 196, 198, 206, 209, 211, 214

ㅌ

탈레브, 나심 니콜라스Taleb, Nassim Nicholas 338
톰슨, 앤더슨Tomson, Anderson 306
통과의례 350
통제 소재 73, 115
투쟁-도피 반응 185, 201, 211
트라우마 22, 23, 25, 52, 101, 107~109, 111, 123, 131, 132, 134~136, 163~166, 171~174, 179~195, 197~199, 201~203, 208~216, 222, 230, 235, 248, 267, 268, 288, 358
트웬지, 진Twenge, Jean 57, 71~73

ㅍ

파편화된 관계 345
포프, 해리슨Pope, Harrison 165, 188, 195, 196~199
푸레디, 프랭크Furedi, Frank 277, 321
프랜시스, 앨런Frances, Allen 214
프랭클, 빅터Frankl, Viktor 341, 342
프릴링, 리베카Freeling, Rebecah 275
피터슨, 조던Peterson, Jordan 233, 234, 236, 237

ㅎ

하이트, 조너선Haidt, Jonathan 57
헤이든, 로버트Hayden, Robert 321, 322
헨더슨, 롭Henderson, Rob 172, 173
홀런, 스티븐Hollon, Steven 302, 303
회복력 25, 31, 36, 38, 63, 65, 174, 179, 192, 211, 242, 333, 336, 340, 348
회복적 정의 157, 159, 160
훈육 128, 265, 366

옮긴이 **이수경**

한국외국어대학교 노어과를 졸업했으며 전문번역가로 활동하고 있다. 인문교양, 경제경영, 심리학, 자기계발, 문학 등 다양한 분야의 영미권 책을 우리말로 옮겼다. 옮긴 책으로 『불변의 법칙』 『케플러』 『마음을 돌보는 뇌과학』 『그들의 생각을 바꾸는 방법』 『사람은 무엇으로 움직이는가』 『스무 살에 알았더라면 좋았을 것들』 『완벽에 대한 반론』 등이 있다.

부서지는 아이들
다정한 양육은 어떻게 아이를 망치는가

초판 1쇄 발행 2025년 5월 2일
초판 7쇄 발행 2025년 9월 29일

지은이 애비게일 슈라이어
옮긴이 이수경

발행인 윤승현 단행본사업본부장 신동해
편집장 김예원 책임편집 김예빈
교정교열 고영숙 디자인 위드텍스트
마케팅 최혜진 이인국 홍보 송임선
국제업무 김은정 김지민 제작 정석훈

브랜드 웅진지식하우스
주소 경기도 파주시 회동길 20
문의전화 031-956-7210(편집) 031-956-7089(마케팅)
홈페이지 www.wjbooks.co.kr
인스타그램 www.instagram.com/woongjin_readers
페이스북 www.facebook.com/woongjinreaders
블로그 blog.naver.com/wj_booking

발행처 ㈜웅진씽크빅
출판신고 1980년 3월 29일 제406-2007-000046호

한국어판 출판권 © ㈜웅진씽크빅, 2025
ISBN 978-89-01-29469-8   03180

웅진지식하우스는 ㈜웅진씽크빅 단행본사업본부의 브랜드입니다.
저작권법에 의해 한국 내에서 보호를 받는 저작물이므로 무단 전재와 무단 복제를 금지하며, 이 책 내용의 전부 또는 일부를 이용하려면 반드시 저작권자와 ㈜웅진씽크빅의 서면 동의를 받아야 합니다.
※ 책값은 뒤표지에 있습니다.
※ 잘못된 책은 구입하신 곳에서 바꾸어 드립니다.